Hannes Hofbauer
OSTERWEITERUNG

Bibliografische Information der Deutschen Bibliothek
Die Deutsche Bibliothek verzeichnet diese Publikation in der
Deutschen Nationalbibliografie; detaillierte bibliografische
Daten sind im Internet über http://dnb.ddb.de abrufbar

© 2003 Promedia Druck- und Verlagsges.m.b.H., Wien
Alle Rechte vorbehalten
Umschlaggestaltung: Gisela Scheubmayr unter Verwendung eines Wahlkampf-
plakates des tschechoslowakischen „Bürgerforums" aus dem Jahr 1990
Lektorat: Erhard Waldner
Druck: WB-Druck
Printed in Austria
ISBN 3-85371-198-7

Fordern Sie einen Gesamtprospekt des Verlages an bei:
Promedia Verlag, Wickenburggasse 5/12
A-1080 Wien, Fax: 0043/1/405 715 922
E-Mail: promedia@mediashop.at
Internet: http://www.mediashop.at

HANNES HOFBAUER

OST ERWEITERUNG

**Vom Drang nach Osten
zur peripheren EU-Integration**

BRENNPUNKT OSTEUROPA

PROMEDIA

Der Autor

Hannes Hofbauer, geboren 1955 in Wien, Studium der Wirtschafts- und Sozialgeschichte an der Universität Wien. Er arbeitet als Historiker und Journalist und bereist seit 15 Jahren die Länder Osteuropas. Von ihm kamen zuletzt im Promedia Verlag heraus: „Transsilvanien – Siebenbürgen. Begegnung der Völker am Kreuzweg der Reiche" (gemeinsam mit Viorel Roman), Wien 1996; „Schlesien. Europäisches Kernland im Schatten von Wien, Berlin und Warschau" (gemeinsam mit Julian Bartosz), Wien 2000. Im Jahr 2001 erschien das Buch „Balkankrieg. Zehn Jahre Zerstörung Jugoslawiens".

Inhaltsverzeichnis

Vorwort

Der Zusammenbruch des „Ostblocks" in den Jahren 1989 bis 1991 rief die führenden imperialen Organisationen des Westens auf den Plan. Erweiterung – so lautete der wirtschaftliche und militärische Reflex von Europäischer Gemeinschaft und Nordatlantikpakt. Westliche Kreditpolitik und Aufrüstung hatten bereits zuvor die Grundsteine dafür gelegt. Das vorliegende Buch beschäftigt sich mit den Auswirkungen dieser Expansion und durchsucht die Hintergründe des EU-Integrationsangebotes an die postkommunistischen Gesellschaften. Seit der Auflösung des „Rates für gegenseitige Wirtschaftshilfe" im Juni 1991 sind zwölf Jahre vergangen. In dieser Zeit haben es die großen westeuropäischen Konzerne geschafft, sich die lukrativsten der ehemaligen volkseigenen Betriebe anzueignen und die neu geöffneten Märkte unter sich zu teilen. Die in Kopenhagen Mitte Dezember 2002 ergangene Einladung zur EU-Mitgliedschaft an acht osteuropäische Staaten findet vor diesem Hintergrund vollkommen transformierter Eigentumsverhältnisse und einer Marktkontrolle auf hohem Niveau durch westeuropäische Unternehmen statt.

Gelungen scheint auch die Herstellung eines weitgehenden gesellschaftlichen Konsenses, der in Ost und West – mit unterschiedlichen Begründungen – die Erweiterung der Europäischen Union als etwas Positives betrachtet. Osteuropas neue Eliten erwarten sich davon die Festigung ihres politischen Einflusses und hoffen auf eine Modernisierung ihrer Gesellschaften unter neo-imperialen Vorzeichen. Im Westen wiederum werden die Apologeten der Osterweiterung nicht müde zu betonen, wie wichtig eine Vergrößerung der Brüsseler Union für das eigene wirtschaftliche Überleben sei. Für jene, denen das Grundprinzip kapitalistischer Akkumulation als moralischer Maßstab nicht genügt, werden karitative Argumente ins Treffen geführt, um Expanison zu rechtfertigen. Nach dem Muster der entwicklungspolitischen Debatte in den 1970er und 1980er Jahren gilt es diesmal, das ökonomische (und militärische) Ausgreifen nach Osteuropa als Hilfe für ökonomisch schwache und sozial arme Brüder und Schwestern darzustellen. Die Ergebnisse meiner Untersuchung zeigen, dass diese Sichtweise der Wirklichkeit nicht standhält.

Der Osten des Kontinents kehrt – freilich anders, als von manch euphorischer Stimme gemeint – nach Europa zurück. Es ist dies eine „Heimkehr" peripherisierter Regionen unter die ökonomische Dominanz westeuropäischen – vor allem auch deutschen – Kapitals; eine „Heimkehr" unter Bedingungen, die jenen vor der kommunistischen Machtübernahme strukturell nicht unähnlich sind. Gerade der ans Koloniale erinnernde Habitus in den neuen West-Ost-Beziehungen war es auch, der mich neugierig gemacht hat, den herrschenden Europabildern und ihren Vorläufern auf den Grund zu gehen. Ich hoffe, dass sich diese Neugier auf die LeserInnen überträgt.

Den von mir verwendeten Begriff „Osteuropa" verstehe ich als einen historisch-politischen. Er meint jenen Raum, der zwischen dem über Jahrhunderte von Rom, Wien, Berlin oder Brüssel geführten westlichen Zentralraum, Moskau und Konstantinopel/Istanbul liegt. Seine begriffliche Unschärfe wäre ihm auch mit der geographischen Spezifizierung „Ostmitteleuropa" nicht zu nehmen, deren ideologische Zuordnung ein zusätzliches Problem schaffen würde.

Zuletzt ist es mir noch ein Bedürfnis, jenen zu danken, ohne die dieses Buch nicht zustande gekommen wäre. In allen osteuropäischen Ländern (außer in den baltischen Republiken, die ich nur einmal kurz besuchen konnte) haben mir Ökonomen, Historiker und Journalisten über die Jahre geholfen, mich sowohl in der Literatur als auch im Land selbst zurechtzufinden. Ihnen allen, die in den entsprechenden Kapiteln teilweise ausführlich zitiert werden, sei ein herzliches Dankeschön gesagt. Viel Zeit und Mühe hat auch meine Lebensgefährtin Andrea Komlosy aufgewandt und meinem inhaltlichen sowie stilistischen Temperament die richtigen Fragen gestellt. Auch ihr sei an dieser Stelle gedankt.

Hannes Hofbauer
Wien, im Februar 2003

Europabilder

Am Anfang stand das Ende. Das von den westeuropäischen Zentren ausgehende wirtschaftliche Erweiterungsprojekt hatte das Scheitern des unter dem Stichwort „Sozialismus" betriebenen Modernisierungsversuchs an der osteuropäischen Peripherie zur Voraussetzung. Das von der NATO betriebene militärische Ausgreifen nach Osten fußte auf der Auflösung des sowjetisch dominierten Warschauer Paktes. Der Anfang des einen Vormarsches bedingte das Ende des anderen, genau so wie die verstärkte Integration im Westen die Desintegration des Ostens beschleunigte.

An der Wiege der (west)europäischen Erweiterung stand also der Zusammenbruch des sowjetischen Wirtschafts- und Militärsystems. Sein Scheitern war wiederum, neben internen Faktoren wie der Pervertierung der politischen Machtapparate und einer auf Korruption basierenden Misswirtschaft, den Folgen der Weltwirtschaftskrise Mitte der 1970er Jahre geschuldet. Dieser strukturelle Defekt der kapitalistischen Weltwirtschaft richtete vor allem an den Rändern des Systems ökonomische Schäden und soziale Verheerungen an. Neben Lateinamerika und Afrika betraf die Wirtschaftskrise vor allem den so genannten Ostblock, der trotz gegenteiliger Beteuerungen immer Teil einer auf kapitalistischer Akkumulation beruhenden weltweiten Arbeitsteilung gewesen war. Gerade weil es um eine Strukturkrise des gesamten weltwirtschaftlichen Systems ging[1], litten seine schwächsten Teile – also die Peripherien in Lateinamerika, Afrika und Osteuropa – am stärksten darunter. So gesehen war es nur scheinbar eine Ironie der Geschichte, dass die Überproduktionskrise der Zentren – und als solche manifestierte sich die Weltwirtschaftskrise Mitte der 1970er Jahre nach dem Wiederaufbau in der Nachkriegsphase – in den vom Mangel bestimmten Randgebieten besondere Katastrophen auslöste. Der Zusammenbruch des osteuropäisch-sowjetischen Verteilungsmodells kann als eine Spätfolge dieser weltwirtschaftlichen Strukturkrise bezeichnet werden.

Zum totalen Show-down der kommunistischen Nomenklatura trug zusätzlich die hauptsächlich von den USA betriebene Rüstungsspirale bei, die Anfang der 1980er Jahre die finanziellen Mittel aus Moskau erschöpfte. Der damals erfolgten Aufstellung von Cruise-Missiles und Pershing II in Westeuropa konnte die Rote Armee nichts mehr entgegensetzen. Vor allem das Cruise-Missile wandelte sich zum erfolgreichen „Hinterlader" des US-amerikanischen Imperiums und befindet sich seit dem Golfkrieg 1991 im Dauereinsatz sowohl in Asien (Irak, Afghanistan, Jemen, Philippinen) und Afrika (Somalia, Sudan) als auch in Europa (Bosnien, Jugoslawien).

Wirtschaftlich in die Krise geraten und militärisch totgerüstet, lösten sich die Sowjetunion, der Rat für gegenseitige Wirtschaftshilfe (RGW) und der Warschauer Pakt im Jahr 1991 auf. Schon zuvor verließen die nach dem Zweiten Weltkrieg politisch Richtung Moskau gerückten Staaten und Regionen Osteuropas das sinkende Schiff.

Das 1991 endgültig entstandene Machtvakuum in der östlichen Hälfte des Kontinents bot den Zentren der westeuropäischen Ökonomie nun die Chance, die seit Mitte der 1970er Jahre auch im Westen spürbare Krise via Expansion zu überwinden. Brüssel verstand es, diese Chance zu nützen. Schon ein Jahr nach dem Ende der Sowjetunion schufen sich die stärksten Kapitalgruppen Westeuropas mit den „Maastricht"-Kriterien jenen suprastaatlich zu administrierenden Hebel, der die v.a. finanz- und währungstechnischen Voraussetzungen für die Errichtung eines wirtschaftlichen Großraumes – der so genannten „europäischen Integration" – abgab. 1997 stellte Brüssel dann mit den Amsterdamer Verträgen der Großraumwirtschaft eine ansehnliche, die Expansion absichernde Truppe zur Seite, bevor ein Jahr darauf mit den ersten Erweiterungskandidaten Gespräche aufgenommen wurden.

Hilfreich bei diesem Erweiterungsprozess ist dem westeuropäischen Vormarsch Richtung Osteuropa auch das unversehens an die administrativen Schalthebel in den einzelnen osteuropäischen Staaten gekommene, in aller Regel schlecht ausgebildete Personal. Dieses fügt sich bereits nach wenigen Jahren in ein Verwaltungsmuster, wie es aus der ersten Hälfte des 20. Jahrhunderts bekannt ist. Mit seinem Ruf nach einem „Zurück nach Europa" war wohl auch jene Epoche gemeint, als – damals von Deutschland, nun von der Europäischen Union – abhängige Politiker osteuropäische Regionen und Menschen auf die Bedürfnisse westlicher Verwertung ausrichteten; entweder in der ernsthaft geglaubten oder in der bewusst vorgetäuschten Hoffnung, der Peripherisierung des Landes und der Marginalisierung seiner BewohnerInnen entkommen zu können.

Wie groß ist Europa?

Wenn zu Beginn des dritten Jahrtausends von Europa die Rede oder die Schreibe ist, dann kommt in den seltensten Fällen der landläufig gebrauchte geographische Begriff des Kontinents zur Anwendung, der die eurasische Landmasse entlang des Ural westlich als Europa und östlich als Asien benennt. Nach dem Fall des Eisernen Vorhanges steht „Europa" für alles, was sich die einzelnen Nutzer des Begriffes wünschen. Den Kapitalherren bedeutet „Europa" Investitionsfreiheit und Gewinntransfer, den Gewerkschaftern möglichst weiträumige Solidarität, den Kulturschaffenden grenzenlose Freiheit, den christ- und sozialdemokratischen sowie grünen Politikern im Westen eine Möglichkeit für eine Karriere als Jetsetter und vielen Menschen im Osten die Sehnsucht, dazuzugehören. Ein solches „Europa" ist brauchbar nur für jene, die die Definitionsgewalt über den Begriff und seine reale Umsetzung besitzen.

Das so gesehen realpolitische Europa nennt sich „Europäische Union". Ihre Erweiterung strebt nach der Vergrößerung „Europas". Die Begrifflichkeit der „EU-Osterweiterung" strotzt gleichermaßen vor Suggestion und Ehrlichkeit. Suggestiv ist sie deshalb, weil damit das üblicherweise als „Europa" bezeichnete Brüsseler Imperium Macht und Einflussvergrößerung als quasi natürliches Wachstum Europas begreift; und ehrlich, weil die Osterweiterer damit kein Hehl aus ihrem expansiven Charakter machen und an die ewig anmutende Tradition des westlichen Drangs nach Osten anknüpfen (der freilich auch in anderen welthistorischen Phasen sein Gegenstück kennt).

Seit dem 10. November 1998 haben in Brüssel die Verhandlungen mit den ersten Beitrittskandidaten begonnen. Kurz darauf waren zwölf Länder mit dem Gütesiegel des offiziellen Kandidaten in Gespräche mit EU-Fachleuten verwickelt. In einer ersten Runde erging das Angebot an Slowenien, Ungarn, Tschechien, Polen und Estland sowie Zypern („Luxemburger Gruppe"). Eineinhalb Jahre später saßen auch Vertreter Bulgariens, Rumäniens, der Slowakei, Litauens und Lettlands sowie Maltas („Helsinki-Gruppe") an den Startplätzen des nach dem Konkurrenzprinzip „Regatta-Modell" genannten Wettrennens um die Aufnahme ins Brüsseler Imperium. Der immer wieder verschobene Antrag der Türkei sowie das 1987 abgelehnte Gesuch Marokkos machen deutlich, dass es bei der Erweiterung „Europas" um ein im Kern christliches Projekt geht.

Geographisch reicht die lange Hand Brüssels im Zuge der Aufnahmeverfahren, die freilich nicht alle zum gewünschten Erfolg führen werden, vom Baltikum im Norden bis zum Schwarzen Meer im Südosten. Ausgenommen davon sind vorerst nur Albanien, fünf der sechs ehemaligen jugoslawischen Teilrepubliken und Moldawien sowie freilich Weißrussland, die Ukraine und Russland. Die präsumtive Ausdehnung EU-Europas entspricht damit ziemlich genau den Vorstellungen des adeligen Paneuropäers Richard Coudenhove-Kalergi, der in seinem 1971 erschienenen Buch „Weltmacht Europa" seine Vision einer europäischen Ostgrenze folgendermaßen beschrieb: „Die Basis der europäischen Halbinsel, und damit die geographische Ostgrenze Europas, bildet etwa die Luftlinie, die Königsberg mit Odessa verbindet."[2] 30 Jahre später scheint sich des Grafen paneuropäischer Wunschtraum zu erfüllen.

Die zwölf Länder des Osterweiterungsprojektes erstrecken sich insgesamt über eine Fläche von 1.087.936 km² (zum Vergleich Deutschland: 357.020 km²) und beherbergen 106 Mio. EinwohnerInnen (zum Vergleich Deutschland: 82 Mio.). Sieben der zwölf sind Erscheinungen territorialen Zerfalls; drei davon (Estland, Lettland, Litauen) gehörten bis 1991 zur Sowjetunion, ein neuer Staat (Slowenien) war bis 1991 jugoslawische Teilrepublik, Tschechien und die Slowakei trennten sich in relativem Frieden und von Zypern ist de facto nur der griechische Teil beim Aufnahmeritual vertreten. Bleiben als einzige Ungarn und das nach 1945 völlig neu konstruierte Polen, die als relativ stabile territoriale Entitäten mit Aussicht auf Erfolg am Regattabewerb teilnehmen. Rumänien und Bulgarien dürfen sich vorerst mit dem olympischen Gedanken, bei Verhandlungen dabei gewesen zu sein, zufrieden geben. Der flächen- und bevölkerungsmäßig kleinste Kandidat, Malta, der wie Zypern keine kommunistische Vergangenheit hat, musste sich erst von den politisch und ökonomisch engen Bindungen zu Libyen lossagen, bevor Brüssel einen Kommissar schickte.

Der historische Raum der Erweiterung

Historisch geht es beim Erweiterungsprozess um jenen in der Mitte Europas gelegenen Raum, der seit tausend Jahren zwischen den Zentren Rom, Byzanz/Konstantinopel und – später – Moskau liegt. Dieses „Zwischeneuropa" ist seit dem großen Schisma 1054, das die Christenheit in eine westliche und eine östliche Welt spaltete, wechselnden religiös-kulturellen, politisch-militärischen und ökonomisch-sozialen Sogwirkungen ausgesetzt. Die zu unterschiedlichen Epochen sehr verschieden starke Strahlkraft der um Hegemonie kämpfenden Zentren hat an den Rändern ihres Einflussbereiches, also in der Mitte des Kontinents, Kulturräume entstehen lassen, die ein wenig an die Limes-Funktion der Vasallenstaaten im Römischen Reich erinnern. In Zeiten westlicher Expansion weisen sie Vorpostenidentitäten gegenüber dem „Reich der Barbaren" auf, wie die Sowjetunion noch in den 1930er Jahren von deutscher und österreichischer Seite benannt wurde.

Seit dem Zurückdrängen des Osmanischen Reiches ab dem Jahr 1683, dem Zeitpunkt der Niederlage Kara Mustafas vor Wien, trat das „Haus Österreich", wie das Habsburgerreich in Mitteleuropa genannt wurde, als geopolitische Inkarnation des römisch-universalistischen und damit imperialen Gedankens auf. Die Jahrhunderte lang um Moskau herum gesammelten russischen Länder gerieten zur kulturellen Antithese des „Heiligen römischen Reiches (deutscher Nation)". Im Dreikampf zwischen Kaiser, Zar und Sultan um Macht und Einfluss waren die Regionen und Völker des später so genannten „Ostmitteleuropa" geopolitische Manövriermassen. Vor allem das 19. Jahrhundert brachte dann auch ihre Instrumentalisierung für Interessen weit entfernt liegender westeuropäischer Mächte mit sich; insbesondere Großbritannien setzte sich über die nun modern gewordene nationale Frage in der Region fest. Mit dem Ende der großen europäischen Monarchien in Moskau, Wien und Konstantinopel/Stambul verbesserte sich die geopolitische Lage der zu klein geborenen osteuropäischen Nationalstaaten nur scheinbar. Dem deutschen Vormarsch Richtung Osten zwischen 1939/1941 und 1945 gelang die Integration dieses Raumes ebenso wenig wie dem russisch-sowjetischen Vereinnahmungsversuch. Seit 1989/1991 erlebt die Welt einen erneuten Versuch westeuropäischer Expansion. Wenig spricht dafür, dass diese langfristig ohne entscheidende Widersprüche bleiben wird.

Europa: Eine Begriffsgeschichte

Europa, so sah es der von Karl Jaspers und Martin Heidegger beeinflusste Philosoph Norbert Elias, sei die Teilhabe am Prozess der Zivilisation.[3] So einfach kann man es sich machen. So einfach gestrickt ist das Konzept eines universalistisch-imperialen Selbstbildnisses allerdings bereits seit langen Jahrhunderten. Elias bereitete die alte Idee einer Überlegenheit des Europäers nur für seine Zeitgenossen auf.

Wo die Römer die Welt nicht mehr verstanden, orteten sie Barbaren. Wo im mittelalterlichen westlichen Europa die Universalität des römisch-katholischen Glaubens nicht geachtet wurde, zogen Hunderttausende in Kreuzzügen gegen Ungläubige. Wo zwischen dem späten 16. und dem 18. Jahrhundert das Vordringen der katholischen Kirche auf falsch Getaufte stieß, versuchten des Papstes Osterweiterer mit relativem Erfolg die religiöse Unierung der orthodoxen Untertanen. Wo im Zeitalter der Nationswerdung Volk, Ethnos und Rasse zu politischen Kategorien emporstiegen, wurde die angebliche Minderwertigkeit der anderen völkisch, ethnisch, rassisch definiert. Wo im Jubel der Nachkriegszeit der Marshall-Plan für den kapitalistischen Wiederaufbau entworfen und sein kommunistisches Pendant mit der Embargopolitik des COCOM belegt wurde, sprach man zwecks leichterer Abgrenzung in Fortführung der alten römischen Selbstherrlichkeit von Zivilisations-, in unseren Tagen dann von Kulturgrenzen.

Mit dieser im herrschaftlichen Diskurs nie gebrochenen Kontinuität werden wir uns in der Folge auseinander setzen. Sie bestimmt auch zu Beginn des 3. Jahrtausends den westlichen, „europäischen" Zugang zu den Menschen und Regionen im Osten (und freilich auch im Süden); und sie ist gerade dabei, die Definitionsgewalt über den Europa-Begriff mit all seinen oben angedeuteten Zuordnungen auch in jenen östlichen Regionen zu erlangen, die dazugehören wollen.

Woher kommt die Benennung unseres Kontinents als „Europa"? Humanistisch Gebildeten ist Europa die von Zeus entführte und – je nach Lesart – beglückte oder vergewaltigte Tochter (in anderen Quellen: Schwester) des Phönix/Phoinix. Der die Frau in Gestalt eines Stiers raubende Göttervater ist in Allegorien sonder Zahl dargestellt. Die Herkunft des Namens für den europäischen Kontinent dürfte allerdings älteren Datums sein und nicht der griechischen Mythologie entstammen. Etymologisch leitet sich „Europa" vom assyrischen „erp" ab, was so viel wie düster, dunkel, finster bedeutet: wo die Sonne untergeht. „Asis" nannten demgegenüber die Assyrer das Helle, Leuchtende: wo die Sonne aufgeht, Asien. Wir spre-

chen heute noch von Abendland und Morgenland, vom Land, wo die Sonne unter-
bzw. aufgeht. Heute fällt die Ironie dieser Begriffsgeschichte niemandem mehr
auf: Ausgerechnet Europa wird als dunkel und düster, Asien hingegen als hell und
leuchtend bezeichnet. Das periphere, unbekannte, finstere Europa aus den Zeiten
asiatischer Hochkulturen hat seither einen begrifflichen Bedeutungswandel hinter
sich. Heute steht „Europa" – ganz im Gegensatz zu seiner sprachlichen Wurzel –
für Zivilisation, Fortschritt und ... Morgenland.

In der nachrömischen Geschichte tauchte der Europabegriff politisch manifest
erstmals in Zusammenhang mit Karl dem Großen auf, dem Frankenkönig, der sich
im Jahr 800 zum Römischen Kaiser krönen ließ. Sein Reich begriff der Herrscher
als wieder auferstandenes Imperium Romanum, seine Untertanen nannten ihn „Pater
Europae".[4] Inwieweit die Verquickung von römischem Reichsgedanken und Europa, die von bedeutenden Historikern für das ganze Mittelalter hindurch diagnosti-
ziert wird, dem damaligen Zeitgefühl oder wohl eher einer romantischen Interpretation desselben insbesondere im 19. Jahrhundert entsprach, ist schwer nachzu-
vollziehen. Fest steht allerdings, dass mittelalterliche Gelehrte diesen Konnex
zwischen altem Rom und Europa in der Debatte hielten. Für den sich selbst als
modernen Vorkämpfer der Europaidee begreifenden Richard Coudenhove-Kalergi jedenfalls „beginnt die europäische Idee im frühen Mittelalter als Heimweh
nach der Pax Romana".[5] Und wie der „römische Friede" waren die mittelalterlichen Europavisionen durchaus expansiv.

Ein besonderes Lehrbeispiel einer diesbezüglichen Ideologisierung, die dem
herrschaftlichen Zeitbild entsprechend die Vormachtstellung des – römisch-katholischen – Christentums im Auge hatte, gibt der Leibschreiber des französischen
Königs Philipp IV. zum Besten. Pierre Dubois, Jurist und Publizist im Dienste
seiner Majestät, verfasste im Jahr 1306 die Schrift „De recuperatione terrae sanc-
tae" („Über die Wiedergewinnung des Heiligen Landes").[6] Darin befasst sich der
Autor mit der Überwindung des königlich-päpstlichen Streites als europäische
Aufgabe, um endlich eine Eroberung des Heiligen Landes ins Werk setzen zu können. Der Europagedanke als Kreuzritteridee. Noch im 20. Jahrhundert hat dieser
Drang nach Eroberung als Grundmuster einer europäischen Ordnung den Paneuropäismus dermaßen beflügelt, dass er das Kreuzritterkreuz zu seinem Symbol wählte:
ein rotes Kreuz auf goldener Sonne. Dubois' Schrift, die in der historischen Forschung allgemein als europapolitischer Meilenstein verstanden wird[7], legt einen
bis heute für den Europagedanken konstitutiv gebliebenen Zusammenhang offen:
den zwischen Friedenssicherung im Inneren und Expansion nach außen. „Zur
Wiedereroberung und Behauptung des Heiligen Landes muß eine gewaltige Kriegs-
schar aufgeboten werden. Wenn so viele Menschen dorthin ziehen und dort bleiben sollen, wird es notwendig sein, daß die katholischen Fürsten in Eintracht leben
und keine Kriege gegeneinander führen."[8]

Im frühen 14. Jahrhundert bestand der das Mittelalter im Westen des Kontinents prägende Konflikt zwischen Papst und König bzw. Kaiser, zwischen geistiger und weltlicher Führung. An dieser Uneinigkeit zerbrachen die Ritter auf ihrem Weg nach Jerusalem. Pierre Dubois empfahl, wie viele nach ihm, zwecks Überwindung dieses Streites Expansion. Er wollte dies auf Kosten des Papsttums getan wissen, für die Umsetzung seiner und des französischen Königs Vorstellung von der Einheit Europas; andere wiederum standen mehr auf der Seite der Kirche, freilich auch diese im Auftrag der europäischen Idee. Gemeinsam ist ihnen allen das Junktim von ersehntem inneren Frieden und der missionarisch inspirierten Erweiterung. Dieses Konzept macht den aggressiven, vom Westen ausgehenden Europäismus aus.

Dem 17. Jahrhundert verdanken die Historiker die wohl kühnste Europaplanung. Beauftragt von Heinrich IV. verfasste der Herzog von Sully ein „Grand Dessin" für die Neugestaltung Europas für seine französische Majestät. Dieser mutmaßlich aus dem Jahr 1632 stammende „Große Plan" wurde in den kommenden Jahrzehnten mehrfach kopiert und tradiert, in Einzelheiten sicherlich auch verändert. Das „Grand Dessin" von Sully entwirft einen christlich-katholischen Staatenbund, der aus 15 Entitäten bestehen sollte, darunter den sechs erblichen Monarchien Frankreich, Spanien, England, Lombardei, Schweden und Dänemark. Europa – oder genauer: das, was Sully darunter verstand – sollte „in gleichem Verhältnis unter eine gewisse Anzahl von Mächten" aufgeteilt werden, „welche einander weder wegen ihrer Ungleichheit beneiden, noch in Absicht auf das zwischen ihnen nötige Gleichgewicht fürchten müssen. Ihre Zahl war auf 15 festgesetzt".[9] Das allseits als bahnbrechend bezeichnete „Grand Dessin" bezog gleichwohl klare geopolitische Positionen. Im Fadenkreuz dieses Sully'schen Europa lag die Habsburgermonarchie, deren staatliche Konsolidierung den anderen Monarchien, insbesondere Frankreich, gefährlich schien. Die 15 relativ gleichgewichtigen Föderaten aus der Feder Sullys sollten Wiens Begehrlichkeiten zügeln. Für den Osten des Kontinents hatte der Schreiber Heinrichs IV. nur Verachtung über: „Von Moskau oder Polen rede ich hier nicht: dieses ungeheure Land, welches sich auf sechshundert Meilen in die Länge und vierhundert in die Breite erstreckt, wird zum Teil noch von Götzendienern bewohnt, zum Teil auch von schismatischen Griechen und Armeniern, deren Gottesdienst mit tausenderlei abergläubischen Gebräuchen vermischt ist (...)."[10]

Gemeint war Sullys Reformeuropa als katholisches Bollwerk, verstanden nicht nur gegen die Heiden (Götzendiener), sondern auch gegen die von ihm nach der großen Trennung 1054 verächtlich als Schismatiker bezeichneten Griechen. Das waren nach damaligem vornationalem Sprachgebrauch alle orthodox Betenden, ob sie nun Slawen, Rumänen oder Griechen waren. Die Fürsten, die sich „nicht zur christlichen Religion bekennen" wollten, sollten „gänzlich aus Europa vertrieben" werden, so Sully weiter. „Wenn aber auch der Zar von Moskau (...) sich weigern sollte, der Verbindung beizutreten, so muß man ihn wie den Sultan behandeln, ihm seine europäischen Besitzungen rauben und ihn in Asien zurücktreiben." Das Europabild aus Zeiten Kardinal Richelieus hat sich in den kommenden Jahrhunderten fallweise laizistischer gegeben, die universalistische Basis blieb ihm jedoch bis in unsere Tage erhalten.

Das Zeitalter der aufkommenden Nationalismen im 19. Jahrhundert nationalisierte folgerichtig auch seine Europabilder. Im deutschen Sprachraum wurde der Drang nach Osten geradezu zu einem Synonym für den zivilisatorischen Auftrag, den die deutsche „Herrenrasse" zu übernehmen hätte. Als ein frühes Beispiel einer europäisch gemeinten und deutsch verstandenen Osterweiterung gilt der aus Berlin stammende Kulturphilosoph und Orientalist Paul Anton de Lagarde. Im November 1853 hält er einen Vortrag „Über die gegenwärtigen Aufgaben der deutschen Politik", in dem er Osteuropa am deutschen Wesen genesen lassen will: „Die Arbeit, die ich uns Deutschen zumuthe, ist gemeinsame Kolonisation. Erschrecken Sie nicht: den Schauplatz dieser Kolonisation denke ich mir nicht in fremden Erdteilen, sondern in unserer nächsten Nähe."[11] Der Begriff der Kolonisierung war Mitte des 19. Jahrhunderts offensichtlich so eng mit den französischen, englischen, spanischen und portugiesischen Eroberungen in fernen Kontinenten verbunden, dass es des überraschenden Hinweises von Lagarde bedurfte, in Osteuropa ähnliche Missionsaufgaben erfüllen zu können. Und wer, so Lagarde, wäre dafür mehr prädestiniert als die Deutschen?

Im nationalen Zeitalter geriet die katholische Kirche als ideologischer Treibriemen für im Kern wirtschaftlich inspirierte Erweiterungsexperimente nach und nach ins Hintertreffen. Lagarde schlug beispielsweise eine Art nationales Christentum als geistige Klammer für das deutsche Volk vor. Spätere Erweiterungstheorien kamen gänzlich ohne römisch-geistigen Schutz aus.

Das 20. Jahrhundert sah „Europa" nun endgültig als Kampfbegriff. Vorerst stritten zwei Schulen um sein Copyright. In Richard Coudenhove-Kalergi fand die Paneuropaidee einen umtriebigen Proponenten, während das deutsch-nationale Europabild mit der Machtergreifung Adolf Hitlers 1933 politisch zum Zuge kam. Kalergis Paneuropäismus griff inhaltlich auf die Wurzeln des Kreuzrittertums zurück, organisierte sich vereinsmeierisch, kokettierte mit großen Namen auf der Mitgliederliste, ohne politisch relevant zu werden. Seine Grundaussage blieb nichts sagend: „Das Ziel der Paneuropa-Bewegung ist der Zusammenschluß aller europäischen Staaten, die es wollen und können, zu einem politisch-wirtschaftlichen Staatenbund, gegründet auf Gleichberechtigung und Frieden."[12] Soweit der auf dem großen Gründungskongress im Herbst 1926 verabschiedete Konsens unter den 2.000 Mitgliedern. Der tschechoslowakische Republiksgründer Tomáš Masaryk lehnte eine Mitarbeit bei den Paneuropäern ab, der klerikal-reaktionäre Prälat und österreichische Bundeskanzler Ignaz Seipel hingegen präsidierte die Gründungskonferenz. In Deutschland gab der sozialdemokratische Reichstagspräsident Paul Löbe seinen Namen her, in Frankreich der Sozialist Léon Blum. Außer einem im Jahr 1924 erschienenen Manifest und mehreren Kongressen, die allerdings die Presse ob ihrer prominenten Teilnehmer eifrig kommentierte, blieb die Bewegung des Grafen Kalergi gesellschaftlich ohnmächtig.

Für Europa bestimmend sollte bald das deutsch gefärbte Europabild der Nationalsozialisten werden. Zwischen völkisch und europäisch schwankte die Terminologie, die die Eroberungspläne der Nazis begleitete. Als Widerspruch wurde dies allerdings kaum wahrgenommen. Volk und Europa waren im deutsch-nationalen Bewusstsein eins. Im Unterkapitel „Versuche deutscher Hegemonie im Osten" werden wir uns diesem Phänomen widmen.

Die Nachkriegszeit brauchte einige Jahrzehnte, um den Europabegriff wieder ideologisch eindeutig zu besetzen. Die geopolitische und militärische Zweiteilung des Kontinents musste erst überwunden werden, um „Europa" als Instrument geopolitischer Vergrößerung und wirtschaftlichen Wachstums benützen zu können. Seit 1989/1991 überschwemmt eine bislang in dieser Intensität nie gekannte mediale Meinungsmache West- und Ostteil des Kontinents. Seit die Wende im Osten als „Rückkehr nach Europa" gefeiert wird, expandieren die westlichen Interessen ungehemmt. Niemand fragt danach, wohin die so genannten Transformationsländer zurückkehren, ob es das Europa des Jahres 1945 ist, dem sie „genommen" wurden, oder jenes der 1920er und 1930er Jahre, als von Piłsudski in Polen bis Horthy in Ungarn nationalistische Diktatoren herrschten, die ihr Heil zeitweise in der Ankoppelung an die deutsche Erweiterung sahen bzw. sehen mussten, weil ihnen keine andere realpolitische Option offen zu stehen schien.

Von der „Rückkehr nach Europa" bis zur „EU-Osterweiterung" liegt ein konkret gewordenes Angebot zur Kolonisierung von Teilen des Ostens vor, im EU-Deutsch „Integration" genannt. Dies ist – außer zeitweise in der Slowakei und in Rumänien – von den Wendepolitikern der ehemaligen Ostblockstaaten dankbar aufgenommen worden. Ideologisch begleitet wird dieser Prozess von einer beispiellosen Apologetik, einer Zustimmung zur Erweiterung, die in deutschen Landen alle Parteien einschließt.

Wissenschaftlich setzte sich mit dieser beängstigenden Uniformität bislang kaum jemand auseinander. Der Begriff „Europa" ist sakrosankt geworden, laizistisch gemeint, versteht sich. Ein paar postmoderne Stimmen untermalen die allgemeine Expansionseuphorie, ohne dass sie letztlich substanziell anderes zu melden hätten als Norbert Elias. „Europa ist da, wo Menschen von Europa reden und schreiben, wo Menschen Europa malen oder in Stein meißeln, oder anders ausgedrückt, wo Menschen Europa imaginieren und visualisieren, wo Menschen in Verbindung mit dem Namen und dem Begriff Europa Sinn und Bedeutung konstituieren."[13] Diese als Gemeinplatz formulierte Beliebigkeit wehrt sich mit Nachdruck gegen jede geographische Festsetzung, würde dies doch Raum für unterschiedliche Europa-

Definitionen eröffnen. Sie vermittelt in neuer Diktion alte Weisheiten: Wo wir sind, dort ist Europa. Wo unsere Kultur Bestand hat, dort ist Europa.

Europas Teilungsgeschichte

Ein kulturell einheitliches oder politisch geeintes Europa hat es historisch nie gegeben. Neben den von Sozial- und Wirtschaftshistorikern wie Fernand Braudel zu Recht ins Treffen geführten unterschiedlichen Klimazonen, die Gesellschaften bis in ihre sehr verschiedenen sozialen Befindlichkeiten prägen, bestimmen herrschaftliche Einflüsse die Zugehörigkeit von Regionen und Menschen zu sozialen Gruppen und kulturellen Verbänden, wirtschaftlichen Zonen und politischen Räumen. Damit wollen wir uns in der Folge beschäftigen.

Das Römische Reich stand nicht nur dem mittelalterlichen Bild von „Europa" Pate. Roms geopolitisches Instrument zur Eroberung und später zum Schutz eroberter Gebiete war der „Limes". Ursprünglich als Begriff für Wege in schwer zugängliche Regionen in Gebrauch, verwandelte der „Limes" seine Bedeutung und wurde in den letzten Jahrhunderten des Imperium Romanum zu einer politischen und militärischen Konzeption: eine Übergangszone zwischen Reich und Barbaren, zwischen Sesshaften und Nomaden, zwischen Gesetz und Willkür. Innerhalb des Reiches herrschte die Pax Romana. Die Absicherung des sie umschließenden Vallums erforderte immense Kräfte. Am Rande des Römischen Reiches entwickelte sich eine eigene Limeskultur, die teilweise mit neuen Volkswerdungen einherging. Die bis heute üblichen Bezeichnungen für romanisierte Daker (Walachen) und romanisierte Kelten (Wallonen), die als Außenwächter des Römischen Reiches fungierten, als Vallumshüter eben, geben ein Bild von der Ausdehnung dieses römischen „Europa". Vom Norden Englands über Belgien und Süddeutschland entlang der Donau bis ans Schwarze Meer und an den Dnjestr erstreckte sich der Limes. Wer innerhalb wohnte, war römischer Bürger; außerhalb des Reiches lebte man als Barbar.

Die ständigen Versuche Roms, die Pax Romana territorial auszuweiten, waren große militärische Kampagnen, die Generationen von Soldaten beschäftigten. Zuletzt verstand es der Kaiser, weniger Römer als vielmehr so genannte „foederates" für das Imperium kämpfen zu lassen. Eroberung brachte freilich kaum Befriedung und meist keinen Frieden, wie uns auch Tacitus wissen lässt, wenn er im Zusammenhang mit römischen Erweiterungen von der „Verödung oder Verwüstung spricht, die man Frieden nennt" (ubi solitudinem faciunt, pacem appelant).[14]

Nach der Teilung in eine West- und eine Osthälfte und dem schließlichen Zusammenbruch des Weströmischen Reiches dominierte der von den beiden christlichen Zentren Rom und Byzanz gleichermaßen und teilweise gegeneinander geführte Kampf um die Seelen der Menschen das gesamte erste Jahrtausend. Die

Christianisierung war der zentrale Hebel zur Erweiterung der eigenen Macht. Von Westrom aus erfolgte sie spätestens seit Karl dem Großen, dessen Reich im Jahr 814 seine größte Ausdehnung besaß – durch Kreuz und Schwert, die so genannte „Kreuzmission" des Ostens.

Während die Franken unter Karl dem Großen Gottes Botschaft über den Rhein hinaus bis Sachsen und Bayern und im Südosten Richtung pannonische Tiefebene mit Feuer und Schwert verkündeten, verlief die Christianisierung im Großmährischen Reich in der Mitte des Kontinents – das heutige Böhmen und Mähren, die Slowakei, Teile Ungarns und Polens umfassend – mit vergleichsweise friedlichen Mitteln. Auch im Kampf der Liturgien aus West und Ost kann man die unterschiedlichen Methoden der Christverkündung erkennen. Die Missionssprache Roms war das Lateinische, was den an Gottes Verkündung heranzuführenden Germanen und Slawen jede Möglichkeit raubte, zu verstehen, zu welchem Glauben sie bekehrt werden sollten. Byzanz sandte demgegenüber der slawischen Sprache mächtige Missionare ins Großmährische Reich. Als der großmährische Fürst Rastislaw im Jahr 862 Byzanz gegen die immer häufiger werdenden Awareneinfälle um Hilfe bat, entsandte der oströmische Kaiser Michael III. unter anderen zwei seiner besten Missionare: Konstantin (Kyrill) und Michael (Method). Die beiden vervollkommneten eine aus dem Altbulgarischen/Altkirchenslawischen destillierte eigene Schrift, die Glagoliza, die später von ihrem Schüler Ochrodski verändert und als Kyrilliza kodifiziert wurde. Den missionierten Slawen des Großmährischen Reiches war Gottes Wort verständlich, was allerdings nicht verhindern konnte, dass das slawische Großreich unter den Hufen der madjarischen Pferde zerstob.

Selbst das Vordringen der asiatischen Reitervölker nach Europa spiegelt den Kampf der beiden Roms um die geistige und politische Vorherrschaft wider. Als 955 die Ungarn in der Schlacht am Lechfeld, die tatsächlich westlich von Augsburg stattfand, von König Otto I., dem späteren Kaiser des Heiligen Römischen Reiches, vernichtend geschlagen wurden, war dies auch ein Sieg Roms über Byzanz. Noch auf dem Schlachtfeld ließ Otto den ungarischen Heerführer Horka Bulcsu hängen, um ihn symbolhaft und weithin sichtbar seiner – der Taufe in Byzanz zugeschriebenen – Heilkraft zu berauben. Die von den germanischen und slawischen Soldaten in den Karpatenbogen zurückgedrängten Ungarn wechselten schnell das christliche Logo.

Die Anpassung an die christliche Ordnung lateinischer Prägung definierte das Ungarntum von nun an als Vorposten des Westens. Der Legende nach nahm der Ungarnkönig Stephan der Heilige im Jahr 1000 von Papst Sylvester II. die Stephanskrone als apostolischer König an, heiratete eine bayrische Prinzessin und führte auf seinem Herrschaftsgebiet das fränkische Recht ein. Anlässlich der Milleniumsfeier am 20. August 2000 wurde ganz Ungarn in einem pompös gehaltenen Staatsakt an dieses Ereignis erinnert. Mehr noch: Ausgerechnet der Regierung

Orbán ist es dabei gelungen, dass erstmals in der Geschichte des seit 1054 gespaltenen Christentums ein – allerdings vor dem Schisma geschichtsmächtig gewordener – römischer Heiliger, jener Stephan eben, auch von Byzanz heilig gesprochen wurde. Der Patriarch von Konstantinopel, Bartolomaios, nahm im Zuge eines Staatsaktes die orthodoxe Weihe vor. Die *Neue Zürcher Zeitung* vom 21. August 2000 berichtet über diese Tausendjahr-Feier: „Zu einem späteren Zeitpunkt betraten kleine Militärdelegationen von Mitgliedern der atlantischen Allianz den Platz und präsentierten die Fahnen ihrer Länder. Nach einer für den Anlass komponierten 'Milleniumsode', die tausend Kinder vortrugen, hielt Ministerpräsident Orbán eine kurze Rede. Als deren Leitmotiv kehrte das Wort 'Traum' immer wieder: der unwahrscheinlich erscheinende Traum des heiligen Königs, dass seine Staatsgründung von Dauer sein könnte, ein Traum, der aber durch ungarische Zähigkeit und Beharrlichkeit, trotz Schicksalsschlägen, namentlich im 20. Jahrhundert, zur Wirklichkeit geworden ist." Der Akt der orthodoxen Heiligsprechung Stephans versöhnte symbolisch das neue, postkommunistische Ungarn mit einem Teil seiner Geschichte, mit den vor über tausend Jahren von Byzanz getauften ungarischen Heerscharen, die in Europa einfielen. Eine Überwindung der den Kontinent spaltenden geistigen Linie konnte die späte byzantinische Heiligsprechung schon deshalb nicht bewerkstelligen, weil sich Bartolomaios' Akt auf ein Leben vor dem großen Schisma bezog.

Das große Morgenländische Schisma, datiert mit dem Jahr 1054, zog eine klare Grenze zwischen dem römischen Patriarchat und den vier christlichen Ostkirchen in Konstantinopel, Alexandria, Jerusalem und Antiochia. Bereits ab dem 9. Jahrhundert war der von Rom und Byzanz geführte Kampf um die Seelen Ausdruck territorialer Erweiterungswünsche. Der Patriarch von Rom erhob zunehmend Ansprüche, einziger Kaiser der Christen zu sein, und versuchte bereits mit den gregorianischen Reformen sich als den Kirchen im Osten übergeordnet darzustellen. Nach einem konkret geführten Streit um Einfluss in Süditalien schickte Rom einen Gesandten nach Konstantinopel. Als der Konflikt nicht beigelegt werden konnte, legte der römische Botschafter eine offensichtlich bereits vorbereitete Exkommunikationsbulle gegen den Patriarchen von Konstantinopel in der Hagia Sophia nieder. Damit war das Kriegsurteil gegen Ostrom ausgesprochen. Es sollte mittlerweile fast tausend Jahre überdauern.

Seit damals teilt eine imaginäre, gleichwohl sehr reale Linie den Kontinent in einen lateinisch-römischen und einen griechisch-orthodoxen Glaubens- und Lebensraum. Und während der im Westen zwischen Kaiser und Papst, Staat und Kirche bestehende Dualismus eine wirtschaftliche und viel später während der Aufklärung auch eine ideologische Dynamik in Gang setzte, verharrte Ostrom – ironischerweise gerade wegen einer dort starken politischen Zentralgewalt, deren Struktur nach dem Fall Konstantinopels ab 1453 auch die Osmanen übernahmen – in Kontemplation. Der universalistische Anspruch auf Führung Europas in geistiger/kultureller und wirtschaftlicher Hinsicht führte im Westen innerhalb der Gesellschaften zu einer relativ starken ethnischen Homogenisierung und nach außen zur Kultur des Kreuzrittertums, die expansiv und eroberungssüchtig war.

„Kein Land östlich des Bug ist nach Religion und Ethnizität ähnlich homogen, wie die Länder Westeuropas in den letzten Jahrhunderten durch Genozide und Vertreibungen, durch Umsiedlungen und nicht zuletzt durch staatliche Schulpolitik gemacht wurden"[15], meint der Russlandexperte und Historiker Hans-Heinrich Nolte. Was Nolte für die Weiten der russischen Steppe beschreibt, gilt freilich auch für Ost- und Südosteuropa, für jenen Teil des Kontinents, der dem orthodoxen Kulturraum zuzuschreiben ist. Die Eroberungen der Osmanen nach 1453 und insbesondere nach der Schlacht bei Mohać im Jahr 1526, als große Teile Ungarns unter die Verwaltung der Hohen Pforte gerieten, änderten daran wenig. Ihre tributär ausgerichtete Ökonomie wollte weder die geistigen Grundlagen der besiegten Völker erfassen noch gar deren Ethnizität angreifen. Letzteres begriff freilich auch im Westen die dynastische Herrschaft bis ins 19. Jahrhundert nicht als ihren historischen Auftrag. Für die Nationalisierung der Gesellschaften brauchte es ein sich vom Dynastischen emanzipierendes Bürgertum, das ab der Französischen Revolution Rasse, Nation und Ethnos auf seine Fahnen schrieb.[16]

Der große religiöse Bruch, der seit 1054 das Christentum teilte, wurde in der Mitte Europas gegen Ende des 17. Jahrhunderts nochmals verstärkt spürbar. Mit der Zurückdrängung der Osmanen nach der Schlacht um Wien 1683 und der Einverleibung des unter osmanischer Suzeränität stehenden Siebenbürgen gab es plötzlich eine große Zahl orthodox betender Untertanen in der Habsburgermonarchie. 1697 beschloss die orthodoxe Kirche Transsilvaniens unter Druck und Versprechungen Wiens die Union mit Rom, die 1700 auf einer orthodoxen Synode in Alba Iulia bestätigt wurde.[17] Der römisch-katholische Kaiser aus Wien billigte daraufhin der nunmehr griechisch-katholischen Geistlichkeit den Status einer „natio", eines ständischen Körpers, zu. Unierung bedeutete die Anerkennung des Papstes als Primus der Christenheit bei gleichzeitiger Beibehaltung der orthodoxen byzantinischen Riten. Die siebenbürgischen Walachen, wie die zeitgenössische Bezeichnung für die Rumänen lautete, erhielten als römische Christen ebenfalls das Recht auf ständische Vertretung. Allerdings nur theoretisch, denn praktisch verhinderten die großteils protestantischen ungarischen Adeligen die Anerkennung ihrer bäuerlichen Untertanen als „natio" der unierten Rumänen.

Das habsburgische Modell einer Unierung der Orthodoxen mit Rom scheiterte am Widerstand der lokalen Feudalherren, die ihre Privilegien gefährdet sahen. Knapp 100 Jahre später probierte es Joseph II. noch einmal. Über den Transmissionsriemen des Aufbaus einer „Militärgrenze" – in Siebenbürgen ab 1764 – versuchte der Kaiser direkte Befehlsgewalt über die walachischen Untertanen zu erhalten.[18]

Die vom Habsburgerreich gegen die Osmanen errichtete Militärgrenze (Confinium militare; oder auf Slawisch: vojna krajina) bildete bereits ab der Mitte des 16. Jahrhunderts einen wahrhaften Riegel zwischen West- und Osteuropa. Mit ihr erhielt die „Vormauer der Christenheit" – gemeint: der römischen Christenheit – militärische Ausprägung. Von Wien in Form eines Patents erteilte Privilegien sicherten ab dem Jahr 1535[19] Siedlern in genau definierten Grenzräumen den Status von Wehrbauern zu. Diese Wehrbauern erhielten Land, sie waren dem Hof in Wien direkt unterstellt und nicht dem lokalen Adel ausgeliefert. 1535 formierte sich die erste Militärgrenze im südlichen Krain, wo vor den Osmanen geflohene Kroaten, Serben und Bosnier das Land kultivierten und gegen die Ungläubigen sicherten. Im 18. Jahrhundert wies die habsburgische Militärgrenze eine Länge von 1.750 Kilometern auf und reichte von der Adria bis in den Karpatenbogen. Erst 1881 kam es zur Kassierung dieser „Vormauer". Und im Jahr 1995 vertrieb die kroatische Armee mit ihrem Angriff auf 300.000 Serben aus der Krajina und aus Westslawonien die letzten Nachkommen dieser ehemals habsburgischen Militärgrenze.

Die ab Anfang des 15. Jahrhunderts um sich greifende Reformationsbewegung im römisch-katholischen Kulturkreis, die unter der hussitischen und taboristischen Bewegung Böhmen und weite Teile Niederösterreichs in ihren Bann gezogen hatte, ist in deutschen Geschichtsbüchern mit dem 31. Oktober 1517 datiert, als Martin Luthers Reformthesen in Wittenberg veröffentlicht wurden. In der Folge entwickelte sich aus dem Protestantismus ein Instrument der deutschen Bischöfe gegen den römischen Papst. Diese Form der Nationalisierung des universalistischen römischen Anspruches bedeutete indes keine Abkehr vom Expansionswillen, der bei den Evangelischen in den kommenden Jahrhunderten allerdings eine zunehmend wirtschaftliche Schlagseite aufwies. Die große europäische Scheidelinie entlang der schismatischen Teilung im Jahr 1054 blieb davon weitgehend unbenommen, sieht man davon ab, dass sich Protestanten nach 1526 im dann osmanischen Teil Ungarns kulturell entfalten konnten.

Nach dem Untergang der weite Teile Europas und insbesondere den Osten beherrschenden Reiche des Moskauer Zaren, des Wiener Kaisers und des Sultans in Konstantinopel formierten sich 1918 die restlichen, beim Berliner Kongress von 1878 zu kurz gekommenen Nationen zu (Klein-)Staatsgebilden. Die Pariser Vorortverträge von Versailles, Saint-Germain und Trianon ordneten die Mitte des Kontinents neu. Der ungarische Historiker István Bibó spricht in diesem Zusammenhang vom „Elend der Kleinstaaterei"[20]. Sein Schüler Jenő Szűcs formt daraus retrospektiv drei historische Regionen in Europa[21], wobei er den zwischen Westeuropa und Russland liegenden Raum als eine dritte historische Region begreift. Der polnische Historiker Oskar Halecki[22] nennt diese kontinentale Mitte „Ostmitteleuropa", wobei er Deutschland davon explizit ausgeschlossen wissen will. Zwischen den Pariser Verträgen und dem Münchner Abkommen 1938 klingt der Ausschluss Deutschlands auch für Hans-Heinrich Nolte[23] plausibel. Die von den Siegermächten des Ersten Weltkrieges gewollte objektive geopolitische Schwäche „Ostmitteleuropas" und die Unerfahrenheit der neu an staatliche Macht gekommenen Politiker führten dazu, dass fast jedes dieser neuen Länder im Streit um territoriale Ansprüche oder ethnische Säuberungen Bündnisse mit westeuropäischen Mächten suchte. So sprang die Mitte Europas in der Zwischenkriegszeit als Spielball auswärtiger Interessen im geopolitischen Raum umher, bis sich im Zuge des deutschen Vormarsches ab 1938 die vor allem französische Vorstellung, „Ostmitteleuropa" von Berlin abtrennen zu können, ad absurdum führte. Der deutsche Drang nach Osten endete sieben Jahre später im Debakel.

Osterweiterung – historisch gesehen

An dieser Stelle seien kurz die wichtigsten Daten historischer Osterweiterungsprojekte in Erinnerung gerufen. Keineswegs soll damit jener „Drang nach Westen" klein geschrieben werden, den der Kontinent in den vergangenen tausend Jahren über Reiterheere aus den Steppen Asiens, über muslimische Truppen aus Kleinasien oder über zaristisch inspirierte Expansionen zu spüren bekommen hat. Der derzeitigen geopolitischen und wirtschaftlichen Situation entsprechend wird das Interesse allerdings auf die vom Westen betriebenen Vormärsche fokussiert, ohne freilich direkte Vergleiche mit dem sehr spezifisch entwickelten aktuell stattfindenden Ostdrang suggerieren zu wollen. Allein, die von Rom, Wien, Paris, Berlin oder Brüssel ausgegangenen oder ausgehenden Erweiterungspläne haben oft schon ihrer historischen Dimension wegen geopolitisch oder wirtschaftlich strukturelle Ähnlichkeiten mit ihren historischen Vorläufern.

Beginnen wir poströmisch. Gleichzeitig mit den zwischen dem 11. und 13. Jahrhundert in ihrer Blüte stehenden Kreuzzügen rollten im 12. und 13. Jahrhundert mehrere große Wellen von Siedlungsbewegungen der aufgehenden Sonne entgegen. Während die Ritter des Papstes und des Kaisers im römisch-christlichen Auftrag ihr Blut auf den Schlachtfeldern vor Jerusalem gaben, zogen Hunderttausende aus links- und rechtsrheinischen Gefilden zur Blutauffrischung des europäischen Ostens ins Siedlerabenteuer. Diese von Historikern gern als „germanische Mission" bezeichnete Ostkolonisation erfasste Mitte des 13. Jahrhunderts Böhmen und Mähren, Pommern, Pannonien und Siebenbürgen, bis 1300 Schlesien sowie das kleinpolnische Land um Krakau und im folgenden Jahrhundert bereits Regionen südlich des Karpatenbogens.[24] Die „deutschen" Siedler, in manchen Gegenden auch als „Sachsen" bezeichnet, brachten moderne Erntegeräte, Techniken im Städtebau sowie ein Lübisches Stadtrecht (im Norden) oder ein Magdeburger Stadtrecht (im Südosten) und auch handwerkliche Fähigkeiten mit. Aus diesen Gründen wurden sie auch von lokalen Fürsten planmäßig angesiedelt, denen eine Kultivierung des Landes höhere Einnahmen versprach.

Die Privilegien dieser „deutschen Ostsiedler" führten in der Folge zu einer vorerst in ihrer ethnischen Dimension nicht wahrgenommenen Klassengesellschaft. Für Slawen und Walachen bildeten die „Sachsen", „Schwaben" und wie sie sonst noch bezeichnet wurden, eine Oberschicht, die der tschechische Historiker und Führer der Alttschechen im österreichischen Herrenhaus, František Palacký, „räuberisch" nannte. Er verglich sie 1867 in seinem Hauptwerk „Geschichte von Böhmen"[25] mit Hunnen und Awaren, die über die altslawische Demokratie hergefallen waren. Diese der nationalen Sichtweise der zweiten Hälfte des 19. Jahrhunderts entsprechende Vorstellung ahmte tschechischerseits jenen romantischen Deutschnationalismus nach, dessen ideologische Wurzeln fast überall in Osteuropa Früchte getragen haben. Tatsächlich sicherten sich die deutschsprachigen Siedler in der Habsburgermonarchie über die Anerkennung als „natio" politischen Einfluss, der ihrer wirtschaftlichen Vormachtstellung entsprach.

Der Aufbau von Kontoren an den Küsten im Norden (die Hanse) sowie die mit militärischer Disziplin ausgeführten Erweiterungen durch den Deutschen Orden komplettierten die mittelalterliche Expansion Richtung Osten.

Kriegerischer Natur waren die westlichen Vormärsche im Anschluss an die osmanische Niederlage vor Wien im Jahr 1683. Schon den Sieg der Hohen Pforte bei Mohać 1526 hatten die Habsburger nützen können, um ihren Einfluss auf Böhmen (Prag) und Oberungarn (Poszony/Pressburg) auszuweiten. Um wie viel ehrgeiziger war ihr Drang nach Osten nach der osmanischen Niederlage 150 Jahre später! Das Heer Prinz Eugens focht nach der Schlacht um Wien 1683 die Muslime bis hinter Belgrad zurück, das ganze historische Ungarn kam unter Wiener Verwaltung. Ein Jahrhundert später, 1772/1775, setzte sich Österreich im Zuge der polnischen Teilungen in Galizien fest, zur selben Zeit erfolgte die Annexion der Bukowina. Die Friedensverhandlungen von Kütschük-Kainardschi anschließend an den dritten russisch-türkischen Krieg beruhigten für eine Weile den Wettstreit zwischen Österreich und Russland um die Erbschaft der Osmanen auf dem Balkan. Russland erhielt Mitspracherechte in den an Konstantinopel tributpflichtigen Fürstentümern Moldau und Walachei, Österreich annektierte die Bukowina, die ein geopolitisches Bindeglied zwischen Galizien und Siebenbürgen darstellte. In Abmachung mit dem Zaren gelang den Habsburgern damit ein weiteres Zurückdrängen des Sultans. Der Wiener Hof hatte Ende des 18. Jahrhunderts mehr Untertanen denn je. Ihre Erfahrungen mit der Zentralmacht und dem lokalen Feudaladel bestimmten das Verhältnis der nachfolgenden Generationen zu Wien.

Siederkolonisation existierte noch bis in die zweite Hälfte des 18. Jahrhunderts hinein. Die Habsburgerin Maria Theresia ließ beispielsweise aufmüpfige Bauern und bekehrungsunwillige Protestanten per „Wasserschub" in die Banater Sümpfe verschiffen. Die Nachfahren dieser Strafkolonien wie auch der bereits im Mittelalter angesiedelten „Deutschen" verließen allesamt in den 1990er Jahren die postkommunistisch gewordenen Länder und beeendeten damit nach über 900 Jahren – vorerst – die Geschichte der Deutschkolonisten im Osten.

Trotz Rückschlägen im Westen wie den Niederlagen bei Solferino (1859) und Königgrätz (1866), die Vorboten für die spätere Auflösung des Reiches waren – im Osten ging die Expansion weiter: Beim Berliner Kongress im Jahr 1878 erhielt Österreich das Besatzungsrecht über Bosnien-Herzegowina. 83.000 Soldaten in Habsburger-Uniformen fielen in Südslawien ein. Die Besetzung forderte einen hohen Blutzoll, Sarajewo wurde österreichisch. Geopolitisch hatte der Berliner Kongress aber auch gezeigt, dass England und Bismarck-Deutschland – neben Russland und dem weiter zurückweichenden Konstantinopel – längst kräftige Akteure im Osten geworden waren. Immerhin war 50 Jahre zuvor mit englischer Hilfe Griechenland gegründet worden. Deutschland setzte nun für die Nationalstaaten des Balkan auf das moderne sprachnationale, also auf das „preußische Modell" anstelle der traditionsreichen österreichischen dynastischen Reichsidee; in der Walachei wurde nach diesem „preußischen Modell" ein Hohenzoller als erster rumänischer Nationalkönig eingesetzt.[26]

Der fast irridentistisch wirkende Vorstoß Napoleons Anfang des 19. Jahrhunderts tangierte Europas geopolitische Struktur, bezogen auf das Verhältnis zwischen Ost und West, wenig. Nachträgliche Interpretationen, auch jene des Kaisers selbst, der in seiner Festungshaft auf Sankt Helena zu philosophieren begann, haben daraus den Versuch einer „sozialen Wiedergeburt Europas" gemacht oder eine späte, missglückte Umsetzung des Sully-Plans zur Streichung Russlands und Österreichs von der europäischen Landkarte geortet. Geblieben sind von Napoleons wahnhaften Eroberungsplänen nur die Schlachtfelder, er konnte weder die Teilung des Kontinents noch eine französische Dominanz im Osten und schon gar nicht ein neues Gesellschaftsmodell durchsetzen. Im Sieg der Restauration über Napoleons großeuropäisch angelegten Vormarsch wurzelte eine 40 Jahre überdauernde „christliche Republik".[27] In dieser „Akte der Heiligen Allianz" (1815) zwischen Österreichs Kaiser Franz I., dem Preußenkönig Friedrich Wilhelm III. und Zar Alexander I. Pawlowitsch einen Vertrag zur Einigung Europas sehen zu wollen, bedarf es viel Phantasie. Die kurzfristige politische Zweckgemeinschaft, im gemeinsamen Widerstand gegen den Franzosenkönig entstanden, entwickelte keine wirtschaftliche oder gesellschaftliche Dynamik. Sie zerfiel bald.

Der deutsche Drang nach Osten fand 1918/19 sein jähes Ende, mit den Pariser Vororteverträgen wurde der deutsche (und österreichische) Einfluss in Osteuropa kassiert. Bis die Hitlerbewegung sich an die Spitze der Expansionsinteressen des deutschen Kapitals stellte und zum neuerlichen großen Marsch in Richtung Osteuropa blies.

Versuche deutscher Hegemonie im Osten

Der Tiefpunkt deutscher Großmacht im Jahr 1919, als in Versailles die Sieger-mächte Reparationen, Abtretungen und Anschlussverbote durchsetzten, provozierte neue, vorerst geistige Höhenflüge deutscher Hegemonialwünsche. Diese kamen in drei Gestalten auf die Welt: als mitteleuropäische Idee, als deutsch-nationale Erret-tung und als europäische Vision.

Mitten im Ersten Weltkrieg schrieb Friedrich Naumann, Politiker und Mitglied des deutschen Reichstages, ein Programm für eine mitteleuropäische Wirtschafts-gemeinschaft unter dem Titel „Mitteleuropa".[28] Er war sich dessen bewusst: „Wäh-rend ich dies schreibe, wird im Osten und Westen gekämpft. Absichtlich schreibe ich mitten im Krieg, denn nur im Krieg sind die Gemüter bereit, große umgestal-tende Gedanken in sich aufzunehmen."[29] Naumanns Mitteleuropa war ein deutsch geführtes. Er sprach von einem „Zusammenwachsen derjenigen Staaten, die we-der zum englisch-französischen Westbunde gehören noch zum russischen Reiche", vor allem aber vom „Zusammenschluß des Deutschen Reiches mit der öster-reichisch-ungarischen Doppelmonarchie".[30] „In dieser heraufziehenden Geschichts-periode (...) ist Preußen zu klein und Deutschland zu klein und Österreich zu klein und Ungarn zu klein."[31] Was Bismarck verabsäumt hatte, die großdeutsche Lö-sung, Naumann propagierte sie: Zwei Kaiserreiche mit all ihren Randgebieten sollten bis weit nach Osten die Fahnenstange Mitteleuropas setzen. „Mitteleuropa wird im Kern deutsch sein, wird von selbst die deutsche Welt- und Vermittlungssprache gebrauchen, muß aber vom ersten Tag an Nachgiebigkeit und Biegsamkeit gegen-über allen mitbeteiligten Nachbarsprachen zeigen, weil nur so die große Harmonie emporwachsen kann, die für einen allseitig umkämpften und umdrängten Groß-staat nötig ist."[32] So hörte sich damals, mitten im Völkerschlachten, die moderne Version des Multikulturalismus an.

Wirtschaftsmagnaten hatten sich schon vor dem Ersten Weltkrieg mitteleuropä-isch formiert, im 1904 gegründeten „Mitteleuropäischen Wirtschaftsverein" trafen sie sich und diskutierten ihre – heutigen Vorstellungen gar nicht so fremde – Sicht Europas: „Faßt man die Gründe des Aufschwunges Amerikas ins Auge, so wird mit in erster Linie das ungeheure und absolut gleichförmige Absatzfeld zu nennen sein. Auch in Europa läßt es sich vergrößern bei einer Verständigung darüber, für welche Spezialitäten der Industrie des einen und des anderen Landes auch das andere ihr offen bleiben soll."[33] Mitteleuropa, durchwegs deutsch gedacht, war immer auch verbunden mit der Vorstellung einer „Großraumwirtschaft". Genau an diesem Begriff kreuzt sich der mitteleuropäische mit dem deutschnationalen Be-griff einer Modernisierung Europas im Dienste seiner geopolitischen Mitte.

Der Sieg der Nationalsozialisten im Jahr 1933 ließ Begriffe wie Mitteleuropa oder Paneuropa aus der Mode kommen. Nun war, durchaus parallel und ohne großen Widerspruch, von deutsch und europäisch die Rede, wenn es galt, die Expansion nach Osten zu legitimieren.

Seit den Schriften des Volkswirtschaftlers Friedrich List[34] im Vormärz der 1840er Jahre geisterte die Idee vom wirtschaftlichen „Großraum" durch ganze Generationen von Nationalökonomen. Der damalige Kampf um die deutsche Zollunion, von List theoretisch geführt und auch praktisch angeleitet, sollte mit einem merkantilistischen, nach außen die heimische Wirtschaft schützenden Konzept einen solchen deutsch geführten Großraum schaffen. Der Gedanke des Nachholens gegenüber den kolonialen Weltmächten Großbritannien und Frankreich findet sich in vielen Schriften auch in den 1930er Jahren. Mit dem von einem überwiegenden Teil der deutschen Gesellschaft, nicht nur den Industriellen und Rechten, als Schmach empfundenen Friedensvertrag von Versailles war die Lunte gelegt, diesen Großraum auch politisch umzusetzen.

Die Idee des deutschen Vormarsches war eine europäische. Das kommt in Hunderten von wissenschaftlichen Schriften, politischen Erklärungen und Aktionstagen zum Ausdruck. Sowohl vor als auch mitten im Zweiten Weltkrieg bestimmte der – deutsche – Europagedanke die Politik der führenden Kräfte. In einer Denkschrift über die Errichtung einer „Zentralstelle für europäische Großraumwirtschaft" brachte der Industrielle und Leiter der Abteilung Außenhandel im Außenpolitischen Amt der NSDAP, Werner Daitz, 1936 seine auf Erweiterung nach Osten basierende Europavision zum Ausdruck: „Die Freiheit, die Ehre und die Selbständigkeit jedes Volkes und jeder Volkswirtschaft ist die unerläßliche Voraussetzung einer neuen fruchtbaren europäischen Arbeits- und Kulturgemeinschaft. Eines neuen kontinentaleuropäischen Wirtschaftskreislaufes, der allein den Lebens- und Kulturstandard der europäischen Völker wieder heben kann. Europa den Europäern! (...) Deutschland, in der Mitte des europäischen Kontinents gelegen, ist an erster Stelle verpflichtet, diese Aufgabe der Errichtung einer kontinentaleuropäischen Großraumwirtschaft nicht nur zu verkünden, sondern auch handelspolitisch-praktisch zu betätigen. Deutschland ist in dieser Hinsicht verantwortlich für Europa."[35] Europa den Europäern!, lautete also die Devise in gewissen Kreisen nationalsozialistischer Unternehmer. Dass der europäische Charakter des Expansionsstrebens im Berlin der 1930er Jahre keine Randerscheinung war, zeigt ein Blick in die politisch-praktische Europa-Aktivität Deutschlands der Jahre 1933 bis 1945: Neben der in der NSDAP gegründeten „Zentralstelle für europäische Großraumwirtschaft" entstanden u.a. eine „Gesellschaft für europäische Wirtschaftsplanung und Großraumwirtschaft", eine „Deutsche Weltwirtschaftliche Gesellschaft", das „Institut für Weltwirtschaft" in Kiel, das „Institut für Großraumwirtschaft" in Heidelberg, ein „Reichskommissariat für Großraumwirtschaft" und die Idee zu einem „Wirtschaftsbündnis europäischer Staaten (W.E.St.)". Werner Daitz, eine der führenden Unternehmerfiguren in der NSDAP und ab 1931 Mitglied in deren Reichsleitung, mahnte immer wieder den Blick aufs Ganze ein: „Wenn wir den europäischen Kontinent wirtschaftlich führen wollen, wie dies aus Gründen der wirtschaftlichen Stärke des europäischen Kontinents als Kernraum der weissen Rasse unbedingt erforderlich ist und eintreten wird, so dürfen wir aus verständlichen Gründen diese nicht als eine deutsche Großraumwirtschaft öffentlich deklarieren. Wir müssen grundsätzlich immer von Europa sprechen, denn die deutsche Führung ergibt sich ganz von selbst und aus dem politischen, wirtschaftlichen, kulturellen, technischen Schwergewicht Deutschlands und seiner geografischen Lage."[36]

Ähnliches, ebenfalls bereits mitten im kriegerischen Prozess der Osterweiterung, hörte man vom Vorstandsmitglied der Deutschen Bank, Hermann Josef Abs, am 25. Oktober 1940: „Heute bietet der europäische Raum unserer politischen Einflußsphäre reiche und lohnende Möglichkeiten, um den Rahmen unserer Leistungsfähigkeit zu füllen. Die Aufgaben, die hier der Lösung harren, sind so groß, daß neben uns auch unsere hochentwickelten Nachbarländer ein weites Feld für ihre Kapitalausfuhr finden werden. Man denke nur an eine den Gesamtbedürfnissen des Großraums Rechnung tragende Ausgestaltung des Verkehrswesens."[37] Abs' Deutsche Bank, eine der großen Gewinnerinnen des deutschen Vormarsches (allein in der Ostmark übernahm sie nach 1938 die Mehrheit an der größten österreichischen Bank[38]), exerzierte den Gleichschritt zwischen führender deutscher Nation und Europavision musterhaft vor. Nach der Niederlage Hitlers durfte Hermann Josef Abs weitermachen, organisierte die Kreditanstalt für Wiederaufbau und war bis 1976 Aufsichtsratsvorsitzender der Deutschen Bank, ab 1976 deren Ehrenvorsitzender.

Auf höchster politischer Ebene apportierte man die europäischen Vorgaben der deutschen Industrie. Reichswirtschaftsminister Walther Funk schrieb an den Reichsmarschall des Großdeutschen Reiches, Hermann Göring, am 6. August 1940 „betreffs: Kontinental- und Grossraumwirtschaft: ich gehe davon aus, dass die Eingliederung der besetzten Gebiete in die grossdeutsche Wirtschaft und der Neuaufbau einer europaeischen Kontinentalwirtschaft unter deutscher Fuehrung (...) durch eine Reihe von Einzelmassnahmen erreicht werden muss. Massgebend muss dabei sein, die europaeischen Volkswirtschaften so vollkommen und eng wie moeglich mit der grossdeutschen Wirtschaft zu verflechten".[39] Gegen Kriegsende hin wurden die Vorstellungen der Nationalsozialisten über Europas Neuordnung geradezu visionär, nachkriegsvisionär. Schon am 21. März 1943 schlug Hitlers prominentester Außenpolitiker, Joachim von Ribbentrop, die Gründung eines europäischen Staatenbundes vor[40], der – und das klang im März 1943 doch ein wenig zynisch – für alle Zeiten dem Kontinent Frieden sichern sollte. Ein Entwurf für eine Denkschrift des Auswärtigen Amtes über die Schaffung eines „Europäischen Staatenbundes", im September 1943 offensichtlich bereits unter dem Eindruck einer möglicherweise bevorstehenden Niederlage geschrieben, nimmt die Nachkriegsdiktion für die Schaffung einer europäischen Einigung vorweg: „Die Einigung Europas, die sich in der Geschichte bereits seit längerem abzeichnet, ist eine zwangsläufige Entwicklung. (...) Europa ist zu klein geworden für sich befehdende und sich gegenseitig absperrende Souveränitäten. (...) Die Lösung der europäischen Frage kann nur auf föderativer Basis herbeigeführt werden, indem die europäischen Staaten sich aus freiem, der Einsicht der Notwendigkeit entsprungenen Entschluß zu einer Gemeinschaft souveräner Staaten zusammenschließen. (...) Der europäische Staatenbund muß die Gemeinschaft möglichst aller europäischen Staaten sein. (...) Es war ein schwerer politischer Fehlgriff, daß die Mächte, die nach Beendigung des ersten Weltkrieges die Verantwortung für die Ordnung Europas hatten, den Unterschied zwischen Siegern und Besiegten zu verewigen suchten. Dieser Fehlgriff darf nicht wiederholt werden, vielmehr wird den besiegten Staaten in der neuen Gemeinschaft der europäischen Völker von Anfang an ein gleichberechtigter Platz einzuräumen sein, wenn sie bereit sind, an dem Aufbau des neuen Europa legal und positiv mitzuarbeiten. (...) Die Zeit der europäischen Binnenkriege muß beendet und der europäische Partikularismus überwunden werden."[41]

Mit ähnlicher Floskel hatte Mitte der 1930er Jahre das deutsch-europäische Abenteuer begonnen. Nun, im Angesicht einer möglichen Niederlage, diktierten NS-Ideologen europäische Neuordnungspläne der nächsten Generation. Ein Bruch nach 1945 fand weder personell noch inhaltlich statt. Das können auch aktuelle Interpretationen nationalsozialistischer Erweiterungspläne nicht kaschieren, die im Angesicht des seit 1989/1991 stattfindenden Vormarsches deutsch-europäischer Unternehmer und Militärs Richtung Osten eine klare Distanz zur NS-Aggression schaffen wollen, wie sie in der Wahl der Mittel fraglos besteht, strukturell jedoch schwer argumentierbar ist. Der in Wien lehrende Historiker Wolfgang Schmale versucht es: „Der Nationalsozialismus hat zwar Europavorstellungen entwickelt, aber gemessen an der Tradition der Europaidee waren diese anti-europäisch."[42] Hier irrt der Professor. Die euphorisierte Sicht auf den Versuch der Osterweiterung der Europäischen Union sollte nicht zu einer voluntaristischen Geschichtsauffassung führen, nach dem Motto: Was nicht ins aktuelle Konzept passt, ist anti-europäisch.

Europa im Zeichen der Blockbildung

Die Niederlage Deutschlands im Zweiten Weltkrieg brachte auch das – vorläufige – Ende der deutschen Idee von Europa mit sich. An seine Stelle trat der atlantisch gedachte Großraum. „Europa" rückte nach Westen. Die im 18. Jahrhundert abgesprungenen englischen Kolonien kehrten mit dem Sieg der USA über NS-Deutschland 1945 auf den alten Kontinent zurück, diesmal als bestimmende Großmacht. Ganz selbstverständlich mischten sie nicht nur in der europäischen Politik der Nachkriegszeit mit, sondern definierten „Europa" nun nach ihrem Bedarf. *Das* europäische Strukturmerkmal blieb jedoch auch unter US-Führung gleich: Expansion zwecks Lösung interner Probleme. In den USA drohten nach Kriegsende wirtschaftliche Rezession und hohe Arbeitslosigkeit. Überschüsse, die mit staatlicher Unterstützung hergestellt worden waren, mussten auch nach dem Kriegsgang verwertet werden; die Demobilisierung von 11 Millionen Angehörigen der US-Streitmacht hätte im Kontext des US-amerikanischen Binnenmarktes zu horrenden Arbeitslosenzahlen geführt. Also entschloss sich die US-Führung, die militärische Offensive in eine Exportschlacht umzuwandeln. Der Transmissionsriemen hiefür hieß „European Recovery Program (ERP)" vulgo Marshall-Plan.

„Wenn dieses (transatlantische, HH) Handelssystem nicht wieder vollständig in Gang gebracht werden kann, würde das Ergebnis eine Verschlechterung der wirtschaftlichen Verhältnisse in der ganzen Welt sein. Darunter aber hätten die Vereinigten Staaten genauso wie die anderen Völker zu leiden"[43], warb US-Präsident Truman um innenpolitische Unterstützung für die bislang weltweit größte Exportoffensive, laut Historiker Rainer Brähler[44] eine „interventionistische Weltmarktstrategie".

Braintrust dieser expansiven US-Strategie war der „Council on Foreign Relations" (CFR), eine nicht öffentlich operierende, von Rockefeller bereits in den Kriegsjahren ins Leben gerufene Gruppe der wichtigsten US-amerikanischen Interessenvertreter, von *Newsweek* als das „außenpolitische Establishment der USA"[45] bezeichnet. Bereits unmittelbar nach dem Überfall Deutschlands auf Polen im Jahr 1939 war im CFR die Arbeitsgruppe „War and Peace Studies" entstanden, in der auch der bis dahin deutsch definierte „Großraum" als ein atlantischer uminterpretiert wurde: „Im Fall eines amerikanisch-britischen Sieges müßte viel für die Neuordnung der Welt getan werden, besonders in Europa. Dabei sollte sich der (atlantische, HH) Großraum als nützlich erweisen. Während einer Übergangsperiode der Anpassung und des Wiederaufbaus könnte der Großraum ein wichtiger Stabilisator der Weltwirtschaft sein (...); vielleicht wäre es sogar möglich, die europäische Ökonomie in die des Großraumes einzuflechten."[46] Es sollte gelingen; und die Vorstandsmitglieder des „Council" machten nach dem Krieg steile Karrieren: George F. Kennan wurde 1947 Leiter der Planungsabteilung des US-Außenamtes und Berater des US-Botschafters in Moskau; der Industrielle William A. Harriman wurde Botschafter in London, Handelsminister, Sonderbeauftragter für den Marshall-Plan und Unterstaatssekretär im Außenamt; John F. Dulles hantelte sich bis zum Außenminister hoch, sein Bruder Allen W. Dulles leitete während des Krieges den Nachrichtendienst OSS und beriet die Regierung beim Aufbau der CIA; Dean G. Acheson bekleidete unmittelbar nach dem Krieg das Amt des Unterstaatssekretärs im Außenministerium, bevor er 1949, als Vorgänger von John F. Dulles, selbst Außenminister wurde.

Der ökonomische Hebel für die Etablierung eines atlantischen Großraumes, dessen östliche Grenze wegen der Roten Armee für die Planer des „Council" unbestimmbar war, lag in der Kreditpolitik. Die Grundlagen dafür wurden mitten im Krieg mit dem so genannten Lend-Lease-Abkommen gelegt. Für sagenhafte 47 Mrd. US-Dollar verpachteten, verliehen oder verkauften die USA ab März 1941 Kriegsgerät an die Alliierten, vor allem an Großbritannien.[47] London stand 1945 mit 31,5 Mrd. US-Dollar bei Washington in der Kreide bzw. hatte Kriegsgerät für diesen Betrag gekauft. Mit der Kriegslist der Verpachtung und Verleihung von Schiffen und Flugzeugen wurden die USA innerhalb weniger Jahre zum größten Gläubiger der Welt. Englands protektionistische Politik des legendären Zollpräferenzsystems im Commonwealth war damit aufgebrochen.

Seine zivile Fortsetzung fand das Lend-Lease-Abkommen vom März 1941 in Bretton Woods. In diesem an der Ostküste der USA gelegenen Ort begann am 1. Juli 1944 die United Nations Monetary and Financial Conference, die mit der Gründung von Internationalem Währungsfonds (IWF) und Weltbank zwei Instrumente schuf, die von den USA über das ihr zugestandene Stimmrecht – anders als in den politischen UNO-Organisationen gilt hier die Kapital„demokratie" – dominiert wurden. Ein weltumspannendes Kreditsystem war hergestellt. Jahrzehnte später sollten sich nicht nur Länder des Südens, sondern auch osteuropäische Planwirtschaften in der Schuldenfalle von IWF und Weltbank verfangen.

Bretton Woods planierte noch im Krieg jene möglichen Handelshindernisse, die der US-Exportoffensive im Weg hätten stehen können. Protektionismen und Importsubstitution erhielten via kontrollierter Kreditpolitik klare Absagen, der US-Dollar wurde so – ganz nebenbei – zur Weltleitwährung.

Der große sowjetische Happen ging der US-Expansionspolitik in Bretton Woods allerdings nicht ins Netz. Obwohl Moskau mit einer hochrangigen Delegation am Tagungsort vertreten war und bereits Kapital- und Stimmquoten zugeteilt bekommen hatte, erfolgte keine Ratifizierung der Verträge durch den Obersten Sowjet. Polen und die Tschechoslowakei traten bei, verließen jedoch in den 1950er Jahren, noch vor der Aufnahme großer Kredite, die beiden Finanzorganisationen.

Für die USA war Bretton Woods ein voller Erfolg. Sie hatten ab sofort ein über die relative Stimmenmehrheit gegebenes „staatsinterventionistisch wirksames Instrumentarium außerhalb ihrer eigenen Administration"[48] zur Verfügung.

Für (West-)Europa wurde das US-System der wirtschaftlichen Intervention noch wesentlich verfeinert. Unter der Dominanz und mit dem Geld der USA funktionierte ab April 1948 ein auch die ehemaligen Feindstaaten Deutschland, Österreich und Italien umfassender Wirtschaftsplan, das ERP. Grundgedanke war, möglichst große Teile Europas in das von der US-amerikanischen Überschussproduktion bestimmte Modell eines Weltmarktes zu integrieren. Dazu war anfangs auch die Einbeziehung Osteuropas in den Marshall-Plan vorgesehen. Nach einem eigens vorbereiteten Restaurationsprogramm sollte polnische Kohle die französische Industrie anheizen und Balkangetreide die deutschen Münder stopfen.[49] Diese Pläne wurden fallen gelassen, sobald der Einfluss der Sowjetunion auf die osteuropäischen Staaten manifest wurde und die Machtübernahme der Kommunisten in Warschau (1947), Prag (1948) und Budapest (1948) dieses Projekt obsolet gemacht hatte.

Konrad Adenauer führte in der Folge die Westzonen Deutschlands in den neuen, atlantischen Großraum und signalisierte Moskau damit, dass die führenden rheinländischen Unternehmerkreise zu diesem Zeitpunkt an einem geeinten Deutschland nicht interessiert waren. Ein letztes Angebot Stalins vom 10. März 1952, Deutschland als Ganzes politisch zu neutralisieren und damit zu vereinen, die so genannte Stalin-Note, wurde vom Westen öffentlich ignoriert und intern zurückgewiesen.

Die westeuropäische Integration erfolgte unter Ausgrenzung und im Gegensatz zu den Staaten Osteuropas. Mit seinem System von internationalen Ziehungsrechten und nationalen Gegenwertfonds[50] erreichte der Marshall-Plan eine Konvertibilität der westeuropäischen Währungen und wirtschaftspolitische Kontrolle der USA über sämtliche mit ERP-Krediten getätigten Investitionen. Der oberste Verwalter des ERP in Europa, Paul G. Hoffmann, konnte in einer Rede vor der New Yorker Handelskammer am 6. Januar 1949 stolz feststellen: „Das Geld, das wir für das Europahilfeprogramm auslegen, ist die beste Anlage, die Amerika je gemacht hat."[51]

Das osteuropäische Gegenstück zum Marshall-Plan ist nur als Abkürzung bekannt: COCOM (Coordinating Committee)[52], ein 1949 als geheimer Zirkel gegründeter Klub, der sich die Durchsetzung eines Embargos gegenüber den sowjetisch kontrollierten Staaten im Osten zur Aufgabe gesetzt hatte. Bereits im November 1947 kabelte der US-Botschafter in Moskau, „Council"-Mann Averell Harriman, an die Regierung in Washington, man möge überlegen, ob nicht die „Lieferung wichtiger Produkte an Russland einer angemessenen Kontrolle unterworfen werden" sollte.[53] In der Folge entstand die COCOM-Embargopolitik gegen Osteuropa und später China, die erst Mitte der 1990er Jahre in dieser Form aufgehoben wurde.

Jede US-Botschaft in Westeuropa erhielt einen eigenen Wirtschaftsabwehrbeamten, der überprüfte, ob die einzelnen ERP-Teilnehmer sich an das Ostembargo hielten. Erst nach Jahren wurde die Arbeit des COCOM überhaupt bekannt, kurz darauf wurden Teile davon in Gesetzestexte gegossen: „Alle Hilfe (für Westeuropa, HH) ist einzustellen, wenn der Präsident feststellt, dass das Empfängerland nicht wirksam diesen Bestimmungen gemäß mit den USA zusammenarbeitet", hieß es dazu im so genannten „Battle Act" vom Oktober 1951.[54] Anfang der 1950er Jahre befanden sich 1.700 Warengattungen auf den schwarzen Listen des COCOM. Unternehmer und Staaten mussten sich den Embargobestimmungen unterwerfen. Metall verarbeitende Maschinen, chemische Ausrüstung, Präzisionsinstrumente, Waffen und Munition, Minerale, Erdölprodukte bis hin zu Plastik, später dann Computersoftware ... die Boykottlisten waren lang, die Ausfuhrbeschränkungen rigide überwacht. Wirtschaftliche Beziehungen der Marshall-Plan-Länder zu Osteuropa kamen auf diese Weise zum Erliegen. Ab 1. März 1948, also einen Monat vor dem Inkrafttreten des Marshall-Planes, existierte für alle von den USA nach Europa ausgeführten Waren ein eigenes US-Ausfuhrlizenzsystem. Das garantierte die Kontrolle des Handels, die freilich niemals total sein konnte.

Mit COCOM und Marshall-Plan wurde mitten in Europa eine imaginäre Mauer hochgezogen, genau an jener Linie übrigens, auf die sich die Westalliierten mit den Sowjets bezüglich der Stationierung von Truppen aus den USA, Großbritannien und Frankreich auf der einen sowie der Roten Armee auf der anderen Seite geeinigt hatten. Treibende Kraft waren die USA. Stalin ideologisierte später diese zuerst wirtschaftlich betriebene Ausgrenzung zum osteuropäischen „Isolationismus", imaginäre Mauern wurden zum konkreten Eisernen Vorhang. Zuvor allerdings versuchte Moskau im April 1949, zwei Tage vor der Gründung der NATO, die dann für 40 Jahre gültige politisch-militärische Teilung Europas zu unterlaufen. Der westlichen Historiographie wenig bekannt, richtete die Sowjetunion am 2. April 1949 ein Schreiben an die Gründungsstaaten des Nordatlantikpaktes und ersuchte um Aufnahme in die NATO.[55] Washington nahm offiziell keine Notiz davon.

Ökonomische Aufholbemühungen im Osten gestalteten sich unter kommunistischer Ägide als Zwangsmodernisierungen, konnten aber die Sowjetunion und den von ihr mit einem Transfer-Rubel-System betriebenen „Rat für gegenseitige Wirtschaftshilfe" (RGW) weder vom kapitalistischen Weltsystem entkoppeln noch den peripheren Status östlicher Volkswirtschaften überwinden, wiewohl teilweise beachtliche Erfolge zu verzeichnen waren.

Politisch kam es Anfang der 1970er Jahre zu einer gewissen Annäherung, als eine seit Jahren von Moskau eingeforderte Sicherheitskonferenz am 1. August 1975 mit der Schlussakte von Helsinki zur Gründung der KSZE („Konferenz über Sicherheit und Zusammenarbeit in Europa") führte, an der auch die USA und Kanada teilnahmen. Über den Hebel der rein politisch, nicht wirtschaftlich definierten „Menschenrechte" gelang es der KSZE in der Folge, den ursprünglich von der Sowjetunion definierten Sicherheitsbegriff im bürgerlichen Sinne zu wenden und als antikommunistisches Instrument zu positionieren. Nach dem Zusammenbruch der Sowjetunion sollte die mittlerweile in OSZE umbenannte internationale Organisation ihre Bedeutung weitgehend einbüßen.

Der Zerfall des Rates für gegenseitige Wirtschaftshilfe (RGW)

Am 28. Juni 1991 besiegelten die Mitglieder des RGW ohne Gegenstimme ihr Schicksal: Selbstauflösung. Damit waren alle Anstrengungen der osteuropäischen Kommunisten, innerhalb des Moskauer Einflussbereiches eine wirtschaftliche Integration zustande zu bringen, offiziell gescheitert. Von Integration im ökonomischen Sinne war ohnedies höchstens die Rede – schreib: die Propagandarede – gewesen.

Während seines 40-jährigen Bestehens entwickelte sich der RGW zur so genannten Transfer-Rubel-Zone, einer vom Wechselkurs des Rubels abhängigen Wirtschaftsgemeinschaft. Grundstoffe und Energie aus Sibirien gegen verarbeitete Investitionsgüter aus den Industriezentren in Sachsen und an der Oder, in Böhmen, Mähren und Schlesien – dieser Austausch bildete den Kern der in Moskau ansässigen RGW-Behörde. Die von politischen Erwägungen geprägte Festsetzung des Rubelkurses versuchte sich in großräumiger Regionalpolitik. Das wirtschaftlich periphere und im Zuge des Zweiten Weltkrieges extrem zerstörte Russland wahrte darin jene Chance, die ihm der Sieg der Roten Armee und deren Vormarsch bis Magdeburg und Cheb/Eger eingeräumt hatte. Anstatt eines ungleichen Tausches zwischen Industriegütern und Rohstoffen, wie er sich in der kapitalistischen Sphäre des Bretton Woods-Systems herausgebildet und dort zum Auseinanderklaffen zwischen Zentren in der Ersten Welt und Randgebieten in der Dritten Welt geführt hatte, war es im Osten fast umgekehrt. Hier besaß die ökonomische Peripherie militärische und politische Stärke. Und das wirkte sich auf die Art der Wirtschaftsbeziehungen im RGW aus. Industrielle Rohstoffe und Energie, um deren Billigkeit im Westen Kriege sonder Zahl geführt wurden und werden, wiesen im RGW einen Moskau genehmen Transfer-Rubel-Preis auf. Auf Basis westlicher Rationalität, die von einem Gleichklang militärischer und wirtschaftlicher Stärke im Zentrum ausgehen konnte, bedeutete dies einen relativen Verlust der traditionellen ost(mittel)europäischen Industriegebiete gegenüber dem militärisch dominanten, wirtschaftlich allerdings randständigen Russland. Stellt man zudem in Rechnung, dass die gesamte deutsche Kriegsentschädigung gegenüber der Sowjetunion vom kleineren Teil des geteilten Deutschland, von der Ostzone bzw. der DDR, getragen werden musste[56], ergibt die Bilanz strukturelle Nachteile für die industriellen Kernländer des RGW.

Regionalpolitik funktionierte im RGW allerdings nicht bloß als Umverteilungsmaschine zwischen traditionellen Industrieländern und Russland bzw. der Sowjetunion, sondern auch innerhalb einzelner Staaten bzw. Regionen. Ab den 1960er

Jahren wurden systematisch wirtschaftliche Randgebiete im Interesse der einzelnen Volkswirtschaften industrialisiert. Mit einer ökologisch bedenklichen und auch ökonomisch fragwürdigen Zwangsmodernisierung wuchsen überall Fabriken und Proletarierwohnhäuser aus dem Boden. Die Tschechoslowakei modernisierte auf diese Weise Südböhmen (Textil und Metall) und die Slowakei (Waffen). In Ungarn schossen von Tatabánya im Westen bis Komló im Südosten Agglomerationen gen Himmel. Rumäniens nationaler Sonderweg wies eine ähnliche Entwicklung auf: Neben verschlafenen transsilvanischen oder walachischen Dörfern machten sich Fabriken und Plattenbauten breit, Bauern und Landarbeiter wurden in rasender Geschwindigkeit zu Industriearbeitern.

Bis Mitte der 1970er Jahre funktionierte die Zwangsmodernisierung zumindest statistisch. Der Index der Industrieproduktion, ein gängiger Indikator für Entwicklung (sei sie auch unökologisch und modernisierungsfixiert), weist aus, dass sämtliche RGW-Länder bis 1975 gleich hohe oder höhere Wachstumszahlen zu verbuchen hatten als damals vergleichbare westeuropäische Staaten wie Italien, Portugal oder Spanien. Schnellte z.B. der Industrieproduktionsindex für Polen von 79 (1960) auf 289 (1975), für Rumänien von 68 (1960) auf 418 (1975) oder für Ungarn von 78 (1960) auf 206 (1975) in die Höhe, so lauten die vergleichbaren Zahlen für Italien 77 (1960) und 168 (1975), für Spanien 72 (1960) und 295 (1975) oder für Portugal 80 (1960) und 220 (1975); bei einer Indizierung von 1963 = 100.[57]

Woran es dem RGW im Vergleich zur westlichen wirtschaftlichen Integration allerdings mangelte, war zweierlei: Einerseits fehlte der Wille oder die Möglichkeit zur Ausbeutung ganzer Kontinente, der so genannten Dritten Welt. Die in Sibirien lagernden industriellen Grundstoffe konnten nicht, wie jene aus Afrika, Arabien oder Lateinamerika, faktisch ohne Gegenleistungen abgezogen werden. Andererseits krankte der RGW ironischerweise auch an seiner eigenen politischen Schwäche. So sehr betriebs- und volkswirtschaftliche Kontrollen das Leben und Arbeiten im RGW prägten, so ineffizient waren sie. Großräumige Planungen scheiterten an nationalen und regionalen Interessen. So war es z.B. mitten im Integrationsversuch des RGW möglich, dass Rumänien seit Gheorghe Gheorghiu-Dej[58] ökonomische Abschottungspolitik gegenüber Moskau betreiben konnte. Um eine eigenständige Energieversorgung aufbauen zu können, schottete sich Bukarest gegenüber Produkten aus dem RGW-Raum ab und betrieb Importsubstitution. Buchstäblich alles, vom Pkw bis zur hauptstädtischen U-Bahn, musste – wenn auch teilweise in Lizenzverfahren – im Lande selbst erzeugt werden. RGW und Warschauer Pakt sahen dem rumänischen Sonderweg genauso ohnmächtig zu, wie sie tatenlos blieben, als bald jeder Teilnehmerstaat für sich begann, eine Computerindustrie aufbauen zu wollen. In Ungarn und der DDR waren die Forschungsarbeiten diesbezüglich am weitesten gediehen. Anders als im Westen, dessen Marshall-Plan penibel festlegte, in welchem Land welche Industrien am rentabelsten zu führen waren, beharrte Moskau in seiner Einflusssphäre auf dem scheinbaren politischen Primat der Nationalstaaten. Eingriffe fanden konsequenterweise immer nur dann statt, wenn es um politische Abweichung ging. Am Ende beklagte niemand zwischen Prag und Moskau die Auflösung des Rates für gegenseitige Wirtschaftshilfe.

Innere und äußere Faktoren des Zusammenbruchs

Die in West- wie Osteuropa seit 1989 ideologisch fast hegemonial vom liberalen Standpunkt aus geführte Debatte um die Gründe für den Zusammenbruch des RGW geht davon aus, dass der „Ostblock" einzig und allein an inneren Faktoren gescheitert sei. Die einfachste Erklärung paart sich mit einem unhinterfragten und undifferenzierten Antikommunismus: Planwirtschaft und Staats- bzw. Gemeinschaftseigentum seien Ausdruck widernatürlicher Funktionen im menschlichen Zusammenleben. Sie könnten folgerichtig, so die wirtschaftsbiologische Sichtweise des Liberalismus, nicht funktionieren und die Menschen nur ins Unheil führen.

Eine Analyse, die die Herausbildung von Gunst- und Ungunstlagen, von Zentral- und Randgebieten in klimatischer, historischer und politischer Hinsicht im weltsystemischen Zusammenhang erklärt, kennt freilich mehr Ursachen für Konjunkturen und Krisen, Integrationen und Zusammenbrüche. Dass diese Debatte allenfalls im Feuilleton einflussreicher Printmedien stattfindet, spiegelt zwar den Ausdruck realer wirtschaftlicher Machtverhältnisse – auch medialer Eigentumsverhältnisse – wider, ist der Ursachenforschung für die ökonomischen Prozesse der vergangenen 15 Jahre indes abträglich.

Im Folgenden soll ein kurzer Überblick über die unterschiedlichen Erklärungsansätze der Transformationsepoche gegeben werden. Das Theorem des Liberalismus, wonach jeder seines Glückes Schmied sei – und diese Philosophie wird auch Völkern und Staaten(bildung) übergestülpt –, beherrscht zunehmend das Terrain. Dies gilt sowohl im christlich-sozialen als auch im sozialdemokratischen und im grünen Umfeld. Bereits erschallt ein altbekannter Ruf, freilich in angepasster Diktion: „Wir kennen keine sozialen Interessen mehr, wir kennen nur noch Europäer."

Ganz anderes erkennt ein kritischer Blick auf die Transformationsperiode. Er nimmt sie als Folge einer weltweiten ökonomischen Krise wahr und macht auf die Zusammenhänge zwischen wirtschaftlichen Verwertungskrisen im Weltmaßstab und der Entwicklung an den Rändern Europas – im Osten – aufmerksam. Innere und äußere Faktoren bestimmen darin den Zusammenbruch des „Ostblocks". Nur auf dieser Basis kann der ökonomische und soziale Abstieg eines halben Kontinents erklärt werden, der sich gerade in jenem Jahrzehnt desintegriert, in dem sein kontinentaler Bruder – Westeuropa – den großen Integrationssprung vorwärts wagt.

Beide Bewegungen, die Desintegration der Peripherie und die Integration des Zentrums, hängen eng miteinander zusammen.

Zwei grundsätzlich unterschiedliche Erklärungsansätze beschäftigen sich mit der Einschätzung der Transformation Osteuropas von einem politisch einer Partei unterstellten zu einem ökonomisch dem Weltmarkt gehorchenden Akkumulationsregime. Der die allermeisten, vor allem die auflagen- und quotenstarken Medien in West- und Osteuropa dominierende Ansatz begreift die Ereignisse des Jahres 1989 als einen Akt der Befreiung vom Kommunesystem, begrüßt diesen euphorisch und ordnet die ökonomische Ursachenforschung dieser „Revolution" genannten Umstürze weitgehend unter bzw. verortet sie als inneren Effekt unter dem Kürzel „kommunistische Misswirtschaft". Demgegenüber mehren sich Stimmen unter Historikern[59], die den ökonomischen und politischen Zusammenbruch von 1989 als eine Folge der wirtschaftlichen Krise ansehen, die ab Mitte der 1970er Jahre die ganze Weltwirtschaft erfasst hatte.

Ab Anfang der 1970er Jahre befand sich billiges Geld weltweit auf der Suche nach neuer Verwertung. Die intensive Phase des Wiederaufbaus seit Kriegsende war abgeschlossen, gewinnträchtige Investitionen im Produktionsbereich waren dementsprechend selten, Finanzgeschäfte ertragreicher. Also begab sich das Kapital auf den Kreditmarkt, Kreditnehmer wurden gesucht. Der Osten Europas, seit Stalin durch die Konzentration auf Schwerindustrie im Konsumgütersektor zurückgeblieben, griff zu. Mittels günstiger Kredite, so hofften Kádár, Gierek und Co., könnten moderne Industriezweige aufgebaut werden. Dieser „Sprung nach vorne" sollte auch helfen, das politisch sprachlose Volk materiell zu befrieden. Östlicher Sozialpakt mit westlichen Krediten, das hatten sich die Ostblock-Führer der 1970er Jahre ausgedacht. Es kam alles ganz anders.

Jene weltweit wirksame Krise, die im Kern den Überproduktionskapazitäten in den nordamerikanischen und nordwesteuropäischen Zentren zuzuschreiben war, stoppte nicht nur die nachholenden Modernisierungsprozesse in Lateinamerika, sondern beendete in der zweiten Hälfte der 1970er Jahre auch den Höhenflug der osteuropäischen Entwicklungsdiktaturen. Diese konnten bis etwa 1975 beachtliche wirtschaftliche Erfolge verbuchen, die auch statistisch nachlesbar sind. Bei dem aus ökologischer und sozialer Sicht etwas zweifelhaften Indikator „Bruttoinlandsprodukt" hielten die Sowjetunion, Ungarn und Polen mit Ländern wie Spanien und Portugal mit. Rumänien und Bulgarien machten in Sachen Pro-Kopf-Wachstum wirtschaftliches Terrain gegenüber dem europäischen Südwesten gut. Die DDR und die Tschechoslowakei wiederum schrieben bis 1975 Indexzahlen, die jenen Österreichs vergleichbar waren.[60] Spätestens 1975 war es mit dem osteuropäischen Wirtschaftsaufschwung vorbei.

Der langsame Rekapitalisierungsprozess[61] verlief parallel zur Weltwirtschaftskrise, ja er war indirekt sogar dieser geschuldet. Denn erste Westkredite, die als billiges Geld ungarische, rumänische oder polnische Industrialisierungserfolge stimulieren sollten, waren bald zur Rückzahlung fällig, ohne dass die damit betriebenen Investitionen sich gerechnet hätten. Die Überproduktionskrise in den Zentren sowie die staatlichen Exportförderungen in Südostasien bewirkten einen nicht vorausberechneten Preisverfall für industrielle Vorprodukte, aber auch für Fertigungen so genannter „ausgereifter Industrien" beispielsweise in der Textil- oder der Metallbranche. Osteuropäische Produkte waren somit auf den Weltmärkten nicht konkurrenzfähig. Dort waren zwischenzeitlich erste Vorzeichen einer digitalen Revolution erkennbar geworden, die ein ungeheures Rationalisierungspotenzial für Industrie und Dienstleistungsbereich beinhalteten. Nur wenige Jahre später sollten damit die Produktionskosten der größten US-amerikanischen und westeuropäischen Firmen gewaltig gesenkt werden.

Osteuropa blieb vom technologischen Fortschritt aus dem Silicon Valley ausgeschlossen. Denn die seit 1948/49 im Zuge der Truman'schen Containmentpolitik in Kraft befindlichen COCOM-Embargobestimmungen hinderten die RGW-Länder bis zuletzt an Westimporten von Computertechnologien. Und sie verhinderten noch zehn Jahre später die Ausfuhr von High Tech-Produkten nach Russland. So wurde der US-amerikanische Multi IBM im Sommer 1998 von einem Washingtoner Bundesgericht zu einer Strafe von 9 Mio. US-Dollar[62] verurteilt, weil er ohne Genehmigung 17 hochmoderne Computer an ein russisches Labor geliefert hatte. Das Projekt nachholender Entwicklung, wie es in den einzelnen Ländern des RGW geplant war, scheiterte kläglich. Zurück blieben ein wachsender Schuldenberg und Parteiführer, die jede Glaubwürdigkeit in der Bevölkerung verloren hatten.

Gleichzeitig verlor die Sowjetunion im Rüstungswettlauf mit den USA nicht nur militärtechnologisch an Terrain, sondern auch ökonomisch an Substanz. Totgerüstet war das riesige Reich zwischen Brest-Litowsk und Wladiwostok, als Ronald Reagan Anfang der 1980er Jahre die US-Mittelstreckenraketen in Europa erneuerte und das Star-Wars-Programm lancierte. Moskau hatte diesem Kraftaufwand der USA nichts entgegenzusetzen. Militärisch von der US-Army überflügelt, ökonomisch erschöpft und politisch im eigenen Land diskreditiert, wechselte der Kreml die Parolen. Perestroika hieß nun das neue Credo. Das osteuropäische Glacis, im „Großen Vaterländischen Krieg" erworben, ließ man unbeaufsichtigt seiner Wege gehen. Zu viele Sorgen im eigenen Land machten gemeinsame Anstrengungen des RGW unmöglich.

Die Signale aus Moskau fanden ihr Echo in Warschau und Budapest. Dort war der gesellschaftliche Konsens in Richtung Wende am weitesten fortgeschritten. Unter der Schirmherrschaft der kommunistischen Partei waren liberale Kader ausgebildet worden. Längst lagen ökonomische Reformprogramme in den Schubladen. Hastig wurden die ärgsten Hindernisse auf dem Weg zur Marktwirtschaft beseitigt: Außenhandelsmonopol, Restriktionen im Kapitalverkehr und Investitionsbeschränkungen wurden aufgegeben. Persönliche Bewegungsfreiheit folgte bald.

Unter dem Druck der Zinsenlast stellten die KP-Regimes die wirtschaftspolitischen Weichen auf Austerität. Zur Abschwächung der sozialen Folgen wurde etwa in Ungarn die so genannte „zweite Wirtschaft" liberalisiert; damit entstand ein kleinkapitalistischer Sektor jenseits planwirtschaftlicher Kontrolle. In Polen und in der DDR war wirtschaftliche Eigeninitiative in kleinem Maßstab immer möglich gewesen. Gleichzeitig bemühte man sich um ein Ankurbeln der Exportproduktion. So diszipliniert sich die Staats- und Parteiführer an die Auflagen des IWF hielten, dem Rumänien im Jahr 1972, Ungarn im Jahr 1982 und Polen im Jahr 1986 beitrat, so wenig konnten sie ihre Haut damit auf Dauer retten. Denn jeder Schritt, mit dem die höchsten Staats- und Parteifunktionäre auf Anraten des IWF marktwirtschaftliche Reformen vorantrieben, verkleinerte die gesellschaftliche Domäne, die einer politischen Steuerungsfähigkeit unterlag. Jugoslawien, ein von westlichen Krediten seit langem besonders gehätscheltes Land, musste den IWF-Bedingungen einen eklatant hohen Tribut zollen. Jahrzehntelang billig verabreichte Kredite verteuerten sich durch die Reagan'sche Staatsnachfrage-Politik, die zinssteigernde Effekte zeigte. Fast 30 Mrd. US-Dollar flossen zwischen 1981 und 1987 an Zinsrückzahlungen aus dem Land[63], jeder einzelne Dollar wurde durch Exporte von Rohstoffen, verarbeiteten Produkten oder Arbeitskräften aus Menschen und Regionen herausgepresst; gleichzeitig sanken in diesem „westlichsten" Land Osteuropas die Reallöhne zwischen 1980 und 1986 um 40%.[64] Die wirtschaftlich sowohl historisch als auch geographisch begünstigtste Republik, Slowenien, begann als Reaktion auf die Krise ihre Zahlungen in den innerjugoslawischen Ausgleichstopf einzustellen. Mit diesem Geld waren vor allem Projekte im Kosovo und in Bosnien gefördert worden.

Nach der von IWF und Weltbank erzwungenen Preisgabe des politischen Primats war es in den Ländern Osteuropas dann nur mehr eine Frage der Zeit, bis dem ökonomischen Scheitern des realen Sozialismus sein politischer Zusammenbruch folgte.

Neoliberale Experten in der Endphase der Planwirtschaft

Bereits ab Mitte der 1980er Jahre züchteten die Staatsführungen in Polen, Ungarn, der Tschechoslowakei und der Sowjetunion parallel zur planwirtschaftlichen Schule eine neue wirtschaftswissenschaftliche Elite ostliberaler Prägung. Vornehmlich in Weltwirtschaftsinstituten oder Abteilungen für internationale Beziehungen beschäftigten sich Ökonomen wie Václav Klaus in Prag, András Inotai in Budapest oder Leonid Abalkin und Margarita Bunkina in Moskau mit der Umsetzung verwertungsorientierter kapitalistischer Rationalität im Umfeld einer staatsgelenkten Ökonomie. Die Aufgabenstellung hieß, den durch die wirtschaftliche Krise und die zunehmende Abhängigkeit vom Westen vorhersehbaren Verlust des politischen Primats so weit wie möglich abzuwenden. Die zunehmende Weltmarktintegration, die in Länder wie Polen, Ungarn und Rumänien in Form westlicher Kredite hereinbrach und in der Sowjetunion durch die Abhängigkeit von Lieferungen lebenswichtiger Grundnahrungsmittel spürbar wurde, ließ ideologisch kaum einen Spielraum. Und so verwundert es nicht, dass aus irrealen Vorgaben zur Entwicklung einer „internationalen sozialistischen Arbeitsteilung" oder einer „„sozialistischen Marktwirtschaft" bald handfeste Forschungen zur Deregulierung von Wirtschaftsplänen wurden. Schon zuvor hatte die indirekte Dollarisierung der sowjetischen Erdölpreise für den Einzug des Weltmarktes im RGW gesorgt; ab 1975/76 berechnete nämlich Moskau den Transfer-Rubel-Preis für Erdöl und Erdgas auf der Basis eines Weltmarkt-Durchschnittspreises.[65] Damit war der kapitalistischen Preispolitik in weiten Teilen des osteuropäischen Binnenmarktes zum Durchbruch verholfen.

Die ideologische Begleitmusik hinkte vorerst noch der ökonomischen Wirklichkeit hinterdrein. Mit den wirtschaftswissenschaftlichen Studien in den 1980er Jahren sollte diese Kluft geschlossen werden. Die Zurückdrängung des Staates aus der Ökonomie spielte dabei eine große Rolle. András Inotai vom Weltwirtschaftsinstitut in Budapest sprach im November 1988[66] mit dem Autor über eine notwendige „Flexibilisierung des Arbeitsmarktes", mittels der „unrentable Arbeitsplätze schrittweise wegrationalisiert" gehörten. Er ging davon aus, dass 4% der Arbeitsplätze unnötig seien. „Bestimmte Arbeitskräfte werden ihre früheren Arbeitsplätze verlieren. Wir hoffen dadurch einen flexibleren Arbeitsmarkt ohne besonders hohe Arbeitslosenzahlen zu bekommen." Die zweite Säule seiner Reformvorstellungen bildete die Flexibilisierung des Kapitalmarktes, die mit dem Körperschaftsgesetz im Oktober 1988 weitgehend umgesetzt werden konnte. „Unternehmensgründung muss ein souveränes Recht eines jeden Staatsbürgers sein", äußerte sich der marxistisch geschulte Inotai Ende 1988 zur ersehnten Eröffnung der Budapester Börse. Mit einer zusätzlichen Reform der außenwirtschaftlichen Beziehungen konnten ab 1989 ungarische Betriebe in 100%iges ausländisches Eigentum übergehen. Der Weg zur peripheren Integration Osteuropas in die kapitalistische Weltwirtschaft wurde in der Endphase der KP-Regimes von Wissenschaftlern ideologisch geebnet.

Etwaige Hindernisse waren rasch beseitigt: Außenhandelsmonopol, Restriktionen im Kapitalverkehr, Investitionsbeschränkungen, Arbeitsplatzgarantien etc. fielen dem Reformeifer zum Opfer. Politischer Handlungsspielraum wurde in rasender Geschwindigkeit aufgegeben, obwohl sich die meisten der ostliberalen Ökonomen verbal nach wie vor zu einem staatlich geprägten sozialen Gewissen bekannten. Ihre Rezepte glichen indes denen westeuropäischer Krisenmanager. Leicht durchschaubare Schlagworte standen für die erhoffte Überwindung einer wirtschaftlichen Ausweglosigkeit, die sich niemand einzugestehen getraute. „Völlige wirtschaftliche Rechnungsführung" war eines jener Zauberworte, mit denen in Zeiten der Perestroika ein Allheilmittel gegen die Krise gefunden schien. Der Direktor des Moskauer Wirtschaftsinstituts der Akademie der Wissenschaften, Leonid Abalkin, plädierte im Oktober 1988 für die Durchsetzung eines harten Wettbewerbs: „Es ist völlig offensichtlich, dass ein Vorankommen ohne Wettbewerb, ohne Kampf und Wetteifern unmöglich ist."[67] Und seine Kollegin Margarita Bunkina, Lehrstuhlinhaberin für internationale Beziehungen an der Moskauer Universität, forderte vehement Sparmaßnahmen bei den Arbeitskosten, um die Produktion zu verbilligen. Denn, so die 1988 weitum gültige Theorie, „betriebswirtschaftlich gesehen ... sind der kapitalistische und der sozialistische Betrieb gleich".[68]

Die auf neoliberal getrimmten WirtschaftsexpertInnen leisteten ganze Arbeit. Zwar mag sich der eine oder die andere von ihnen an die gebetsmühlenartigen Zusätze der Jahre 1988 und 1989, wonach alle Reformen „im Rahmen des Sozialismus" zu geschehen hätten, nicht mehr gerne erinnern; kundigen Fachleuten war das Irreale an diesem Bekenntnis auch damals schon peinlich.

Der Fall des Außenhandelsmonopols

Eine entscheidende ökonomische Kategorie der osteuropäischen Planwirtschaften war die staatliche Kontrolle über den Außenhandel. In der Sowjetunion fiel dieses wesentliche Regulierungsinstrument, das eine unkontrollierbare Integration in die Strukturen des Weltmarktes verhinderte, im Jahr 1988 der Perestroika zum Opfer. Mit dem 1. Juli 1988 trat ein neues Genossenschaftsgesetz in Kraft, das die gesamte Ökonomie nachhaltig veränderte. Von der Investitionsentscheidung bis zum Außenhandel, von der Lohngebarung bis zum Steuersatz konnten die nun selbständigen Wirtschaftskörper autonom entscheiden. Damit war der „sozialistische Wettbewerb" eröffnet – ausgerechnet in einer Phase wirtschaftlicher Rezession, was zu panikartigen Beschlüssen auf betriebswirtschaftlicher Ebene führte. „Die Genossenschaften haben das Recht, mit ausländischen Partnern Außenhandelsgeschäfte zu machen. Um das Wirtschaftsinteresse bei Export- und Importaktionen zu steigern, können die Genossenschaften den beim Warenexport erzielten Erlös in ausländischer Währung behalten"[69], stand in Artikel 28 zu lesen. Das Ende der staatlichen Planwirtschaft begann mit der Liberalisierung der Außenhandelsbeziehungen. Anstatt die Verantwortung für die zu erwartenden und auch von den eigenen Ökonomen berechneten sozialen Deregulierungen wahrzunehmen und Vorkehrungen für soziale Versicherungssysteme zu treffen, kümmerte man sich in den Nomenklatura-Zentralen um die Wettbewerbsfähigkeit. Und auch das nur vermeintlich. Denn die im Zuge der Öffnungen zum Weltmarkt notwendige wirtschaftliche Kraft wurde – anders als in den südostasiatischen „Tiger"-Staaten – staatlicherseits nicht gefördert. Mit der Liberalisierung der starren Strukturen schien alles getan. Vorbereitungen auf den rauen Wind des Weltmarktes konnten damit nicht getroffen werden. Mit den späteren Privatisierungen wurden die örtlichen Kollektivführungen in die Lage versetzt, Verkäufe ohne soziale oder investitionspolitische Rücksichten zu tätigen. Wenn es nicht die pure Naivität war, der diese unverantwortliche Perestroika-Politik geschuldet war, dann war es das Kalkül von Teilen der kommunistischen Nomenklatura, sich selbst mit Hilfe der lauthals ideologisierten Deregulierungen zu bereichern. In vielen Fällen ist genau das gelungen. Ironischerweise auf so perfekte Art, dass der westliche Kapitalmarkt, dessen Vertreter die Liberalisierungen in Osteuropa forderten, in den 1990er Jahren Angst vor den ungeheuren „kriminellen" Kapitalmengen so genannter „Ostmafia-Gruppen" bekommen hat. Eigens aufgebaute Schengen-Organe machen seither Jagd nach „Geldwäschern".

Mit dem Fall des Außenhandelsmonopols in der Sowjetunion war auch den führenden politischen Kräften in den Partnerstaaten des RGW kein Argument mehr einsichtig, warum man sich der Rubelzone verpflichtet hätte fühlen sollen. Das politische Zentrum des RGW ließ seine lukrativsten Firmen autonom ins Dollargeschäft einsteigen. Umso weniger wollten tschechische, ungarische oder polnische Betriebe auf dem Transfer-Rubel-Markt tauschen. Das offizielle Ende des RGW kam am 28. Juni 1991. Drei Tage zuvor hatte sich Slowenien von Belgrad getrennt und für unabhängig erklärt. Einer – peripheren – Integration in von westlichen Zentren dominierte Wirtschafts- und Militärpakte stand nun nichts mehr im Wege.

Scherenschnitt an der österreichisch-ungarischen Grenze

Der „Eiserne Vorhang", Symbol der Herrschaft osteuropäischer Parteidiktaturen und gleichzeitig Schutz vor ökonomischen Übergriffen aus dem Westen, brach an seiner schwächsten Stelle. In Ungarn, dem Land mit der höchsten Pro-Kopf-Verschuldung Europas, durchschnitt die offiziell noch nicht reformierte Staats- und Parteiführung jenen Stacheldraht, der 40 Jahre lang den Osten vom Westen des Kontinents getrennt hatte.

Die letzte sozialistische Regierung Ungarns besiegelte damit das Schicksal der DDR. Ein 500-Mio.-DM-Kredit aus Bonn förderte ihren Entschluss. Und Otto Habsburg, der Sohn des 1918 abgedankten habsburgischen Monarchen Karl, stand dabei hilfreich zur Seite.

Am 2. Mai 1989 übertrugen österreichische TV-Stationen den Beginn der Demontage des Stacheldrahtverhaus aus der Puszta. Ungarische Soldaten machten sich mit langen Zangen über die sichtbare Trennlinie der Systemgrenze her. Die technischen Voraussetzungen für einen unkontrollierten Übertritt in den Westen waren damit geschaffen. Medienwirksam durchschnitten die Außenminister Österreichs und Ungarns, Alois Mock und Gyula Horn, am 27. Juni den „Eisernen Vorhang". Während der Urlaubsmonate Juli und August wurden – wie schon im Jahr zuvor – ca. eine Mio. DDR-BürgerInnen[70] in Ungarn erwartet. Viele von ihnen spekulierten mit der Flucht nach Österreich. Für sie bauten die katholische Caritas und der Malteser-Hilfsdienst[71] riesige Zeltlager westlich von Budapest. Am 19. August 1989 kam es dann zur ersten Massenflucht. Aktivisten der Paneuropa-Bewegung[72] verteilten Flugblätter in den Lagern, die auf ein Grenzcamp der Organisation nahe Sopron/Ödenburg aufmerksam machten. Otto Habsburg nützte dieses Wochenend-Camp, dessen Errichtung auf ungarischer Seite mit Wissen und Billigung der Behörden erfolgte, um auf die lange österreichisch-ungarische Herrschertradition seiner Familie hinzuweisen. Am Nachmittag des 19. August flohen über 500 DDR-BürgerInnen – zu diesem Zeitpunkt noch zu Fuß – in den Westen, nachdem sie sich symbolisch am Abbau des Eisernen Vorhanges beteiligt hatten. Auf der österreichischen Seite der Grenze wurden sie, obwohl sie nicht über das vorgeschriebene Visum verfügten, durchgewunken und als Freiheitshelden feierlich empfangen, von TV-Stationen als lebende Beweise für die in jenen Tagen viel gepriesene „Heimkehr nach Europa" gefilmt und vom Roten Kreuz versorgt. Der Probegalopp für die bevorstehende große Ausreisewelle war gelungen.

Mit dieser erfolgreichen Vollzugsmeldung im Aktenkoffer flogen wenige Tage später der ungarische Ministerpräsident Miklós Németh und sein Außenminister Gyula Horn per Militärmaschine nach Bonn, um bei Kanzler Helmut Kohl vorstellig zu werden. Für die Zusage eines 500-Mio.-DM-Kredits[73] sowie das Versprechen einer politischen Unterstützung bei der angestrebten Westintegration Ungarns wollten Németh und Horn allen darauf wartenden DDR-BürgerInnen aus „humanitären Gründen", wie sie es nannten, die Ausreise gestatten. In der Nacht zum 11. September, kurz nachdem Gyula Horn ordnungsgemäß das Reiseabkommen mit der DDR für außer Kraft gesetzt erklärt hatte, öffneten sich die Grenzbalken. Tausende ausreisewillige DDR-Familien, mit Hab und Gut beladen, tuckerten daraufhin mit ihren Trabis und Wartburgs in den als frei gepriesenen Westen. Dort, unmittelbar hinter dem Schlagbaum, warteten TV-Teams, Rotes Kreuz und österreichisches Bundesheer. Die Kameras fingen die Storys der Flüchtlinge ein, die Männer vom Roten Kreuz verteilten Benzingutscheine an ostdeutsche Fahrzeuglenker, und die Soldaten des Bundesheeres servierten Eintopf aus großen Gulaschkanonen an die hungrigen „Heimkehrer". Die Durchreise nach Bayern war generalstabsmäßig geplant. Österreichische Personalanwerber für Spitäler, sonstige kommunale Einrichtungen oder Hotelketten, die auf der Suche nach billigen deutschsprachigen Krankenschwestern, Kellnern und Köchen waren, mussten in jenen Tagen verwundert zur Kenntnis nehmen, dass so gut wie alle in den Westen einreisenden DDR-BürgerInnen bereits Arbeitsverträge mit bayrischen oder baden-württembergischen Unternehmen in der Tasche hatten. Deutsche Anwerbebüros wussten die Zeit im ungarischen Auffanglager eben besser zu nutzen als ihre österreichischen Kollegen.

Der Damm war gebrochen. Die Massenflucht der DDR-BürgerInnen vom 11. September 1989 nahm die politische Wende bzw. den späteren Sturz der Regierungen in Berlin, Prag, Sofia und Bukarest vorweg. Am 8. Oktober 1989, nicht einmal einen Monat nach der Grenzöffnung, löste sich die Ungarische Sozialistische Arbeiterpartei (USAP) selbst auf.[74] Neun Jahre später, am 10. November 1998, erinnerte der liberalkonservative ungarische Außenminister Martonyi in Brüssel anlässlich der Zeremonie zur ersten Durchsicht der EU-Beitrittsverhandlungen mit den sechs Kandidaten an die historische Rolle Ungarns in Fragen der EU-Osterweiterung.

Der Herbst 1989 sah eine allseits geliebte Volkserhebung im Osten des Kontinents. Die Ereignisse sollten sich in den folgenden Monaten überstürzen. Und die westliche Berichterstattung belegte alle aufständischen Vorkommnisse, die in den eigenen Ländern jahrzehntelang voll Abscheu oder zumindest distanziert kommentiert worden waren, mit positiven Attributen. „Generalstreik", „Aufstand", „Revolution" wurden enthusiastisch gefeiert. Dieselben Medien, die Anti-AKW-Demonstrationen in der BRD oder Arbeitskämpfe in Großbritannien mit der lapidaren Feststellung zu diffamieren pflegten, dass es – wie gehabt – zu Ausschreitungen gekommen sei, jubilierten nun zu Jahresende 1989. Aus „Ausschreitungen" machte der Sprachgebrauch für Osteuropa „gerechten Volkszorn". Die berechtigten Proteste all jener, die sich dem längst erstarrten gesellschaftlichen System entgegenstemmten, wurden westlicherseits politisch und medial instrumentalisiert. Die „Heimkehr" Osteuropas ist dabei zu jenem ideologischen Kampfbegriff geworden, der den ökonomischen und politischen Zusammenbruch der kommunistischen Staaten erklären helfen sollte. Wohin dieses für ein halbes Jahrhundert scheinbar verloren gegangene Osteuropa heimkehrte, wurde erst später deutlich: in einen von Krisen und Kriegen arg in Mitleidenschaft gezogenen Kontinent, wie er vor der kommunistischen Zwangsmodernisierung bestanden hatte. In Jugoslawien, Albanien, Moldawien und Teilen Russlands kehrte der Krieg nach 45-jähriger Unterbrechung wieder auf die politische Bühne zurück. Und das übrige Europa wurde und wird von wirtschaftlichen Krisen gebeutelt, die sich u.a. in vermehrter sozialer Differenzierung äußern, im Osten freilich um ein Vielfaches spürbarer als im Westen.

Wenn auch eine solche „Heimkehr" nicht gemeint war, so setzt das postkommunistische Europa ideologiegeschichtlich doch am ehesten dort fort, wo es in den nationalen Wahnvorstellungen der 1930er Jahre zerstob; mit dem immerhin bemerkenswerten Unterschied, dass der Integrationsversuch der 1990er Jahre nicht allein dem deutschen, sondern dem supranationalen westeuropäischen Wahn geschuldet ist.

Der Mythos von der Revolution

Die ehemalige DDR kennt keine Verantwortlichen für die Ereignisse des „heißen Herbstes". Mehrmalige Führungswechsel in SED/PDS (Sozialistische Einheitspartei Deutschlands, später: Partei des demokratischen Sozialismus), CDU (Christlich-demokratische Union, Blockpartei) und SDP/SPD (Sozialdemokratische Partei) haben schon vergessen gemacht, wer denn nun eigentlich wofür die Entscheidungen getroffen hatte. Honecker, Schabowski, Krenz, Modrow; Schnur, Eppelmann, de Maizière; Böhme, Meckel ... alle waren sie im entscheidenden Moment als Parteigänger oder – vermeintliche – Stasispitzel enttarnt und von ihren Posten enthoben worden. Die DDR wurde ausradiert, mit Stumpf und Stiel, geblieben ist nicht einmal die Erinnerung an die hauseigenen Totengräber.

Den anderen entkommunifizierten Ländern, die im Unterschied zur DDR eigene nationale Identität besaßen, war der Mythos wichtiger als das Vergessen. Das neue staatliche Selbstverständnis brauchte ihn. Der Mythos hieß Revolution. Und er schreckte nicht vor inszenierten Falschmeldungen zurück. So produzierte die Prager Gerüchteküche des Bürgerforums am 17. November 1989 einen Toten auf dem Wenzelsplatz – von Sicherheitskräften erschlagen –, um den Gang der Ereignisse zu beschleunigen. Am selben Tag war im westdeutschen Göttingen die antifaschistische Demonstrantin Conny Weßmann von prügelnden Polizisten auf der stark befahrenen Weender Straße unter die Räder eines Pkw getrieben worden. Die tote Antifaschistin wurde in den Medien klein geschrieben, der – wie sich später herausstellte – inexistente tote Prager Student machte tagelang Headlines. Auch Havels kometenhafter Aufstieg vom Dramaturgen zum Republiksgründer ist Teil einer Inszenierung, die aus drei Massenkundgebungen und zwei Stunden Generalstreik eine Revolution gemacht hat.

Noch krasser ist der Widerspruch zwischen Mythos und Wirklichkeit in Rumänien. Der Hinrichtung des Ehepaars Ceauşescu am Weihnachtstag des Jahres 1989 folgte die christliche Welt unter dem Weihnachtsbaum mit Genugtuung. Dem blutrünstigen Dracula war Gerechtigkeit widerfahren. In den Tagen zuvor hatten seine Chargen, so sah man's beim Abendbrot vor dem TV-Bildschirm, 10.000 großteils ungarischstämmige RumänInnen in Timişoara bestialisch ermordet. Später, als sich die revolutionäre Aufregung in Rumänien und das Interesse der Voyeure gelegt hatten, taten rumänische und französische Berichte kund, dass die einprägsamen Leichen in der Hauptstadt des Banat nicht Revolutionsopfer, sondern Spitalstote gewesen waren. Ein westliches Fernsehteam hatte den Wärter gebeten, für ein paar Dollar verstorbene Patienten aus dem krankenhauseigenen Friedhof auszugraben und revolutionär zu drapieren. Untersuchungen von Ärzten aus Timişoara straften die Behauptung Lügen, dass am 17. Dezember 1989 von der Geheimpolizei Securitate 10.000 DemonstrantInnen getötet wurden. Das Leichenschauhaus registrierte 96 Opfer des Blutbades. Zum Vergleich: Beim Überfall der US-Streitkräfte auf Panama, der zeitgleich stattfand und der Gefangennahme General Noriegas diente, tickerten die internationalen Nachrichtenagenturen eine Opferbilanz von 200 bis 300 über den Fernschreiber. 7.000 tote PanamesInnen wies eine US-amerikanische Studie aus, die Monate später von Ex-Justizminister Ramsey Clark vor Ort erstellt wurde.

Mythos und Wirklichkeit. Die unzufriedenen Massen auf den Straßen von Berlin, Prag, Temesvar, Bukarest und – später – Sofia prangerten ein verhasstes Regime an, das sich nicht mehr zur Wehr setzte, weil es schon längst am Ende war. Honecker, Husák und Schivkoff sahen für ihre Länder keine wirtschaftliche Perspektive mehr, deretwegen es sich gelohnt hätte, mit letzter Konsequenz an der politischen Macht zu kleben. Nur Ceauşescu wollte das Feld nicht kampflos räumen. Er hatte gerade einen großen wirtschaftlichen Triumph gefeiert. Zehn Jahre lang hatte er seinem Volk die härtesten sozialen Bedingungen des Internationalen Währungsfonds aufgebürdet, um sämtliche Auslandsschulden zurückzahlen zu können. Exportoffensive und Importstopp, Lohnfreeze, staatlich verordneter Konsumverzicht und verdeckte Massenarbeitslosigkeit. Im April 1989 war es so weit: Rumänien war schuldenfrei. Zu spät, denn ringsum begann sich der osteuropäische Wirtschaftsraum aufzulösen. Allein konnte Ceauşescu der Brandung der Wende, die bereits alle Nachbarn ergriffen hatte, nicht standhalten. Als einziger politischer Führer im ehemaligen RGW wurde der rumänische KP-Chef von einem Volksgerichtshof zum Tode verurteilt und am weströmischen Christtag des Jahres 1989 hingerichtet.

Die Folgen der Transformation:
Von der Krise zur Peripherisierung

Der Übergang von der Plan- zur Marktwirtschaft verlief planmäßig. Und es ist bestimmt kein Zufall, dass die Wende gerade in jenen Staaten frühzeitig spürbar wurde, die über Kreditvereinbarungen an die westlichen Bankenzentren gebunden waren und mit den Schuldenzahlungen zu kämpfen hatten: in Polen und in Ungarn. Federführend dabei waren Weltbank und Währungsfonds (IWF). Ihre Therapien, die unter anderen vom Harvard-Ökonomen Jeffrey Sachs oder vom stellvertretenden US-Außenminister Strobe Talbott[75] in Jugoslawien, Polen und anderen osteuropäischen Staaten angewandt wurden, wirkten wie Wegweiser in die ökonomische Peripherisierung des Ostens. Bestimmend waren ein policy-mix[76] aus einer restriktiven Geld- und Budgetpolitik im Rahmen einer makroökonomischen Stabilisierung, eine Liberalisierung – schreib: Verteuerung – der Preise sowie die Herstellung einer Währungskonvertibilität. Konkret wirkte sich dies in Sparmaßnahmen bei Subventionen für den Sozial- und Kulturbereich, in Kürzungen im Militäretat, einer Erhöhung der Grundnahrungs-, Energie- und Wohnungspreise, einer hohen, meist alle Sparguthaben enteignenden Inflation sowie Währungsabwertungen aus.

Erklärte Ziele der Transformation vom zwangsmodernisierenden staatsgelenkten hin zum peripher-kapitalistischen Modell waren vor allem das Aushungern des staatlichen Sektors und die Privatisierung seiner lukrativsten Teile, die Umorientierung des Handels von einer Ost-Ost- bzw. Ost-Süd-Perspektive auf eine Ost-West-Schiene sowie die Mobilisierung der Arbeitskräfte zwecks Schaffung eines Arbeitsmarktes. Darin bestand Übereinstimmung zwischen den sich kapitalisierenden Eliten im Osten, die aus dem privatisierten Besitzstand heraus clanartig-mafiöse Strukturen entwickelten, ihren reformorientierten Kollegen auf Seiten der Politik und den kapitalstarken Finanzinstitutionen des Weltmarktes, Weltbank und Währungsfonds. In den Mitteln zum Zweck war man nicht wählerisch.

Schocktherapie

Bekannt geworden sind all diese Maßnahmen unter dem Begriff der Schocktherapie, die in der ersten Hälfte der 1990er Jahre vor allem in Polen, Jugoslawien und Ungarn mit verheerenden Folgen für die Volkswirtschaften – und im Fall Jugoslawiens auch für dessen staatliche Territorialität[77] – durchgeführt wurde. Osteuropas Frontmann in Sachen Monetarismus war Leszek Balcerowicz. In seiner Funktion als Finanzminister begann er am 1. Januar 1990 den nach ihm benannten Wirtschaftsplan in die Tat umzusetzen. In wenigen Monaten wurden große Teile des staatlichen Sektors (nicht der Grundstoffbereich) zerschlagen, die gewinnversprechenden Unternehmensteile für den Verkauf an ausländische Investoren vorbereitet, Arbeitskräfte massenweise entlassen, die Gewerkschaft OPZZ entmachtet und eine restriktive Geldpolitik ins Werk gesetzt. Wofür Margaret Thatcher im kapitalistischen Großbritannien ein Jahrzehnt gebraucht hatte, das vollbrachte Balcerowicz im krisengeschüttelten postkommunistischen Polen in wenig mehr als einem einzigen Jahr.

Die Seite des Internationalen Währungsfonds steuerte zum Gelingen dieses Vorhabens „der Welt möglicherweise wichtigsten Ökonomen" – wie ihn das *New York Times Magazine* nannte – bei: den 1954 in Detroit geborenen Jeffrey Sachs. Der Harvard-Absolvent und spätere Professor gilt als letzter und brutalster Ausläufer der liberalen Chicagoer Schule von Milton Friedman. Osteuropa war für Fellows dieser Art eine Terra incognita. Nach dem Zusammenbruch der kommunistischen Planwirtschaft werkten Ökonomen seines Schlages in Polen, Ungarn, Bulgarien und Jugoslawien wie auf unbesiedeltem Gebiet. Es ging im Kern um Budgetsanierung und die Herstellung von Investitionssicherheit für ausländische Anleger. Menschen, die im alten System gelebt hatten, wurde im neuen keine Daseinsberechtigung zugesprochen. Eine solche musste von ihnen erst erkämpft werden.

Das Duo Balcerowicz/Sachs konnte auf einem seltsamen Sozialpakt aufbauen, den Solidarność-Chef Lech Wałęsa am 6. April 1989 am „Runden Tisch" der Wende unterzeichnet hatte. Seine Gewerkschaft akzeptierte damals eine Indexierung der Löhne im Verhältnis zu den Preisen von 0,8:1,0. Hinter der abstrakt wirkenden Zahlenkombination steckte in Wirklichkeit eine Reallohneinbuße von 20%. In einem weltweit einmaligen Vorgang hatten sich Arbeitervertreter ein Fünftel ihres Lohnes wegstreichen lassen und waren damit zufrieden. Das Lohn-Preis-Abkommen des Jahres 1989 plünderte regelrecht die Geldtaschen der Lohnabhängigen.

Drei Jahre später hielt Polen – trotz immensen Reallohnverlusten – bei 16,5% Arbeitslosigkeit, einem bis dato unbekannten Phänomen; mehr als die Hälfte der für die peripher-kapitalistische Verwertung unbrauchbar Gewordenen erhielt keinerlei staatliche Unterstützung. Von null auf 16,5% in drei Jahren, das dürfte sozialpolitischer Weltrekord sein. Produktion und Konsumtion gingen rapide zurück. Der Neustart in den Kapitalismus begann von ganz unten. Erst im Jahr 1998 erreichte das polnische Bruttoinlandsprodukt jenen Wert, der die kommunistische Nomenklatura ein Jahrzehnt zuvor ins politische Vakuum gestoßen hatte. Die Monetaristen feiern dies – übrigens bis heute ohne jede Selbstkritik – als Reformerfolg.

Der Zusammenbruch in Zahlen[78]

Zu Anfang stand die Entwertung des alten Geldes. Hyperinflation ist, sozio-ökonomisch betrachtet, eine Enteignung der Besitzlosen, also jener, die nichts haben als die eigene Arbeitskraft und ein Sparbuch. Diese Erkenntnis hatte bereits Eduard März[79], der letzte austromarxistische Ökonom, der damit eine gesellschaftliche Erklärung für die Abwertung der Krone im republikanischen Österreich und die Währungsreform des Jahres 1922 mit der ihr vorangegangenen Hyperinflation lieferte.

Die maroden kommunistischen Volkswirtschaften waren – über Jahrzehnte hinweg – vom Phänomen des Mangels an Konsumgütern gezeichnet. Dies implizierte eine relativ hohe Sparquote in allen Ländern des RGW. Der eine hatte Kronen auf der hohen Kante liegen, um sich irgendwann, so die Produktivität der Fabrik es erlaubte, einen Škoda kaufen zu können; die andere sparte für eine Kücheneinrichtung, auf deren Kauf sie erst in drei, vier oder mehr Jahren ein planmäßiges Anrecht besaß. Weniger der Preis eines bestimmten Produktes war es, der Käufer vom Erwerb abhielt, sondern das Lieferhemmnis. Also horteten Osteuropas Proletarier Milliarden von Rubel, Lei, Kronen, Złoty und Forint, um bei entsprechender Gelegenheit Konsumgüter kaufen zu können.

Diese beträchtlichen Geldmengen aus kommunistischer Zeit waren nach dem Umbruch für die Kapitalisierung der Ökonomie ein Hindernis. Die neoliberale Marktwirtschaft erklärte sie für ungültig, standen doch dem erarbeiteten Geld nicht ausreichend Waren gegenüber; als Vorschuss auf demnächst Produziertes konnte es nicht gelten, wollte man neue Eigentümer- und neue Produktionsstrukturen in den einzelnen Ländern einführen. Frische Investoren waren logischerweise nur dann bereit, ihr Kapital für Gewinn versprechende Unternehmensteile oder neue Produktionen anzulegen, wenn nicht Milliarden von altem Geld im Umlauf waren, das durch nichts als die darin enthaltene, längst geleistete Arbeit gedeckt war. Vor diesem Hintergrund war die 1989 und danach in die Länder des Ostens einziehende Inflation nicht bloß Resultat einer falschen Finanz- und Wirtschaftspolitik, sondern auch politisch gewollt: Sie enteignete die Sparer des Sozialismus. Sie betrieb Kapitalvernichtung im Sinn neuer Investoren aus dem Dollar- und DM-Raum, die finanz- und währungspolitische Sicherheit für ihre Geldanlage forderten. Gewinntransfer in die Heimatländer des Kapitals konnte nur durch Konvertibilität der lokalen Währungen garantiert werden; und dies war mit den überschüssig vorhandenen Geldmengen nicht herstellbar. Der durch das Andocken an die Regeln des dollarisierten Weltmarktes eintretenden Inflation folgte anfangs v.a. in Polen eine restriktive Geldpolitik, die die Menge des Geldumlaufes drastisch beschränkte und an Dollar oder DM band. Alternativen zum Monetarismus, wie sie mittels Lohnausgleichszahlungen z.B. in Rumänien unter Ion Iliescu oder in Jugoslawien unter

Slobodan Milošević versucht wurden, trugen den dortigen politischen Kräften schwere Rügen seitens des IWF und eine politische Paria-Stellung ein. In fast allen Ländern erreichte die Transformationsinflation dreistellige Zahlen. Polens Konsumenten- und Investitionsgüterpreise verteuerten sich zwischen 1989 und 1990 um 600%. In wenigen Monaten war das in der Kommune-Zeit Erarbeitete nichts mehr wert. 1991 erreichte die Hyperinflation Bulgarien (320%) und Rumänien (200%), 1992 Slowenien (200%), das bereits 1991, im ersten Jahr seines Bestandes, mit einer dreistelligen Inflationsrate zu kämpfen gehabt hatte. Russische und ukrainische Sparer wurden im Jahr 1992 enteignet; Russland durchlebte eine Inflation in der Höhe von 1.500%, die Ukraine schraubte sich von 1.200% (1992) auf 5.300% (1993). Dagegen nehmen sich die tschechische Inflationsrate von 60% (für 1991) und die ungarische von 35% (für 1991) geradezu unbedeutend aus; sie zeigen tatsächlich von einer gewissen Stärke der beiden Volkswirtschaften, die jedoch gänzlich unterschiedliche – später zu behandelnde – Wurzeln hat.

Neben den Hyperinflationen enteigneten drastische Reallohneinbußen in den ersten Wendejahren diejenigen LohnarbeiterInnen, die noch Arbeit in den Staatsbetrieben hatten. In Polen und Slowenien verloren die ProletarierInnen bereits 1990 ein Viertel ihres Lohneinkommens (im Vergleich zum Jahr davor); in der Tschechoslowakei und Rumänien vermissten sie selbiges Viertel ein Jahr später auf dem Lohnzettel, in Bulgarien betrug der Reallohnverlust gar 39%.[80]

Produktionseinbrüche begleiteten das erste Wendejahrfünft. Die bereits seit Mitte der 1970er Jahre bestehende Wirtschaftskrise beschleunigte sich 1989 dramatisch. Nun ging es um die Substanz der seit Kriegsende aufgebauten Industrie. Zwischen 1990 und 1993 löste sich die Branchen- und Produktionsstruktur der kommunistischen Epoche de facto auf. In Polen brach die industrielle Produktion 1990 im Vergleich zum Vorjahr um ein Viertel (24,2%) ein, in der Tschechoslowakei, Bulgarien und Rumänien passierte dies ein Jahr später; Ungarn verlor 1992 ein Fünftel seiner industriellen Kapazitäten. Im Zeitraum zwischen 1990 und 1993 sank die Produktion von Industriegütern – je nach Land unterschiedlich – um 40 bis 70%. Am härtesten betroffen waren – neben dem vom Krieg gezeichneten Kroatien – Polen, Bulgarien und Rumänien.

Im Agrarbereich verlief die Entwicklung strukturbedingt anders. Da ist zum einen die polnische Landwirtschaft, deren Kollektivisierung am Widerstand der Bauern gescheitert war und die bis heute in Kleinstparzellen teilweise für den lokalen und den eigenen Bedarf produziert. In Ländern wie Ungarn und Rumänien (auch hier waren ganze Regionen wie z.B. das gebirgige Maramureş von der Kollektivierung ausgeschlossen gewesen) lag der Schwerpunkt der Transformation in der Landwirtschaft auf der Restitution für alte Eigentümer bzw. deren Nachfahren. Die Rückgabe des agrarisch nutzbaren Bodens an die präkommunistischen Eigentümer bewirkte in der Regel Produktionseinbrüche, standen doch nun keine entsprechenden, auf die Bewirtschaftung weniger Hektar zugeschnittenen Maschinen zur Verfügung. So sank beispielsweise in Ungarn, der alten Kornkammer der Doppelmonarchie, die erzeugte Getreidemenge zwischen 1990 und 2000 um über 15%, die gesamte landwirtschaftliche Produktion ging unter privatisierten Bedingungen zwischen 1990 und 1999 um 28,4% zurück.[81] In Böhmen und Mähren wurde versucht, die kommunistischen Genossenschaften – unter weitgehender Beibehaltung der großflächigen Produktionsstrukturen – in kapitalistische Gesellschaften umzuwandeln. Verstaatlichte Landwirtschaftsbetriebe – auch solche gab es in der Tschechoslowakei – dienten als Reservoir für Entschädigungen privater Ansprüche, sie wurden gänzlich zerschlagen. In Slowenien wiederum, dem einzigen EU-Kandidaten mit Arbeiterselbstverwaltung, änderte sich im landwirtschaftlichen Bereich vorerst wenig.

Das Hauptaugenmerk der Transformationspolitik fiel jedoch auf die Industrie. Im Visier der neuen osteuropäischen Eliten, die allesamt auf West-Kredite bzw. Umschuldungen von alten Krediten angewiesen und somit ohne das Plazet von IWF und Weltbank handlungsunfähig waren, befanden sich die Staatsbetriebe. Diese wurden nach dem nun geltenden kapitalistischen Verwertungsprinzip einerseits als auf dem Weltmarkt konkurrenzunfähig dargestellt, andererseits bereiteten ihre Produktionskapazitäten den westeuropäischen und US-amerikanischen Konkurrenten dennoch Sorge. Immer wieder kam es vor, dass größere Industrieeinheiten in osteuropäischen Ländern von ihren potenziellen westlichen Konkurrenzfirmen aufgekauft wurden, die sie in der Folge zusperrten, um sich damit eines Konkurrenzstandortes zu entledigen. In diesem Zwiespalt – der ideologisch breitgetretenen Konkurrenzunfähigkeit und der den westlichen Konkurrenzfirmen gefährlich werdenden Produktionskapazität – versanken große Teile der in den 1960er und 1970er Jahren aufgebauten osteuropäischen Industrie. Erst deren Zerschlagung und anschließende Schließung bzw. Teilprivatisierung ebneten das Feld für die multinationalen Konzerne, die seither das Terrain in allen Ländern Osteuropas beherrschen.

Der staatliche Sektor wurde dabei von mehreren Seiten in die Zange genommen. Wichtig dafür war auch das Verbot von Bartergeschäften für Exporte innerhalb der (ehemaligen) RGW-Zone. Damit wurden auch durchaus lebensfähige Industriebetriebe in die Knie gezwungen, um wenig später von westeuropäischen, US-amerikanischen oder ostasiatischen, teilweise auch türkischen Konkurrenten vom Markt gedrängt zu werden.

Zum Beispiel der weltgrößte Autobushersteller Ikarus aus Ungarn. Im Februar 1990 veranlasste der IWF mit Zustimmung der konservativen Regierung József Antall einen Lieferstopp von Bussen in den RGW-Raum und in arabische Länder. Auf der Basis von Gegengeschäften bespielsweise mit russischem Erdöl durften keine Busse mehr außer Landes gebracht werden, ansonsten versprochene IWF-Kredite, die die Regierung zur Budgetkonsolidierung brauchte, nicht ausbezahlt würden. Sofort beurlaubte der Autobusgigant 10.000 Beschäftigte.[82] Ein Jahr später war es um die Marktstellung des Busproduzenten geschehen. Oder die tschechoslowakische und polnische Rüstungsindustrie. Dabei ging es um große Marktanteile, die teilweise auch mit exekutiver Gewalt des Westens erkämpft werden sollten. So beispielsweise, als im Januar 1992 – wohlgemerkt: nach dem ersten Golfkrieg der USA – die BRD-Kriegsmarine im Mittelmeer einen Frachter aufbrachte, der 16 in der Slowakei hergestellte Panzer für Syrien liefern sollte.[83] Unter dem Vorwand, dies verstoße möglicherweise gegen das Kriegswaffenkontrollgesetz, zwang ein Schiff der Bundesflotte den Frachter „Godewind" zur Umkehr in den polnischen Hafen Stettin/Szczecin. Im Namen des Friedens wurde vorher von US-amerikanischer Seite Stimmung gegen Waffenexporte in Krisengebiete gemacht. Das Sonderbare daran war bloß, dass Syrien just zu diesem Zeitpunkt ein militärischer Verbündeter der USA gegen Saddam Hussein war und tschechoslowakische Sondertruppen im Golfkrieg auf Seiten der Anti-Irak-Allianz zum Einsatz kamen. So gesehen konnten slowakische Panzer den Frieden nicht gefährden, eher schon die Vorherrschaft des Westens auf den arabischen Waffenmärkten. Und darum ging es wohl. Der zwischen der Tschechoslowakei und Syrien unterzeichnete Vertrag über die Lieferung von 250 Panzern des Typs T 72 wurde von deutscher Seite mit militärischer Gewalt gebrochen.

Auch gegen die polnische Waffenindustrie wurde zur selben Zeit mit schwerem Geschütz mobil gemacht. Im Frühling des Jahres 1992 verhaftete das US-amerikanische FBI drei polnische Direktoren der Radomer Lucznik-Fabrik in Frankfurt/Main, als sie dort mit arabischen Unterhändlern ein Geschäft über die Lieferung von Maschinenpistolen, Boden-Luft-Raketen und Granatwerfern abschließen wollten.[84] Trotz sofortiger Demonstrationen der Arbeiterschaft vor der US-Botschaft in Warschau und offiziellen polnischen Protesten des Warschauer Außenministeriums wurden Direktor Scwonder und seine beiden Verkaufsmanager in die USA ausgeliefert, wo sie wegen versuchten Bruchs des UN-Embargos gegen Libyen oder den Irak vor Gericht kamen. Waffenhändlern aus aller Welt sollte mit dieser Aktion wohl signalisiert werden: Kauft nicht im Osten!

Der Deindustrialisierung folgte eine handels- und wirtschaftspolitische Neuorientierung. Schon nach knapp zehn Jahren Reformeifer hatte sich eine völlige Änderung der Außenhandelsbeziehungen ergeben: Bulgarien exportierte 1999 bereits 52% seiner Waren in die EU (1990 waren es 5% gewesen), Tschechiens EU-Exportanteil stieg von 38% (1990) auf 69% (1999), der Ungarns von 42% (1990) auf 76% (1999), der Polens von 53% (1990) auf 70% (1999), der Rumäniens von 34% (1990) auf 65% (1999). Mit der handelspolitischen Umorientierung änderte sich die Exportstruktur.[85] Halbfertigprodukte und Rohstoffe sind weltmarktfähig, der Verarbeitungsgrad – und damit der Warenwert – ging drastisch zurück. Dies sind typische Indikatoren für von starken ökonomischen Zentralräumen abhängige Peripheren, deren Wirtschaft nur selektiv, den Erfordernissen des Zentrums folgend, in die Akkumulationskreisläufe des Weltmarktes integriert wird. In Tschechien, Ungarn, der Slowakei und Slowenien übernahm die Pkw-Produktion bzw. der Zusammenbau von Pkws eine wichtige Rolle. Zu Beginn des 21. Jahrhunderts zählt dieser Industriezweig zu den ausgereiften, nicht besonders innovativen Branchen.

Alle Volkswirtschaften der Beitrittskandidaten sind in kürzester Zeit in einem hohen Ausmaß an den EU-Markt angebunden geworden. Exportorientiert und auf Grund der billigen Arbeitskraft, die den wichtigsten Kostenvorteil darstellt, auf arbeitsintensive Branchen konzentriert, stellt die Abhängigkeit von der Aufnahmefähigkeit des reicher bestückten Marktes im Westen ein Konstitutivum für die zehn Beitrittskandidaten dar. Der Protektionismus der Europäischen Union verschärfte die Situation vor allem in Branchen mit hohem Verarbeitungsgrad und in der Landwirtschaft, sodass der Vorteil des niedrigen Lohnes nur sehr bedingt und von Brüssel reguliert zum Einsatz kommen konnte.

Die Situation der Beitrittswerber erinnert, allein vom Außenhandel her betrachtet, zehn Jahre nach der Wende an eine quasi-koloniale Struktur: einseitige Orientierung auf ökonomisch stärkere Märkte, nur teilweise, quotierte Zulassung zu denselben, was wiederum die Entwicklungschancen in höher qualifizierten Bereichen verschlechtert, sowie eine durchwegs passive Handelsbilanz. Kein einziges der zehn westorientierten Ostländer kann im Jahr 2000 auf eine positive Handelsbilanz mit EU-Europa verweisen.

Ein weiteres, oft zu Unrecht vernachlässigtes Instrument in der Palette der Attacken gegen die sich wirtschaftlich öffnenden Staatsbetriebe im Osten waren die von den USA und der EG betriebenen und von der UNO durchgesetzten Embargos gegen missliebige Regierungen. Es sollte just jene treffen, mit denen osteuropäische Firmen schon seit langem relativ gute Kontakte pflegten: Libyen, den Irak und Jugoslawien. Gerade Ländern wie Rumänien und Bulgarien, auch der Tschechoslowakei und Ungarn kam die Einhaltung des Embargos viel teurer zu stehen als beispielsweise den USA oder Westeuropa. Zudem stellte das dafür notwendige Unterwerfungsritual unter die jenseits des Atlantiks aufgestellten neuen internationalen Spielregeln eine Art von Initiationsritus für die neue politische Kaste Osteuropas dar. Rumäniens Staatspräsident Ion Iliescu beklagte Anfang 1993 den Verlust von Märkten im Zuge des Jugoslawien- und Irak-Embargos: „Mit dem RGW ist eine Energie- und Rohstoffquelle versiegt. Auch haben wir für den riesigen sowjetischen bzw. russischen Markt keinen Ersatz gefunden. Außerdem gerieten andere, für uns wichtige Wirtschaftspartner außer Reichweite, wie z.B. der Irak und die Golfregion und neuerdings auch Jugoslawien – durch den UN-Wirtschaftsboykott."[86] Ähnlich äußerte sich der konservative bulgarische Präsident Schelju Scheljev, der Anfang Oktober 1993 in einer Rede vor der UN-Generalversammlung Kompensationszahlungen für die durch das Embargo entstandenden Schäden forderte.

Ein drittes Instrument zur Aushungerung der osteuropäischen Staatsbetriebe war steuerlicher Art. Der IWF drängte Länder wie Ungarn und Polen, den staatlichen Sektor durch die Einführung von Sondersteuern zu belasten. So wurde in Zeiten hoher Inflationsraten beispielsweise in Polen die berüchtigte „Popiwek"-Steuer eingeführt, eine Strafsteuer für Staatsbetriebe, die ihre Löhne – nach erfolgten Reallohneinbußen von knapp 20% – erhöhen wollten. Die Folge: Die besten Arbeiter verließen die Restkollektive und begaben sich in die Privatwirtschaft. Umgekehrt erhielten private Investoren, die sich zeitgleich bei den zuständigen Ministerien meldeten, großzügige Steuervergünstigungen, wie sie überall in peripheren Weltregionen üblich sind.[87]

Selbst im klassischen Indikator für die Entwicklung einer Volkswirtschaft, dem Bruttoinlandsprodukt (BIP), also der Summe aller (steuerlich erfassten) ökonomischen Leistungen in einem Land, kommt der Zusammenbruch des europäischen Ostens auf drastische Weise zum Ausdruck. Obwohl dieser Indikator keinerlei gesellschaftliche Verteilung des Erwirtschafteten angibt und somit für eine kritische Analyse weitgehend unbrauchbar ist, zeigt er auf der zeitlichen und räumlichen Vergleichsschiene doch das osteuropäische Desaster auf. Sämtliche nationalen Statistiken wiesen in den ersten Jahren nach der Wende zweistellige Einbrüche des BIP auf: in Polen bereits 1990, in der Tschechoslowakei, in Ungarn, Bulgarien und Rumänien im Jahr 1991 (jeweils verglichen mit dem Vorjahr). Das einzige Land, das auf Grund seiner relativen ökonomischen Stärke einen massiven Einbruch des Bruttoinlandsproduktes verhindern konnte, war Slowenien.[88] Der kleine nördlichste südslawische Staat ist es auch, der als Einziger ein dem westeuropäischen Durchschnitt nahe kommendes BIP pro Kopf aufweist. Die 1,9 Millionen SlowenInnen halten bei 70% des EU-Durchschnitts.[89]

Im Jahr 2002 liegt das Bruttoinlandsprodukt pro Kopf gemessen in Osteuropa weit unter den EU-Werten. Während jeder Deutsche im Durchschnitt 24.781 Euro auf seinem fiktiven BIP-Konto vorfinden würde, muss sich jeder Pole mit 4.590 Euro, jeder Ungar mit 5.110 Euro, jeder Balte mit 3.000 Euro und jeder Bulgare mit 1.590 Euro begnügen[90].

Auf der Basis eines errechneten Durchschnittswertes für die Länder der EU-15 (= 100) liegt der Index des pro Kopf errechneten BIP mit der Ausnahme Sloweniens und Tschechiens für alle zehn Beitrittswerber zur EU unter 50. In Tschechien wird er mit 58 angegeben, in Ungarn mit knapp 50, in der Slowakei mit 47, in Polen mit 39, in Estland mit 38 und in den übrigen Ländern mit unter 30.[91]

Herstellung eines Arbeitsmarktes

Dem Transformationsplan eigen war auch der unbedingte Wille zur Mobilisierung der Arbeitskräfte, die zu Zeiten unkündbarer kommunistischer Arbeits(zwangs)verhältnisse äußerst gering war. Im Weltbankbericht des Jahres 1995 heißt es dazu: „Beträchtliche Einschränkungen der Arbeitskräftemobilität behindern die Arbeitsmärkte in vielen Reformländern. Die Aufhebung dieser Restriktionen (...) kann die Arbeitsmobilität ankurbeln."[92] Am radikalsten ist dies in Jugoslawien geschehen. Dort hat der Krieg nicht nur zur Vernichtung „sozialer Überschüsse"[93] geführt, sondern über die Vertreibung von 3 Millionen Menschen auch zu einer Mobilisierung aller Berufsgruppen und Qualifikationen. Das Medium Krieg zerstörte damit auf brutalste Weise eine Sozialstruktur, die gerade in Bosnien auf (teil-)subsistenten Haushaltsformen basierte und ethnisch gemischt war.

Eines bringt Mobilität der Arbeitskraft – egal, ob durch Krieg oder weniger brutale Deregulierungsmethoden herbeigeführt – auf jeden Fall mit sich: ihre Verbilligung. Im Weltbankbericht liest sich das folgendermaßen: „Inflexible Löhne können die Umstrukturierung der Beschäftigung unterminieren, selbst wenn andere Märkte gut funktionieren. (...) Vor den Reformen wiesen die ehemaligen Planwirtschaften eine sehr rigide Lohnstruktur auf. Hier verändert sich einiges, doch selbst in einem liberalisierten Umfeld gibt es oft Beschränkungen der Lohnflexibilität, die die Umstrukturierung der Beschäftigung ernsthaft bremsen können. (...) Zu hohe Mindestlöhne begrenzen die Verteilung der Löhne nach unten und verhindern eine Lohnbildung auf markträumendem Niveau."[94] Die Sorgen der Banker konnten zerstreut werden. Die Arbeitsmärkte in den Ländern Osteuropas sind heute weitgehend geräumt. Nutzbar können sie von jenen multinationalen Konzernen verwendet werden, die lohnintensive Teile ihrer Standortketten in Billiglohnzonen auslagern. Während Mitte der 1990er Jahre der durchschnittliche Bruttostundenlohn in den westlichen deutschen Bundesländern bei 44 DM und in Ostdeutschland bei 26,50 DM lag, betrug er in Polen, Ungarn, der Slowakei und Tschechien zwischen 3 und 4 DM, in Rumänien 1,40 DM.[95]

Voraussetzung für die angesprochene „Räumung" des Arbeitsmarktes war neben Flexibilisierung und Deregulierung auch schlicht die Reduzierung der hohen Zahl an ArbeiterInnen. Mehr noch als die Arbeitslosigkeit drückt der Rückgang der lohnarbeitenden Bevölkerung den Strukturwandel in Osteuropa aus. War es in Kommunezeiten, die freilich keinen Arbeitsmarkt kannten, üblich, dass Männer und Frauen gleichermaßen beschäftigt waren, so passten sich alle EU-Beitrittskandidaten innerhalb von zehn Jahren an das bürgerliche Gesellschaftsmodell an. Seine flexibel und dereguliert ausgerichtete sowie von struktureller Arbeitslosigkeit geprägte Struktur benötigt wesentlich weniger Lohnabhängige als die kommunistische Vorstellung einer Arbeitsgesellschaft. Vor allem Frauen fielen während der ersten Transformationsdekade aus den geregelten Beschäftigungsverhältnissen heraus. Im traditionellen Industrieland Tschechien (Böhmen und Mähren) waren im Jahr 2000 – unabhängig von der dauernd steigenden Zahl von Arbeitslosen – um 39% weniger Personen unselbständig beschäftigt als zehn Jahre zuvor (das sind 1.974.000 Menschen); in Bulgarien fielen 54%, in Rumänien 46%[96] aus dem Arbeitsprozess hinaus. In Ungarn ging der Beschäftigtenstand während des Transformationsjahrzehnts um 35% zurück, in Polen um 16%. Alles in allem gingen in den osteuropäischen Beitrittsländern (ohne Baltikum, für das keine vergleichbaren Zahlen vorliegen) zwischen 1990 und 2000 10,5 Millionen Arbeitsplätze[97] verloren, das entspricht dem gesamten Stand an unselbständig Beschäftigten in Polen.

Parallel dazu kletterte die Arbeitslosenrate auf teilweise astronomische Zahlen. 2002 betrug sie laut offiziellen Statistiken in Polen 20%, in der Slowakei 19%, in Bulgarien 18%, in Estland 13%, in Tschechien 8%, in Lettland, Litauen und Rumänien jeweils knapp über bzw. unter 8%, in Slowenien 7% und in Ungarn 6%. Am Vorabend der gewünschten Beitritte zur Europäischen Union stehen damit in den zehn Kandidatenländern knapp über 6 Mio. Arbeitsuchende ohne Erwerbsmöglichkeit da. Den offiziellen Zahlen können je nach Land ohne großes Bedenken 5-10% dazugeschlagen werden, um beschönigende statistische Tricks auszugleichen.

Ersetzt wurden die ehemals geregelten Arbeitsverhältnisse durch das ganze bekannte Sortiment postfordistischer Überlebensstrategien. Kiosk-Kapitalismus, allerlei deregulierte Jobs in so genannten „Schwitzbuden", Wanderarbeit, Migration und die Flucht in eine subsistente bzw. teilsubsistente Lebensweise gedeihen zwischen Baltikum und Balkan, indirekt gefördert durch die von Weltbank und Währungsfonds geforderten Mobilisierungen des Arbeitsmarktes.[98]

Sozialer Schock

Deindustrialisierung der alten Kernbereiche und Arbeitsplatzverluste gingen in ganz Osteuropa in beispielloser Geschwindigkeit vor sich. Und hinterließen eine soziale Devastierung, die von der Lebenserwartung über den Kalorienverbrauch bis zur Reproduktionswilligkeit statistisch wahrnehmbar wurde. Eine Studie des UNICEF-Weltkinderhilfswerks aus dem Jahr 1994 belegt die Brutalität der Wende.[99]

Beginnen wir beim raschen, unerwarteten Tod. Mit Ausnahme der Tschechoslowakei respektive Tschechiens und der Slowakei stieg im untersuchten Zeitraum zwischen 1989 und 1993 in allen osteuropäischen Ländern die Sterberate signifikant. Notierte man im ohnehin krisengeschüttelten Rumänien des letzten Jahres der KP-Herrschaft (1989) 10,6 Todesfälle auf 1.000 BewohnerInnen, so waren es vier Jahre später 11,6. Das ergibt einen Anstieg der Sterberate um mehr als 9,43%. In Bulgarien betrug dieser Wert im selben Zeitraum unmittelbar nach der Wende

(1989-1993) 7,5%, in Polen 5,2% und in Ungarn 5,1%. Zusammen mit Russland und der Ukraine, die in der UNICEF-Studie mitberücksichtigt sind und eine besonders starke Erhöhung der Todesrate aufweisen, starben im Jahr 1993 im Osten um 1,4 Millionen Menschen mehr als vier Jahre zuvor.[100]

Die Autoren der UNICEF-Studie nennen dieses im herrschenden Diskurs über die Wendejahre weitgehend unberücksichtigt gebliebene Phänomen „transition mortality". Betroffen davon sind eher Männer als Frauen, vor allem Arbeiter im Alter zwischen 35 und 49 Jahren. Ursachen für die erhöhte Sterberate ortet die Studie in vermehrt auftretendem Herz- und Kreislaufversagen sowie Krebs, weiters in sichtbar höheren Selbstmordzahlen (v.a. in Russland, der Ukraine und Ungarn) sowie einer stark angestiegenen Opferzahl im Straßenverkehr.

Teile einer im Kommunismus groß gewordenen Generation haben die wirtschaftliche Krise und deren heftige soziale Auswirkungen offensichtlich nicht verkraftet. Auf der Strecke blieben 1,4 Millionen Menschenleben. Ihr zu früher Tod klagt die Konstrukteure der Wende an. Diese wollen allerdings von solchen Opfern nichts wissen. Unbrauchbar gewordene Proletarier in der Mitte ihres Arbeitslebens sind der neoliberal gehaltenen Transformation ein reiner Kostenfaktor. Wenn sich ein solcher durch Herzinfarkt, Selbstmord oder Autocrash minimiert, könnte dies, zynisch gesprochen, im Sinn von Budgetsanierung und Stellenabbau als Erfolg verbucht werden. Um darüber nicht nachdenken zu müssen, wurde die Studie der UNICEF in Europas Medien weitgehend verschwiegen und weitere Studien, die Zusammenhänge zwischen ökonomischer Transformation und sozialen Opfern feststellen hätten können, wurden nur sehr selektiv in Auftrag gegeben. Für die GUS-Länder hat Anfang 2003 das Wiener „Institut für höhere Studien" eine Untersuchung angekündigt, die auf der Befragung von 20.000 Menschen beruht und sich mit der gesunkenen Lebenserwartung v.a. in Russland auseinander setzt.[101]

Wie stark das Vertrauen der Völker in Osteuropa in die eigene Lebenskraft im Zuge der Transformation gesunken ist, zeigt auch eine in der Zeitschrift *Der Spiegel*[102] veröffentlichte Abtreibungsstatistik. Nach dieser kommen in Russland im Jahr 2000 auf 1.000 Geburten 1.695 Abtreibungen, in Rumänien 1.107, in Ungarn 698 und in Tschechien immerhin noch 415, während die Vergleichszahl für Deutschland bei 153 Abtreibungen auf 1.000 Geburten liegt.

Soziale Verheerungen auch in anderen Bereichen. So sank z.B. der Kalorienverbrauch pro Kopf in allen Transformationsländern zwischen 1989 und 1993: in der Tschechoslowakei um 3,3%, in Polen um 5,1%, in Ungarn um 5,7%, in Rumänien um 9,2%[103] und in Bulgarien um 18%[104]. Sinkende Geburtsraten im selben Zeitraum zeugen von der Zukunftsangst der Menschen in Osteuropa. 1993 kamen um durchschnittlich 18% weniger Kinder auf die Welt als 1989, die Rückgänge lagen zwischen -3,3% in Ungarn und -31,7% in Rumänien.[105] Demographische Katastrophen dieser Art wirken sich noch mehrere Jahrzehnte später drastisch aus, wenn es in den dann peripher-kapitalistischen Gesellschaften darum gehen wird, Alterssicherung für jene sicherzustellen, die die Wende überlebt haben.

Umverteilung im großen Stil

Osteuropas Reformjahrzehnt, das auch in der westeuropäischen Politik seine Spuren hinterlassen hat, entpuppt sich unter dem Bilanzstrich von Soll und Haben als große Umverteilungsmaschine. Lohnabhängige und RentnerInnen wurden enteignet, große ausländische Konzerne gingen als Gewinner der Transformation hervor. Die Schrumpfung von Sparguthaben via Hyperinflation sowie die Streichung von Arbeitsplätzen mittels Privatisierung und Schließung von Betrieben zählten zu den effektivsten Formen des sozialen Raubs. Auf der anderen Seite folgten die neuen politischen Eliten ihren Kreditgebern meist aufs Wort. Zeitlich begrenzte Ausnahmen der HZDS-Regierungen von Vladimír Mečiar in der Slowakei (1992-1994/ 1994-1998) sowie von Ion Iliescu in Rumänien (1990-1996) konnten das System der großräumigen Umverteilung zwar kurzfristig aufhalten, prinzipiell jedoch nichts daran ändern. IWF und Weltbank gaben überall die groben Linien vor. Als Druckmittel standen ihnen die Verschuldung der einzelnen Länder bei westlichen Banken und die Bereitschaft zur Anpassung im Hinblick auf den EU-Beitritt zur Verfügung.

Nach etwas mehr als einem Dezennium Transformation stehen die Länder Osteuropas mit 165 Mrd. US-Dollar bei westeuropäischen und nordamerikanischen Gläubigerbanken in der Kreide, Russland weist dazu weitere 160 Mrd. US-Dollar Auslandsschuld auf.[106] Das pro Kopf am höchsten verschuldete Land Europas ist Ungarn mit einer Auslandsschuld von 30 Mrd. US-Dollar bei einer Bevölkerung von 11 Millionen. Rumänien hat seine Verschuldung aus den 1980er Jahren, die während der Herrschaft von Nicolae Ceaușescu abgebaut worden war, nach wenigen Wendejahren wieder erreicht: 12 Mrd. US-Dollar. Polen, Bulgarien, ja selbst Tschechien und die Slowakei, die erst sehr spät mit der Aufnahme von ausländischen Krediten begonnen hatten, befinden sich vor der erwünschten Aufnahme in die EU in der Schuldenfalle westlicher Gläubigerbanken, die von IWF und Weltbank verwaltet wird. Wie aussichtslos ein Entrinnen aus dieser Schuldenfalle innerhalb der kapitalistischen Logik ist, zeigt ein Blick auf die Dimensionen: In allen osteuropäischen Ländern übersteigen die Auslandsschulden die nationalen Währungs- und Goldreserven. Ungarn, Polen und Bulgarien finden in den Panzerschränken ihrer Nationalbanken bloß ein rundes Drittel der Kapitalschuld gegenüber ausländischen Banken vor, in der Slowakei und in Rumänien betragen die gesamten Reserven immerhin die Hälfte der Kreditverpflichtungen; Slowenien kann zwei Drittel seiner Auslandsschuld als nationale Reserve vorweisen; einzig Tschechien könnte mit seinem Besitzstand den Schuldenstand – fast – tilgen.[107]

Auch die Wirtschaftskraft aller Betriebe und Bürger hätte schwer zu kämpfen, die 165 Mrd. US-Dollar Auslandsschulden zu begleichen: Die bulgarischen Zahlungsverpflichtungen (10,3 Mrd. US-$) betragen im Jahr 2001 80% des Bruttoinlandsproduktes, die ungarischen (30,7 Mrd. US-$) liegen bei 67% des BIP, die slowakischen (10,5 Mrd. US-$) bei 55%, die tschechischen (21,5 Mrd. US-$) bei 40,7% und die polnischen (68,1 Mrd. US-$ Auslandsschuld) bei 40%.[108]

Den die Volkswirtschaften aussaugenden Schuldenständen stehen ausländische Direktinvestitionen gegenüber, die sich zwar die Kernstücke der nationalen Industrie und Banken einverleibt haben, verglichen mit dem Schuldendienst jedoch eher mager ausfallen. Akkumulierte ausländische Direktinvestitionen bis zum Jahr 2000 ergeben 95 Mrd. US-Dollar für die osteuropäischen Beitrittskandidaten zur Europäischen Union.[109] Schon die einfache Gegenüberstellung mit der 165 Mrd. US-Dollar schweren Kapitalschuld ergibt, dass bei 8- bis 12%igen Zinsen ein beträchtlicher jährlicher Kapitalabfluss aus dem Osten entsteht. Das Kapital fließt also, entgegen der medialen und politischen Suggestion, Jahr für Jahr von Ost nach West. Daran ändern auch die groß angekündigten Hilfen für Osteuropa nichts. Die vielleicht potenteste, nämlich jene, die Brüssel als „Phare"-Programm für die EU-Beitrittskandidaten ausgeschüttet hat, betrug 11 Mrd. Euro für den Zeitraum bis 1999.[110]

In Rechnung gestellt werden muss zudem noch die extrem ungleiche Verteilung der ausländischen – sprich: westeuropäischen, US-amerikanischen und ostasiatischen – Direktinvestitionen. 80% des investierten Kapitals konzentrieren sich auf Polen, Tschechien und Ungarn; und hier wiederum v.a. in wenige wirtschaftliche Kerngebiete Schlesiens, rund um Posen, in Böhmen und Mähren sowie Westungarn. Catherine Samary hat auf Basis französischer Daten errechnet, dass der gesamte in Osteuropa getätigte Inflow von direkt investiertem Kapital im Jahr 2000 lediglich 1,7 Prozent aller auf der Welt getätigten ausländischen Direktinvestitionen beträgt; und die Hälfte jenes Wertes darstellt, der in China investiert wurde.[111]

Ausverkauf

Ein wirtschaftliches Aufholen ist vor diesem Hintergrund nicht möglich. Dies hat auch Dariusz Rosati, Mitte der 1990er Jahre polnischer Außenminister unter dem sozialdemokratischen Ministerpräsidenten Wlodzimierz Cimoszewicz und Professor an der Warszaw School of Economics, errechnet. Anlässlich des 25-jährigen Bestehens des „Wiener Instituts für Internationale Wirtschaftsvergleiche" (WIIW) hielt Rosati im November 1998 in Wien einen Vortrag über das ökonomische Auseinanderdriften in Europa am Vorabend des Erweiterungsprozesses der EU.[112] Darin betonte er, dass sich die Kluft zwischen den beiden Kontinenthälften nach 1989 vergrößert hat. Während das durchschnittliche Pro-Kopf-Jahreseinkommen der 15

EU-Staaten 1996 bei 23.000 US-Dollar lag, mussten die Menschen der damals erst fünf Aufnahmekandidaten der Europäischen Union (Polen, Ungarn, Tschechien, Slowenien und Estland) mit 4.000 US-Dollar pro Jahr ihr Auslangen finden. Rosati hat nun auf rein quantitativer Basis errechnet, dass es bei einer – unwahrscheinlich hohen – Wachstumsrate von jährlich 5% und bei üblichen konjunkturell schwankenden Wachstumsraten im Westen 15 Jahre dauern würde, bis das wirtschaftlich bestgestellte Land des ehemaligen RGW, Tschechien, das Pro-Kopf-Einkommen des griechisch-portugiesisch-spanischen Durchschnitts erreichen würde. Polen müsste laut Rosatis Berechnung 23 Jahre auf ein dem Süden EU-Europas vergleichbares Lebensniveau warten. Ökonomische Modernisierung im Sinn einer nachholenden Entwicklung ist also völlig irreal.

An Aufholen dachten auch die Konstrukteure der Wende nicht. Ihnen ging es um Markterweiterung und Zugriff auf die profitablen Herzstücke der osteuropäischen Wirtschaft. Zweiteres gelang im Zuge der Privatisierung, über deren je nach Land sehr spezifische Auswirkungen später noch zu berichten sein wird. Hier nur kursorisch ein kurzer Überblick. Privatisiert wurde auf unterschiedliche Art. Die häufigste bestand in dem von der Regierung oder einer der bundesdeutschen „Treuhand" ähnlichen Institution betriebenen einfachen Verkauf des jeweiligen Unternehmens. Dies waren in aller Regel Teile von vormals größeren Kombinaten, die in einer ersten Phase in kleinere Einheiten geteilt worden waren. Unrentable Fertigungen oder Rohstoffförderungen wurden geschlossen (was zur oben beschriebenen enormen Anzahl verlorener Arbeitsplätze führte) und gewinnträchtige Unternehmensteile verkauft. Dass es im Zuge dessen zu Betrügereien, Bereicherungen von Staats- und Betriebsleitungen und allerlei Manipulationen kam, liegt in der Natur der Sache und hat selbst den honorigen deutschen Bundeskanzler Helmut Kohl mit seiner „Elf-Aquitaine-Affaire" um den Verkauf des Leuna-Chemiewerkes in ein schiefes Licht gerückt. Um wie viel verführerischer muss die Möglichkeit, den kapitalstärksten westlichen Firmen ihre potenziellen Konkurrenten um billiges oder weniger billiges Geld anzubieten, auf politische Kräfte in Osteuropa gewirkt haben! Die neuen Eliten waren erstens unerfahren und zweitens arm. Akkumulation zu organisieren, ohne selbst etwas davon zu haben, das kann im Kapitalismus von niemandem erwartet werden. Die Saubermann-Keule im Nachhinein wirkt bigott.

Für landwirtschaftlichen Grund und Boden sowie Immobilien funktionierte Privatisierung in einigen Ländern per Restitution. Diese Rückgabe von Eigentum an die vorkommunistischen Besitzer löste eine Flut von Verfahren aus, die gerade im Wohnungssektor böses Blut produzierten, waren doch die Mieter der jeweiligen Häuser den neuen Hauseigentümern oft im Wege. Diese vor allem in Ungarn, Polen und der Tschechoslowakei – bedingt auch in Rumänien – betriebene Privatisierungsvariante verhalf teilweise ebenso Adeligen, Klöstern und Kirchen zu neuem Reichtum auf Basis uralter Besitztitel.

Ein Nachteil an diesem rückwärts gewandten Eigentümerwechsel bestand vor allem darin, dass sämtliche privaten Neubesitzer ihr Leben bereits ohne bäuerliches Eigentum oder städtisches Wohnhaus geplant hatten; es war auf den unerwarteten Gewinn nicht eingerichtet, sodass sehr viele Immobilien oder landwirtschaftliche Flächen über die mittlerweile durchwegs in westlichen Besitz geratenen Banken verwaltet oder verkauft wurden. In Tschechien und Polen wurden zudem jene insgesamt 5 Millionen Menschen, die 1945 als Deutsche vertrieben worden waren, von der Restitution ausgeschlossen. Die vorkommunistische Enteignung, etwa im Zuge der Beneš-Dekrete, war damit legitimiert, drückt jedoch nach wie vor auf die deutsch-tschechischen und österreichisch-tschechischen Beziehungen.

Couponprivatisierungen und Versteigerungen u.a. in der Tschechoslowakei komplettierten die Bandbreite des Eigentümerwechsels. Erstere sollten einen neuen Mittelstand schaffen, der auf Aktienbesitz an jenen Unternehmen basierte, die nicht direkt an ausländische Käufer anzubringen waren. Banken und Fondsmanager bündelten allerdings die kleinen, privaten Aktienpakete bald nach ihrer Ausgabe, indem sie dem einzelnen Mini-Shareholder ein paar Kronen mehr boten, als er für den Kauf eingesetzt hatte. Versteigerungen fanden nur für kleine Geschäfte und Einfamilienhäuser statt, spielten also kaum eine nennenswerte Rolle.

Am Vorabend der EU-Osterweiterung befinden sich die strategischen Branchen der Kandidaten in ausländischer Hand. Das Bankwesen in Tschechien, der Slowakei, Ungarn und Polen ist vollständig von westeuropäischen Eignern dominiert. Bayerische Hypo und Vereinsbank, UniCredito, Raiffeisen, Deutsche Bank, Société Générale u.a. teilen sich die Märkte. Auch die Lebensmittelindustrie wird von Konzernzentralen außerhalb Osteuropas gelenkt. „The food sector was already in the early years of transition a prominent target of foreign direct investment", meint beispielsweise Analyst Manfred Weidmann in der internen Zeitung *East-West Report* der Bank Austria.[113] Z.B. Ungarn: Dort befinden sich über 90% der Pflanzenölproduktion, des Tabak- und Brauereisektors in ausländischer Hand.[114]

Nationalismus als verzweifelter Modernisierungsversuch

Explodierender Kessel oder verweifeltes Krisenmanagement? – so stellte sich die Alternative aus Sicht der Analytiker der Wende dar, wenn über die politischen Auswirkungen der Transformation nachgedacht wurde. Die heftigste (geo)politische Folge der Ereignisse des Jahres 1989 war die Infragestellung und schließlich die Auflösung der Territorialität sämtlicher multiethnisch verfassten Staaten: Tschechoslowakei, Jugoslawien, Sowjetunion. Aus allen drei multiethnischen Gebilden beantragten kurze Zeit später als neue Republiken konstituierte Teilregionen die Mitgliedschaft in der Europäischen Union. Die Einschätzung des Nationalismus als Grundlage der Zerstörung der Multiethnizität geht von diametral unterschiedlichen Gesellschaftsbildern aus: Befreiung oder Verzweiflung?

Die Befreiungsthese entwirft für die Einschätzung der erst nach dem Ende der kommunistischen Systeme gesellschaftlich virulent gewordenen Nationalismen das Bild eines Druckkochtopfes, der im Zuge der Abschüttelung des alten Systems explodiert. Eine „nationale Renaissance" wird hier durchwegs als notwendig und positiv empfunden, um das angeblich im Leninismus mit Repression gebändigte nationale Konfliktpotenzial überwinden zu können. Seit Generationen, so heißt es bei den Befreiungstheoretikern, seien natürliche nationale Gefühle von einem aufgesetzten, staatlich verordneten Internationalismus unterdrückt worden. Die Explosion der 1990er Jahre, die sämtliche multinationalen Staatlichkeiten gesprengt hat, wirkt in diesen Augen als befreiend. Das ist in doppeltem Sinn praktisch für das neue liberale Theorem, das sich für die Einschätzung der peripheren Regionen am Rande des Integrationsraumes erst ideologisch rüsten muss. Einerseits fühlen sich die Apologeten des Wirtschaftsliberalismus, im modernen Jargon „Globalisierung" genannt, auf dem Terrain der nationalen Frage sicher, solange mit ihr nicht soziale Interessen von Zukurzgekommenen transportiert werden können. Andererseits kann mit dieser Interpretation der Ereignisse nach 1989 jederzeit mühelos auf die Schuld der alten, zurückgetretenen und nicht mehr im öffentlichen Raum stehenden kommunistischen Parteien zurückgegriffen werden; vor allem, wenn der national argumentierte Verteilungskampf blutig und irrational geführt wird, wobei ihm Letzteres in jedem Fall eigen ist. Nur der Nationalismus ermögliche eine neue Identitätsfindung, die Staatlichkeit garantiert und entstehen lässt und in der Folge Demokratie, meint beispielsweise die polnische Soziologin Jadwiga Staniszki.[115] Und schon zieht sich ein weißer Faden durch die Argumentationskette der WendeapologetInnen: Nationalismus als Befreiung wird darin zum Vorläufer von Demokratie; doch nur so lange, als damit soziale Begehrlichkeiten hintangehalten werden können.

In dieser Art Transformationsdebatte wird Nationalismus zum Bindeglied zwischen Kommunismus und Demokratie. Ironischerweise scheuen die Ideologen dieser neuen herrschaftlichen Rechtfertigung nicht davor zurück, gleichzeitig den Nationalismus als gesellschaftliches Krisenlösungsinstrument zu verteufeln. Dieser scheinbare Widerspruch weist zwei praktische Effekte für die Profiteure der Wende auf: Zum einen kann man trotz Sympathie für die osteuropäischen „Revolutionen" die Menschen dieses Raumes als unaufgeklärt darstellen und damit die tief wurzelnde religiös-kulturelle Trennungslinie, die seit tausend Jahren unseren Kontinent teilt, als unüberbrückbar unterstreichen. Zum anderen wird die Definition von Nationalismus beliebiger, der postmodernen Diskussion angepasster; für Bosnien ist ein solcher notwendig, für Staaten in Westeuropa gefährlich. So erklärt sich, warum in Frankreich postmoderne Philosophen vom Schlage eines Alain Finkielkraut und Bernard-Henry Levy politisch mit folgender Losung aktiv wurden: „Europa beginnt in Sarajewo." Folgt man dieser Sichtweise, ist für die Eroberung Osteuropas durch die Rationalität kapitalistischer Verwertungszwänge der religiöse Nationalismus eines Alija Izetbegović brauchbar und daher eine notwendige Begleiterscheinung der demokratischen Modernisierung dieser Region, wo immer diese in der Folge hinführen wird. Umgekehrt werden jene Kräfte, deren Nationalismen sich mit wirtschaftlichen westeuropäischen oder geopolitischen US-Interessen nicht verbinden lassen, als teuflisch, barbarisch und verachtenswert dargestellt.

Der deutsche Staatsdenker Jürgen Habermas spricht im Zusammenhang mit nationalen Aufbrüchen in Osteuropa von einem „nachholenden Prozess", den er als notwendig einstuft. Und stellt damit die Verhältnisse auf den Kopf. Denn tatsächlich war es der Leninismus mit seiner propagandistisch verkürzten Philosophie vom Kommunismus als einer fruchtbringenden Verbindung von Sowjetsystem und Elektrifizierung, der ökonomische Modernisierung verlangte und sozialistische Ideologie auf den Fahnen führte. Der Versuch, die Jahrhunderte alte peripherisierte Rolle osteuropäischer Regionen im System internationaler Arbeitsteilung abzustreifen und damit die Rolle als Arbeitskräfte- und Rohstofflieferanten für die Industriezentren des Westens seit dem 18. Jahrhundert zu überwinden, scheiterte. Habermas, Dahrendorf und die sonstigen philosophischen Aushängeschilder des Post-68er-Liberalismus nehmen diese historische Wirklichkeit nicht zur Kenntnis. Im Gegenteil – der Zusammenbruch Osteuropas und die nachfolgende territoriale Zersplitterung werden für sie zum Ausgangspunkt für ein „nachholendes" Modell der Nationenbildung, dessen Charakter sowohl klassen- als auch regionsmäßig unerklärt bleibt und am ehesten mit der rückwärts gewandten Formel von der „Heimkehr" Osteuropas umschrieben werden kann.

Ganz anders eine von den weltwirtschaftlichen Implikationen ausgehende Durchsicht der Wende. Nach einer solchen Interpretation der Ereignisse folgte dem Fehlschlag der umfassend geplant gewesenen kommunistischen Modernisierung auf sozialer Basis nach 1989 der Versuch, wirtschaftliches Aufholen wenigstens regional und sozial begrenzt in die Tat umzusetzen. Der Ausschluss von Nachbarregionen und -staaten bzw. von unproduktiv gewordenen Arbeitern und Bauern sollte eine Garantie für andere, durch angebliche ethnisch-nationale Merkmale zusammen gehörende Privilegierte abgeben, ihre Vorstellung von Reform verwirklichen zu können.

Damit war der 1989er Wende die Ethnisierung der sozialen Frage gelungen, ein den sozialen, territorialen und religiösen Frieden gleichermaßen bedrohender Tatbestand. Diese Ethnisierung ist Ausdruck eines härter werdenden Verteilungskampfes um knappe Mittel in Krisenzeiten. Durch die Diskreditierung der „sozialen Frage" im Zuge des Zusammenbruchs der sozialistisch argumentierten Modernisierung wurde der Verteilungskampf in den 1990er Jahren mit verzweifelten, nationalen Parolen geführt. Ein Ziel verloren die Nationalisten aller osteuropäischen Nationen dabei nicht aus den Augen: die supranationalen Versprechungen aus Brüssel.

Brüssels Werdegang vom Kohlepakt zur Union

Der deutsch-französische Pakt

Der Väter sind viele. Der britische Premierminister Winston Churchill – allerdings in seiner Funktion als Oppositionspolitiker – und der französische Außenminister Robert Schumann gelten in den allermeisten Lehrbüchern über die Entstehung der Europäischen Union als Gründerfiguren. Wer die Welt, entsprechend den Vorgaben der herrschenden zeithistorischen Forschung, im Jahr 1945 neu beginnen lässt, dem stehen eine Reihe von Ereignissen zur Verfügung, die sich als Initialzündung für ein gemeinsames (west)europäisches Projekt interpretieren lassen. Churchills „Züricher Rede" am 19. September 1946, in der er zur Gründung eines „Europarates" aufrief, gehört ebenso dazu wie Schumanns Erklärung vom 9. Mai 1950, die als Startschuss für einen deutsch-französischen Produktionsplan für Kohle und Stahl gilt. Die aus Letzterem entstandene Montanunion gründete sich am 18. April 1951 in Paris unter dem Titel „Europäische Gemeinschaft für Kohle und Stahl" (EGKS) und trat im Sommer 1952 in Kraft. Seit damals gibt es – im Anschluss an die erste, kreditintensive Phase des Marshall-Plans – eine im Einklang mit den Interessen der großen Konzerne Westeuropas stehende Wirtschaftsunion, vorerst auf die wichtigen Sektoren Bergbau und Metallindustrie beschränkt.

Unter der EGKS wurde eine gemeinsame deutsch-französische Aufsichtsbehörde geschaffen, die über einen suprastaatlichen Markt wachte, dem sich auch Italien, Belgien, Luxemburg und die Niederlande anschlossen. Verboten war ab sofort, was im Wirtschaftsliberalismus des Konkurrenzkampfes als Diskriminierung gilt: „Als unvereinbar mit dem gemeinsamen Markt für Kohle und Stahl", steht in Artikel 4 des Vertrages vom 18. April 1951 zu lesen, „werden aufgehoben und untersagt: Ein- und Ausfuhrzölle oder Abgaben gleicher Wirkung sowie mengenmäßige Beschränkungen des Warenverkehrs, (...) von Staaten bewilligte Subventionen oder Beihilfen (...)" sowie das ganze Repertoire des angeblich freien Marktes, auf dem in der Regel die größeren Produzenten die kleineren verdrängen. Konrad Adenauer und Robert Schumann gaben damit die Richtung der europäischen Nachkriegsintegration vor, wonach die einzelnen Staaten ihre politischen Einflussmöglichkeiten zurücknehmen, mehr noch: sie sich selbst verbieten. Stattdessen entstand sukzessive eine von den größten wirtschaftlichen Lobbys forcierte Suprastaatlichkeit.

Die politischen Administratoren Westeuropas waren von Beginn der europäischen Integration an jedoch nicht nur den stärksten Kapitalgruppen verpflichtet, sondern konnten sich teilweise auch nicht aus uralter Klassengesellschaft befreien. Dies zeigt bereits ein flüchtiger Blick auf die gesellschaftliche Struktur der Teilnehmerstaaten nach 1945. Schon unter den ersten sechs Unterzeichnern der Montanunion findet sich nur die Hälfte der Länder als Republiken – und so ist es bis zum Vertrag der Zwölf über die „Einheitliche Europäische Akte" im Jahr 1987 geblieben. Königliche Hoheiten und Majestäten bestimmten in der zweiten Hälfte des 20. Jahrhunderts die Geschicke Westeuropas wesentlich mit. Dies geschah sowohl über die monarchistisch dominierte „Paneuropa-Bewegung" des Grafen Coudenhove-Kalergi als auch über die formale Repräsentanz von nicht republikanischen Staaten in den Gremien. Die in allen Akten und Deklarationen seit 1951 aufscheinenden Bekenntnisse zu Demokratie, Freiheit und Gleichheit konnten nicht einmal erwirken, dass angeblich so fortschrittliche Nationen wie die holländische, die luxemburgische, die belgische, die dänische, die spanische oder die britische sich ihrer monarchischen Tradition entledigten und ihre Erbmonarchen in der Geschichte zurückließen. Keine einzige Resolution von Montanunion, Europäischer Gemeinschaft oder Europäischer Union, die immer heftiger das marktwirtschaftliche Modell als Grundlage allen Seins reklamierten, fragte nach einer simplen republikanischen Gesinnung als einem europäischen Wert, der als Bedingung für Integration benötigt worden wäre. Da klingt es schon strukturbedingt nach Hohn, wenn 1987 in der „Einheitlichen Europäischen Akte" Großfürsten und Könige deklarieren: „Entschlossen, gemeinsam für die Demokratie einzutreten, wobei sie sich auf die in den Verfassungen und Gesetzen der Mitgliedstaaten, in der Europäischen Konvention zum Schutze der Menschenrechte und Grundfreiheiten und der Europäischen Sozialcharta anerkannten Grundrechte, insbesondere Freiheit, Gleichheit und soziale Gerechtigkeit, stützen."[116] Wo nicht einmal eine Res publica hergestellt ist, kann von Volksherrschaft indes wohl kaum ehrlich die Rede sein. Dementsprechend war es immer die wirtschaftliche (und militärische) Integration, die Europa nach 1945 prägte.

Im Vertrag von Rom 1957 mutierte die Montanunion zur Europäischen Wirtschaftsgemeinschaft (EWR). Friede und Freiheit durch Wohlstand, so lautete die propagandistische Kurzformel des neuen „Europa", das sich in Artikel 2 des EWG-Vertrages auf eine „harmonische Entwicklung des Wirtschaftslebens innerhalb der Gemeinschaft einschwor".[117] Die praktische Umsetzung dieses hehren Zieles gelingt freilich nicht, stehen doch, wie schon bei der EGKS, wirtschaftliche Liberalisierungen und das Zurückdrängen des politischen Einflusses auf gesellschaftliche Entwicklungen im Vordergrund: Die „Abschaffung der Zölle und mengenmäßigen Beschränkungen bei der Ein- und Ausfuhr von Waren"[118] verhindert den regionalen oder nationalen Eingriff, der lokale Produzenten vor den kapitalstärksten internationalen schützen könnte. Die „Beseitigung der Hindernisse für den freien Personen-, Dienstleistungs- und Kapitalverkehr"[119] drängt schwache Marktteilnehmer an den Rand bzw. – im Fall des Arbeitsmarktes – aus dem Land. Italiens Zustimmung zum EWG-Vertrag dürfte weitgehend mit dem Argument betrieben worden sein, dass Rom ab 1957 damit sein Arbeitslosenproblem exportieren konnte. Ab diesem Zeitpunkt finden sich „Gastarbeiter", anfangs ausschließlich süditalienischer Abstammung, in Deutschland. Die der Rationalität des kapitalistischen Arbeitsmarktes gehorchende Migration in der Nachkriegszeit wurzelt in den Römer Verträgen. Die „Einführung einer gemeinsamen Politik auf dem Gebiet der Landwirtschaft"[120] schottete nicht nur den Agrarmarkt Westeuropas rechtzeitig vor den „grünen Revolutionen" in Afrika, Asien und Lateinamerika ab, sondern verschlang auch in der Folge Unsummen an Geldmitteln. Zwölf Jahre später war, wie im Vertrag von Rom vorgesehen, die EWG handlungsfähig; ab 1. Januar 1970 kannten die Unternehmen im EWG-Raum keine Zölle mehr.

Bis zur Einheitlichen Europäischen Akte (EEA), die am 1. Juli 1987 Gültigkeit erlangte, traten in zwei Wellen zuerst Großbritannien, Irland und Dänemark[121] (1973) und dann die südlichen Länder Griechenland (1981), Spanien und Portugal (1986) der Gemeinschaft bei. Ab sofort arbeitete Brüssel für die Herstellung einer „Europäischen Union"; die EEA umfasste eine Reihe von Änderungen zu den Verträgen der EGKS, der EWG und zur Europäischen Politischen Zusammenarbeit, die allesamt in der Bestimmung gipfelten, bis zum Jahr 1992 einen „Binnenmarkt schrittweise zu verwirklichen. Der Binnenmarkt umfaßt einen Raum ohne Binnengrenzen, in dem der freie Verkehr von Waren, Personen, Dienstleistungen und Kapital (...) gewährleistet ist".[122] Mit dem Maastricht-Vertrag vom 7. Februar 1992, der eine „Wirtschafts- und Währungsunion" beinhaltete, konnte die als „vier Freiheiten" bekannt gewordene Integration wirtschafts- und währungspolitisch umgesetzt werden.

Europa-Abkommen

Zwischen der Festlegung auf die Einheitliche Europäische Akte und dem Maastricht-Vertrag veränderte sich die Welt. In Osteuropa waren nach dem wirtschaftlichen und politischen Zusammenbruch der Sowjetunion Eliten an die Macht gelangt, die vor allem in Polen, Ungarn und der Tschechoslowakei auf eine – wie sie es nannten – „Rückkehr nach Europa" setzten. Wann die einzelnen osteuropäischen Länder und/oder Kulturen welchem Europa abhanden gekommen sein sollen, wurde zwar tunlichst nicht preisgegeben (ansonsten die Zeit des Zweiten Weltkrieges, die nationalistischen Diktaturen der 1930er Jahre oder die habsburgische Doppelmonarchie offiziell zu erstrebenswerten Vorbildern erklärt hätten werden müssen), der radikale Antikommunismus vertrug jedoch diese ahistorische Position ohne jedes Hinterfragen. Das angesprochene „Europa" in Form der gerade entstehenden

Union war indes auf eine „Rückkehr" des Ostens nicht vorbereitet. Vertiefung vor Erweiterung, so lautete die Devise vor Maastricht; und viele, vor allem französische Stimmen warnten davor, den Aufbau des Binnenmarktes wegen der Hilferufe der nationalistischen und liberalistischen Eliten im Osten zu gefährden.

Eine gemeinsame Linie gegenüber den integrationsfreudigen Stimmen aus Osteuropa war in Brüssel dann doch relativ schnell gefunden. Den eigenen Markt wirtschaftlich und währungspolitisch abzusichern hatte oberste Priorität, auch ein militärisch-polizeilicher Kordon gegen Osteuropa wurde schleunigst errichtet und schließlich noch damit begonnen, eine ganze Interventionsarmee aus dem Boden zu stampfen, bevor man sich auf Erweiterungsgespräche einließ.

In wirtschaftlicher Hinsicht bedeutete dies einerseits eine Abschottung nach außen, um das Eindringen billiger Importprodukte zu verhindern. Andererseits folgte eine Exportoffensive von Waren und Kapital Richtung Osten, die entweder potenzielle Konkurrenz beseitigte oder schnellen Profit versprach. Erstere Investitionen endeten nur allzu oft nach dem bekannten Muster des Buy-and-sell-out, nach dem Produktionsstandorte nur aus dem Grund übernommen werden, um sie daraufhin zu schließen und damit ihre Produkte vom Markt zu nehmen. Im Bereich der Agrarwirtschaft flossen Tausende Tonnen und Hektoliter Lebensmittel und Konsumartikel von West nach Ost. Die Subventionierung ihrer Herstellung und ihres Exports durch Brüssel machten den osteuropäischen Produzenten auf dem eigenen Markt zu schaffen. Milch- und Schweinepreise EU-europäischer Provenienz lagen Anfang der 1990er Jahre unter den Gestehungskosten, mit denen z.B. polnische Bauern rechnen mussten. Eine Vernichtung lokaler Produktions- und Absatzmöglichkeiten war die Folge.

Die praktische Politik Brüssels funktionierte ganz entgegen ihren liberalen Bekenntnissen. Während z.B. Polen und die Tschechoslowakei Anfang der 1990er Jahre gezwungen wurden, EU-Agrarprodukte ins Land zu lassen, schützte sich Brüssel umgekehrt vor Importen aus der osteuropäischen Landwirtschaft. Als Mittel für diese Politik verwendete man die so genannten Europa-Abkommen, die zwischen 1991 (Polen und Ungarn) und 1996 (Slowenien) mit allen zehn osteuropäischen Beitrittskandidaten abgeschlossen wurden, zu einem Zeitpunkt also, als die Produktionsrückgänge in den Staaten des ehemaligen RGW zu extremen wirtschaftlichen Krisen anwuchsen. Diese auch als Assoziierungsabkommen bezeichneten Verträge wurden – wie auch die gesamten späteren Beitrittsverhandlungen – bilateral geführt und von den einzelnen Parlamenten in Gesetzesform gegossen. In Kraft getreten ist diese Vorform des Acquis communautaire je nach Land zwischen 1994 und 1998.

Konstitutiv für die Europa-Abkommen war der Protektionismus der Europäischen Union, der gerade jene Branchen in EU-Europa schützte, die den einzigen Kostenvorteil Osteuropas – die billige Arbeitskraft – fürchten hätten müssen. Exakt in jenem historischen Moment also, in dem sich die Transformation zu einer der kapitalistischen Rationalität gehorchenden Marktwirtschaft im Ex-RGW durchsetzte, verschloss sich der größte Hoffnungsmarkt für Osteuropas Produzenten. Er tat das für genau jenes knappe Jahrzehnt, das die großen westeuropäischen Banken und Konzerne brauchten, um die Kernstücke der osteuropäischen Wirtschafts- und Produktionsstruktur zu übernehmen bzw. sich diese vom Leibe zu schaffen. Z.B. die Textilindustrie in der Slowakei: In dieser ausgereiften, mit geringem Anteil von Forschung und Entwicklung betriebenen Branche sicherte sich die EU im Europa-Abkommen mit Bratislava 1993 eine siebenjährige Übergangsfrist, bis es zu einem völlig zollfreien Import slowakischer Textilien in die EU kommen durfte. Jährlich wurden die Zolltarife um ein bis zwei Siebtel des Ausgangszollsatzes reduziert.[123]

Vollen Schutz des EU-Marktes sicherte sich Brüssel bei Agrarprodukten, wo in den diversen Europa-Abkommen in protektionistischer Manier lapidar zu lesen steht: „Zur Berücksichtigung der Kostenunterschiede bei den landwirtschaftlichen Erzeugnissen (...) steht das Abkommen folgendem nicht entgegen:
– für die im Anhang aufgeführten Waren der Erhebung einer landwirtschaftlichen Komponente der Zollbelastung.
– der Anwendung inländischer Maßnahmen zum Ausgleich der Preisunterschiede, die sich aus der Agrarpolitik ergeben.
– der Anwendung von Maßnahmen bei der Ausfuhr."[124]
Osteuropas landwirtschaftliche Produkte wurden also per Europa-Abkommen erfolgreich vom EU-Markt fern gehalten. Obwohl diese Politik auch dem GATT (General Agreement on Tariffs and Trade) widersprach, getraute sich kein Land Osteuropas diesbezüglich Klage gegen Brüssel zu erheben. Zwar erwogen einige spätere Beitrittskandidaten im April 1991 – zu Beginn der Verhandlungen über die Europa-Abkommen – den Abbruch derselben, wie der damals zuständige Kommissar Frans Andriessen im EU-Ministerrat berichtete[125], doch ihr Widerstand wurde mit vagen Versprechungen auf eine spätere, umfassende Integration in die Europäische Union schnell gebrochen. Im Fall eines Konfliktes mit Brüssel hatte George Bush sen. übrigens seine Unterstützung für Osteuropas wirtschaftlich in die Enge getriebene Neokapitalisten angedeutet. Niemand war zum damaligen Zeitpunkt allerdings bereit, auf einen solchen Konflikt zu setzen.

Also blieb von Osteuropas „Rückkehr nach Europa" – übrigens korrekterweise nach historischem Vorbild – die Peripherisierung eines halben Kontinents. Mit den Europa-Abkommen wurde hierfür der wirtschaftliche Grundstein gelegt, indem der Osten mit Importsperren belegt wurde, während gleichzeitig die großen Produzenten des Westens oft mittels suprastaatlicher Exportsubventionen sich den östlichen Markt unterwarfen.

Auf weltwirtschaftlicher Ebene ist mit dem Ausgreifen der nach Investitionsfeldern und Märkten suchenden westeuropäischen Konzerne nach Osten und der Einbindung Osteuropas als Peripherie in die Strukturen der Europäischen Union eine Stärkung des Regionalblocks Europa gegenüber den USA gelungen. Nicht zuletzt war es die wirtschaftliche (und militärische?) Herausforderung der USA mit ihren seit dem Golfkrieg 1991 wiederum akkumulationsfreudigeren Konzernen, die EU-Europa zu einer Antwort im Sinn einer ökonomischen Expansion gedrängt hatte. Dass die Marktöffnung im Osten nun auch eine politische Erweiterung der Europäischen Union nach sich zieht, verbessert die Position EU-Europas im weltweiten Konkurrenzkampf mittelfristig.

Von Maastricht 1992 bis Kopenhagen 1993

„Durch diesen Vertrag gründen die Hohen Vertragsparteien untereinander eine Europäische Union, im folgenden als 'Union' bezeichnet." So steht es in Titel I, Artikel A des „Vertrages über die Europäische Union" vulgo Maastricht-Vertrag. Dieser am 7. Februar 1992 in dem kleinen holländischen Städtchen von allen – damals zwölf – Mitgliedstaaten unterschriebene Text machte aus der Gemeinschaft der Zwölf ein ökonomisch, währungs- und außenpolitisch vereinheitlichtes Gebilde. Maastricht veränderte den Charakter Europas. Brüssel wird nun endgültig zum Zentrum der politischen Macht. Im Dienste der großen, nach Markterweiterung und Marktvereinheitlichung strebenden europäischen Konzerne häuft die von keiner Volkswahl oder ähnlichem demokratischen Akt belastete EU-Kommission Kompetenzen an, die weit jenseits der Regierungen jedes einzelnen Teilnehmerstaates liegen. Tausende nationale Normen in so gut wie allen Branchen werden in den kommenden Jahren homogenisiert, auf dass europaweit agierende Konzerne in einer Wirtschafts- und Währungsunion produktionstechnisch rationalisieren und damit Kosten sparen bzw. Gewinne maximieren können.

Mit der Ratifizierung von Maastricht, die nach langem Zittern erst im Mai 1993 gelingt, sind es ab sofort der EU-Rat und die Kommissare des Brüsseler Großraumes, die über Finanz- und Währungspolitik, Wirtschaft, Außen- und Innenpolitik, Agrarpolitik sowieso über Verkehr, Forschung und Entwicklung, über Bildung und Justiz entscheiden. Im nationalen Rahmen verbleiben im Großen und Ganzen die Kulturpolitik, Teilbereiche der Beschäftigungs- und Sozialpolitik sowie der Justiz und der Innenpolitik. Die Entscheidungen der Mitgliedstaaten haben sich 1992 in die belgische, in die EU-europäische Hauptstadt verlagert.

Seither bestimmen die so genannten „Maastricht-Kriterien" das Leben der EU-Europäer. In ihnen ist festgelegt, welcher budgetäre und wirtschaftspolitische Spielraum einzelnen nationalen Regierungen verbleibt: ein denkbar enger. Die zulässige Inflation darf nicht mehr als 1,5% über der Inflationsrate jener drei Mitgliedstaaten zu liegen kommen, die die niedrigste Rate aufweisen. Langfristige Zinsen wurden ebenso nach oben beschränkt. Diese im Hinblick auf die Einführung des Ecu – der sich später als Euro entpuppte – ergriffenen Maßnahmen haben sich zwischenzeitlich für die meisten EU-Mitgliedstaaten erübrigt, wacht doch nun die Europäische Zentralbank über eine gemeinsame Währung.

Das jährliche Haushaltsdefizit jedes einzelnen Landes darf 3% des Bruttoinlandsproduktes (BIP) nicht übersteigen, wobei sich die größeren Staaten allerlei Tricks leisten können, die den kleineren verboten bleiben. Maastrichts Kriterien legen auch die Höhe der erlaubten Staatsverschuldung fest: 60% des BIP müssen als Obergrenze akzeptiert werden. Diese dem monetaristischen Geist entwachsenen Vorgaben drängen die Finanzminister der einzelnen nationalen Mitgliedstaaten in die Rolle von Erfüllungsgehilfen einer restriktiven Budgetpolitik, deren oberstes Ziel darin besteht, Investitionssicherheit im Großraum herzustellen. Für Sozial-, Wohnungs-, Gesundheits- und Rentenpolitik fehlt dann logischerweise das Geld. Mehr noch: Der Nationalstaat als mögliches gesellschaftliches Regulativ verliert Zug um Zug seine Existenzberechtigung. Kreditaufnahmen öffentlicher Institutionen wie Staaten, Länder oder Gemeinden können ab Maastricht nur mehr unter der neoliberalen Kontrolle der EU-Kommission stattfinden: Dies war der technisch weitestgehende Einfluss, den Brüssel bislang auf Mitgliedstaaten der Europäischen Union ausgeübt hatte.

Der Widerstand in den einzelnen Mitgliedsländern gegen die von rein ökonomischer Rationalität geprägte Homogenisierung innerhalb EU-Europas war heftig und konnte nur unter Einsatz aller Mittel der Propaganda gebrochen werden. Am weitestgehenden äußerte sich die Unzufriedenheit mit dem Vertrag von Maastricht in Dänemark, wo am 2. Juni 1992 im Zuge einer Volksabstimmung die Ratifizierung des Vertrages mehrheitlich abgelehnt wurde. Erst ein Jahr und viele Belangsendungen aus Brüssel später kam es anlässlich eines wiederholten Volksentscheides zu einem knappen Ja in Kopenhagen. Auch in Frankreich wurde das Volk befragt, nur eine hauchdünne Mehrheit sicherte den Bestand der Europäischen Union. Deutschlands protestantischer Ethik entsprechend kam der Maastricht-Vertrag vor den Bundesverfassungsgerichtshof, weil damit – der Meinung der Antragsteller entsprechend – die Identität des Grundgesetzes in Frage gestellt würde. Die Herren in den schwarzen Roben winkten ab, ein vielfach gefordertes Plebiszit fand nicht statt. In Großbritannien wiederum stritten die konservativen Tories intern darum, ob die in Maastricht beschlossenen Eingriffe in die Londoner Politik hinzunehmen seien, was die Ratifizierung verzögerte. Die einzigen Länder, die still hielten, waren jene südlichen Staaten, die als Nettoempfänger aus den Agrar- und Strukturfondstöpfen ohnedies an der Brüsseler Infusionsnadel hängen.

Nachdem die Wirtschafts- und Währungsunion beschlossene Sache war, nachdem also die Struktur der neuen Supermacht zumindest ökonomisch festgezogen wurde, konnte man sich in der Kommission daran machen, den neuen Eliten in

Osteuropa ein Angebot zu machen. Die Kopenhagener Konferenz des EU-Rates im Juli 1993 legte die Beitrittsbedingungen fest, bevor noch der erste Antrag gestellt worden war. „Als Voraussetzung für die Mitgliedschaft muß der Beitrittskandidat eine institutionelle Stabilität als Garantie für demokratische und rechtsstaatliche Ordnung, für die Wahrung der Menschenrechte sowie die Achtung von Minderheiten verwirklicht haben; sie erfordert ferner eine funktionsfähige Marktwirtschaft sowie die Fähigkeit, dem Wettbewerbsdruck und den Marktkräften innerhalb der Union standzuhalten; die einzelnen Beitrittskandidaten müssen zudem die aus einer Mitgliedschaft erwachsenden Verpflichtungen übernehmen und sich auch die Ziele der politischen Union sowie der Wirtschafts- und Währungsunion zu eigen machen können."[126] Diese in Kopenhagen 1993 beschlossenen Bedingungen für die Aufnahme neuer Mitglieder bildeten auch die Grundlage der vier Jahre später vorgelegten „Agenda 2000". Demokratie, Marktwirtschaft und Übernahme des EU-Gesetzeswerkes hießen die Schlagworte der „Kopenhagener Kriterien".

Demokratie, wie sie Rat und Kommission der Europäischen Union verstehen, hat freilich nichts mit Volksherrschaft zu tun. Die „institutionelle Stabilität als Garantie für demokratische Ordnung" meint vielmehr ein fest in der Hand der stärksten europäischen Kapitalgruppen befindliches Medien- und Parteiensystem, das sich dem kapitalistischen Akkumulationsregime verpflichtet fühlt, wie dies in der zweiten, der ökonomischen Aufnahmebedingung ehrlicherweise zum Ausdruck kommt. Osteuropäische Parteien und Präsidenten, die zwar von einer Bevölkerungsmehrheit demokratisch gewählt worden waren, jedoch Vorbehalte welcher Natur auch immer gegen die im wirtschaftlichen Bereich ausschließlich anzuerkennenden „Marktkräfte" und den „Wettbewerbsdruck" anmeldeten, galten 1993 – und gelten bis heute – per Definition aus Brüssel als nicht demokratisch. Ion Iliescu in Rumänien, Vladimír Mečiar in der Slowakei oder Slobodan Milošević in Jugoslawien wussten zwar den Großteil der jeweiligen Bevölkerung hinter sich und wurden allesamt trotz enormem Druck aus dem Westen mehrmals in ihren Ämtern bestätigt, eine demokratische Legitimation besaßen sie im Angesicht der Kopenhagener Kriterien dennoch nicht. Wer Sozialpolitik vor Investitionsfreiheit stellte (Iliescu), Energie via Gazprom anstatt über Ruhrgas importierte (Mečiar) oder die vorgesehene Schocktherapie unterlief, indem er Geld druckte und Soldaten und Lehrer bezahlte, anstatt sie zu entlassen (Milošević), hatte in der Wertegemeinschaft der selbst ernannten Demokratien keinen Platz. Deshalb – und nicht wegen angeblicher Verletzung von Menschen- und Minderheitenrechten – waren 1993 die Slowakei, Rumänien oder Jugoslawien mit der Punze „undemokratisch" versehen.

Als zweites Kopenhagener Kriterium gilt die „funktionsfähige Marktwirtschaft", die – Ironie der Geschichte – dem „Wettbewerbsdruck und den Marktkräften innerhalb der Union standzuhalten" habe. Will heißen: Politik darf Marktkräfte verwalten; in selbige einzugreifen stellt indes ein Sakrileg dar, das zum Ausschluss aus den Verhandlungen führt. Dort, wo wie in den osteuropäischen Ländern gerade der Zusammenbruch der Gesellschaftsordnung auf der Agenda stand, äußerte sich diese Bedingung in besonders eklatanter Art und Weise. Denn in einer Phase, die von Deindustrialisierung, hoher Arbeitslosigkeit, sinkenden Realeinkommen sowie von der Auflösung von sozialen Sicherungssystemen für Gesundheit und Rente geprägt war, wären politische Eingriffe gefordert gewesen, um eine Brutalisierung der Gesellschaft zumindest im Zaum zu halten. Die östlichen, im Bann der erhofften EU-Integration stehenden Eliten mussten das Gegenteil praktizieren. Ohne heimisches Kapital, das dem Druck der westeuropäischen Konkurrenz standhalten hätte können, war an den Aufbau einer einheimischen Bourgeosie nicht zu denken; allenfalls mafiotische Gruppen konnten den Übernahmen aus dem Westen hier und dort Kapital entgegenhalten, arrangierten sich jedoch bald mit ihren Akkumulationsvorbildern.

Was nun die Rechtsangleichung als drittes Kopenhagener Kriterium betrifft, so liegt darin das einzige wirklich reelle Angebot an die einheimischen osteuropäischen Eliten begründet. In diesem Bereich der Übernahme des Rechtsbestandes der Europäischen Union, der später unter dem Kürzel Acquis communautaire laufen sollte, sind Posten und Pöstchen sonder Zahl zu vergeben. Hier sind auch kapitalschwache Verwalter, ihre Söhne und Töchter gefragt, hier kann die „Europäisierung" persönliche Früchte tragen. Ministerien, Kommissionen, Hilfsorganisationen ... überall lockt eine Ausbildung im Westen mit der Chance, dortselbst zu verbleiben oder zu einem gut dotierten Verwalterjob in die Heimat zurückzukehren.

Ganz abgesehen davon, dass alle diese Schulungen, Seminare und Symposien auch von westeuropäischer Seite personell bedient werden müssen: Die dritte und vierte Garnitur der in den 1970er und 1980er Jahren überproduzierten geisteswissenschaftlichen und juristischen Intelligenz weiß es Brüssel zu danken. Dies hat den angenehmen Nebeneffekt, dass die Akzeptanz des imperialen Großraumprojektes „Europa" gerade in der Intelligenz steigt – nach dem Motto: Wes Buffet ich ess', des Position ich vertret'.

Ab März 1994 trafen dann in Brüssel Anträge auf Mitgliedschaft ein. Ungarn (31. März 1994) und Polen (5. April 1994) machten den Anfang, die Tschechische Republik (17. Januar 1996) und Slowenien (10. Juni 1996) überlegten es sich am längsten, was nicht verwunderlich ist, gelang es hier aus historischen Gründen doch noch am ehesten, so etwas wie eine lokale Bourgeosie aufzubauen, die mit dem EU-Beitritt auch etwas zu verlieren hat.

Zwischen Amsterdam und Luxemburg 1997

Im Juli 1997 legte die Europäische Kommission einen neuen Finanzplan für die Jahre 2000 bis 2006[127] vor. Darin waren die Kosten des Beitritts osteuropäischer Staaten erstmals als Rahmen kalkuliert und entsprechende Programme ausgearbeitet worden. Hinter dem Namen „Agenda 2000" versteckte sich einerseits eine Reform der Europäischen Union im Hinblick auf den Beitritt von eventuell fünf bis sechs neuen Mitgliedern und andererseits eine Strategie zur Heranführung selbiger an die in Kopenhagen ausgegebenen Kriterien. Konkret bedeutete dies Kosteneinsparungen im Agrarbereich und Verteuerungen durch die zur Erweiterung notwendigen Strukturmaßnahmen. 1996 flossen noch 49% des gesamten EU-Budgets in Produktions- und Exportförderungen von Agrargütern, die „Agenda 2000" reduzierte für die kommenden Jahre diese Ausgaben bei gleichzeitiger Erhöhung der Strukturausgaben, die nun auch den beitrittswilligen Ländern – nach genauer Prüfung freilich – zur Verfügung stehen sollten. Deutschland als größter Nettozahler – immerhin kamen 1997 knapp 29% der Beitragszahlungen aus Bonn – war logischerweise auf eine sparsame Variante der Integrationshilfen für Osteuropa bedacht.

Als wichtigstes Instrument der Finanzierung erweiterungsbedingter Maßnahmen wurde ab sofort das „Phare"-Programm auf alle Beitrittswerber ausgeweitet. Dieser ursprünglich nur für die Unterstützung von polnischen und ungarischen Wendeprojekten[128] bestimmt gewesene Finanztopf öffnete sich später für sämtliche osteuropäischen Transformationsstaaten. Mit „Phare"-Geldern wurden in den späten 1990er Jahren Tausende Führungskräfte ausgebildet, die einerseits in marktwirtschaftlicher und andererseits in administrativer Hinsicht die Transformation Osteuropas unumkehrbar machen (sollen). Erklärte Ziele von „Phare" sind die Umstrukturierung von Staatsbetrieben, die Förderung der Privatwirtschaft sowie die Installierung einer bürgerlichen, dem privaten Eigentum verpflichteten Gesetzgebung. In den entsprechenden Antragsformularen ist vom „Aufbau demokratischer Institutionen", dem „Aufbau der öffentlichen Verwaltung", der „Gestaltung von Managementsystemen", der „Ausbildung von Fachleuten im Privatsektor", der „Umstrukturierung von Schlüsselbereichen der Wirtschaft" und der „Angleichung von EU-Normen" die Schreibe. Über 1.200 Westexperten[129] entsandte die EU-Kommission bereits 1998 und 1999 in die Beitrittsländer, um dort nach bürgerlichem Recht und kapitalistischer Ordnung zu sehen. Im Zentrum standen dabei der Aufbau von Privatisierungsagenturen nach dem Muster der deutschen „Treuhand" sowie die Förderung von ausländischen Direktinvestitionen. 1,5 Mrd. Euro liegen seit dem Jahr 2000 (bis 2006) jährlich im „Phare"-Topf, um den oben zitierten Aufgaben gerecht zu werden. Verglichen mit den regionalen Förderungen innerhalb der Europäischen Union, die zur selben Zeit über die Kohäsions- und Strukturfonds knapp 30 Mrd. Euro verschlingen, ist das zwar wenig, der gezielte

Einsatz von „Phare" erlaubt dennoch wirksame Hilfe für die (Wieder-)Errichtung eines kapitalistischen Akkumulationsregimes. Dass „Phare"-Gelder in nicht zu knappem Ausmaß gerade den größten westeuropäischen Konzernen – z.B. Volkswagen für die logistische Unterstützung der Investition in Tschechien und Fiat für selbige in Polen[130] – zugute kamen, kann nicht verwundern.

Die „Agenda 2000" hat dem „Phare"-Topf mit den Kürzeln „Ispa" und „Sapard" noch zwei weitere Programme zur Beitrittshilfe hinzugefügt, die hauptsächlich mit der Finanzierung von Infrastrukturprojekten (Straßenbau) und der Zurichtung landwirtschaftlicher Strukturen auf den EU-Bedarf beschäftigt sind.

Womit es in Amsterdam noch nicht geklappt hatte, war die so genannte Institutionenreform. Dahinter versteckt sich die Aushöhlung des Einstimmigkeitsprinzips, wie es seit Mitte der 1960er Jahre gepflegt wurde. Im Vorfeld einer Erweiterung musste, so die Überzeugung der Führer der Europäischen Union, das de facto existierende Vetorecht jedes einzelnen Staates fallen. Die Unzufriedenheit der Brüsseler Eliten mit dem diesbezüglichen Resultat vom Gipfel in Amsterdam drückte dann der Präsident der Europäischen Kommission, Jacques Santer, am 2. Juli 1998 in Wien aus: „Machen wir uns doch nichts vor: wir können eine Union von 20, 25 oder vielleicht sogar mehr Mitgliedstaaten doch nicht mit Institutionen regieren, die für eine Gemeinschaft der sechs oder vielleicht noch für zwölf angemessen waren. Ohne Mehrheitsentscheidungen auch in politisch sensiblen Bereichen kann es meiner Ansicht nach nicht weitergehen."[131] Erst Nizza im Winter 2000 sollte diesbezüglich die Spielregeln der EU-Demokratie ändern.

Der EU-Gipfel von Luxemburg am 14. Dezember 1997 segnete dann die von der Kommission vorgeschlagene Aufnahme von Beitrittsgesprächen mit Kandidaten aus dem Osten ab. Polen, Tschechien, Ungarn, Slowenien, Estland (und Zypern) wurden am 1. März 1998 offiziell zu Verhandlungen eingeladen. Schon zuvor hatten allerdings die EU-15 1997 in Amsterdam eine gemeinsame Militär- und Innenpolitik beschlossen, die Interventionskräfte zur Kriegsführung genauso beinhaltet wie eine Ausweitung des Schengen-Systems. 60.000 jederzeit einsatzbereite Soldaten sollen noch vor der Aufnahme des ersten osteuropäischen Mitgliedstaates ausgerüstet sein, um bei sozialen oder nationalen Unruhen, die im Zuge der Erweiterung nicht ausgeschlossen werden können, „friedensschaffende Maßnahmen" setzen zu können. Diese als „Petersberger Aufgaben" bekannt gewordene Militarisierung Europas könnte in fernerer Zukunft auch Konflikte zwischen EU und USA auf das Schlachtfeld verlagern.

Gleichzeitig wird mit der Verschärfung einer ohnedies bereits restriktiven Asyl- und Migrationspolitik enormer Druck auf die teilnahmewilligen Länder ausgeübt, ihrerseits abschottende Maßnahmen gegen ehemalige Verbündete zu treffen, bevor sie als EU-tauglich erklärt werden können. So helfen z.B. deutsche Exekutivkräfte beim Aufbau von Grenzeinrichtungen zwischen Tschechien und der Slowakei sowie zwischen Polen und Weißrussland oder Ungarn und der Ukraine. Die gewünschte Westintegration einzelner osteuropäischer Staaten setzt einen Bruch alter Beziehungen zwischen osteuropäischen Nachbarn voraus. In Amsterdam wurde diese Politik zum EU-Rechtsbestand, wohlweislich bevor noch Gepräche darüber mit den Beitrittskandidaten aufgenommen worden waren.

5 plus 1 und 5 plus 1

Exakt 80 Jahre, nachdem die österreichisch-ungarische Doppelmonarchie im Kanonenrauch des Ersten Weltkrieges zerstoben und den nationalen Begehren der Slawen und Ungarn zum Opfer gefallen war, traten die Außenminister der neobürgerlichen Staaten Ungarn, Tschechien, Polen, Estland und Slowenien (plus Griechisch-Zypern) vor die Brüsseler Kommissare, um die Verhandlungen über den EU-Beitritt zu beginnen. Am 10. November 1998, fast ein Jahr nach dem Luxemburger Gipfel, saßen die fünf (plus ein) Kandidaten in getrennten Zeremonien dem damaligen Ratsvorsitzenden, dem österreichischen Außenminister Wolfgang Schüssel, gegenüber. Ungarns Außenminister János Martonyi vergaß bei diesem Anlass nicht, auf die angeblich ewige „europäische" Rolle der Madjaren hinzuweisen, die seit tausend Jahren als Vorhut der römischen Christenheit an den Karpaten stehen, um nach Osten hin das Terrain zu sichern.

Der EU-Gipfel von Helsinki im Dezember 1999 beschloss Aufnahmegespräche mit fünf (plus einem) weiteren Kandidaten: Litauen, Lettland, die Slowakei, Bulgarien, Rumänien (und Malta) konnten sich ab Januar 2000 ins Regatta-Rennen um die besten Plätze der EU-Erweiterung werfen. Eine wesentliche Voraussetzung dafür war die zwischenzeitlich erfolgte Abwahl der HZDS von Vladimír Mečiar in der Slowakei, dessen betont eigenständiger wirtschaftlicher Kurs bislang eine Öffnung der Slowakei für die Interessen der Westkonzerne erschwert hatte.

Von den nun zwölf Beitrittskandidaten – das gilt es immer wieder zu betonen, um den Charakter des „teile und herrsche" der EU-Erweiterung nicht zu vergessen – waren sechs Länder aus territorialen Auflösungserscheinungen in den 1990er Jahren hervorgegangen, ein weiteres (Zypern) kämpfte überhaupt mit seiner international ungeklärten Territorialität. Dem politisch und – seit Amsterdam – demnächst auch militärisch machtvoll auftretenden EU-Europa standen also nicht nur unerfahrene, rasch wechselnde neue Eliten in den einzelnen osteuropäischen Ländern gegenüber, sondern insgesamt Staaten wie Slowenien, Tschechien, die Slowakei, Lettland, Estland und Litauen, deren erwachsene Bevölkerungen in ihrer Schulzeit überhaupt nichts über jene Staatlichkeit gelernt hatten, die sich jetzt um Aufnahme in ein suprastaatliches Gebilde bewarb. Die politischen, gesellschaftlichen und territorialen Voraussetzungen für Verhandlungen waren also für die Beitrittsländer denkbar schlecht – weshalb auch in der Folge gar keine solchen geführt wurden. Das Regatta-Rennen um die Erfüllung des EU-Rechtsbestandes (Acquis communautaire) lief als streng formalisiertes Übernahmeverfahren ab. Für die Diskussion einzelner Forderungen war überhaupt kein Platz vorgesehen.

Nachdem Brüssel zu Jahresbeginn 1999 den „Euro" – zuerst als Buchgeld, ab 2002 auch in Form von Banknoten und Münzen – eingeführt hatte, war eine weitere Hürde für die Beitrittskandidaten errichtet. Für den etwaigen Eintritt ins Euroland mussten die Anfang der 1990er Jahre durchgeführten Schocktherapien in einen monetaristischen Dauerzustand übergeführt werden. Nur so würden Länder wie Polen, Ungarn, Tschechien oder die Slowakei zu einem späteren Zeitpunkt die Maastricht-Kriterien als Voraussetzung für die Übernahme des Euro erfüllen können. Der Übergang vom Wendeschock zum Integrationsschock verlief schleichend.

Die damit zu erwartenden strukturellen wirtschaftlichen und sozialen Defekte wurden auf EU-Ebene nirgends diskutiert. Stattdessen vertiefte sich der Gipfel von Nizza im Dezember 2000 in Debatten um die Aushöhlung des Veto-Rechtes im EU-Rat. Seit 1966[132] bildete – nicht zuletzt auf Drängen Frankreichs, das der militärischen Einbindung Deutschlands in eine dann aufgeschobene Europäische Verteidigungsgemeinschaft (EVG) skeptisch gegenüberstand – das Einstimmigkeitsprinzip die Grundlage für die Fortschritte der EWG. Nun, nachdem sich 1989 in indirekter Weise gezeigt hatte, dass Deutschland den Zweiten Weltkrieg nicht so eindeutig verloren hatte, wie in den Jahrzehnten nach 1945 angenommen, wich die (französische) Angst vor dem einstigen Kriegsgegner der Einsicht in die neuen Machtverhältnisse. Und diese verschoben sich mit dem Zusammenbruch des RGW eindeutig in Richtung Deutschland, das es ja als einziges europäisches Land geschafft hatte, sich nach 1945 zu vergrößern.

Gleichzeitig mussten die EU-Granden Vorkehrungen treffen, wie nach einem eventuellen Beitritt einzelner osteuropäischer Staaten mit der Rats-Demokratie umgegangen werden sollte. Das seit 1966 weit verbreitete Vetosystem war im Angesicht der Erweiterung zu riskant, drohten doch damit osteuropäische Interessen in Brüssel manifest zu werden, auf die eine Europäische Union nicht vorbereitet war. Vor den ersten Neu-Beitritten mussten also klare Verhältnisse geschaffen werden, die die Entscheidungen der großen Akteure nicht blockieren konnten. Im Vertrag von Nizza sollte die Neuordnung der Europäischen Union geregelt werden.

Ganz klappte es dann im ersten Anlauf nicht. Einerseits gelang es nicht, das Veto-Recht einzelner Staaten gänzlich abzuschaffen. Kultur, Steuerangelegenheiten, Wasser und Energie sowie Umweltfragen blieben dem Einstimmigkeitsprinzip unterworfen, während 30 (von 70) Bestimmungen des alten EG-Vertrages künftig mit qualifizierter Mehrheit[133] beschlossen werden können. Tagelang wurde in Nizza, das übrigens erstmals mit starken Protesten seitens GlobalisierungsgegnerInnen konfrontiert war, dann über die zukünftige Stimmengewichtung in Rat und Parlament diskutiert, wie sie nach dem Beitritt von soundsovielen neuen Staaten auszusehen hätte. Dabei fühlten sich die Ratsherren in ihrem Element. Heraus kamen eine Mehrheit von deutschen Posten und eine erkleckliche Anzahl französisch, britisch und italienisch zu bestellender Bürokraten. Auch die Beitrittswerber gingen – vorerst freilich fiktiv – nicht leer aus: Für ausgediente nationale Politiker aus Polen, Tschechien, Ungarn usw. winken nach erfolgreichem Abschluss der Verhandlungen Büros und Sekretärinnen in Brüssel.

Als besonders peinlich an Nizza erwies sich jedoch die Weigerung der irischen Bevölkerung, der mühsam ausverhandelten administrativen Neuordnung der EU-Gremien zuzustimmen. Im Juni 2001 musste Dublin eingestehen, dass das Volk nicht so wollte, wie es die Politiker beschlossen hatten. Im Oktober 2002 kam es wegen dieser Panne – wie schon im Fall von Maastricht und Dänemark – zu einer Wiederholung der Demokratie. Diesmal klappte es.

Den Verwaltern deutschen und französischen Kapitals war die ganze Debatte um zukünftige Stimmgewichtungen in Rat und Parlament sowie Nennung von Kommissaren ohnehin nicht ganz geheuer. Deshalb zettelten Deutschlands Außenminister Joseph Fischer und Frankreichs politische Elite die so genannte Verfassungsdiskussion an, nach der über kurz oder lang in der Europäischen Union ohnedies mit einer Neugründung zu rechnen sein wird. Es war Fischer, der erstmals Ende 2000 von der Vision eines „bewussten Neugründungsaktes" der Europäischen Union sprach. Gleichzeitig damit könnte man auch den unterschiedlichen Integrationsgeschwindigkeiten der einzelnen alten und neuen Mitglieder Rechnung tragen und rund um eine Kern-EU Randgebiete legen, für deren Betrieb andere Gesetze Gültigkeit hätten. Die wirtschaftlichen Zentren würden so zu einer „Pioniergruppe", der sich Peripherien andienen könnten. Weitere Debatten um eine solche Art des nun auch offen als selektiv eingestandenen Integrationsangebotes wurden in ein neues, inoffizielles Gremium verlegt, den „Konvent". Dieser nahm am 28. Februar 2002 unter dem abgehalfterten ehemaligen französischen Präsidenten Valéry Giscard d'Estaing die Arbeit auf.

Der „Gemeinschaftliche Besitzstand"

Nicht von öffentlichen Gütern oder gemeinsamen volkswirtschaftlichen Errungenschaften ist die Rede, wenn in Brüssel der „Gemeinschaftliche Besitzstand" debattiert wird, der auf Beamtendeutsch „Acquis communautaire" heißt. 20.000 Rechtsakte auf annähernd 80.000 Seiten sind damit gemeint, die – unterteilt in 31 Kapitel, also „chapters" – den Beitrittskandidaten vorgelegt werden. Im zweiten Halbjahr 1998 begann Brüssel mit der Durchsicht – zu Deutsch: screening – dieses

Rechtsbestandes, der samt und sonders von jedem zukünftigen Mitgliedstaat übernommen werden muss.

Technisch läuft dieses „screening" folgermaßen ab: Jeder Aufnahmekandidat bildet eine eigene Bürokratie aus, die sich in die Themenkomplexe jener 31 Kapitel einarbeitet, die Brüssel seit 1957 als rechtliche Grundlagen der späteren Union angesammelt hat.[134] Die EU-Kommission ihrerseits ernennt Spezialisten, die das für die einzelnen Kapitel relevante Konvolut den jeweiligen Kandidaten vortragen. Verhandlungssprache ist Englisch, mit Hilfe von „Phare"-Geldern wird der Fortgang der Gespräche dokumentiert und in die diversen Ostsprachen übersetzt. In regelmäßigen Abständen werden Tabellen erstellt, die die Fortschritte der zwölf Beitrittswerber bei den einzelnen Kapiteln darstellen. Der als „Regatta-Modell" benannte Wettlauf der zwölf Neuen um den halbjährlich besten Startplatz wurde noch vor Beginn der Aufnahmegespräche in der „Agenda 2000" von der EU-Kommission eröffnet: „Im Lichte der wichtigsten Trends, die in den beitrittswilligen Ländern beobachtet wurden, ergibt sich, daß Ungarn, Polen und die Tschechische Republik – falls die gegenwärtigen Anstrengungen verstärkt werden – auf mittlere Sicht in der Lage sein dürften, den größten Teil des acquis zu übernehmen und die zur Umsetzung des acquis erforderliche Verwaltungsstruktur aufzubauen, während die Slowakei, Estland, Lettland, Litauen und Slowenien nur dann dazu in der Lage wären, wenn sie ihre Anstrengungen beträchtlich und nachhaltig verstärken."[135]

Seither sind in den regelmäßig publizierten Regatta-Protokollen, wie im Segelwettkampf auch, unterschiedliche Sieger genannt worden: Neben den bereits erwähnten Favoriten um einen definitiven Platz am Rande EU-Europas konnten Slowenien und die Slowakei einzelne Zwischenklassements für sich verbuchen, während Polen und – manchmal auch – Tschechien zurückfielen. Dieses ins Sportliche verzerrte Verständnis von EU-Teilnahme spiegelt den mechanistischen Blick der Brüsseler Bürokraten und der neuen Eliten in Osteuropa auf den Vorgang der Integration wider. Alle paar Monate wird Bilanz gelegt. Jenes Land, mit dem die Übernahme der Vorschriften aus dem Acquis communautaire nicht schnell und reibungslos funktioniert, fällt im Rennen um erhoffte Plätze an der vermeintlichen Sonnenseite Deutschlands zurück. Mit Bulgarien und Rumänien konnte Ende 2001 nicht einmal die Hälfte der 31 Kapitel abgeschlossen werden, ihre Aufnahme in die Union ist damit fürs Erste von der Tagesordnung genommen worden.

Vom bilateralen Charakter der Gespräche über die Übernahme des EU-Rechtsbestandes geht ein enormer Druck auf die einzelnen beitrittswilligen Staaten aus, deren Gesandte jeweils alleine dem gesamten Brüsseler Apparat gegenübersitzen. Wer die Vorgaben nicht so widerspruchslos erfüllt oder erfüllen kann wie der je Kapitel schnellste Kandidat, fällt im „Screening"-Verfahren zurück. Der Konkurrenzkampf der einzelnen osteuropäischen Staaten untereinander garantiert Brüssel, dass es keine prinzipiellen Debatten bei den schweren Kapiteln „Landwirtschaft", „Freier Kapitalverkehr", „Freizügigkeit" (freier Personenverkehr) oder „Wettbewerbspolitik" gibt. Irgendeine beitrittswillige Regierung findet sich immer, um eine mögliche gemeinsame, eventuell kritische Stellungnahme der Aufnahmekandidaten zu unterlaufen und sofort „ja" zum Rechtbestand zu sagen.

Als übergeordnete Voraussetzungen für die Aufnahme der zehn osteuropäischen Antragsteller (sowie von Zypern und Malta) gelten die 1993 in Kopenhagen formulierten Kriterien: „institutionelle Stabilität", „funktionsfähige Marktwirtschaft" und die Verpflichtung, „sich die politischen Ziele der Union (...) zu eigen zu machen". Die bereits in den Römer Verträgen 1957 genannten „vier Freiheiten" des Verkehrs von Waren, Kapital, Dienstleistungen und Personen stehen nicht zufällig an der Spitze der 31 Kapitel des Acquis communautaire; die Ikonen jeder nach den Prinzipien der unbehinderten Kapitalakkumulation betriebenen Integration gelten als Grundsäulen der Europäischen Union. Um die Kompatibilität mit dem Brüsseler „Besitzstand" herzustellen, werden die Beitrittskandidaten verpflichtet, in ihrem nationalen Bereich die Privatisierung möglichst sämtlicher Industrien und Dienstleistungen voranzutreiben, die politische Verwaltung auf Dienststellen für freies Unternehmertum zu transformieren, Justiz und Innenressort zu stabilen Pfeilern bürgerlicher – in ihrem Fall von ausländischen Investitionsinteressen geprägter – Herrschaft zu machen, das Sozialversicherungs- und Rentenwesen dem Kapitalmarkt zu öffnen sowie in allen öffentlichen Sektoren vom Gesundheits- über das Wohnungs- bis zum Bildungswesen zu sparen respektive diese den Marktkräften anzubieten.

Zuletzt wäre noch darauf hinzuweisen, dass es im gesamten Aufnahmeprozess zwischen EU-Kommission auf der einen und den einzelnen Beitrittswerbern auf der anderen Seite zu keinerlei Verhandlungen kam, obwohl die Gespräche rund um den Acquis communautaire von Politikern und Medien immer wieder als solche dargestellt wurden. Für die osteuropäischen Staaten ging es einzig und allein darum, den gesamten Bestand an Rechtsvorschriften und kapitalistischer Norm zu übernehmen, während die EU-Spezialisten nichts anderes zu tun hatten, als das Gelingen dieser Maßnahmen zu überprüfen. Verhandelt wurde überhaupt nicht. Einzig gewisse Übergangszeiten bis zur Übernahme der einen oder anderen „Freiheit" bzw. des einen oder anderen Kapitels standen zur Debatte, wobei die Europäische Union – z.B. im Fall des freien Personen- und Dienstleistungsverkehrs – sich oft längere Fristen bedungen hat als die Neubewerber.

Dass überhaupt nicht verhandelt wurde, machte u.a. ein französischer Parlamentsbericht deutlich, der 1998 die Abgeordneten der Assemblée nationale beruhigte. Dort heißt es: „Es handelt sich (bei den Erweiterungsgesprächen, HH) nicht um traditionelle Verhandlungen, in denen ein Kompromiss zwischen unterschiedlichen Interessen herbeigeführt wird, sondern um Beitrittsverhandlungen, in denen eine der Parteien (gemeint sind die Aufnahmekandidaten, HH) mit Hilfe und unter Überwachung der anderen Partei (gemeint ist die EU, HH) ein vorgegebenes

Ziel erreicht."[136] Genau so sah das auch der Präsident des Europäischen Parlaments, Klaus Hänsch, als er über den „Verhandlungs"prozess schrieb: „Nicht über das Prinzip der Freizügigkeit für Arbeiternehmerinnen und Arbeitnehmer wird verhandelt, sondern über die Fristen, in denen das Prinzip wirksam wird. Nicht über das Prinzip der Gleichbehandlung von Inländern und Ausländern beim Erwerb von Grundstücken wird verhandelt, sondern über die Modalitäten und Fristen der Durchführung dieses Prinzips."[137]

Das jahrelang dauernde Übernahmeverfahren des EU-Rechtsbestandes hatte insbesondere auch die Funktion, die zwölf Beitrittswerber im Atem des Konkurrenzprinzips zu halten. Einerseits kämpften bei den Gesprächen um die einzelnen Kapitel des Acquis communautaire die aufnahmewilligen Länder gegeneinander, andererseits wurden aber alle zusammen in eine Art Warteschlange gedrängt, in der sie ständig Beweise ihres Integrationswillens abliefern mussten, die nur allzu oft Demutsgesten vor dem Brüsseler „Besitzstand" gleichkamen. Eine Garantie, dafür peripher integriert zu werden, hat von Anfang an keine Regierung erhalten, umgekehrt gab es jedoch ständig Ermahnungen und Einmischungen seitens Brüssels, wenn z.B. ein Urnengang in einem osteuropäischen Staat bevorstand. Die polnische Bauernpartei, die slowakische HZDS, die KP Böhmens und Mährens, die ungarischen und rumänischen Rechten ... vor allen außer dem für das investitionsfreudige Kapital gewohnten liberal-sozialdemokratisch-konservativen Parteienspektrum wurde von Seiten der EU-Granden gewarnt. Es ging dabei jeweils um die Drohung an das Wahlvolk, die Integration nicht zu gefährden, indem von Brüssel nicht kontrollierte Parteien und Parteiführer in wichtige Positionen gewählt würden. Über die einzelnen Kapitel des Acquis konnte von Brüssel aus in diesem Sinn mühelos Außenpolitik betrieben werden.

Kopenhagen 2002

Im dänischen Winter des Jahres 2002 beschlossen Rat und Kommission der Europäischen Union die Einladung an acht osteuropäische Staaten (sowie an Malta und Zypern), sich am Integrationsprojekt zu beteiligen. Der 12. und 13. Dezember 2002 wird künftighin als Geburtsstunde des vergrößerten EU-Europa gelten. Rumänien und Bulgarien wurden auf das Jahr 2007 vertröstet. Die ungeklärte zypriotische Territorialität wurde zur Kenntnis genommen, die Lösung des Problems vertagt.

„Der heutige Tag stellt insofern ein beispielloses historisches Ereignis dar, als dieser Prozess durch den Abschluss der Beitrittsverhandlungen mit Estland, Lettland, Litauen, Malta, Polen, der Slowakei, der Tschechischen Republik, Ungarn und Zypern vollendet wird. Die Union freut sich nunmehr, diese Staaten zum 1. Mai 2004 als Mitglieder aufnehmen zu können."[138] So leitet der Europäische Rat in Kopenhagen seine „Schlussfolgerungen" ein, um daran anschließend Selbstlob auszustreuen und „die gemeinsame Entschlossenheit der Völker Europas" zu feiern, die es geschafft hätten, „sich in einer Union zusammenzufinden, die zur treibenden Kraft für Frieden, Demokratie, Stabilität und Wohlstand auf unserem Kontinent geworden ist". Festreden, in denen die vier Freiheiten, um derentwillen die Vergrößerung des Brüsseler Einflussbereiches vorangetrieben wird, durch Floskeln von Frieden, Demokratie, Stabilität und Wohlstand ersetzt werden, sind besonders peinlich. Keinem der vier angesprochenen hehren Ziele ist Europa im vergangenen Jahrzehnt näher gekommen. Und nichts spricht dafür, dass eine Übernahme von acht osteuropäischen Staaten in den gemeinsamen Markt den Kontinent sicherer, friedlicher, demokratischer oder sozialer machen würde. Im Gegenteil – die Sogkraft der Europäischen Union hat an ihren Rändern destabilisierende Effekte ausgelöst: territorial und sozial.

Der Krieg als Mittel der Politik ist nach Europa zurückgekehrt. Heute stehen Soldaten aus der Europäischen Union und den USA in Bosnien-Herzegowina, im Kosovo, in Makedonien im Einsatz. Die Erweiterung der NATO Richtung Osten bringt US-amerikanisches, deutsches und britisches Militär in Stellung. Territoriale Unsicherheiten bleiben an den Rändern des vergrößerten EU-Europas bestehen: Zypern, Moldawien/Transnistrien und drei der sechs Teilrepubliken Ex-Jugoslawiens sind Staaten mit ungelösten Grenzproblemen. Und obwohl über diesen im Vergleich mit den 1980er Jahren gefährlichen Zustand Europas ständig medial berichtet wird, behaupten Kommission und EU-Rat das Gegenteil. Ratsvorsitzender Anders Fogh Rasmussen verstieg sich vor dem Europäischen Parlament im Dezember 2002 sogar zu der Behauptung, dass mit den „Beschlüssen von Kopenhagen eines der dunkelsten und blutigsten Kapitel der europäischen Geschichte geschlossen werden konnten. Wir beendeten ein Jahrhundert, das von Verwüstungen des Krieges und von Konflikten heimgesucht worden ist. Wir verabschieden uns damit von einem Europa der Jalta-Konferenz und des Kalten Krieges".[139] Die geschichtliche Erfahrung wird mit solch propagandistischer Gewalt ins Gegenteil verkehrt. Wer diese Rede unberührt von der europäischen Wirklichkeit der vergangenen Jahrzehnte lesen könnte, käme zu dem Schluss, dass mit der Konferenz von Jalta Anfang Februar 1945 „Verwüstungen des Krieges" über Europa hereinbrachen, die nun nach dem Zusammenbruch des RGW und des Warschauer Paktes und vor allem in Kopenhagen 2002 endlich beendet werden konnten. Erst in einer Zeit, in der Soldaten aus EU-Ländern auf dem Balkan, in Afghanistan und demnächst in einer Reihe anderer Länder und Regionen dieser Welt stationiert sind, kehren „Frieden, Demokratie, Stabilität und Wohlstand auf unserem Kontinent" ein. Die Worte, mit denen die EU-Erweiterung als Friedens- und Wohlstandsprojekt beschworen wird, sind starre Formeln, die Glaubenssätzen gleichen und weder zum Diskurs mit GegnerInnen noch zur Konfrontation mit der sichtbaren und spürbaren Wirklichkeit zugelassen werden.

Mit der Freude über das Ende des Systems von Jalta wird ungeniert und ziemlich offen nicht die Überwindung des Zweiten Weltkrieges als Fortschritt gefeiert, sondern eben das Ende dieser Überwindung. Angeknüpft wird damit indirekt an den Erweiterungen, wie sie während und mit dem Krieg der Wehrmacht stattgefunden haben. Nun stehen auch die damaligen Kriegsgegner Deutschlands, England und Frankreich, hinter dem Erweiterungsprojekt im Osten. Die deutschen Verbündeten von einst, Ungarn, die Slowakei und Rumänien, zollen der neuerlichen Expansion ebenso Beifall wie die Regierungen jener Länder und Regionen, die Anfang der 1940er Jahre von der Wehrmacht besetzt waren: Tschechien, Polen, Slowenien.

Freilich würde niemand aus den Reihen der EU-Verwaltung ein solches Argument gelten lassen, indes verrät die Freude über die Überwindung des Kriegsendes den Geist, in dem das neue Europa – demnächst ausgestattet mit einer schnellen Eingreiftruppe von 60.000 Mann – geboren worden ist. „Rückkehr der entführten Kinder" titelte etwa die halbamtliche österreichische *Wiener Zeitung* am 16. 12. 2002. Ihrer Meinung nach – und sie steht damit weder medial noch politisch alleine da – wurden also die Menschen und Regionen der neuen Beitrittskandidaten mit Jalta-Konferenz und Kriegsende 1945 von Moskau entführt, der EU-Gipfel in Kopenhagen hat ihr Schicksal wieder in die Hände ihrer rechtmäßigen Eltern gelegt. So viel Ehrlichkeit in der Interpretation zeugt von einer beunruhigenden Sicherheit, mit der Europas Imperialisten ihre Begründungen abwägen.

Fixiert auf die Botschaft von „Frieden, Demokratie, Stabilität und Wohlstand", die EU-Europa nun, nach dem „Jahrhundert der Kriegsverwüstungen", Richtung Osten trägt, werden auch soziale Verheerungen ignoriert, wie sie gerade der Integrationssog an der europäischen Peripherie anrichtet. Dies fällt umso leichter, als es eine gemeinsame EU-europäische Sozialpolitik nicht gibt.

Also posierten am 13. Dezember 2002 in Kopenhagen 65 Erbauer des großen angeblichen Friedensprojektes für das, was im Journalistenjargon „Familienfoto" heißt. Vor dem Slogan „One Europe" erstarrten 57 Männer und acht Frauen (Präsidenten, Ministerpräsidenten, Außenminister, Kommissare) selbstgerecht im Blitzlichtgewitter. Die magere Frauenquote von 12% wurde angesichts der Größe der Ereignisse weder von der zuständigen Kommissarin noch von den diversen Büros angesprochen, die die Programme des „Gender Mainstreaming" verwalten.

Stattdessen setzte die dänische Ratspräsidentschaft, wie bei solchen Anlässen mittlerweile üblich geworden, die Freiheit des Personenverkehrs außer Kraft. Die damit auch de jure eingeschränkte Demonstrationsfreiheit zeugt nicht nur vom ebenso eingeschränkten demokratischen Grundverständnis der EU-Granden, sondern bewirkt auch, dass integrationskritische Stimmen, die in den großen Medien ohnedies nicht vorkommen, ebenso auf der Straße nichts verloren haben. Am 16. April 2003 folgt die Unterzeichnung der Beitrittsverträge, im Anschluss daran sind Referenden und parlamentarische Ratifizierungen geplant.

Die Kandidaten

Nach der Einladung zu Beitrittsgesprächen mit der so genannten „Luxemburger Gruppe" im März 1998 (Ungarn, Polen, Tschechien, Slowenien, Estland und Zypern) und der „Helsinki-Gruppe" im Januar 2000 (Slowakei, Lettland, Litauen, Rumänien, Bulgarien, später Malta) mutierte die Information über die Übernahme des Acquis communautaire in Sportberichterstattung. Selbst seriöse bürgerliche Blätter wie die *Neue Zürcher Zeitung* waren vom Wettlauf der Kandidaten um einzelne Aufnahmeplätze ins Reich der Europäischen Union dermaßen hingerissen, dass sie dem Voyeurismus des Rennbeobachters frönten. So kommentierte beipielsweise René Höltschi nach dem Treffen von Nizza den aktuellen Stand der EU-Osterweiterung folgendermaßen: „Polen hingegen fällt, gemessen an der Zahl der geschlossenen Kapitel, zurück. (...) Deutlich hinter Polen und dem übrigen Mittelfeld liegen derzeit nur Bulgarien und Rumänien. Alle anderen zehn Bewerber haben, wie Verheugen sagt, intakte Chancen, aber keine Garantie zur Teilnahme an der ersten Runde."[140]

Die Spannung, wer die Ziellinie im „Regatta"-Rennen um einen Platz an der Peripherie an der Europäischen Union in der vorgegebenen Zeit passieren würde, hielt schon deshalb west- und osteuropäische Kiebitze in Atem, weil sich Brüssel nach der Unterzeichnung der Europaabkommen jahrelang beharrlich weigerte, einen Zeitplan für den Zieleinlauf der Regatta zu nennen. Hieß es anfänglich (z.B. gegenüber dem ungarischen Ministerpräsidenten József Antall), die Besten könnten 1996 mit einer EU-Mitgliedschaft rechnen, war später von der Jahrtausendwende die Rede, so kristallisierte sich unter dem Erweiterungskommissar Günter Verheugen als frühester Beitrittstermin das Jahr 2004 heraus, das dann auch beim Gipfel in Kopenhagen im Dezember 2002 bestätigt wurde.

Der Vorteil dieser Vertröstungsstrategie lag für Brüssel auf der Hand: Während dieser Zeit konnte in relativer Ruhe die Übernahme der wirtschaftlichen Kernbereiche osteuropäischer Produktionen von – meist – westeuropäischen Firmen durchgeführt werden. Außerdem erlaubte der durch die Umsetzung der einzelnen Kapitel des Acquis entstehende zunehmende soziale und politische Druck auf die jeweiligen Politiker einen steten Wechsel in den Staatskanzleien der Kandidatenländer. So gut wie alle haben davon ausführlich Gebrauch gemacht.

Dienstbare osteuropäische Verwalter der in erster Linie vom deutschen Kapital betriebenen Erweiterung sandten jahrelang meist in Westeuropa oder den USA ausgebildete und mit „Phare"-Geldern nachgerüstete sowie entsprechend instruierte Spezialisten in die Brüsseler Zentrale, um die Kopenhagener Kriterien abzunicken und den Acquis communautaire zu erfüllen.

Die Warteschlange vor einer eventuellen EU-Teilnahme zermürbte auch jene zumeist konservativen, nationalen oder sozialistischen politischen Kräfte in den einzelnen Ländern, die gerne in diesem oder jenem Bereich nationale Interessen vor Brüssels Begehrlichkeiten gesetzt hätten. Ihre Diffamierung wurde von höchsten Stellen in Politik und Medien systematisch betrieben.

Ganz wichtig war den Granden der Europäischen Union auch die zentrale Botschaft an die Kandidaten, die via „Regatta"-Form perfekt vermittelt werden konnte: Brav die EU-Gesetze erfüllen und Musterschüler sein, sonst wird es nichts mit der Aufnahme (als Armer) in die Klasse der Reichen. Oder, in den Worten von Kommissionspräsident Jacques Santer: „Aber es muß allen klar sein, daß die Erweiterung der Europäischen Union nicht mit allen Kandidaten auf einmal und auch nicht von heute auf morgen passieren kann. Seien wir ehrlich: Weder die Europäische Union noch die Beitrittskandidaten wären darauf vorbereitet und könnten dies verkraften. (...) Ich mache mir in diesem Zusammenhang keinerlei Illusionen: Die nächste Erweiterung wird sicherlich nicht so reibungslos über die Bühne gehen wie die letzte im Jahr 1995."[141]

Ungarn: Peripherer Kapitalismus an der Donau

In der Pilwax-Strasse, gleich um die Ecke der noblen Budapester Vaci-Utca, erinnert keine Tafel an den legendären Treffpunkt der 1848er Revolutionäre, die hier in einem Kaffeehaus zusammenkamen, um dem Kaiser in Wien den Kampf anzusagen. An der Stelle des Café Pilwax befindet sich im Januar 1999 eines der letzten nicht-amerikanisierten Selbstbedienungsrestaurants der Innenstadt. Kein Hamburger, keine Pizza findet sich auf dem Speiseplan ... sondern Krautrouladen, Paprikahuhn und die typischen, Tarhonya genannten ungarischen Mehlnudeln. Eine junge, korrekt gekleidete Frau geht mit einem Plastikteller von Tisch zu Tisch, fragt höflich nach Nudel- und Fleischresten und setzt sich anschließend mit dem Erbeuteten an einen Fensterplatz. Ein leerer Blick zum Nachbarn nimmt beiläufig zur Kenntnis, dass dieser seine Portion aufgegessen hat. Die Frau weiß, dass sie bei McDonalds, Burger King oder Pizza Hut keine Chance auf essbare Überreste hätte.

Ungarn ist fest in ausländischer Hand. Refugien wie jenes „Paprikas" in der Pilwax-Strasse wurden in den 1990er Jahren weniger und weniger. Das gilt für die kleinen Dienstleistungs- und Handelsbetriebe ebenso wie für die grossen Ketten, die Industrie- und Infrastrukturbetriebe. Wie in keinem anderen Land Osteuropas haben sich die Besitzverhältnisse in Ungarn verwestlicht. Bereits über 80% des Bruttoinlandsproduktes gehen auf den privaten Sektor zurück, ein Gutteil davon befindet sich in der Hand deutscher, amerikanischer, japanischer, holländischer, italienischer und österreichischer Unternehmen. Der Prozess des rasend schnellen Ausverkaufs war 1995 unter der sozial-liberalen Regierung zur Perfektion getrieben worden. Damals sicherten sich US-Konzerne den großen Brocken der Telekommunikation, während deutsche Industrieriesen den gesamten Energiebereich aufkauften. Nicht ohne vorher sicherzustellen, dass die Energiepreise einer staatlich garantierten Erhöhung unterworfen werden müssen. Sollte sich je eine Regierung gegen Preiserhöhungen bei Gas oder Strom durchsetzen, müssen – vertraglich gesichert – den deutschen Eignern Kompensationen aus dem ungarischen Budget gezahlt werden.

Henkel, Unilever, Parmalat, General Electric, Samsung, Audi, Ford, Suzuki, Mitsubishi, IBM, Philips, Sony ... es existiert so gut wie kein multinational tätiger Industriebetrieb mehr, der nicht in ausländischer Hand wäre. Die Sozialistische Partei (MSZP) und ihr kleiner liberaler Koalitionspartner SZDSZ sorgten zwischen 1994 und 1998 für die langfristige Klärung der Eigentumsfrage. „Die nationale Bourgeosie ist nicht eigenständig aktionsfähig", meinte dazu der bekannte linke Intellektuelle Tamás Krausz.

Thatcherismus auf sozialdemokratisch: Das Bokros-Paket

An einem weiteren Erbe der sozial-liberalen Zeit zwischen 1994 und 1998 leidet die ungarische Gesellschaft noch lange: an dem im Jahr 1995 geschnürten „Bokros csomag". Der Begriff „Bokros-Paket" umschreibt den unter Finanzminister Lajos Bokros durchgeführten Plan zur unwiderruflichen Beendigung des kádáristischen Sozialsystems. Der 12. März 1995 markiert die Unumkehrbarkeit dieses Prozesses. Damals setzte Lajos Bokros seiner Art des ungarischen Thatcherismus die Krone auf: Eine radikale Forint-Abwertung führte zusammen mit einschneidenden Kürzungen bei Renten, Sozialversicherungsleistungen und im Bildungswesen zu einem unmittelbaren Sinken der Reallöhne um 10%. Mehrere Minister verließen aus Protest die Regierung. Die Sozialisten rechtfertigten noch in der späteren Opposition ihr damaliges Austeritätsprogramm: „Der Konkurs des Staates drohte. Und die Regierung musste jene Schritte tun, die ihr die freie Marktwirtschaft aufzwang", gab sich Sándor Nagy, langjähriger Gewerkschaftschef und Vizepräsident der MSZP, 1999 gegenüber dem Autor in der Rolle des Sanierers. Der Kredit des Internationalen Währungsfonds forderte eben seinen Tribut. Und wie in solchen Fällen üblich, zahlen die Ärmsten der Gesellschaft den höchsten Preis.

So verwundert es nicht, dass die Schocktherapie den immer wieder propagierten wirtschaftlichen Aufschwung nur sehr selektiv einzelnen Gruppen von Profiteuren gutgeschrieben hat. Das Bruttoinlandsprodukt, ein sozial ohnedies nicht sehr aussagekräftiger Indikator, hatte nach zwölf Jahren Privatisierung und Strukturbereinigung gerade erst wieder das Niveau von 1989 erreicht. Eigentlich eine Bankrotterklärung für die liberale Politik, stellt man in Rechnung, dass 1989 nicht gerade ein Jahr der wirtschaftlichen Blüte gewesen war.

Das postkommunistische Ungarn kämpfte sich von Krise zu Krise. Als Mitte August 1998 in Moskau der Rubel kollabierte, simulierte die damals neue konservativ-nationale ungarische Regierung Teilnahmslosigkeit. Schließlich, so der zuständige Ressortchef, gingen nur knapp 5% der ungarischen Exporte nach Russland. Vom Warenwert her betrachtet war diese Rechnung korrekt, allerdings hingen genau an den nach Russland liefernden Betrieben vergleichsweise viele Arbeitsplätze. Über 10% der ungarischen Beschäftigten arbeiteten 1998 für den Russland-Export, der von einem Tag auf den anderen zusammenbrach.

Während in den verlängerten Werkbänken der Multis, die Autoteile oder elektronische Komponenten für Westeuropa herstellen, High Tech-Maschinen mit wenigen ArbeiterInnen höchste Produktivität erreichen, wird der russische Nahrungsmittelmarkt mit ungarischen Konserven nach alter, arbeitsintensiver Methode beliefert. Die protektionistischen Maßnahmen der Europäischen Union gegen landwirtschaftliche Produkte aus Ungarn haben dafür gesorgt, dass sich die Verarbeitungsindustrie landwirtschaftlicher Produkte nach Russland orientierte. Und so kam die Russlandkrise der konservativen Regierung unter Viktor Orbán gerade recht: Fehlende Budgetmittel für versprochene Reformen konnten mit ihr mühelos argumentiert werden.

Wofür sich die Mitte-Rechts-Koalition zwischen 1998 und 2002 finanziell ins Zeug legte, das war die Landwirtschaft; oder genauer gesagt: die kleinbäuerlich strukturierte Landwirtschaft. József Torgyans Partei der kleinen Landwirte spielte das Zünglein an der Waage der Koalitionsregierung und der Chef selbst verwaltete mit dem Ministerium für Landwirtschaft und regionale Entwicklung einen der größten Budgetbrocken. 1999 wurde für die Bauern kräftig aufgestockt: Mit 40% mehr Ausgaben wollte man der Rationalität des Agrarweltmarktes begegnen, die einzige ökonomische Schutzmaßnahme gegen den Westen, die sich Ungarn leisten konnte und wollte. Schon Torgyans erster Kraftakt im Kabinett zeigte den Willen zum Protektionismus in der Agrarfrage. Mit einer hohen Summe Geldes kaufte der Minister fast die halbe, qualitativ angeblich minderwertige Getreideernte auf und subventionierte damit einen Teil seiner Wähler. Vergeblich, wie sich bald zeigen sollte. Denn längst sind auch die lukrativsten Teile der Agrarwirtschaft in ausländischer Hand – und József Torgyan ist Geschichte.

Rechte Politik, linke Rhetorik ... oder umgekehrt

Zwischen 1989 und Redaktionsschluss dieses Buches hat keine ungarische Regierung einen Volksentscheid überlebt. Wahlen haben sich im postkommunistischen Ungarn immer als Abwahlen entpuppt. 1994 wurde das christlich-konservative Ungarische Demokratische Forum (MDF) von den Wählern in die Wüste geschickt,

1998 folgte ihm die sozial-liberale Allianz aus Sozialisten (MSZP) und Liberaldemokraten (SZDSZ). Beide hatten sich vier Jahre an der Macht gehalten, sprich: an der Privatisierung gütlich getan. Zwischen 1998 und 2002 war eine Viererkoalition unter den Jungdemokraten (FIDESZ) am Zug. Ihr stärkster Partner: die Partei der kleinen Landwirte, eine national-konservative Gruppe mit historischen Wurzeln in der Zwischenkriegszeit. 2002 kamen dann wieder, protegiert von Brüssel, Weltbank und Währungsfonds, denen die zunehmend protektionistische Agrarpolitik der Regierung Orbán suspekt wurde, die Sozialisten an die Schalthebel der Verwaltung. Sie, so garantierte ihr neuer Ministerpräsident Péter Medgyessy, Siebenbürger Adelssspross und Banker, im Angesicht von Fernsehkameras und Mikrophonen nach dem Wahlsieg 2002, werden Budapest in die Europäische Union führen. So Brüssel will.

Dass sich die konservativ-nationale Regierung unter Viktor Orbán für die Europäische Union als weniger pflegeleicht entpuppt hat als die aus der kommunistischen MSZMP hervorgegangenen Sozialisten, liegt nicht nur an dem anti-charismatisch auftretenden Medgyessy, sondern auch an der unterschiedlichen Klassenstruktur der politischen Klientel von FIDESZ und MSZP. Denn während die Sozialisten Weltmarktarbeiter zu ihrer Stammkundschaft zählen, vertreten Konservative und Nationale eher das schwache ungarische Bürgertum und die Bauernschaft; Letztere kann sich mit der geplanten Übernahme der Agrarproduktion durch deutsche, österreichische und holländische Kapitalgesellschaften nicht anfreunden.

Regierungschef Viktor Orbán von FIDESZ war ein junger Mann Mitte 30, als er 1998 ins höchste politische Amt Ungarns gewählt wurde. Politisch wandlungsfähig, pragmatisch, populistisch mit einem gewissen Hang zu autoritativem Auftreten, westgestylt und national, mit einem Wort: der perfekte Verwalter für ein peripher-kapitalistisches Land wie Ungarn. Sollte man meinen. Der hörbarste Unterschied zur vorangegangenen sozial-liberalen Koalition lag vorerst in der Rhetorik. Denn während die Sozialisten unter ihrem IWF-geprüften Chef Gyula Horn den perfekten Ausverkauf des Landes betrieben, ein Austeritätsprogramm Marke Margaret Thatcher durchzogen und die Arbeitslosenquote – „tut uns leid" – hinaufschnellen ließen, spuckten die dynamischen FIDESZ-Manager sozial linkere Töne. In ihren Reden spielte die Verteidigung der Armen im Angesicht der Globalisierung eine wichtige Rolle. Bauern und gewerblichen Mittelstand wollten sie vor den neoliberalen Schicksalsschlägen bewahren. Konservativ, dem Westen mit wesentlich mehr Kritik begegnend als ihre IWF-euphorischen Vorgänger und nationalbewusst ... so trat die neue Regierung auf internationalem Parkett auf. „Die Globalisierung ist eine gesellschaftliche Sackgasse", meinte beispielsweise ihr ideologischer Kopf László Bogar. Dass sich FIDESZ gleichzeitig zur NATO und zu den grossen ausländischen Investoren im Land bekannte, stellte für sie keinen Widerspruch dar.

Haza és Haladás

Schon bei ihrer ersten Kraftprobe mit dem westlichen Kapital zog die konservativ-nationale Koalition den Kürzeren. Geplante protektionistische Maßnahmen stießen bei ausländischen Investoren auf harsche Kritik. Zwei vorgeschlagene Wirtschaftsminister beendeten auf Druck der Börse – und wohl auch des IWF – ihre Kabinettskarriere, bevor sie eigentlich begonnen hatte. Mit Attila Chikán wurde schließlich ein liberaler Ökonomieprofessor als neuer Minister gefunden, der auf Zustimmung aus Börsenkreisen stieß. „Der FIDESZ-Plan, Steuervorteile für ausländische Unternehmen zu streichen, wurde auf dem personalpolitischen Feld entschieden", meinte dazu der Ökonom László Andor, einer der wenigen kritischen Beobachter der ungarischen Westorientierung. Wo FIDESZ protektionistische Politik zumindest kurzfristig durchzusetzen vermochte, war in der Landwirtschaft. Die Regierung beharrte auf dem Verbot des Landverkaufs an ausländische Eigner. Große deutsche Agrarkonzerne, die bereits in den Startlöchern saßen, mussten ihre Pläne zur Agrarkolonisierung des Landes vorerst verschieben.

„Haza és Haladás", zu Deutsch „Nation und Fortschritt", hieß verkürzt die Losung der konservativ-nationalen Regierung zwischen 1998 und 2002, die sich damit in die Tradition der ungarischen Reformbewegung vor dem Jahr 1848 stellte. „Nation und Fortschritt" hieß der Leitspruch des Grafen István Széchenyi, der die bürgerlich-demokratische Umgestaltung des Landes durch den Abbau der Adelsprivilegien einleitete. Nation steht dabei selbstverständlich für Ungarntum und der Fortschritt – das war in der Geschichte Ungarns immer so – kam aus dem Westen. Widersprüche zwischen einer nationalen und einer pro-westlichen Politik sind somit auch im modernen Ungarn ideologisch nicht zwingend. Die 2002 in die Regierungsbank gewählte sozial-liberale Koalition rückte – knapp vor der erhofften Aufnahme in die Europäische Union – den Fortschritt ins Zentrum ihrer Argumente. Gesellschaftlich wird er sich nur für eine Minderheit als solcher darstellen.

Von Deutschland versprochen

Seit im August 1989 dem ungarischen Außenminister Gyula Horn vom deutschen Kanzler Helmut Kohl für das Durchschneiden des Eisernen Vorhanges bei Sopron und die dadurch ausgelöste Massenflucht von DDR-Bürgern über Österreich nach Westdeutschland politische Hilfe und DM versprochen wurden, hecheln die rhythmisch wechselnden Koalitionen hinter den Versprechungen aus Westeuropa her. Im Jahr 1990 behauptete der klerikal-konservative Premierminister József Antall, Helmut Kohl hätte ihm eine informelle Zusage gegeben, Ungarn bis 1996 zum EU-Mitglied zu machen.[142] Als 1994 Antalls Nachfolger Péter Boross im März

1994 Ungarns Antrag auf EU-Mitgliedschaft einreichte, trat er anschließend mit der Frohbotschaft vor die Kameras, ihm wäre eine Mitgliedschaft bis zum Jahr 1998 versprochen worden.[143] Gyula Horn, Ministerpräsident zwischen 1994 und 1998, beruhigte drängende Journalisten wohl mehr als hundertmal mit der Zusicherung: Bis 2002 wird Ungarn in EU-Rat und EU-Kommission vertreten sein. Nach dem EU-Gipfel von Helsinki 1999 waren alle überzeugt, die definitive Westintegration würde 2004 mit den dann stattfindenden EU-Parlamentswahlen für Ungarn abgeschlossen sein.

Begonnen hat der Westruck mit Euphorie. Und schönen Worten aus Brüssel für den Musterschüler aus Budapest: „Aufgrund der von ihr durchgeführten Analyse ergibt sich für die Kommission", so hieß es im Anschluss an die Antragstellung auf Mitgliedschaft, „daß Ungarn über die Merkmale einer Demokratie mit stabilen Institutionen verfügt." Das sollte einerseits heißen, dass die ehemalige Sozialistische Arbeiterpartei (MSZMP) erfolgreich personell gesäubert worden war und ihre sozialistische Nachfolgeorganisation MSZP sich den Traditionen der Sozialdemokratie verpflichtet fühlte. Andererseits kam die Lobeshymne der EU-Kommission auf die ungarische Demokratie auch einem positiven Attest für das Fehlen politischer Kräfte im Parlament gleich, die nationale oder soziale Ansprüche formulieren konnten oder wollten – wie dies etwa zur selben Zeit in der Slowakei oder in Rumänien der Fall gewesen war. Weiter im Kommissionstext: „... daß Ungarn als eine funktionierende Marktwirtschaft angesehen werden kann"[144], was eine diplomatische Formulierung für rasch erfolgte Privatisierung und den Verkauf der wichtigsten Betriebe an westeuropäische Konzerne darstellt.

Neoliberaler Input in den letzten Jahren der KP-Ära

Schon lange vor dem Assoziierungsvertrag mit Brüssel setzten die führenden ungarischen Ökonomen auf den wirtschaftlichen Liberalismus als Allheilmittel. Als ideologisch treibender Kopf der Wirtschaftswende zeichnete sich András Inotai vom Institut für Weltwirtschaft aus. Sein radikales Freimarktdenken orientierte sich in der zweiten Hälfte der 1980er Jahre am britischen Thatcherismus. 1986 trat er mit einer Gruppe von Hayek-Schülern an, um das Weltbild des großen neoklassischen Monetaristen ungarische Wirklichkeit werden zu lassen. Inotais Credo von damals: Flexibilisierung des Arbeits- und Kapitalmarktes sowie eine Reform der Außenwirtschaft. Nicht einmal die Zeitspanne eines Fünf-Jahres-Plans dauerte es, bis die Eckpfeiler eines neoliberalen Kapitalismus in die sozioökonomische Landschaft Ungarns geschlagen waren. Schon 1986 wurde mit der so genannten Bankenreform die Monopolstellung der Nationalbank gebrochen[145], womit ein vom Staat unkontrollierter Devisenhandel Platz greifen konnte. Zwei Jahre später erlaubte die Einführung des Körperschaftsgesetzes private Investitions- und Produktionstätigkeit in unbeschränktem Rahmen, ein eigenes Joint Venture-Gesetz, das ausländischen Investoren freien Kapital- und Gewinntransfer garantierte, wurde noch von der kommunistischen MSZMP erlassen.

1988 war auch das Jahr, in dem das immer noch formal kommunistisch regierte Ungarn eine auf die gewünschte kapitalistische Zukunft ausgerichtete Steuerreform vornahm. Mit der Einführung von Mehrwert- und Einkommensteuer, die auch eine Lohnsteuer beinhaltete, gelang der entscheidende wirtschaftspolitische Schritt über den Rubikon. Als Massensteuern dienen beide – bei gleichzeitigem Fehlen einer adäquten Besteuerung von Gewinn und Vermögen – zur Geldabschöpfung aus den privaten Haushalten. Sie stellen, noch dazu in inflationären Zeiten, eine indirekte Enteignung der Besitzlosen dar, finanziert sich doch der Staat unter derartigen steuerlichen Bedingungen zu einem Gutteil über die Geldbörse des kleinen Mannes; wohlgemerkt bei gleichzeitigen Steuererbefreiungen bzw. -erleichterungen für große Investoren.

Letzteren standen mit einem Schlag die Tore der ungarischen Volkswirtschaft weit offen. Mit geradezu messianischem Pathos feierten Wirtschaftswissenschaftler und Politiker die ersten „freien" Investoren[146], der letzte Handelsminister aus der KP-Ära, Tamás Beck, berichtete euphorisch Ende März 1990 auf einer Tagung in Salzburg über die Erfolge der Open-house-Politik: „Die ungarische Regierung hat eine Liste von 50 ungarischen Großunternehmen zusammengestellt und diese an die großen Banken und Handelskammern der westlichen Länder Europas zwecks Fremdbeteiligung geschickt. Wir können bereits die ersten bemerkenswerten Erfolge verbuchen. Ein französisches Unternehmen beteiligte sich an einer bekannten ungarischen Firma für Meßgeräte, eine englische Firma wurde Miteigentümerin einer traditionellen ungarischen Lokomotivfabrik, ein ungarisches Außenhandelsunternehmen ist zu 100 % in die Hände eines amerikanischen Handelshauses übergegangen."[147]

Die vorbehaltlos positive Grundstimmung dem ausländischen Investment gegenüber mag aus heutiger Sicht naiv erscheinen; zu einem guten Teil speiste sie sich noch aus der alten leninistischen Schule, nach der politische Entscheidungen über gesellschaftliche und ökonomische Prozesse möglich (und wünschenswert) waren. Die kommunistische Nomenklatura und die von ihr ausgebildeten Wirtschaftswissenschaftler übersahen weitgehend, dass mit der Herstellung eines liberalen Umfeldes für kapitalistische Akkumulation das politische Primat über wirtschaftliche Vorgänge, mit dem auch die Reformer aufgewachsen waren, der Vergangenheit angehörte. Als dies – sehr spät – erkannt wurde, gab es nur mehr einen Weg, nicht aus den Stellungen der Macht weichen zu müssen: die Übernahme von Besitz oder Besitzanteilen an ehemaligen Staatsbetrieben durch die Funktionäre der Staatspartei. Die ungarische Sprache der Wendezeit erfand für diesen meist mafiös betriebenen Besitztransfer sogar ein eigenes Wort: das Fallschirmspringen. Damit war jenes alle Länder Osteuropas prägende Phänomen gemeint, das in der Epoche der Transformation aus alten Betriebs-, Partei- und Regionalkadern neue Eigentümer von ehemals verstaatlichten Betrieben machte. Freilich landeten nicht alle Fallschirmspringer auf sanftem Boden.

Kapitalkräftige Beobachter der Transformationsszene hatten es dabei noch leichter als Mitglieder der heimischen Nomenklatura. Wie eng die 1989er Wende mit westlichen Kapitalinteressen verzahnt war, wie weit ins Persönliche die Verquickungen von (ungarischer) Politik und (westlicher) Ökonomie gingen, zeigt die Aktionärsliste des ersten auf einer Börse im Westen notierenden ungarischen Unternehmens. In die im September 1989 an die Wiener Börse gehende Handels- und Reisebürofirma Novotrade kauften sich die damaligen US-Botschafter in Budapest und Wien, Mark Palmer und Ronald Lauder, maßgeblich ein. Wozu, dürften sich die beiden gefragt haben, ist man schließlich Botschafter eines Landes, das immerzu die Freiheit verkündet, wenn man sie sich nicht im geeigneten Augenblick zu nehmen weiß? Dass der Antrieb zur konkreten Privatisierung meist von außen kam, bestätigt auch der Ungarn-Experte des „Wiener Instituts für Internationale Wirtschaftsvergleiche" (WIIW), Gábor Hunya. Anlässlich eines Seminars zum Thema EU-Erweiterung meinte er: „Die Projekte kamen alle von außen und haben wenig innere Verankerung."[148] Für die Umsetzung von Vorgaben, die IWF und Weltbank entwickelten, bedurfte es ausländischen Kapitals, Ungarn selbst verpasste schon aus Kapitalmangel die Entstehung einer eigenen besitzenden Bourgeosie.

Anders als z.B. in der Tschechoslowakei entschied sich die ungarische Führung nach 1989 gegen eine Couponprivatisierung, die zumindest theoretisch Teile des volkswirtschaftlichen Vermögens in den Händen der BürgerInnen bzw. ArbeiterInnen belassen hätte. Die nach Vorbild der deutschen „Treuhand"-Anstalt abgewickelte Privatisierung in Ungarn sollte vor allem dazu dienen, Kapital ins Land zu bringen. Es gelang damit freilich nicht, das makroökonomische Hauptproblem des Landes zwischen Donau und Theiß zu lösen: die höchste Pro-Kopf-Verschuldung in Europa.

Ungarn als verlängerte Werkbank der Europäischen Union

Ungarns Aufnahmeritual in die Europäische Union ging eine radikale Umorientierung im Außenhandel voraus. Waren es Mitte der 1980er Jahre noch knapp 60% der Exporte, die die „lustigste Baracke" des Kommunismus mit ihren Brüdern und Schwestern im RGW – auf Transfer-Rubel-Basis – tauschte, so gehen im Jahr 2000 über 75% aller ungarischen Außenhandelsgüter in die Länder der Europäischen Union, woher auch knapp 60% aller Importe kommen.[149] Ein Viertel der Importe nach Ungarn steuert allein Deutschland bei.

Auffällig ist auch der Rückgang landwirtschaftlicher Ausfuhren, insbesondere von verarbeiteten Produkten. Diese sind – verglichen mit 1990 – im Jahr 2000 gänzlich aus dem Exportkorb Ungarns in Richtung Westen verschwunden, was dem restriktiven Protektionismus der Europäischen Union zuzuschreiben ist ... und dem wachsamen Auge des IWF, der darauf achtet, dass keinerlei Exporte als Bartergeschäfte in den Nichtdollarraum, z.B. nach Russland, gehen.

Unmittelbar nach der vollständigen Öffnung des ungarischen Marktes für Westwaren Ende der 1980er Jahre stieg der Anteil der Europäischen Union am ungarischen Außenhandel von 40 auf 60%. Die bis 2000 vollzogene totale Hinwendung zum Westen zog auch eine vollständige Änderung der Außenhandelsstruktur nach sich. Während sich im Jahr 1990 der statistische Exportkuchen noch relativ gleichgewichtet zu je einem Viertel aus Maschinen & Transportausrüstungen, Nahrungsmitteln & lebenden Tieren, chemischen Produkten und verarbeiteten Produkten zusammensetzte, betrafen im Jahr 2000 60% aller Exporte Maschinen und Transportausrüstungen, sprich: Autoteile. Auf der Importseite sieht der Kuchen strukturell gleich aus. Dahinter steckt die zu 100% in ausländischer Hand befindliche Automobil- und Ersatzteilindustrie (Audi, Suzuki etc.), die Ungarn als verlängerte Werkbank für den EU- und US-Markt nutzt: Billige madjarische Arbeiter setzen importierte Maschinenteile zusammen, die anschließend wieder exportiert werden. Der im ausländischen Besitz befindliche Exportsektor organisiert also hauptsächlich die Weiterverarbeitung von Produkten für den Weltmarkt. Dies passiert in so genannten Zollfreigebieten, die im Jahr 2000 45% des gesamten Außenhandels ausmachten.[150] Ausländische Direktinvestitionen in verlängerte Werkbänke sind von der Entrichtung der Körperschaftssteuer befreit, der freie Gewinntransfer ist ihnen garantiert.

Andor/Lóránt beschreiben den Zustand der Volkswirtschaft als „duale Wirtschaftsstruktur", die ungarische Ökonomie ist ihrer Meinung nach in zwei völlig unterschiedliche Segmente geteilt: „Auf der einen Seite steht der Sektor in ausländischem Besitz, der in den meisten Fällen durch Betriebsansiedlungen in den 90er Jahren entstand. Dieser Sektor produziert für den Export, er ist sehr wettbewerbsfähig, technologisch auf sehr hohem Niveau (...) Diese Unternehmen in ausländischem Besitz sind vor allem in Bereichen aktiv, die von Zöllen befreit sind. Der andere Sektor, auf den sehr wohl Zölle entfallen, produziert den Großteil des BIP und beschäftigt eine überwältigende Mehrheit der heimischen Arbeitskräfte. Er befindet sich vollständig oder teilweise in inländischer Hand und ist technologisch weniger fortschrittlich. Die Verflechtungen zwischen diesen beiden Sektoren der ungarischen Wirtschaft sind minimal."[151] Der dynamisch wachsende Exportsektor berührt die inländische Nachfrage so gut wie nicht. Die wenigen Modernisierungsinseln wirtschaften auf Rechnung westeuropäischer, US-amerikanischer oder japanischer Konzerne, während im großen Rest der Ökonomie Wachstum ein Fremdwort bleibt.

Besonders krass kann die Rolle der verlängerten Werkbank bei Ungarns größtem Exporteur nachgezeichnet werden. Die Audi Hungária Motor Ktf., eine Tochter des deutschen VW-Audi-Konzerns, ließ im Jahr 2000 1,6 Millionen Motoren in ihrem Werk in Győr fertigen.[152] Die Vier- und Achtzylindermaschinen gingen allesamt nach Spanien, Deutschland, Belgien, Tschechien, in die Slowakei, nach Portugal, Brasilien, Südafrika und China, wo sie in den entsprechenden Audi-, VW- und Seat-Werken als Herzstücke der unterschiedlichen Fabrikate eingebaut wurden. In Győr selbst hingegen werden der Audi TT Coupé und der Roadster zusammengebaut und ihrerseits in 40 Länder exportiert.

Simultan dazu verläuft die Industriegeschichte des holländischen Philips-Konzerns im postkommunistischen Ungarn: „Wir wollten das zuerst selbst nicht glauben", erinnert sich Produktionsdirektor Herbert Reimitz im *Industriemagazin* euphorisch an das Jahr 1990. „Wir haben gerechnet und gerechnet (...) Plötzlich waren wir (mitten in Europa, HH) wieder mit asiatischen Standorten konkurrenzfähig."[153] Im Jahr 2000 arbeiten bereits 10.000 billige Ungarn an den verlängerten Werkbänken der ungarischen Philips-Weltmarktfabrik. Unter dem neutralen Firmennamen „Flexotronics" werden Komponenten und Bauteile für Fernseher, Videorecorder und Hi-Fi-Anlagen erzeugt, die dann weltweit in die unterschiedlichen Philips-Produkte eingebaut werden. Da die ungarischen Löhne noch unterboten werden können, wurde im Jahr 2001 ein ukrainisches Zuliefererunternehmen für die ungarischen Komponentenfabriken gegründet, das über 1.000 Menschen beschäftigt. Philips-Österreich-Boss Franz Jursa, der die diversen Auslagerungen von Philips nach Osteuropa von Wien aus überwacht, rechnet die „total factory costs" in Bezug auf die Löhne vor: In Österreich betragen sie im Jahr 2001 pro Arbeitsstunde 35 Euro, in Ungarn 8,7 Euro, in der Ukraine 0,9 Euro. Sein Bonmot zum ukrainischen Standort: „Da darf man sich keine sehr flexible Arbeit erwarten. In dem (ukrainischen, HH) Unternehmen geht es sehr militärisch zu. Aber die Qualität ist gut, und lohnintensive Tätigkeit lassen wir jetzt dort machen."[154] Die ungarischen Lohnkosten sind für Philips viermal, die ukrainischen 38-mal billiger als in Österreich.

Der ungarische Außenhandelsüberschuss von 2,3 Mrd. US-Dollar im Jahr 2000 fließt auf diese Weise vollständig in die Taschen der westeuropäischen – insbesondere der deutschen – sowie der japanischen Automobil- und Maschinenkonzerne. Der Anteil des Bruttoinlandsproduktes in ausländischem Besitz beträgt in Ungarn 40%, ausländische Eigentümer lukrieren 66,6% am gesamten im Lande getätigten Umsatz; 75% der nationalen Exporterlöse fließen in die Budgets nicht-ungarischer Konzerne.[155] Somit ist Ungarn *das* osteuropäische Musterbeispiel einer exportorientierten Wirtschaft, die sich in ausländischem Besitz befindet. Sämtliche wichtigen Sektoren der ungarischen Ökonomie weisen im Jahr 2000 mehrheitlich ausländische Eigentümer auf: die Lebensmittel- und Tabakindustrie (zu 64%), die Textilbranche (zu 56%), die chemische Industrie (zu 56%), der Maschinenbau (zu 67%), Post und Telekommunikation (zu 68%), die Banken (zu 58%) usw.

Die Liste der größten Investoren in Ungarn liest sich wie das Who is Who der Weltkonzerne. Geordnet nach der Höhe der Investitionssumme:[156] VW/Audi, IBM, Philips, General Electric, Alcoa, Sony, Strabag Bau, Unilever, Henkel, Siemens, Ericsson, Nestlé, Suzuki, Philip Morris, Metro Dreher, Shell ... Den Bankensektor wiederum haben sich Unternehmen wie die Hypo Vereinsbank, Raiffeisen, die Bayerische Landesbank, GE Capital, Citibank, Erste Bank, Commerzbank, BNP Paris, Deutsche Bank, Credit Lyonnais und – als einzige nicht-westliche Ausnahme – die russische Gazprom-Gruppe geteilt.[157]

Mit welcher Brachialgewalt die internationale Gemeinschaft der westlichen Kapitalakkumulateure darauf geachtet hat, dass im Verlauf der Transformation niemand zum Zuge kam, der unerwünscht war, zeigt das Beispiel der Budapester Hotellerie. Dort hatte gegen Ende der 1990er Jahre die Corinthia Palace Hotel Company an mehreren prominenten Stellen der Innenstadt – unter anderem am Platz des traditionsreichen Berlin Restaurants – investiert und eine Reihe von hochpreisigen Hotels und Restaurants eröffnet. Die US-Botschaft lancierte daraufhin eine Kampagne gegen die Corinthia-Kette, weil sie der Meinung war, hinter der Gesellschaft stecke in Wahrheit ein von maltesischen Managern geführtes libysches Unternehmen. In großer Aufmachung berichteten die lokalen Medien über das Eindringen unerwünschten – weil nicht westeuropäischen/US-amerikanischen – Kapitals in die ungarische Tourismusbranche.[158] Eine eigene durch die US-Botschaft veröffentlichte Note verbot es US-amerikanischen Staatsbürgern, die penibel aufgeführten Restaurants und Hotels der Corinthia-Gruppe zu besuchen. „US-law prohibits American companies, citizens, and LPRs (legal permanent residents) from engaging in commercial transaction with the Henry J Beans restaurant", hieß es beispielsweise am 5. Januar 1999. Die englischsprachige *Budapest Sun* vom 14. Januar 1999 titelte unter der Oberzeile „US Embassy targets 'Libyan backed' restaurant and hotel chain" in Riesenlettern: „Americans told: Don't eat here". Ein Sprecher der US-Botschaft, Edward Kemp, fügte hinzu, dass Zuwiderhandeln mit einer Strafe von bis zu 11.000 US-Dollar[159] geahndet würde, und erinnerte daran, dass schon in der Vergangenheit ähnliche Gesetzesbrüche geahndet worden seien.

Es genügte also nicht bloß, zum richtigen Zeitpunkt Kapital zu haben, um sich an den Möglichkeiten, die die Wende bot, bereichern zu können, sondern es wurde von den USA und westeuropäischen Stellen bis ins kleinste Detail darauf geachtet, dass es das richtige Kapital war, das investierte. Arabisches wollte man, in vielen Fällen mit Erfolg, vom osteuropäischen Markt fern halten.

Krise in der Landwirtschaft

Die einstige Kornkammer der österreichisch-ungarischen Monarchie hat im Jahrzehnt nach der Wende des Jahres 1989 als Agrarproduzent deutlich verloren. Für die großen EU-Agrarfabriken stellt die Puszta kaum mehr eine bedrohliche Konkurrenz dar. Einem Rückgang des gesamten Lebensmittelsektors am Bruttoinlandsprodukt (BIP) von 12,5% im Jahr 1990 auf 8,5% zehn Jahre[160] später entspricht ein Sinken der landwirtschaftlich Beschäftigten um mehr als die Hälfte von 16% (1990) auf 6% (2000)[161]. Zehn Jahre nach der Wende erreicht die landwirtschaftliche Produktion gerade 71% des Niveaus von 1990!

Katastrophale Auswirkungen hat die sinkende landwirtschaftliche Produktion auf die nationalen Versorgungskapazitäten. War Ungarn während des 19. und 20. Jahrhunderts ein Exporteur von Getreide, Milch, Fleisch, Tabak etc., so nimmt in den letzten Jahren der Import von landwirtschaftlichen Erzeugnissen (von 25% auf 44%[162]) stark zu.

Wie in der Industrie leidet Ungarn auch in der Landwirtschaft unter einer dualen Wirtschaftsstruktur. Einerseits haben antikollektivistische Bestimmungen Anfang der 1990er Jahre die großen, ehemals im öffentlichen Besitz befindlichen Kombinate und Genossenschaften zerschlagen, was in vielen Fällen zu einer Zerstückelung des Grundbesitzes geführt hat, auf dem Nachfahren früherer Privatbauern mit primitivsten Mitteln um das Überleben und den Zugang zum regionalen Markt kämpfen. Auf der anderen Seite sind Großbetriebe, die in der kommunistischen Zeit von den so genannten „grünen Baronen" geführt worden waren, an westliche Agrokonzerne verkauft worden, die sich nun die wichtigsten Märkte teilen. Etwa 4.000 exportorientierte Einheiten sind die einzigen im EU-Maßstab konkurrenzfähigen Betriebe. Sie werden großteils von ausländischer Hand über Pächter geführt, die sie von der Staatlichen Privatisierungs- und Holdinggesellschaft (APV) gepachtet haben. Diesem vollständig kapitalisierten Agrarsektor stehen 1,2 Millionen kleinbäuerliche Betriebe gegenüber, die allerdings nur zu knapp 5% als Vollerwerbsunternehmen überleben können.[163] Ihre konkurrenzunfähige Existenz verdanken sie dem ideologisch ausufernden Antikommunismus der frühen 1990er Jahre, der in erster Linie daran interessiert war, die kollektiven landwirtschaftlichen Einheiten zu zerstören – was ihm auch gelungen ist.

Wo Geld in der Landwirtschaft zu verdienen ist, haben sich also längst die großen Firmen aus Westeuropa breit gemacht. Bei Pflanzenöl, Tabak und Bier kletterte der statistische Anteil ausländischer Eigentümer jeweils über die 90%-Marke. Die die ungarische Landwirtschaft und ihre Produktverarbeitung dominierenden Agrarkonzerne tragen klingende Namen wie Unilever (Großbritannien), Nutricia (Niederlande), Cereol (Frankreich), Borsodi (Deutschland), Nestlé (Schweiz), Pick Szeged (Ungarn) und Dreher (Südafrika).[164] Obwohl seit 1994 der direkte Erwerb von Grund und Boden durch Ausländer verboten ist, schätzte die burgenländische Landwirtschaftskammer im Jahr 2001, dass sich 60.000 Hektar Agrarland de facto unter den Pflügen österreichischer Bauern befinden. Die Brüsseler Union ist jedenfalls angetreten, diese gesetzeswidrigen Pacht- und Taschenverträge zu legalisieren. Im Sommer 2001 kam es über ungelöste Eigentumsfragen im westungarischen Komitat Győr-Sopron zu tätlichen Auseinandersetzungen zwischen ungarischen Landarbeitern und österreichischen Bauern[165], nachdem die Regierung Orbán damit gedroht hatte, die gesetzeswidrigen Praktiken der österreichischen Pächter vor den Kadi zu bringen.

Ungarns mehrfach gespaltene Gesellschaft

Die Geschwingkeit der Veränderung ist es, die einer „Transformations"-Gesellschaft wie der ungarischen zu schaffen macht. Und die eine Strukturanalyse erschwert. Halten wir uns das Tempo vor Augen: In den ersten vier Jahren nach der Wende explodierte die Arbeitslosigkeit von absolut gesehen 10.000 auf 600.000 Personen. Die Jahrzehnte davor war dieses Phänomen unbekannt gewesen. In knapp zehn Jahren verloren bei einer Gesamtbevölkerung von 10 Mio. Ungarn 1,5 Mio. ihren Lohnarbeitsplatz. Das sind Dimensionen, die die thatcheristische Wende auf den britischen Inseln um vieles sprengen. Wie verkraftet eine Gesellschaft solche soziale Dramatik?

Zuerst: geduckt, nervös, verunsichert. In Wartehaltung. Die Flucht in die nächste Möglichkeit, ein besseres Auskommen finden zu können, bestimmt den Alltag. Neid über die soziale Sicherheit im Westen ist spürbar. 20% der Ungarn, so die soziologische Erkenntnis, können sich zu den Gewinnern der Wende zählen, 50% leben schlechter als vor zehn Jahren. Der Vizevorsitzende der Sozialistischen Partei (MSZP), Sándor Nagy, nannte dem Autor gegenüber 1999 die Verlierer beim Namen: „Die Unselbständigen haben im Großen und Ganzen verloren, die Rentner auf jeden Fall und die 400.000 LPG-Arbeiter aus der Landwirtschaft."

Regional verteilt, kommt das gesellschaftliche Elend in noch schieferer Schräglage daher. Der von westlichen Weltmarktfabriken indizierte wirtschaftliche Aufschwung beschränkt sich ausschließlich auf Westungarn. Transdanubien wartet vergeblich auf Kompensation für die geschlossenen Staatsbetriebe; im als „Region der 1.000 armen Dörfer" titulierten ungarischen Osten versickern die raren Mittel, die via „Phare"-Programmen vergeblich Ausgleich schaffen sollen. Dementsprechend ist in Budapest die Arbeitslosigkeit minimal, während sie in den Komitaten Borsod-Abaúj und Szabolcs-Szatmár bei 30 bis 50% liegt.

In Fach- und Richtungsgewerkschaften zerstoben ist auch die ehemals starke Gewerkschaftsbewegung. Neben der in kommunistischen Zeiten einzigen und offiziellen Vertretung von Arbeiterinteressen, der MSZOP, haben sich im Lauf der 1990er Jahre eine „Liga unabhängiger Gewerkschafter", ein „Gewerkschaftliches Kooperationsforum", ein „Bund autonomer Gewerkschaften" sowie Arbeiterräte neu formiert. Gemeinsam ist ihnen – getrennt, wie sie auftreten – die gesellschaftliche Ohnmacht. Unfreiwillig zynisch formuliert diesen Zustand eine Studie der Friedrich Ebert-Stiftung: „Der Pluralismus (...) ist offensichtlich integrativer Bestandteil der ungarischen Sozialstruktur."[166] Eine klassische Arbeiterbewegung existiert angesichts solcher Bedingungen freilich nicht mehr. Denn während ein Teil der Werktätigen zäh am Aufstieg in die neu zu schaffende Mittelschicht arbeitet, verfallen andere in soziale Apathie. An der Lohnhöhe lässt sich diese Spaltung nachmessen. So verdienen qualifizierte Industriearbeiter bei Suzuki, Audi oder Opel um ein gutes Drittel mehr, als ungarische Unternehmen ihren Facharbeitern bezahlen können. Der staatlich festgesetzte Minimallohn, zu dem etwa Textilarbeiterinnen in der Bekleidungsindustrie tätig sind, beträgt im Jahr 2002 magere 180 Euro monatlich, nachdem er von der konservativ-nationalen Regierung Orbán nahezu verdoppelt worden war.

So zersprengt die ehemalige proletarische Einheitsklasse ist, so uneinheitlich zeigt sich auch die frisch ins Leben gerufene Bourgeoisie. Sie zerfällt in drei gänzlich gegensätzliche Strömungen. Da sind zum einen die früheren Manager aus der KP-Nomenklatura, die sich in der neuen Zeit hohe Verwaltungsposten und teilweise auch beträchtliche Besitzstände sichern konnten. Zweitens die neureichen Ungarn mit ihren schnell verdienten Millionen. Ihr Auftreten ist aggressiv und konfliktgeladen, ihre Position letztlich prekär, weil der zum Aufstieg vollbrachte Diebstahl zu offensichtlich in ihren Gesichtern und auf ihren Konten geschrieben steht. Und drittens die Klasse der westlichen Kapital- und Interessenverwalter, die zwar ökonomisch das Sagen haben, gesellschaftlich jedoch nicht integriert sind und oft gemieden werden. Zwischen Mafiotisierung und Kolonisierung hat sich bislang noch keine endgültige unheilige Allianz gebildet, obwohl Ansätze dazu – der Natur der kapitalistischen Wirtschaftslogik nach – vorhanden sind.

„Wer in zehn Jahren aus einer Million Forint 100 Millionen (420.000 Euro) gemacht hat, kann das reel zustande gebracht haben", meinte MSZP-Mann Sándor Nagy 1999, „wer allerdings in wenigen Wochen 1 Mrd. Forint (2,4 Mio. Euro) macht, der ist unglaubwürdig." Doch der Sozialist fand tröstende Worte für darob Empörte: „In der dritten Generation fragt keiner mehr nach, woher das Geld gekommen ist. Das war im Westen genauso."

Auf eine gänzlich andere Art erklärt Ferenc Köszegi, Chefredakteur der größten ungarischen Boulevardzeitung *Mai Map*, die Struktur der postkommunistischen ungarischen Gesellschaft. Für ihn existiert nur ein wesentlicher Bruch, nämlich der zwischen der sich etabliert habenden schmalen Elite und dem Volk. „Wenige tausend Menschen führen hier die politischen, wirtschaftlichen und kulturellen

Geschäfte", erklärt er. Sie kennen einander, obwohl ihre Herkünfte recht unterschiedlich sind: christlich-national, jüdisch, liberal und ex-kommunistisch. Die rhythmischen Regierungswechsel sind dieser kulturellen Vielfalt geschuldet.

Bankrottes Sozialsystem

Mit dem Zusammenbruch der unzureichenden, in weiten Teilen korrupten Wohlfahrtspolitik der kommunistischen Ära bleibt den Ungarn die Erkenntnis der rüdesten Form des Kapitalismus, wonach jeder seines Glückes Schmied sei. Renten- und Gesundheitssysteme haben die Transformation jedenfalls nicht überlebt.

Die staatssozialistische Sozialpolitik gründete auf drei Säulen:[167] dem Arbeitszwang bzw. dem „Recht auf Arbeit", einem sozialen Netz im engeren, oft betrieblichen Sinn und einer staatlichen Subventionierung wichtiger Lebensbereiche. Der ungarische Staatshaushalt verwandte zu Beginn der 1980er Jahre 15-17% seines Budgets darauf, Konsumgüter preislich zu stützen.[168] Zu den besonders hoch subventionierten Gütern gehörten Energie (Brennstoffe), der öffentliche Verkehr, Wohnen und Gesundheitswesen sowie diverse kommunale Dienstleistungen und Grundnahrungsmittel wie Milch, Brot etc. Preislich von Staats wegen belastet waren demgegenüber Kosmetika und andere Luxusartikel.

Bereits unmittelbar nach der Machtübernahme 1946 führten Ungarns Kommunisten ein System der zentralisierten Regulierung von Verbraucherpreisen ein, das sich zur Aufgabe gestellt hatte, Armut via Preispolitik zu bekämpfen.[169] Obwohl auch nach 45 Jahren staatssozialistischer Wohlstandspolitik das Phänomen Armut aus der ungarischen Gesellschaft nicht verschwunden war, sank der als arm zu bezeichnende Anteil der Bevölkerung kontinuierlich. Während zu Zeiten der Habsburgermonarchie 50-80% der Ungarn sozialstatistisch als arm galten und sich dieser Wert auch unter der rechten Regierung Horthy nicht verbesserte, ging die Armutsrate 1960 auf 30-40% und bis 1980 auf 10-30% zurück.[170]

Die Wende des Jahres 1989 ließ dann alle drei Säulen des staatssozialistischen Wohlfahrtsmodells mit einem Schlag zusammenbrechen, ohne dass an ihre Stelle umfassende Alternativen getreten wären. In kürzester Zeit verloren 1,5 Millionen Menschen – der Logik des kapitalistischen Arbeitsmarktes folgend – ihr „Recht auf Arbeit". Mit der Privatisierung bzw. Schließung von Staatsunternehmen waren auch betriebliche Sozialleistungen obsolet geworden. Und das Aus für die Subventionierung von Verbraucherpreisen bildete die Voraussetzung für weitere Kredite von Weltbank und Währungsfonds. Seit Mitte der 1990er Jahre existierte kaum ein Lebensbereich mehr, der staatlich unterstützt wäre.

Hastig ins Leben gerufene sozialpolitische Alternativen wie die Arbeitslosenunterstützung scheiterten an den rapide steigenden Leistungsanforderungen und mussten sehr bald zurückgestutzt werden. Die von Brüssel als Vorbedingung für den EU-Beitritt aufgezwungene Sparpolitik ließ kein Geld für soziale Belange. Der beispielsweise seit 1972 bestehende Anspruch auf eine kostenlose medizinische Versorgung, wie schlecht und korrupt diese auch gewesen sein mag, verliert mit der Kapitalisierung auch des Gesundheitswesens rasant an Bedeutung. Desgleichen diverse Ansprüche, etwa jene auf Arbeitslosen- oder Karenzgeld, deren Bezugsdauer zwar beibehalten wurde, während ihre Höhe jedoch ohne adäquate Inflationsabgeltung bestehen blieb. Das bewirkte eine radikale Entwertung der Leistungen im vergangenen Jahrzehnt.

Besonders drastisch hat sich der Einzug des Neoliberalismus in eine seit Jahrzehnten kommunistisch betriebene Gesellschaft auf das Rentensystem ausgewirkt. Durch die Privatisierung und Schließung von Staatsbetrieben im Anschluss an den Zusammenbruch des RGW-Marktes verloren Hunderttausende ihren Arbeitsplatz. Ein großer Teil dieser älteren Transformationsverlierer wurde über spezielle Programme in die Frührente geschickt. Dies führte in wenigen Jahren zu einem extremen Anstieg des so genannten „Rentnerquotienten", jener Zahl, die im Fachjargon das Verhältnis von Beitragszahlenden und Beitragsempfängern (Rentnern) wiedergibt: Während in Ungarn 1989 dieser Quotient 51% betrug, machte er 1996 – nach Abschluss der Privatisierungen – sagenhafte 84% (!) aus.[171] Diese ins Rentenwesen „versteckte" Arbeitslosigkeit führte zum Kollaps des staatlichen Umlageverfahrens und zur Einführung eines gemischten, teilweise privatisierten Systems von Alterssicherung, das am 1. Januar 1998 in Kraft trat. Dieselbe im Juli 1997 verabschiedete Renten„reform" – unter dem Eindruck chilenischer und argentinischer Vorbilder – erhöhte das Pensionsalter, verschärfte den Zugang zu Früh- und Invalidenrenten und beseitigte diverse Sonderrechte von Berufsgruppen.

Die Privatisierung der Rentenversicherung, für deren Umsetzung sich Parlamentarier in Buenos Aires und Santiago de Chile mehrfach Tipps holten, entzieht dem staatlichen Umlageverfahren, das auf dem Solidarpakt der Generationen beruht, jenes Kapital, das es bräuchte, um die Ansprüche der alten Generation befriedigen zu können. Weil ein zunehmend beträchtlicher Anteil der Beiträge in die privaten, von ausländischem Kapital dominierten Rentenfonds fließt, fehlt dem Staat das Geld für diejenigen, die in kommunistischen Zeiten ihr Brot verdient haben. Die notwendige Ideologie zur Rechtfertigung dieses Zustandes wird mit der schmalen Schicht der neuen privaten Beitragszahler leicht zu verbreiten sein: Jeder ist seines Glückes Schmied.

Kleine ungarische Großmachtpolitik: Das Statusgesetz

„Olee, olee, olee, visa Schengen nu mai e!", skandierten Bukarester Jugendliche auf ihren feuchtfröhlichen Umzügen durch die Silvesternacht des 31. Dezember 2001 und feierten ihren verspäteten Mauerfall, dessen Symbol nun nicht mehr die DM, sondern der Euro darstellt: „Juchee, das Schengenvisum gibt es nicht mehr!" Seit dem 1. Januar 2002 dürfen RumänInnen visafrei ins gelobte Europa reisen; einzige Vorbedingung: mindestens 500 Euro Ausreisegeld in der Tasche, vielleicht noch ein Bakschisch für die kontrollierenden rumänischen und ungarischen Zöllner.

Die zeitliche Abstimmung dieser von der Regierung Adrian Nastase stolz als Erfolg präsentierten Visafreiheit mit dem Inkrafttreten des ungarischen Statusgesetzes ist kein Zufall. Beides zusammen ergibt eine perfekt gestaffelte geopolitische Hierarchie östlich der EU-Außengrenze und gleichzeitig den Brüsseler Kommissaren eine Reihe von Möglichkeiten, im ungarisch-rumänischen Kräftespiel die Fäden zu ziehen.

Als im Mai 2001 die national-konservative Budapester Regierung Orbán, unterstützt von der postkommunistischen sozialdemokratischen Opposition, den Entwurf eines „Vergünstigungsgesetzes für Ungarn im Ausland" – so der offizielle Name des Statusgesetzes – einer breiteren Öffentlichkeit vorstellte, hagelte es Proteste aus Bukarest, Bratislava und Beograd. Seit im Vertrag von Trianon 1920 Teile Großungarns unter den habsburgischen Nachfolgestaaten Rumänien (Transsilvanien und Banat), Jugoslawien (Vojvodina), Slowakei und Ukraine (die alten nördlichen Komitate) sowie Österreich (Burgenland) aufgeteilt wurden, ist der Revanchismus zu einer immer wiederkehrenden Konstante der ungarischen Politik geworden. Zur Zeit des Horthy-Regimes und nach 1989 nahm er jeweils konkrete Gestalt an, und auch während der kommunistischen Epoche trübten großungarische Reminiszenzen das Verhältnis v.a. zwischen Budapest und Bukarest.

Der erste postkommunistische Ministerpräsident, József Antall, drängte sich mit seinem legendären Ausspruch von der Zuständigkeit seines Amtes für 15 Mio. Ungarn in die nationalen Geschichtsbücher. Freilich leben nur 10,5 Mio. Menschen innerhalb der aktuellen Staatsgrenzen. Die Schätzungen über das madjarische Minderheitenpotenzial in den Nachbarländern gehen auseinander, Rumänien mit ca. 1,6 Mio. ungarischstämmigen Bürgern stellt den größten Anteil der Auslandsungarn, gefolgt von der Slowakei (ca. 600.000), Jugoslawien (ca. 350.000), der Ukraine (ca. 160.000) und Österreich (ca. 10.000).

Das Statusgesetz entspringt dem Geist des ius sanguinis, sein germanisches Vorbild ist vor allem in Rumänien greifbar, wo im vergangenen Jahrzehnt der Bonner Staatssekretär Horst Waffenschmidt deutsche Innenpolitik auf osteuropäischem Territorium probte. In Transsilvanien und dem Banat gelang nach 1989/1991 von der hiesigen Öffentlichkeit weitgehend unbemerkt eine einmalige „Rückholaktion" von ca. 500.000 Volksdeutschen, so genannten „Siebenbürger Sachsen" und „Schwaben".

Auslöser für den Beschluss des Budapester Parlaments, den madjarischen Blutsbrüdern und -schwestern in den Nachbarstaaten allerlei Vergünstigungen angedeihen zu lassen, war der ersehnte Beitritt Ungarns zur Europäischen Union. Obwohl eine gleichzeitige Teilnahme am Schengen-Regime keineswegs automatisch gegeben sein muss, wollte Premierminister Viktor Orbán seinen „Landsleuten" in Transsilvanien, der Vojvodina und der südlichen Slowakei goldene Brücken in den Westen bauen. Interessanterweise war nicht daran gedacht, das Statusgesetz auf die in Österreich lebende ungarische Minderheit auszudehnen; Brüssel hatte sofort sein Veto dagegen eingebracht, dürfen doch Bürgern der Union Vorteile nicht nach ethnischen Gesichtspunkten gewährt werden.

Als inhaltliche Schwerpunkte des 29 Paragraphen umfassenden Statusgesetzes waren die Gleichstellung der madjarischen Minderheiten in Rumänien, Jugoslawien und der Slowakei mit ungarischen Staatsbürgern im Bildungs- und Kulturbereich – also die Benutzung von Schulen, Universitäten in Ungarn u. dgl. –, bei der medizinischen Versorgung sowie ein erleichterter Zugang zum Arbeitsmarkt geplant. Noch im Mai 2001 lehnte Rumäniens Staatspräsident Ion Iliescu den ungarischen Gesetzesentwurf rundweg ab und bezeichnete ihn als „Untergrabung der Autorität des rumänischen Staates"; sein Ministerpräsident Adrian Nastase bündelte die Empörung in einer noch härteren Charakterisierung: „krypto-revisionistisch".

Dann kam Otto Schily, Deutschlands Innenminister, die geniale Idee der Koppelung des ungarischen Nationalismus mit der sozialen Indizierung rumänischer Reisefreiheiten. Die von Budapest provozierte Ethnisierung der Politik rief die in solchen Konflikten mittlerweile geübte Europäische Union auf den Plan. Eine rasch unter EU-Patronanz gegründete „Kommission von Venedig" anerkannte prinzipiell die ethnischen Grundsätze des ungarischen Statusgesetzes, wollte sie allerdings – vorderhand – auf die Ebenen von Kultur und Bildung begrenzt wissen. Otto Schily packte die Chance beim Schopf und bot Rumäniens sozialdemokratischer Regierung Erleichterung auf einem scheinbar ganz anderen Politikfeld an: im Visa-Verkehr mit EU-Europa. Gegen den Widerstand aus Österreich und Griechenland machte Innenminister Otto Schily aus der territorialen Grenze zwischen EU-Festung und Rand-Europa eine soziale. Seit dem 1. Januar 2002 dürfen RumänInnen visafrei ins Schengenland ihrer Träume, wenn sie mindestens 500 Euro im Portemonnaie oder eine gültige Kreditkarte vorweisen können. Deutsche Grenzschutzbeamte greifen ihren rumänischen Kollegen bei der Durchführung der neuen Ausreisebestimmung unter die Arme. Bei einem Durchschnittslohn von 100 Euro im Monat kann die Inanspruchnahme dieser Freiheit sozial nur äußerst dosiert erfolgen, 90% der rumänischen Bevölkerung können sich eine solche Reisefreiheit nicht leisten. Otto Schilys Schachzug war meisterhaft, die soziale Indikation einer grenzüberschreitenden Mobilität könnte für das Schengen-Regime zukunftsweisend sein.

Vor dem Hintergrund der selektiven EU-Visafreiheit für Rumänen akzeptierte Bukarest am 22. Dezember 2001 das ungarische Statusgesetz, nachdem Budapest davon Abstand genommen hatte, auch seinen Arbeitsmarkt nach ausschließlich ethnischen Kriterien zu öffnen. Rumänische Privatisierungsgewinner und Intellektuelle feierten zum Jahreswechsel ihren ganz persönlichen Anschluss an Europa, während kurz zuvor in den Straßen von Bukarest Zigtausende Gewerkschafter für einen monatlichen Mindestlohn von 100 Euro und eine erweiterte Fleischmarkenausgabe demonstriert hatten.

Der ungarisch-rumänische Handschlag kurz vor Weihnachten 2001 irritierte die Administrationen in Belgrad und Bratislava, wo man davon ausgegangen war, gemeinsam Front gegen die ethnische Intervention aus Budapest zu machen. Während der stellvertretende jugoslawische Vizepremier Belgrads Proteste gegen das Statusgesetz relativierte, bekräftigte der slowakische Ministerpräsident Mikuláš Dzurindá – auch Ende 2002 nochmals – seine Absicht, die Verteilung der „Ungarnausweise" in seinem Land behindern zu wollen.

Schengen-Schily konnte zufrieden sein. Sein Junktim einer sozial indizierten Visafreiheit für Rumänen mit dem ungarischen Statusgesetz hält den Druck Brüssels und Berlins auf Bukarest aufrecht und nimmt gleichzeitig Budapests großungarische Politik unter deutsch-europäische Fittiche. Während Schily in Sachen Schengen-Visa gegenüber der rumänischen Seite den „good guy" spielte, gab sein österreichischer Amtskollege, ÖVP-Innenminister Ernst Strasser, den bösen Buben. Anlässlich eines Arbeitsbesuches in Bukarest warnte Strasser am 9. Januar 2002 die rumänische Seite, Brüssel werde sich die Effizienz der sozialen Grenzziehung genau ansehen und beim ersten Anzeichen einer Massenmigration Einspruch erheben. Gegenüber den moldawischen Nachbarn im Osten hatte Nastase bereits zuvor reagiert und verstärkte Kontrollen eingeleitet, was zu einem massiven Rückgang der Grenzübertritte geführt hat. Die Sicherung der rumänischen Westgrenze richtete sich gegen die Unter-500-Euro-Bürger. Zudem erklärten Werbespots im rumänischen TV den Reisewilligen, wie man sich im Westen zu verhalten habe.

In Ungarn regte sich bald Protest gegen das modifizierte Statusgesetz; der den Arbeitsmarkt betreffende Kompromiss mit Bukarest gefiel weder den Sozialdemokraten noch den Rechtsradikalen, implizierte er doch theoretisch, dass jeder rumänische Staatsbürger für drei Monate im Jahr in Ungarn Arbeit annehmen hätte können. Ministerpräsident Viktor Orbán beruhigte die Gemüter zum Jahreswechsel 2002 mit der Zusicherung, das „breite Feld administrativer Maßnahmen" zu nützen, um einen Zustrom rumänischer Arbeiter zu verhindern. Die Ausgabe der „Ungarnausweise" in Transsilvanien, auf denen die alten ungarischen Ortsbezeichnungen neu aufleben, wurde in den ersten Monaten des Jahres 2002 abgeschlossen.

Polen: Geschockt in den Kapitalismus

Wrocław/Breslau. Von der größten Stadt Schlesiens sind die rauchenden Schlote und tief reichenden Grubenschächte des oberschlesischen Industriereviers weit entfernt. Die Stadtverwaltung versucht der südpolnischen Metropole ein westeuropäisches Gepräge zu verleihen. Die löchrig gewordene Autobahn Richtung Deutschland erinnert im Jahr 2001 an die Vergänglichkeit von Hitlers monströsen Verkehrsprojekten, und dennoch: Sie stellt die Grundlage der geplanten Anbindung an das frühere Mutterland dar; Brüssel plant ihre Instandsetzung und Verlängerung bis Krakau und weiter nach Osten.

Das Zentrum Breslaus verstrahlt geistige Ruhe. Auf der Dominsel steht die Zeit still, die Arme der Oder haben um Schlesiens katholisch-klerikales Zentrum einen Sicherheitskordon gelegt, den auch die kommunistischen Jahrzehnte nicht zu sprengen gewagt hatten. Draußen, in der sozio-ökonomischen Wirklichkeit, profiliert sich die Stadt als Handelsplatz. In den südlichen Vororten nimmt die Warenwelt verrückte Formen an. Schnell und billig aufgebaute Konsumwüsten wachsen aus dem Boden, auf dem eben noch Traktoren die Felder pflügten. Bunt bemalter Beton nach US-amerikanischem Vorbild dominiert. Riesige Parkplätze, ausgreifende Ab- und Auffahrten zu ebenerdigen Hallen benötigen Platz. Der Name „Euro-Cash", der an einem der Supereinkaufsmärkte prangt, erinnert daran, dass man sich nicht irgendwo im mittleren Westen Amerikas, sondern im Süden Breslaus, einer Stadt in Europa, befindet. Zwischen den offensichtlich ohne jeden Bebauungsplan errichteten Einkaufstempeln wuchten riesige, auf stählernen Füßen montierte Reklametafeln in die Höhe. Zehn mal dreißig Meter große, des abends von Scheinwerfern bestrahlte Kaufaufrufe stellen noch post festum jede sozialistische Parole in den Schatten, die je von einer Fabrikswand zu Arbeitsfleiß oder Parteiliebe aufrief.

Direkt an der südlichen Einfahrtstraße hat McDonalds seinen Drive-in-Betrieb aufgenommen. Unmittelbar gegenüber gammelt noch ein Restbestand der Epoche des Kiosk-Kapitalismus vor sich hin. Die Bar „Max" mit ihren unvermeidlichen Plastikstühlen und -tischen wirkt vor den kastenartigen Quadern aus Beton, in denen Tag und Nacht der Złoty rollt, anachronistisch. So mickrig waren sie also, die damals, am Ende der Kommunezeit, selig gesprochenen 1990er Jahre. Heute zieht sich eine gigantomanisch anmutende Supermarktarchitektur wie eine Schlinge immer enger um die Stadt. „Daewoo Serwis 24 h", klotzt ein weiterer Betonblock in der Landschaft. Hier visualisiert sich die kulturelle Armut des neuen Polen; die Diskussion über die soziale Armut droht im Überangebot an für viele unerschwinglich teuren Waren unterzugehen. Mehr noch: Die Stadtverwaltung der „Ethos"-Parteien – also die Post-Solidarność-Koalition – ist stolz auf die wuchernden Einkaufstempel, lässt weitere Handelshäuser ins Umland von Wrocław kommen und bemüht sich für das Jahr 2010 um die Organisation der Expo-Weltausstellung.[172]

Kernland der EU-Erweiterung

Mit Polens EU-Beitritt wird seine historische Westverschiebung perfekt gemacht. Ohne die Aufnahme Polens in die westeuropäische Wirtschaftsgemeinschaft wäre – auch das mit geschichtlichem Hintergedanken – die Osterweiterung der Europäischen Union gescheitert. Denn wo immer sich Polen im 20. Jahrhundert befunden hat – heute stellt es den flächenmäßig größten und bevölkerungsmäßig stärksten Staat im Reigen der Erweiterungskandidaten dar, weshalb im Vertrag von Nizza 2001 auch geregelt worden ist, dass das Stimmgewicht seiner zukünftigen Abgeordneten im EU-Rat jenem Spaniens gleichen soll.

Fast 39 Mio. Polinnen und Polen leben auf 312.680 Quadratkilometern. Die Quantität alleine bestimmt das relative Gewicht des Landes in einer erweiterten Union, wenngleich dieses Gewicht mehr geopolitisch als wirtschaftlich zu fassen sein wird. Darüber gibt bereits der einfache ökonomische Indikator des durchschnittlichen Bruttolohnes Auskunft, wonach ein Pole im Jahr 2000 im Schnitt fünf- bis sechsmal weniger verdient als ein Deutscher. Durch die frühzeitige Aufnahme Polens in die NATO (1999) wurde seiner geopolitischen Wichtigkeit Rechnung getragen. Die Teilnahme Polens am wirtschaftlichen Integrationsprojekt EU-Europas wird die zwei grundsätzlichen Wirtschaftsprobleme indes nicht lösen können: die kleinsträumige landwirtschaftliche Struktur und die Verwaltung der oberschlesischen Industrieruinen. Beide zeigen in Richtung der selben sozialen Katastrophe: einer extremen, strukturellen Arbeitslosigkeit. Ein Phänomen übrigens, das die polnischen Ebenen seit 200 Jahren zum Arbeitskräftelieferanten halb Westeuropas und von Teilen Nordamerikas gemacht hat.

Der Schock

Im August 1989 schrieb der kurz darauf als Premierminister installierte Tadeusz Mazowiecki in der Wochenzeitschrift *Tygodnik Solidarność*, es sei nicht ratsam, dass die Solidarność-Opposition, die im Juni alle bis auf einen zur Wahl ausgeschriebenen Senatssitze gewonnen hatte, Regierungsverantwortung übernehme. Zu unübersichtlich war dem aus einer katholischen Traditionsfamilie stammenden Mazowiecki die Hinterlassenschaft der Kommunisten, Solidarność konnte dazu – wie er meinte – keine ausgearbeitete Wirtschaftsprogrammatik als Alternative anbieten.[173] Zwei Wochen später war derselbe Mann als Premierminister designiert und Leszek Balcerowicz wurde sein Stellvertreter.

Wirtschaftsprogramm zur Lösung der seit Mitte der 1970er Jahre auf Talfahrt befindlichen Ökonomie gab es keines. Also übernahm die neue polnische Elite das Chicagoer Modell, wie es bislang nur in Chile und Bolivien ausprobiert worden war. „Weit mehr als der erwähnte Druck der USA, des IWF und der Europäischen Gemeinschaft muß man dabei eine Abhängigkeit der polnischen Oppositionseliten von dem Zeitgeist registrieren, der zu dieser Zeit im Westen herrschte"[174], stellt Modzelewski fest. In den 1980er Jahren triumphierte der Neokonservativismus, Milton Friedmans Monetarismus obsiegte über die Keynes'sche Formel einer nachfrageorientierten Budget- und Finanzpolitik. Die Ratlosigkeit der frisch in die politische Verantwortung gerutschten Ex-Oppositionellen provozierte die Monetaristen aus Washington geradezu.

Polen kam den internationalen Finanzorganisationen Weltbank und insbesondere dem IWF[175] als Versuchskaninchen in Sachen Monetarismus gerade recht. Als Faustpfand für die geplante Schocktherapie diente die Auslandsschuld, die im Jahr 1989 bereits 45 Mrd. US-Dollar[176] betrug. Im Zuge der Anbindung Polens an die wirtschaftlichen Bedürfnisse westeuropäischer und US-amerikanischer Banken und Industriekonzerne stieg die Auslandsschuld des Landes an der Weichsel auf 72 Mrd. US-Dollar im Jahr 2001, mit steigender Tendenz für die kommenden Jahre.[177] Polen ist – nach fast 15 Jahren Transformation – mehr denn je von den großen Gläubigerkonsortien in Washington, Paris und London abhängig.

Die Schocktherapie funktionierte planmäßig. Eine 600%ige Inflation, zusätzlich angeheizt durch die staatlich verordnete Erhöhung der Energiepreise zu Beginn des Prozesses, vernichtete die Spareinlagen der Polinnen und Polen. Die Deregulierung sämtlicher Preise mit einem Schlag am 1. Januar 1990 steigerte die Teuerungswelle zur Hyperinflation. Gleichzeitig strich die neue Regierung das komplizierte System der staatlichen Subventionen auf fast null zusammen. 1988 verwendete der Staat noch 42% seines Budgets für Preisstützungen und Zuschüsse, eineinhalb Jahre später waren es nur noch 14%[178], ab 1. Januar 1990 galten freie Preise.

Eine kurz darauf einsetzende restriktive Geldpolitik zur „Eindämmung" der großteils selbst inszenierten Inflation verringerte zwar das Haushaltsdefizit abrupt, bedeutete jedoch den gewollten Tod großer Teile der Wirtschaft, für die nun auch eine hausgemachte Kreditfalle zuschnappte. Die Industrieproduktion ging zwischen 1988 und 1992 um fast die Hälfte zurück. Ein Lohnfreeze für Angestellte staatlicher Betriebe führte zu einem Reallohnverlust von knapp 25%.[179] Diese „popiwek" (Lohnwachstumssteuer) genannte Strafsteuer war eine der Besonderheiten des polnischen Weges. Sie garantierte, dass staatliche Betriebe ihren Mitarbeitern Löhne weit unter der Inflation bezahlen mussten, während private Unternehmen an keine Restriktion in der Lohnpolitik gebunden waren. Neoliberalismus erwies sich – wie so oft – als extreme staatliche Intervention zur Umverteilung volkswirtschaftlichen Eigentums. Die Sozialstatistik hat den wirtschaftlichen Schock in soziale Zahlen gefasst: 1995 mussten 49% der Polinnen und Polen als arm bezeichnet werden, zehn Jahre zuvor waren es nur 23% gewesen.[180]

Geleitet wurde die IWF-indizierte Schocktherapie vom Wunsch nach Schuldenstreichung. Es waren die das ganze Jahr 1990 bis in den März 1991 hinein geführten Umschuldungsverhandlungen mit den internationalen Finanzorganisationen, die die Regierung Mazowiecki mit ihrem Finanzminister Balcerowicz zu Musterschülertaten antrieben. Am Ende des Tauziehens um neue Stand-by-Kredite, Hilfen und Umschuldungen war Polens Auslandsschuld – großteils nur für kurze Zeit – je nach Gläubiger um 10-70% entlastet.[181] Tatsächlich konnte damit die Solidarność als einzige neue politische Kraft in Osteuropa den – allerdings zweifelhaften – Erfolg verbuchen, einen teilweisen Schuldenerlass eingeräumt erhalten zu haben. Der Zweck der Übung lag auch damals schon auf der Hand. Zum einen demonstrierten die internationalen Gläubigerkonsortien – auch der Pariser Club – Dankbarkeit mit der Solidarność, die als erste Bewegung in Osteuropa eine kommunistische Regierung in die politische Wüste geschickt hatte. Zum anderen jedoch machte der teilweise Schuldenerlass das Land überhaupt erst wieder zahlungsfähig. Mitten in einer tief greifenden Krise, wie sie Polen 1989/90 erlebte, hätte ein Beharren von IWF, Weltbank, Pariser und Londoner Club auf den Kreditvereinbarungen schlichtweg zur Zahlungsunfähigkeit des Landes geführt. Solche Kalamitäten kannten die internationalen Banker bereits aus Lateinamerika in den 1980er Jahren. Also erließen sie der neuen katholisch-liberalen Regierung einen Teil der Auslandsschulden und konnten sich damit sowohl beliebt machen, indem ihnen nun Dankbarkeit gebührte, als auch das Land über die Finanz- und Budgetpolitik an der kurzen Leine westlicher Interessen halten. Dass dies geradezu formidabel geklappt hat, zeigt der Schuldenstand im Jahr 2002 – er hat sich um zwei Drittel auf 72 Mrd. US-Dollar erhöht.

Funktioniert hat diese Politik im Inneren hauptsächlich aus zwei Gründen: dem putschartigen Vorgehen des Kreises um Leszek Balcerowicz und der Rückendeckung, den die Schocktherapie durch die Führung der Solidarność genoss. Der marktradikale Durchbruch, wie er durch die Schocktherapie beabsichtigt war und auch gelungen ist, war wesentlich das Projekt einer Reformelite, die ökonomisch staatsstreichartig agierte.[182] Sie setzte sich über die am runden Tisch erzielten Vereinbarungen hinweg und schaffte es, jenseits der politischen Kräfteverhältnisse einen Mann an die Spitze der Wirtschafts- und Finanzpolitik zu setzen, der als Außenseiter galt: Leszek Balcerowicz.

Der 1947 in Lipno geborene Absolvent der Warschauer Hochschule für Planung und Statistik machte 1974 seinen MBA an der New Yorker St. John's University. 1989 scheiterte er mit einer kleinen Gruppe Liberaler in den ersten halbfreien Wahlen zum polnischen Sejm. Gemeinsam mit Tadeusz Syryjcsky und Aleksander Paszynski formte Balcerowicz in der Folge eine ultraliberale Zelle innerhalb der Ministerriege von Mazowiecki, der ihm von Anfang an wohl gesonnen war. Eher sozial ausgerichtete personelle Alternativen aus den Reihen der Solidarność selbst wie z.b. der Ökonom Ryszard Bugaj erhielten keine Chance im Angesicht der bevorstehenden Verhandlungen mit den internationalen Gläubigern.

Federführend auf westlicher Seite war Jeffrey Sachs, ein Harvard-Ökonom und IWF-Berater, der sich 1985 bei der neoliberalen Trendwende in Bolivien einen Namen gemacht hatte. Sofort nach der staatlichen Anerkennung der Solidarność brach Sachs noch im Frühjahr 1989 nach Warschau auf, um seine Beratertätigkeit in Sachen monetaristische Wende aufzunehmen. Die Reisekosten für seinen ersten Trip nach Polen steuerte übrigens die Osteuropa-Stiftung des ungarischen Mega-Spekulanten George Soros bei.[183] „... in the summer of 1989, many of their arguments (gemeint sind die Argumente von Sachs und seinem Mitstreiter David Lipton, HH) were more important politically, particularly within the Solidarity Parliament Club than those of Beksiak and Balcerowicz"[184], skizzieren Johnson und Kowalska die Bedeutung der externen Ezzes-Geber für die Durchsetzung der Schocktherapie.

Anstatt des ungeübten parlamentarischen Weges befleißigte sich der ultraliberale Block in der Regierung Mazowiecki übrigens einer eigens installierten Sonderkommission, welche die für die radikale Umformung von Wirtschaft und Gesellschaft notwendigen Gesetzeswerke absegnete. Die Mehrheit der Solidarność-Abgeordneten war von den entscheidenden wirtschaftspolitischen Vorgängen im Lande gar nicht in Kenntnis gesetzt worden.

Die ausgetrickste Arbeiterbewegung

Entscheidend für die Durchsetzung der Schocktherapie, die nach vollbrachter Tat einer großen Umverteilungsmaschine von erspartem Arbeitervermögen und bäuerlichem Besitzstand in Richtung ausländische Investoren und Bankensektor gleicht, war die Akzeptanz dieses Weges durch die Solidarność. Die von der katholischen Kirche unterstützte Arbeiterbewegung, die sich 1980 mit ihrem legendären Danziger Werftarbeiterstreik als gesellschaftliche Kraft etabliert hatte, verstand sich von Anfang an als politische Speerspitze gegen den in weiten Teilen des polnischen Volkes verhassten Kommunismus.

Dem Autor selbst sind Gespräche zu Zeiten der Friedensbewegung 1982 in Wien in Erinnerung, an denen Vertreter der zwischenzeitlich durch das Kriegsrecht verbotenen Solidarność teilnahmen und vehement ein Eingreifen der NATO gegen die Regierung von General Wojciech Jaruzelski forderten. Die Hoffnung auf einen aus dem Westen kommenden Erlöser, sei es auch in Form von US-Airforce-Kampfflugzeugen, stieß bei den deutschen und österreichischen Friedensbewegten auf Unverständnis, die polnischen Delegierten der Solidarność konnten sich Frieden nur mit NATO-Krieg vorstellen.

So wenig Solidarność eine Friedensbewegung war, so bemüht war die Führung um Lech Wałęsa auch, den gewerkschaftlichen Charakter der Organisation in dem Moment klein zu reden, als es um eine postkommunistische Zukunft Polens ging. „Wir werden nicht an Europa andocken, wenn wir hier in Polen eine starke Gewerkschaftsbewegung bauen"[185], meinte der in den westlichen bürgerlichen Medien aus verständlichen Gründen gehätschelte Gewerkschaftsführer. Die Spitze der Solidarność verstand die Bewegung immer als vornehmlich antikommunistisch; 1980 bis 1989 stand der Kampf gegen die Kommune und gegen die Militärregierung im Zentrum, ab 1989 das Bemühen um die Kapitalisierung der Wirtschaftsstrukturen.

Solidarność wurde somit zum bedeutendsten Legitimationsfaktor für die Schocktherapie, die am Anfang der Wende stand. Jacek Kuroń, Arbeitsminister unter Mazowiecki und seiner Biographie nach der „Joschka Fischer" Polens, definierte die Funktion der Arbeiterbewegung in der Transformation der 1990er Jahre wie folgt: „Unsere Stärke bestand darin, dass uns gerade jene unterstützten, die die ersten Verlierer der Marktwirtschaft waren"[186], erklärte er sich und der Welt, warum Polen durch das viel zitierte „Tal der Tränen" ging, ohne dass es zu den Arbeiterunruhen 1980/81 vergleichbaren Aufständen gekommen wäre.

Arbeitskräftereservoir für den Westen

Polens Arbeiter waren unter dem Einfluss der Solidarność, die in besten Zeiten 2,5 Millionen Mitglieder zählte, unfähig, ihre ureigensten Interessen im Auge zu behalten. Geblendet von der antikommunistischen Ideologie schien ihnen alles unterstützenswert, was unter dieser Flagge segelte: auch der zur Wendezeit auf einem Popularitätshoch befindliche Neoliberalismus. Unbewegt standen die in der Kommune-Zeit kampferprobten Gewerkschafter, als ihre Realeinkommen im Zuge des Balcerowicz-Plans von 1990 auf 1991 um 24,5% schrumpften, bewegungslos ebenfalls, als die Arbeitslosigkeit in Richtung 15%-Marke und höher kletterte, als die Jugendarbeitslosigkeit im Jahr 2000 auf sagenhafte 34% hochschnellte[187], als die neuen ausländischen Investoren befristete Arbeitsverhältnisse und Gewerkschaftsverbot in ihren Handelsbetrieben und Produktionshallen durchsetzten, als ihre in Kommune-Zeiten gegen die Regierung erkämpften Rechte wie die Selbstverwaltungsgremien der neuen Zeit – schreib: den Unternehmerinteressen – zum Opfer fielen.

Polens Arbeiter sehen sich im Jahr 2002 wieder dort, wo sie seit 200 Jahren ihre Mission erfüllt haben: als (post)industrielle Reservearmee deutscher, französischer und US-amerikanischer Unternehmen, deren Kostendruck sie per Wanderarbeit bzw. Immigration bewältigen helfen oder im Land unter deregulierten Arbeitsbedingungen nachgeben. Die Lohnunterschiede zwischen dem „goldenen Westen" und den Ebenen an der Weichsel sind über die vergangenen 100 Jahre nahezu gleich geblieben. In den drei Jahrzehnten vor dem Ersten Weltkrieg wanderten aus Kongresspolen etwa 750.000 Menschen nach Übersee und 400.000 nach Deutschland, aus den preußischen Provinzen gingen in derselben Zeit 600.000 nach Übersee und 650.000 nach Deutschland und aus dem österreichischen Galizien waren es ca. 1 Million Menschen, die vor 1914 Richtung Westen zogen. An die 3,5 Millionen Emigranten[188] verließen in jenen Jahrzehnten vor dem großen Völkerschlachten ihre Heimat, um in Ontario Wald zu roden, im Ruhrpott oder in Calais nach Kohle zu graben, an den Schlachtbänken in Chicago Fleisch zu schneiden oder in Sachsen bei der Ernte zu helfen.

Auch nach dem Ersten Weltkrieg, im neu auferstandenen Polen, ergaben sich viele LandbewohnerInnen ihrem Schicksal als industrielle Reserve für ferne Weltgegenden. Über 1 Million wanderten zwischen 1920 und 1936 „za chlebem" – für das Brot – in die Fremde. Die Nationalsozialisten betrieben den Import polnischer Arbeitskräfte industriell. Eine eigene Behörde unter dem Generalbevollmächtigten Fritz Sauckel jagte Millionen von Menschen im Osten Europas, um die durch den Wehrmachtseinsatz freigewordenen 8 bis 10 Millionen Arbeitsplätze im Deutschen Reich mit Zwangsarbeitern aufzufüllen. Über 3 Millionen dieser Arbeitssklaven wurden in den polnischen Gebieten gefangen und an Rhein, Main, Ruhr und Donau zwangsverschleppt.[189]

Schon während der Kommunezeit setzten sich Millionen von Polen nach Deutschland, Amerika und Australien ab, zwei Millionen von ihnen besitzen nach Auskunft von Jochen Welt, dem Beauftragten der deutschen Bundesregierung für Aussiedlerfragen im Berliner Innenministerium[190], heute die doppelte Staatsbürgerschaft. Nach dem Fall des Eisernen Vorhanges steigerte sich der Arbeitskräftestrom Richtung Westen erneut. Eigens in Berlin verabschiedete Gesetze zur Anwerbung von Computer- und Telekommunikationsfachleuten veranlassten Tausende bestens qualifizierte Angestellte dazu, der Chance in der Ferne nachzulaufen ... ein kaum jemals gutzumachender Aderlass gut ausgebildeter Menschen hat damit bereits vor dem Beitritt Polens zur Europäischen Union dem Arbeitsmarkt im Lande seine besten Kräfte entzogen. Seiner historischen Rolle als Arbeitskräftelieferant für den Westen wird das Land an der Weichsel wohl auch nach seiner selektiven Integration in das Brüsseler Regime nachkommen.

Verlorenes politisches Primat

Eine konsequente, in Etappen ablaufende Privatisierung trug neben der Budget- und Geldpolitik zu einer völligen Änderung der Eigentumsverhältnisse im Land, aber auch zu einem wirtschaftlichen Strukturwechsel bei. Politik und Politiker reagierten dabei nur auf die von den Zwängen des Weltmarktes diktierten kapitalistischen Gesetzmäßigkeiten. Diese äußerten sich v.a. in Form von Krediten, die bedient werden wollten, einerseits sowie expansionshungrigen westeuropäischen und US-amerikanischen Investoren andererseits. Die politischen Verwalter vor Ort waren für den Wandel kaum von Bedeutung, sieht man davon ab, dass in entscheidenden Positionen kontinuierlich Personen wie Leszek Balcerowicz saßen, die keiner bedeutenden gesellschaftlichen Kraft verpflichtet waren.

Die Ohnmacht der Politik war im polnischen Transformationsprozess sichtbarer als in manch anderem osteuropäischen Land. Allein zwischen 1989 und 1993, also während der für die wirtschaftliche Umorientierung mit ihren einschneidenden Maßnahmen wichtigsten Epoche, verbrauchte Polen fünf Regierungen mit ebenso vielen Ministerpräsidenten. Ihre Namen (Mazowiecki, Bielecki, Olszewsi, Pawlak und Suchocka) sind großteils – zu Recht – in Vergessenheit geraten. Die Machtkämpfe innerhalb der Solidarność, der diese fünf Figuren angehörten bzw. nahe standen, waren verzweifelter Ausdruck der Erkenntnis, auch in den entscheidenden Positionen an den so genannten Schalthebeln des Staates kaum etwas bewirken zu können. Diese Erfahrung gewannen später auch die postkommunistischen Parteiführer der SLD (Bündnis der demokratischen Linken), die – in Koalition mit der Bauernpartei PSL – 1993 in die gut gepolsterten Regierungsstühle gewählt wurden. Vier Jahre später mussten sie eine bittere Niederlage hinnehmen, der rechtskonservative Solidarność-Block mit der AWS (Wahlbündnis für Solidarność) an der Spitze landete einen deutlichen Wahlsieg. Schon bei nächster Gelegenheit, 2001, verschwand die angeblich mächtige Regierungspartei AWS in der politischen Bedeutungslosigkeit. Als Einzelgruppe verfehlte sie gar die 5%-Hürde. Die 2001 wieder gewählte SLD mit dem ehemaligen Politbüro-Mitglied der PVAP (Polnische Vereinigte Arbeiterpartei) Leszek Miller an der Spitze gerierte sich als neoliberal gestylte Sozialdemokratie, immer darum bemüht, bei den Gläubigern und Investoren im Westen nicht in ein kommunistisches Eck gedrängt zu werden. „Unsere Sozialdemokraten wollen dem westlichen Kapital alle Türen und Tore öffnen"[191], müssen sich also als zuversichtlich und berechenbar bewähren"[191], schreibt dazu einer der wenigen kritischen polnischen Journalisten, Julian Bartosz.

Die polnischen WählerInnen haben die Ohnmacht der Politik vor den weltwirtschaftlichen Zwängen längst erkannt. Wahlbeteiligungen liegen üblicherweise um die 50%-Marke oder darunter. An den polenweit stattfindenden Lokalwahlen im Oktober 2002 beteiligten sich nur mehr 36% des Wahlvolkes.[192]

Verkaufsgedränge

Ein Kernstück der Transformation bildete der Verkauf staatlichen Eigentums an – mangels heimischen Kapitals – ausländische Investoren. In Polen verlief dieser Prozess chaotisch, die rasch wechselnden Regierungen zwischen 1989 und 1993 entwickelten allerlei Programme, wobei so manch kurzfristig in hohe Staatsämter gerückter Politfunktionär – verständlicherweise – dabei nicht auf die Zukunft seiner Familie vergaß. Dass eilige, unter Zeitdruck stehende Privatisierungen strukturell problematisch sind, braucht an dieser Stelle nicht ausgeführt zu werden. Korruption und Diebstahl bilden notwendige Begleiterscheinungen der Wende in ganz Osteuropa. Auch in Polen wurden sie zum Teil von Sensationsjournalisten aufgedeckt, üblicherweise just in dem Moment, in dem das jeweilige „Medienopfer", das sich unkorrekt bereichert hatte, aus anderen Gründen politisch in Ungnade gefallen war. Schmutzwäsche dieser Art fielen in Polen ganze Wälder zum Opfer, eine Reihe von Zeitschriften und Magazinen machte mit der Unehrenhaftigkeit von Politikern hohe Auflagen. Weniger Aufmerksamkeit erregten die niedrigen Summen, die rasch Privatisiertes dem Staatsbudget brachte. Die Kernstücke der polnischen Wirtschaft wurden weit unter Wert verschleudert. Einerseits deshalb, weil die Ruckartigkeit der unterschiedlichen, oft nur kurze Zeit gültigen Privatisierungsprogramme einen Überblick über staatlich zu Erlösendes vermissen ließ; andererseits auch wegen eines strukturellen gesellschaftlichen Mankos, das den Verkauf von Staatseigentum vor der Etablierung einer heimischen Bourgeosie durchsetzte. Niemand im Land wusste um den Wert der Unternehmen.

Gleichzeitig mit dem ersten großen Privatisierungsgesetz im Juli 1990 entzog der Staat seinen Unternehmen von einem Monat auf den anderen jede finanzielle Unterstützung.[193] Ein solches Signal konnte nur bedeuten: Notverkauf! Nach britischem thatcheristischem Vorbild suchte man so genannte strategische Investoren. Nur wenige fanden sich. Also probierte es die Regierung – nach slowenischem Vorbild – mit einem System des Management-Buy-out und machte führenden Betriebsfunktionären ein Eigentumsangebot. Als auch damit kein durchschlagender Erfolg zu vermelden war, wurde im Jahr 1993 ein „Pakt für staatliche Unternehmen" sowie ein Massenprivatisierungsprogramm beschlossen. Der Staat gründete Investitionsfonds, die die an möglichst alle Polen zu verteilenden Partizipationsscheine am Volkseigentum verwalten sollten. De facto blieben jene Unternehmen, für die sich kein großer ausländischer Investor entscheiden konnte, jedoch in staatlicher Hand. Hybrides Staatseigentum nannten dies die neoliberalen, IWF-instruierten Ökonomen.

Die endgültige Privatisierung gelang erst 1997. Die damalige Solidarność-Regierung entwickelte einen Plan zum Verkauf wichtiger Kombinate im Stahl- und Metallsektor und bot die Banken, die Telekommunikation sowie die Fluglinie LOT zur Veräußerung an. 35% der Arbeitsplätze wurden so innerhalb von drei Jahren entstaatlicht.[194] Gelungen ist dies hauptsächlich deshalb, weil die entscheidenden Stellen in Warschau bis zuletzt darauf bedacht waren, Investoren mit billigen staatlichen Vorleistungen im Energiebereich den Einstieg schmackhaft zu machen. Die polnische Privatiserung war letztlich, wie es heißt, „in der Kohle verankert".

Reformpolitik „in der Kohle verankert"

Von Anfang an hat der erste postkommunistische Finanzminister und eigentliche Feldherr der polnischen Wendepolitik, Leszek Balcerowicz, versucht, einen Teil seiner Budgetsanierung „in der Kohle zu verankern".[195] Mit Hilfe einer staatlich verfügten Preispolitik für Kohle gelang es ihm zudem, die Inflation zu dämpfen. Der Finanzminister dekretierte Kohlepreise, die weit unterhalb der effektiven Förderkosten lagen. Eine Tonne Steinkohle musste laut dem staatlichen Preisdiktat Anfang der 1990er Jahre um 11 (anstatt der notwendigen 17) Złoty an die Elektrizitätswirtschaft verkauft werden. Da beide Bereiche – Kohle und Energie – sich in Staatsbesitz befanden, war der Kohle-Energie-Kontrakt des Finanzministers möglich. Balcerowicz nützte also einerseits die so verbilligte Energie, um Betriebe zu sanieren, die anschließend privatisiert wurden. Andererseits brachte er mit dem staatlich verordneten Preisdiktat für Kohle eine dämpfende Wirkung auf die Inflation zustande. Das wiederum trug ihm kurioserweise den Ruf eines liberalen Marktwirtschaftlers ein, obwohl sein Erfolg für jedermann sichtbar auf einem rigorosen staatlichen Eingriff in die wichtigste Ressource der Industriegesellschaft – die Energie – beruhte. Nur der Eingriff in den Bergwerkssektor war in der Lage, auf diesem Niveau inflationshemmend zu wirken; keine andere Branche hat eine solche Bedeutung für Polens Budget und somit auch seine Währungspolitik.

Die Bergwerksunternehmen wussten währenddessen nicht, wie sie mit dem niedrigen Kohlepreis, der ja vom Eigentümer, dem Staat, bewusst herabgesetzt worden war, die Kosten der Kohleförderung decken sollten. Um Lieferanten zu befriedigen, mussten die Gruben Kredite aufnehmen. Gemeindesteuern und die staatliche Sozialversicherung ZUS blieben unbedient. Das wiederum hatte zur Folge, dass die Kommunen des oberschlesischen Kohlereviers tief in die roten Zahlen rutschten. Der polnische Staat erließ daraufhin den Gruben die kommunalen Schulden sowie die Schulden bei der Sozialversicherung, was zwar den Kohleabbau sicherte, Gemeinden und Versicherungen jedoch in die Krise schlittern ließ. 1994 folgte ein weiterer Kohlekontrakt, der wiederum ein Preisdiktat beinhaltete. Der staatlich dekretierte Preis für Steinkohle lag damit 20% unter den Förderkosten. Nutznießer war in erster Linie die Energiewirtschaft. Sie hat sich auf dem Rücken der Kohle saniert, modernisiert und damit für ausländische Investoren attraktiv machen können.

Mit einer weiteren vom grünen Tisch in Warschau geplanten Kostenverschiebung unterstützte der ultraliberale Balcerowicz die Staatsbahnen PKP. Wiederum zuungunsten der Kohle wurde staatlicherseits verordnet, dass die Transportkosten der Steinkohle an die Ostseeküste vom Produzenten getragen werden mussten. Die umgerechnet 12 US-Dollar pro Tonne gingen zu Lasten der Staatsgruben.

Die im Weltmaßstab unrentable oberschlesische Kohleförderung war offensichtlich von Anfang an nicht für Privatisierungen vorgesehen. Deshalb haben die Nachwenderegierungen – und insbesondere der liberale Kern dieser Epoche, die „Freiheitsunion" Balcerowicz' – keinen Wert darauf gelegt, die Gruben rasch zu entstaatlichen. Diese wurden vielmehr dazu genutzt, um innerhalb des Staatshaushaltes Kostenverschiebungen im Dienste jener Betriebe zu tätigen, die für Privatisierungen geeignet schienen oder aus Gründen der Infrastruktur erhalten bleiben mussten. Vor diesem Hintergrund darf es nicht verwundern, dass die wirtschaftspolitische Debatte im Land kuriose Wendungen genommen hat. Denn während Balcerowicz mit seinem liberalen Image heftig und ausgiebig Staatseingriffe tätigte, warfen die radikalen Bergarbeitergewerkschaften ihm und seinen Regierungen vor, marktwirtschaftliche Preise bei der Kohle zu verhindern. Daniel Podrzycki, der junge Vorsitzende der Kattowitzer „Sierpień 80", der mutmaßlich mächtigsten und kompromisslosesten Kumpelorganisation im Revier, plädierte im Gespräch mit dem Autor für den freien Markt. Von diesem erhoffte er sich im Jahr 1999 Kohlepreise, die ein Überleben der Gruben und mit ihnen der Bergarbeiter garantieren hätten sollen. Warschau indes hatte es mit der Entstaatlichung der Gruben nicht eilig.

Stattdessen werden seit Beginn der Transformation Gruben geschlossen und Kumpel entlassen. Über 250.000 waren es bis Redaktionsschluss dieses Buches, dennoch fahren in mehr als der Hälfte der ehemals 67 Kohlegruben die Arbeiter noch in die Schächte. Oberschlesien wird auch nach dem Beitritt Polens zur Europäischen Union ein soziales Minenfeld bleiben, gelten doch die Kumpelorganisationen im Revier als extrem radikalisiert, seit bei der polizeilichen Erstürmung der „Wujek"-Grube am 13. Dezember 1981 neun Bergarbeiter im Kugelhagel starben. Auch Ende November 2002 demonstrierten wieder Zehntausende Kumpel in Katowice und Warschau gegen einen weiteren Stellenabbau im Ausmaß von 50.000 Arbeitern.[196]

Ausverkauf

Im Jahr 2002 entfielen 72% des Bruttoinlandsproduktes auf die Privatwirtschaft, gab der polnische Privatisierungsminister Wiesław Kaczmarek kurz vor den ultimativen Aufnahmegesprächen mit der EU den Journalisten zu Protokoll.[197] Die fettesten Brocken in den lukrativsten Branchen haben sich westliche Multis, allen voran deutsche, US-amerikanische und französische, gesichert. Bis Ende 2000 wurden 17,3% aller ausländischen Direktinvestitionen von französischen, 16,1% von US-amerikanischen, 12,9% von deutschen und 7,5% von italienischen Firmen getätigt.[198] Die mehrheitlich unter ausländischen Einfluss geratenen Branchen sind Nahrungsmittelindustrie und -handel, der Metall- und Maschinenbausektor, das Bankenwesen, die Medien und die Telekommunikation sowie die Versicherungswirtschaft. Am Beispiel der Pkw-Herstellung sowie ihrer Zuliefererbetriebe wird das Ausmaß der Fremdbestimmung polnischer Wirtschaft deutlich. Die Automobilproduktion an der Weichsel wird von zwei international agierenden Riesen kontrolliert: General Motors (Opel) und Fiat; der Daewoo-Konzern in Warschau schlitterte in die Krise und musste seine Pforten schließen.[199] Während die beiden Letzteren heimische Produktionsstätten aufkauften, klotzte Opel nahe dem oberschlesischen Gliwice/Gleiwitz ein riesiges Werk in die Wiese. Wie auch in Ungarn werken billige Arbeitskräfte in Polen für den Weltmarkt der Pkw-Hersteller.

Angelockt wurden viele ausländische Investoren durch staatlich garantierte Steuererleichterungen und sonstige Begünstigungen. In so genannten Sonderzonen lassen multinationale Konzerne an verlängerten Werkbänken großteils für den Export produzieren. Mit Unternehmen wie Fiat wurden langfristige Verträge abgeschlossen, die z.B. einen 10-jährigen staatlichen Verzicht auf die Entrichtung der Körperschaftssteuer und die Befreiung von Importzöllen beinhalten. Das Argument dafür: Die Unternehmen leisten eine Veredelung in einer Produktionskette, bei der die Vorprodukte oft aus dem Ausland kommen und die Endprodukte auch wiederum dorthin gehen. Heimische Unternehmer oder kleinere ausländische Investoren können von solchen Privilegien freilich nur träumen, sie sind im „freien Spiel der Marktkräfte" benachteiligt.

Arbeitsintensive Produktion in Branchen wie Möbel, Textil und Bekleidung funktioniert nach demselben Muster in so genannten freien, also von Steuern befreiten Produktionszonen. In der Rangliste der zehn wichtigsten Lohnveredelungsökonomien für EU-Europa nimmt Polen ab Mitte der 1990er Jahre vor Rumänien und Ungarn den ersten Platz ein.[200]

Die Anfang der 1990er Jahre überall im Lande errichteten „freien Produktionszonen" erwiesen sich allerdings bei den Aufnahmegesprächen Polens in die Brüsseler Union als problematisch. Denn nun beharrte die EU-Kommission darauf, dass solche Praxis wettbewerbsverzerrend sei. Eine Abschaffung der Steuer- und Zollprivilegien geht jedoch zu Lasten des polnischen Staates, der gegenüber den privaten Konzernen Garantieerklärungen abgegeben hat. Auch Österreichs Steuerzahler wurden nach dem EU-Beitritt der Alpen- und Donaurepublik zur Kasse gebeten, um vor dem Beitrittsjahr 1995 gewährte Steuervergünstigungen gegenüber General Motors und Ford auszugleichen.

Im Bankensektor dauerte die Übernahme durch ausländische Konzerne etwas länger, nachdem die sozialdemokratische Regierung nach ihrem ersten Wahlsieg 1993 versucht hatte, zwei Holdings unter die Fittiche der beiden größten Banken des Landes zu bringen. Dem Druck des IWF musste Warschau allerdings kurz darauf nachgeben und die Gründung der Staatsbank-Holding zurücknehmen.[201] Nach 1997 ging dann alles Schlag auf Schlag. Die US-amerikanische City Bank übernahm die Bank Handlowy, die Deutsche Bank kaufte sich in die Danziger BIG Bank ein, die Bayerische Hypo- und Vereinsbank übernahm die BPH; und die größte polnische Bank, die PEKAO, wurde von der italienischen UniCredito geschluckt.[202] Im Jahr 2001 befanden sich knapp 70% des Bankenkapitals in Polen in deutschen, US-amerikanischen und italienischen Händen.[203] Die EU-Kommission konnte zufrieden sein und brachte ihre Zufriedenheit auch zum Ausdruck: „Das fortgeschrittene Stadium der Privatisierung des Bankensektors", hieß es in einer Belobigung im Jahr 2000, „ist eine der größten Stärken (der polnischen Wirtschaft, HH)."[204]

Neuorientierung des Außenhandels

Fast drei Viertel aller polnischen Exporte und Importe gingen im Jahr 2000 in die Europäische Union.[205] Den Löwenanteil mit 35% der Exporte und 24% der Importe machten dabei deutsche Waren aus. Exakt zum Jahr der Wende 1989 hatte Deutschland die Sowjetunion als größten Handelspartner Polens abgelöst, zehn Jahre später rangierte Russland nur mehr an neunter Stelle in der Außenhandelsstatistik.

Mit der vollständigen Westorientierung Polens änderte sich freilich auch die Struktur des Außenhandels. Waren bis zur Wende verarbeitete, kapitalintensive Güter in den RGW-Raum und Rohstoffe sowie Halbfabrikate in den Westen gegangen, so ist heute die Wirtschaftsbeziehung zu Russland weitgehend inexistent, während der Export in die Europäische Union von arbeitsintensiven Produkten dominiert wird. Branchen wie Textil und Bekleidung, Leder und Möbel benötigen einen vergleichsweise hohen Arbeitseinsatz, der in Polen billig zu haben ist. Maschinen und Ausrüstungsgüter, die früher für den RGW-Raum produziert wurden, werden heute nicht mehr hergestellt. Der Wertschöpfungsgrad in der polnischen Wirtschaft hat sich mit der Westorientierung erheblich verringert, industrielle Forschungs- und Entwicklungsabteilungen sind verschwunden. Im Rahmen einer EU-weiten Arbeitsteilung hat sich das Land an der Weichsel vornehmlich als Hersteller lohnintensiver Waren sowie als verlängerte Werkbank für Komponentenbau in einigen Sektoren positioniert. Hinzu kommt, dass diese an Westmärkten orientierten Produktionsketten sich mehrheitlich in ausländischem Eigentum befinden, was die Abhängigkeit der polnischen Wirtschaft erhöht. Nicht nur, dass Krisen und Konjunkturen ferner Märkte das Wohl der (Export-)Wirtschaft bestimmen – zur peripheren Position des Landes in der intereuropäischen Arbeitsteilung kommt noch hinzu, dass Entscheidungen über neue Investitionen, Aufbau oder Verlagerung von Produktionsstätten nicht in Polen, sondern in westeuropäischen oder US-amerikanischen Konzernzentralen getroffen werden.

Die einzige Branche, die – bislang – einer eigenen, hausgemachten Logik folgt, ist die Landwirtschaft. Und diese gilt als das große Hindernis für Polens Entwicklung.

Geplantes Bauernsterben

Knapp 30% der Polinnen und Polen lebten im Jahr 1989 von den agrarischen Produkten, die sie auf heimischem Boden gepflanzt oder gezogen hatten. Für 2002 weist die Statistik einen landwirtschaftlichen Bevölkerungsanteil an den Beschäftigten von 27% auf, wobei Schätzungen der Europäischen Union davon ausgehen, dass 18% ausschließlich von ihren bäuerlichen Einkünften leben. Der polnische Bauer bewirtschaftet durchschnittlich 5 bis 7 Hektar Land.

Nachdem Preisliberalisierungen und radikale Marktöffnung seit dem 1. Januar 1990 den polnischen Landwirtschaftsbetrieben billige Konkurrenz aus Westeuropa beschert haben, das seinerseits hoch subventionierte Agarexportpolitik betreibt, nimmt die Verzweiflung unter den Bauern zu. Französische Milch sowie deutsche und holländische Schweinehälften überschwemmten in den 1990er Jahren den Markt und wurden teilweise zu Preisen endverkauft, die unter den Gestehungskosten vergleichbarer heimischer Produkte lagen.

Gleichzeitig fanden sich die kleinräumig wirtschaftenden polnischen Bauern in der Kreditfalle wieder, nachdem in den Jahren 1988/89 billig aufgenommene Kredite nach der Geldverknappungspolitik des Balcerowicz-Planes plötzlich teuer geworden waren.

Der bäuerliche Privatbetrieb, von dem etwa 4 bis 8 Millionen Menschen leben, befindet sich im Visier der EU-Kommission. Unterstützungen, wie sie französische, spanische, deutsche oder österreichische Bauern aus Brüssel seit Jahren erhalten, wird es für die Peripherie EU-Europas nicht geben. Weil aber weiterhin die in westeuropäischen Großbetrieben erzielten agrarischen Überschüsse auf die Ostmärkte drängen, besteht für die polnischen Bauern keine Überlebenschance. Die kommunistische Kollektivierung[206] haben die polnischen Landwirte überlebt, an der kapitalistischen Konkurrenz, die freilich einem Subventionsplan aus Brüssel folgt, werden sie scheitern. Schon deshalb, weil ihre Produktivität durchschnittlich nur ein Zehntel (!) der westeuropäischen beträgt. Denn während in Polen ca. 25

Personen zur Erwirtschaftung von Agrarprodukten im Wert von 100.000 Euro notwendig sind, braucht es dafür beispielsweise in Dänemark oder den Niederlanden nur zwei Bauern.[207] Dieser extreme Unterschied schlägt sich auch in den Bodenpreisen nieder, die in Polen acht- bis 15-mal niedriger liegen als z.b. in Deutschland.[208] Der Ausverkauf von Grund und Boden an international agierende Agrarmultis hat folgerichtig längst begonnen. Neben wenigen parastaatlichen Holdings, die aus den landwirtschaftlichen Staatsbetrieben hervorgegangen sind, kaufen sich ausländische Investoren – über Strohmänner und Pachtverträge[209] – regelrechte Latifundien zusammen. Schon sind erste private landwirtschaftliche Betriebe mit einer Größenordnung jenseits der 1.000-Hektar-Marke entstanden. Diese „kommerziellen Farmen" beliefern Lebensmittelriesen wie Unilever, United Biscuits, Nestlé oder Danone. Der französische Multi arbeitet in Polen mit einem Netz von Milchproduzenten zusammen. Die großen westlichen Nahrungsmittelkonzerne teilen den polnischen Nahrungsmittelmarkt unter sich auf.

Wie sich die Agrokonzerne die Zukunft der polnischen Landwirtschaft vorstellen, ist in der Wirtschaftszeitschrift *Business Central Europe* nachzulesen: „Kommerzielle Farmer", schreibt die Zeitschrift im Februar 1999, „können nur erfolgreich bestehen, wenn die Bauern ausgelöscht werden."[210] Die Vernichtung der kleinen Bauern ist damit zur Zielvorgabe der Agrarmultis geworden. Die politischen Fürsprecher für diesen programmierten Exodus sitzen in Brüssel. Den EU-Beamten ist die Fragestellung durchaus bewusst: „Wir sprechen über die Auslöschung einer wichtigen sozialen Schicht in einem wichtigen europäischen Land"[211], wird etwa ein Brüsseler Experte in der erwähnten Zeitschrift *Business Central Europe* zitiert. 2 Millionen Bauern werden im kommenden Jahrzehnt von ihrer Scholle vertrieben werden, so die Berechnungen der Brüsseler Verwalter.[212]

Widerstand gegen diese im neoliberalen Transformationsdiskurs scheinbar unvermeidliche Ausrottung der Bauern findet statt, wenngleich er von den westeuropäischen Medien konsequent verschwiegen wird. Schon 1991 gründete sich die radikale Bauerngewerkschaft „Samoobrona" (Selbstverteidigung). Seither vergeht kaum ein Monat, in dem nicht weiträumig organisierte Straßenblockaden der Bauern den Verkehr in Polen lahm legen. Immer wieder kommt es zu regelrechten Schlachten mit der Polizei.

Anfangs waren es direkte Aktionen gegen die Gerichtsvollzieher, die sehr viele Zwangsversteigerungen von Höfen durchführten, weil die Bauern die billig aufgenommenen Kredite nach einer Zinserhöhung nicht mehr bezahlen konnten. Hungerstreiks vor dem Landwirtschaftsministerium, Besetzungen von lokalen und nationalen Symbolen der Staatsmacht, Traktor-Sternfahrten und Blockaden zählten zu den ersten Aktionsformen von „Samoobrona".

Die Forderungen der aufgebrachten Bauern sind seit über zehn Jahren dieselben geblieben: Stopp dem Billigimport von EU-subventionierten Nahrungsmitteln, die die Preise für einheimische Produkte kaputt machen. Im Sommer 1999 blockierten Tausende Landwirte die Grenzübergänge zwischen Polen und Deutschland, um damit mehr als symbolhaft gegen die ruinösen Importe zu protestieren. Ihre Führer Andrzej Lepper und Roman Wierzbicki wurden ein Jahr später wegen illegaler Demonstrationen zu dreimonatigen Haftstrafen verurteilt.[213] Ein radikaler Aktivist der „Bauern-Solidarność", Stanislaw Zagorna, ging mit seiner Gruppe im selben Jahr gegen billige Getreideimporte vor und verschüttete Weizenladungen an Eisenbahnknotenpunkten der polnisch-tschechischen Grenzstationen, über die EU-Agarimporte ins Land kommen. Wegen dieser Blockade sollte er eineinhalb Jahre hinter Gitter. Er wurde zwar nach drei Monaten wieder frei gelassen, fand sich aber kurz darauf erneut wegen einer anderen Blockade vor einem Richter wieder.

Wegen der Organisation eines Hungermarsches der Bauern, im Zuge dessen in der Ortschaft Bartoszyce im Sommer 2000 ein harter Polizeieinsatz viele Verletzte forderte, mussten sich weitere Bauernführer vor Gericht verantworten. Die polnische Justiz geht mit aller Schärfe gegen jene Bauern vor, die sich – aus existenzieller Not heraus – zum Widerstand entschlossen haben.

Die legendäre Führungsfigur im nationalen Bauernkrieg ist der 50-jährige Andrzej Lepper. Die liberalen Medien im Westen wie in Polen denunzieren ihn als xenophob und anitsemitisch. Tatsächlich wehrt sich Lepper mit seinen Mitstreitern konsequent gegen die Vernichtung der bäuerlichen Klasse in Polen. Im Wahlkampf 2001 forderte er mit seiner „Samoobrona", die übrigens über 10% der Stimmen erhielt, eine Revision der „diebischen Privatisierung" sowie ein garantiertes Mindesteinkommen für alle Polinnen und Polen in der Höhe von damals 210 DM/ 105 Euro. Seinen Kampf gegen Zwangsversteigerungen von Bauernhöfen und Billigimporte von landwirtschaftlichen Produkten aus dem EU-Raum führt er mit anti-deutschen Untertönen, was eingedenk der polnischen Geschichte (und Gegenwart) schwerlich mit der Kurzformel vom „ausländerfeindlichen Politiker" vom Tisch zu wischen ist. Berühmt sind Leppers Aussprüche, wenn er z.B. seinen polnischen Landsleuten zuruft: „Nicht die Juden sind gefährlich für Polen, sondern die Deutschen!" oder: „Was Bismarck und Hitler sich mit Gewalt nicht holen konnten, das streift sich jetzt Schröder mit Samthandschuhen ein." Mehrmals schon ist Lepper wegen Blockaden und Widerstand gegen die Staatsgewalt zu Haftstrafen verurteilt worden, seiner Popularität tut dies keinen Abbruch. Auch nicht, als er im August 2000 anlässlich einer weiteren Verurteilung ankündigte, notfalls ins weißrussische Exil gehen zu wollen. Seit seine „Samoobrona" mit einer starken Fraktion im Sejm vertreten ist, äußert sich der Unmut über die Brüsseler Agrarpolitik auch parlamentarisch. Mitte September 2002 musste diesen Umstand EU-Agrarkommissar Franz Fischler zur Kenntnis nehmen, als er auf Good-will-tour nach Polen reiste. Seine Rede vor den Ausschüssen beider Parlamentskammern blieb durch ständiges Trillerpfeifen EU-kritischer Abgeordneter von „Samoobrona" und der „Liga polnischer Familien" unhörbar.[214] Beleidigt fuhr der oberste Bauer Brüssels aus Warschau ab.

Regionale Unterschiede und soziales Elend

Vom – historisch bedingten – Entwicklungsunterschied zwischen Europas Osten und Westen war schon mehrfach die Rede. Ein Indikator, der monatliche Durchschnittslohn, soll ihn in Erinnerung rufen: Während der statistische Pole im Jahr 2000 mit 400 Euro (brutto) zufrieden sein muss, freut sich sein deutscher Arbeitskollege über 2.200 Euro (brutto) auf dem monatlichen Kontoauszug.[215] Diese Lohndifferenz von 1:5,5 konstituiert den Kostenvorteil Polens im Ringen um Konkurrenzfähigkeit auf dem Weltmarkt. Seine fortgesetzte Ausnützung bestimmt den Grad der Abhängigkeit sowohl von ausländischen Eigentümern als auch von externen Märkten. Beim Bruttoinlandsprodukt, pro Kopf gerechnet, erweist sich die Entwicklungsdifferenz zwischen Polen und Deutschland als ähnlich: Ein Deutscher erwirtschaftet um durchschnittlich 5,3 Mal mehr als sein polnischer Nachbar.[216]

Auch innerhalb Polens werden die regionalen Disparitäten größer. Von der Transformation und der selektiven Anbindung der polnischen Wirtschaft an den Bedarf der Europäischen Union profitieren die Region um Warschau, Niederschlesien und die Gegend um Poznán, während die an Weißrussland und die Ukraine angrenzenden Woiwodschaften Podlaskie und Lubelskie sowie die Region um Kielce zu den großen Verlierern der europäischen Neuordnung zählen. Als eine Art Antwort auf diese Entwicklung führte die Warschauer Zentralregierung im Jahr 1998 eine große administrative Reform durch. Aus den polenweit 49 Woiwodschaften wurden 16 neue Einheiten gebildet. Damit machte man das Land verwaltungstechnisch EU-tauglich, wünscht sich doch Brüssel überall in etwa gleich große Verwaltungseinheiten, die möglichst der Größe deutscher Bundesländer entsprechen sollen.

Als einzige Ausnahme von der nach Größe und wirtschaftlicher Stärke geordneten neuen Struktur gilt übrigens die kleine Woiwodschaft Opolskie. Diese nur 9.400 km² Fläche umfassende oberschlesische Region mit ihren etwas mehr als 1 Million EinwohnerInnen spaltete sich auf Druck eines Teils der Bevölkerung (und der deutschen Botschaft) vom Kattowitzer Revier zu einer eigenen Woiwodschaft ab. Dem auf 25% geschätzten deutschen Bevölkerungsanteil rund um Opole/Oppeln ist damit die Etablierung einer eigenen administrativen Einheit gelungen, in der sechs von elf Kreisverwaltungen von Kandidaten der deutschen Partei geführt werden. Polen hat damit – zumindest in einer Woiwodschaft – eine von der deutschen Minderheit getragene Verwaltungseinheit konstituiert, die in wirtschaftlichen Krisenzeiten Konflikte ethnisieren könnte. Solche Krisen stehen – gerade in

Opolskie – vor der Tür; denn die zweite oberschlesische Woiwodschaft Śląskie, das Kattowitzer Revier, wird zu Recht als soziales Minenfeld bezeichnet. Dort werken Hunderttausende Kumpel und Stahlarbeiter in defizitären Bergwerken und Industriekombinaten, die in der Logik der Europäischen Union keinen Platz mehr haben. Soziale Revolten in unmittelbarer Nachbarschaft der „deutschen" Woiwodschaft sind in Zukunft keineswegs auszuschließen.

Alle Polen gleichermaßen betreffen die Privatisierungen im Gesundheitswesen und im Rentensystem. Unter Anleitung argentinischer Berater, die bei der Umstrukturierung sowohl des ungarischen wie des polnischen Sozialsystems halfen, verabschiedete der Sejm zwischen Sommer 1997 und Herbst 1998 Rentenreformgesetze, die es allen jungen Lohnempfängern unter 30 Jahren zur Pflicht machen, sich – neben dem ausgedünnten staatlichen System – privat zu versichern. 9% des Bruttolohnes sind an private, meist westeuropäische Versicherungen zu entrichten.

Die großen westeuropäischen Versicherer wurden auf direkten Druck Brüssels in den polnischen Markt gebracht, der dafür überhaupt erst geschaffen werden musste. Die neuen privaten Fonds stehen im Eigentum der Commercial Union (Großbritannien), der ex-staatlichen PZU, an der die Deutsche Bank einen wesentlichen Anteil hält, der AIG (USA) sowie der Nationale Nederlanden (Niederlande).[217] Wie in Ungarn fehlt auch in Polen der staatlichen Versicherungssäule genau jenes Geld, das die dynamischeren jungen Arbeitskräfte in die privaten Fonds tragen müssen. Diese Selbstbeschädigung des so genannten Umlageverfahrens ist freilich struktureller Bestandteil der Kommodifizierung des Renten- und Sozialversicherungssystems.

Nach vier Jahren Regatta erschöpft

Vier Jahre lang dauerte jener Prozess, der in EU-Kreisen als Regatta-Rennen bezeichnet wurde. Dabei kamen jährlich Anpassungsprogramme an die EU-Normen des Acquis communautaire zur Anwendung; auf Basis von mehr oder weniger erfolgreicher Absolvierung dieser Programme sprachen die Brüsseler Kommissare Belobigungen bzw. Ermahnungen aus. Polen kam immer dann unter Druck der Europäischen Union, wenn es sich z.B. kurzfristig weigerte, beim Kapitel „Freizügigkeit" eine von Deutschland und Österreich gewünschte siebenjährige Übergangsfrist für die heimischen Arbeitskräfte zu akzeptieren. Im Frühjahr 2001 vermeldeten die zuständigen Stellen in Brüssel, Polen drohe von der ersten Gruppe der Aufnahmekandidaten in die „zweite Liga" zurückzufallen. Auch als Warschau seinerseits – wiederum für kurze Zeit – darauf beharrte, für den Erwerb von Grund und Boden in Polen eine 18 Jahre gültige Ausnahmeregelung zu fordern, waren die Kommissare schnell mit der Drohung einer Rückstufung bei den Mikrophonen.

Politische Erpressung definierte geradezu die Übernahmegespräche zum „Gemeinsamen Besitzstand" (Acquis communautaire). Während der vier Jahre seit Beginn der Aufnahmegespräche 1998 bis zum Gipfel von Kopenhagen im Dezember 2002 forcierte Brüssel die ökonomische Deregulierung und mit ihr den Ausverkauf des Landes, indem immer wieder unverhohlen mit einer Verschiebung des Aufnahmejahres gedroht wurde. Die polnische Bevölkerung selbst wurde von den Vorgängen rund um die EU-Osterweiterung kaum informiert. Sie tröstete sich, wie in den alten Tagen der Kommune, indem sie sich selbst Mut zusprach: „Wir haben die Deutschen überstanden und die Russen überlebt, nun werden wir auch Brüssel ertragen."

Slowenien: Versuch eines aufrechten Ganges nach Brüssel

Welches Bild sich Slowenen von Europa machen, mag symbolhaft die Bronzestatue vor der Universität Ljubljana ausdrücken. Beim Eingang des schönsten neoklassizistischen Gebäudes der Hauptstadt am Kongresni trg breitet die Erdgöttin Europa tanzend ihre Beine aus und präsentiert dem Göttervater Zeus scheinbar unschuldig ihr weibliches Geschlecht. Der in Stierform Gegossene liegt unter der leichtfüßig Tanzenden, die Zunge gierig aus dem Maul hängend. Nicht vergewaltigt, geraubt oder entführt wird hier die Tochter des Phönix, sie selbst verführt den mächtigen Bullen. Die Interpretation dieser Plastik lässt zwei Optionen offen. Europa, die Verführende, ist schön und gefährlich zugleich. Ihre werbenden Künste können leicht im Katzenjammer enden. Diese ambivalente Haltung nimmt die Mehrheit der Slowenen auch zum aktuellen, jedes Mythos beraubten Europa ein.

Sloweniens EU-Beitritt stellt die Ausnahme unter den osteuropäischen Kandidatenländern dar. Die nördlichste Republik des früheren Jugoslawien, die historisch gesehen vor 1991 nie eine eigene Staatlichkeit besaß, war kein Mitglied des Rates für gegenseitige Wirtschaftshilfe (RGW). Sloweniens politische und wirtschaftliche Struktur war dementsprechend nicht auf Moskau ausgerichtet, die Besitzverhältnisse waren keiner zwangsweisen Verstaatlichung unterworfen. Sloweniens Teilhabe am titoistischen System der Arbeiterselbstverwaltung zeichnet noch heute verantwortlich für seinen reservierten Zugang zu Privatisierung und Verkauf ehemaligen sozialen Eigentums an ausländische Investoren. Als wirtschaftliches Herzstück Jugoslawiens verfügt die kleine, 1,9 Millionen EinwohnerInnen zählende Republik zudem über eine Reihe von exportorientierten Konzernen, die bereits seit Jahrzehnten Zugang zu westeuropäischen Märkten pflegen. Diese traditionellen Beziehungen zum westlichen und nördlichen Ausland haben auch eine international versierte Managerintelligenz entstehen lassen, die sich sowohl auf dem Balkan als auch in EU-Europa wirtschaftlich und kulturell zurechtfindet.

Die Sezession des Landes von den anderen südslawischen Republiken verschaffte Slowenien wirtschaftliche Vorteile, die seine Betriebe im EU-Raum nützen wollen. Durch seine Kleinheit war es ohnedies immer auf größere ökonomische Einheiten angewiesen. Anders als die drei in der Größe vergleichbaren baltischen Republiken, die vor der Wende fast ausschließlich auf dem großen sowjetischen Markt agierten, gelang es slowenischen Unternehmen schon frühzeitig, ihre Produkte auch in Westeuropa abzusetzen. Beim Neustart in die Europäische Union profitiert das Land von dieser günstigen historischen Ausgangsposition.

Den tradierten Privilegien des Landes ist es auch zuzuschreiben, dass das im Verband mit den Ex-RGW-Staaten praktizierte Aufnahmeritual Brüssels in Ljubljana von vielen als ehrenrührig begriffen wird. „Der Vergleich mit Polen oder Ungarn beleidigt uns", ist immer wieder zu hören, wenn Sloweniens Politik und Wirtschaft in den Kontext der großen Osterweiterung gestellt werden. Im Unterschied zu Polen und Ungarn konnte sich die zwischen den Alpen und der Adria gelegene Republik mit ihrer Trennung von Jugoslawien auch der Schuldenfalle fern halten. 1,8 Mrd. US-Dollar Außenschuld wurden Ljubljana in komplizierten Verhandlungen mit dem IWF und der Weltbank, denen Slowenien im Jahr 1993 beigetreten ist, zugesprochen.[218] Und während Bosnien & Herzegowina sowie Serbien & Montenegro an dem in sozialistischen Zeiten angehäuften Schuldenberg von insgesamt 20 Mrd. US-Dollar wirtschaftlich verbluten, hatte Slowenien seit der Unabhängigkeit niemals Probleme mit der Rückzahlung der Zinsen.

Die wirklich fetten Jahre sind freilich auch für die Gegend zwischen Maribor, Ljubljana und Piran vorbei. „Früher waren wir ökonomisch auf der starken Seite, jetzt landen wir auf der schwachen", meinte etwa Jože Mencinger, Ökonom und Rektor der Universität Ljubljana sowie einer der bekanntesten intellektuellen Köpfe des Landes, gegenüber dem Autor.[219] Mencinger spielt damit auf Sloweniens Position im früheren Jugoslawien an. Ab 1918 entwickelte sich die in k.k.-Zeiten den Kronländern Steiermark, Krain und Küstenland zugehörige Region zum wirtschaftlichen Zentrum des königlichen und später des kommunistischen Jugoslawien. Nach dem Zerfall der südslawischen Föderation droht die Peripherisierung Sloweniens. Diese Gefahr sieht auch Peter Ješovnik, Leiter der slowenischen Handels- und Industriekammer, wenngleich er sie auf den politischen Handlungsspielraum beschränkt: „Wir waren immer am Rande, sowohl im österreichisch-ungarischen Kaiserreich als auch in Jugoslawien. Innerhalb der Europäischen Union könnte es uns erneut so ergehen."[220]

Skeptizismus scheint Teil der slowenischen Mentalität zu sein. Im Parlament äußert selbigen insbesondere die Slowenische Nationalpartei (SNS), eine sozial orientierte und national argumentierende Gruppe, die seit 1992 ihre Stimme gegen die wechselnden sozial-liberalen Regierungsallianzen erhebt. Ihr Führer, Zmago Jelinčič, der bei den Präsidentenwahlen im November 2002 überraschend 8,5%

Zustimmung erhalten hat, versteht die Integration Sloweniens in die Europäische Union als Auslieferung eines kleinen, aber feinen Marktes an größere Konkurrenten. „Die neokolonialistische Attitude Brüssels ist unübersehbar", meint er im Interview und fügt sein historisches Verständnis der europäischen Rolle seiner Heimat hinzu: „Schon die slowenischen Fürsten mussten an die Landesherren erhöhte Feudalabgaben entrichten, in Ex-Jugoslawien floss das Geld nach Belgrad und nun fließt es in Richtung Westeuropa."[221]

Ein völlig anderes Grundverständnis der slowenischen Wirklichkeit präsentiert der Philosoph Rastko Močnik, kommt jedoch zu ähnlichen Ergebnissen. Seiner Meinung nach nahm die Peripherisierung Sloweniens in der Zerschlagung Jugoslawiens ihren Anfang. „Die slowenische Unabhängigkeit war ein großer historischer Fehler. Denn innerhalb Jugoslawiens befand sich unsere Republik als entwickelte Region auf der Gewinnerseite, nicht zuletzt, weil diese Entwicklung von Belgrad unterstützt worden ist. Sloweniens Betriebe waren in ihren ökonomischen Entscheidungen frei und ab 1974[222] existierte auch politisch eine relative Selbständigkeit."[223] Der politischen Unabhängigkeit kritisch gesonnene Stimmen sind im heutigen Slowenien selten zu hören. Die Selbständigkeit wird als Befreiung von Jugoslawien verstanden, wenngleich über die Möglichkeiten einer wirtschaftlichen Umsetzung dieser Eigenständigkeit in der Europäischen Union die Skepsis überwiegt.

Euphorie war nie

Resignation ist der wohl präziseste Begriff, mit dem das Gefühl einer Mehrheit von SlowenInnen beschrieben werden kann, wenn von den Ergebnissen der Brüsseler Übernahmegespräche die Rede ist. Euphorie hat sich von Anfang an nirgendwo breit gemacht, die Integration in den größten europäischen Markt und in den atlantischen Pakt wird nüchtern gesehen. Und die sozial-liberale Regierung weiß sich auf dieser Welle einer ins Desinteresse kippenden öffentlichen Meinung bestens aufgehoben. Es wird wehtun, aber es gibt keine Alternative zur Europäischen Union und zur NATO – so lautet die Botschaft jeder Pressekonferenz, die für das heimische Publikum bestimmt ist. Als „realistisch" schätzt die für Slowenien zuständige Ökonomin am „Wiener Institut für Internationale Wirtschaftsvergleiche", Hermine Vidovic, die Stimmung im Lande ein. „Die Leute wissen, dass es durch den Beitritt zur EU nicht viel zu gewinnen gibt, aber eine Alternative dazu existiert nicht."[224]

Dass sich das vorherrschende Desinteresse an der Erweiterungsdiskussion zu einem relevanten Widerstand formieren könnte, glaubt von den politisch und wirtschaftlich Verantwortlichen niemand; ganz ausgeschlossen ist ein Nein-Votum anlässlich einer geplanten Volksabstimmung zur EU-Teilnahme indes nicht. Verdächtig konstant melden die Meinungsforschungsinstitute seit Jahren eine 57%ige Zustimmung zur Europäischen Union.

Die Regierungskoalition steht jedenfalls fest zum Brüsseler Erweiterungsfahrplan. Den Kern der seit 1992 mit einer kurzen Unterbrechung regierenden sozialliberalen Allianz bildet die Liberaldemokratische Partei (LDS), die im Jahr 2000 mit einer 36%igen Zustimmung als eindeutige Siegerin aus dem Urnengang hervorging. Die Liberalen hatten sich nach 1990 mit der kleinen Sozialistischen Partei und den Grünen zur LDS formiert. Ihnen zur Seite stehen die Ex-Kommunisten, die als „Vereinigte Liste der Sozialdemokraten" (ZLSD) auftreten und bei den Parlamentswahlen 2000 eine 12%ige Wählerzustimmung erreichten. Mit im Koalitionsboot sitzen die katholisch orientierte Slowenische Volkspartei (SLS/SKD) mit 9,5% und die Pensionistenpartei mit 5%.

Gegen diese ganz große Koalition aus Liberalen, Katholiken und Ex-Kommunisten gestaltet sich der Aufbau einer politischen Alternative mühsam. Die einzige parlamentarische Kraft, die der EU-Aufnahme skeptisch bis ablehnend gegenübersteht, ist die Slowenische Nationalpartei (SNS) mit knapp 5% der Stimmen. Doch anders als in den Ländern des früheren RGW, in denen meist altgediente Kommunisten den Kampf gegen den Neoliberalismus und seine institutionellen Inkarnationen anführen, existieren in der slowenischen Gesellschaft auch junge, linke, den Verheißungen eines zweifelhaften Liberalismus gegenüber kritisch gesinnte Gruppen. Das Spektrum reicht dabei von radikalen Globalisierungsgegnern wie der „Autonomiezone Molotow" über die NATO-kritische „Group Neutro" bis zur kleinen, außerparlamentarisch agierenden Partei „Nova Stranka", die im vornehmlich skandinavisch geprägten Umfeld des europäischen „Team-network" verstrickt ist.

Auch innerhalb der ex-kommunistischen Sozialdemokraten, vor allem in deren Jugendorganisation, werden dann und wann EU- und vor allem NATO-kritische Fragen gestellt. Über die Gründe der generellen Zustimmung der Ex-Kommunisten zur Osterweiterung macht sich France Križanič, früher ein führendes Parteimitglied und jetzt als Ökonom für die staatliche Regulierung des Versicherungswesens zuständig, keine Illusionen. Im Gespräch bekennt er offen, dass die ZLSD immer wieder kräftige finanzielle Hilfe von außen erhalten hat. „Vor jedem Wahlgang finanzierten die britische Labour Party sowie die deutsche oder die österreichische Sozialdemokratie Seminare, die die Vereinigte Liste auf die Auseinandersetzung mit politischen Widersachern vorbereiten sollten."[225] Experten aus Großbritannien, Deutschland, Österreich und Italien kamen nach Slowenien, um die Eckpfeiler der neuen, mit Brüssel kompatiblen politischen Korrektheit einzuschlagen. Die Pro-Integrations-Attitüde der Ex-Kommunisten ist Križanič zufolge hauptsächlich eine Sache der politischen Elite, weniger eine der Basis.

Gorazd Drevenšek von der „Nova Stranka" ortet in der Pro-EU-Stimmung der politischen Elite ein Resultat schlichter Korruption. Schließlich werden demnächst 400 bis 500 Beamtenjobs in Brüssel ausgeschrieben, um die Osterweiterung für Slowenien zu verwalten. „Früher sind Parteileute nach Belgrad geschickt worden und haben sich dort korrumpieren lassen, jetzt brechen sie in Richtung Brüssel auf."[226] Die dünne Schicht der EU-Verwalter kann einen gesellschaftlichen Konsens in Slowenien freilich nicht herstellen. Einen solchen, so scheint es, braucht es jedoch gar nicht, um die Erweiterung widerspruchslos zur Kenntnis zu nehmen. Wer mit der geänderten Identität gar nicht zur Rande kommt, für den hat die Regierung eine Telefonseelsorge eingerichtet. Euroskeptiker können Tag und Nacht das so genannte „Europhon" anrufen.

Sloweniens besondere Art der Privatisierung

Noch die dritte Quartalsbilanz des Jahres 2002, die knapp vor der Kopenhagener Einladung zur EU-Teilnahme erschienen ist, weist für Slowenien eine 55%ige Staatsquote am Bruttoinlandsprodukt aus.[227] Mehr als die Hälfte der statistisch erhobenen wirtschaftlichen Transaktionen passierte also in staatlichen Betrieben. Der im Vergleich mit sämtlichen anderen Erweiterungskandidaten äußerst große verstaatlichte Sektor drückt die Kraft dieser kleinen Volkswirtschaft aus.

Seit der Unabhängigkeitserklärung im Juni 1991 hatte es der Staat nicht notwendig gehabt, aus budgetären Defiziten heraus Notverkäufe zu tätigen. Über zehn Jahre widerstanden slowenische Finanzminister den Verlockungen mächtiger Westkonzerne, industrielle Rosinen und profitable Dienstleistungsbetriebe aus dem Angebot des gemeinschaftlichen Besitzstandes an ausländische Bieter zu verkaufen. Immer wieder hagelte es Mahnungen aus Brüssel, die für investitionssuchendes Kapital aus dem Westen notwendige Privatisierung nicht zu verschleppen. Der Vorwurf an die Behörden in Ljubljana wurde auf zwei Ebenen erhoben: Erstens ging den EU-Kommissären die Privatisierung zu zögerlich voran und zweitens wurden die Verkäufe an die falschen, nämlich an einheimische Eigner getätigt. So ergibt sich am Vorabend des EU-Beitritts für Slowenien ein gänzlich anderes Bild als in Ungarn, Polen, der Slowakei oder Tschechien: Der Staat hält nach wie vor große Anteile am Volksvermögen und von den Privatisierungen profitierten in vielen Sektoren ehemalige Betriebsangestellte, die vom Vorkaufsrecht Gebrauch gemacht haben.

Mit dem Teilverkauf der größten slowenischen Bank an eine belgische Gruppe im Jahr 2002 kündigte sich indes eine Trendwende an; die Laibacher Handels- und Industriekammer erwartet, dass ausländische Übernahmen bis zum endgültigen EU-Beitritt zunehmen werden, wenngleich sie die Preise, die dafür bezahlt werden müssen, als relativ hoch einschätzt.

Der Grund für Sloweniens Sonderweg in Sachen Privatisierung liegt im titoistischen System der Arbeiterselbstverwaltung. Verglichen mit den RGW-Staaten war der staatliche Anteil an der Volkswirtschaft gering. Industrie- und Dienstleistungsbetriebe, die nicht im engeren Sinn zur staatlichen Infrastruktur gehören, befanden sich im Besitz der Belegschaften. Deren Enteignung war eine heikle Sache. In Kroatien hatte Präsident Franjo Tudjman die parlamentarische Mehrheit seiner HDZ genutzt, um ein Gesetz zu verabschieden, das soziales Eigentum kurzerhand verstaatlichte. Als solches wurde dann der frühere Arbeiterbesitz privatisiert. In Zagreb bemächtigte sich auf diese Weise die später so genannte Tudjman-Mafia der besten Stücke aus den Zeiten der Selbstverwaltung. Die neue politische Elite Sloweniens konnte oder wollte einen solch radikalen Weg der Eigentumsreform nicht gehen. Ljubljana setzte auf einen sanften Wechsel. Jede der drei seit 1991 staatstragenden Parteien hatte eigene Vorstellungen zur Enteignung und Transformation des sozialen Besitzstandes. Die Christdemokraten mit ihrem ersten Vorsitzenden, Premierminister Lojze Peterle, übernahmen die Idee von IWF-Berater Jeffrey Sachs und forderten die Installierung von Investmentfonds. Die Liberalen um den Langzeitpremier und späteren Präsidenten Janez Drnovšek sprachen sich für den direkten Verkauf aus. Und die ex-kommunistischen Sozialdemokraten entwickelten das Konzept eines Management- and Workers-Buy-out, das Vorkaufsrechte für die Belegschaft zu Diskontpreisen vorsah. Zum Zug kamen alle Formen der Privatisierung. Die Folge war zwar eine extreme Intransparenz, jede der drei gesellschaftlichen Kräfte konnte dabei für ihre Klientel Vorteile erwirken.

Ein speziell eingerichteter Fonds zur Unterstützung der Privatisierung sozialen Eigentums wurde von Parlament und Regierung gemeinsam kontrolliert. Herzstück der slowenischen Privatisierung war die Ausgabe von Coupons. Gestaffelt nach dem Alter erhielt jeder Slowene ein Zertifikat, das ihn zum Aktienkauf von umgerechnet 3.500 Euro (z.B. für einen 40-Jährigen) berechtigte. Arbeiter und Angestellte erhielten das Recht, ihr gesamtes Voucher-Paket in die eigene Firma zu stecken, desgleichen ihre Angehörigen sowie pensionierte Angestellte und deren Familien. Ein staatlicherseits festgesetzter Rabatt von 30% garantierte, dass in ehemaligen selbstverwalteten Betrieben die Belegschaft ihr Unternehmen um 70% des Marktwertes erwerben konnte. Vor allem in arbeitsintensiven Branchen mit hohen Beschäftigtenzahlen kam es so zu Übernahmen von gesamten Betrieben durch die Belegschaft. Anstatt die Firma sozial zu kontrollieren und zu besitzen, hielten nun Manager und Arbeiter absolute Aktienmehrheiten.

Was Brüssels Privatisierungspläne zusätzlich durchkreuzte, war das Geschick der Regierungsökonomen, das Management- and Workers-Buy-out kleinweise zur Verstaatlichung zu nützen und damit über die Parteienvertreter Einfluss auf die Wirtschaft zu gewinnen. Bei jeder Privatisierungsaktion fielen 20% des neuen Eigentums, in der Regel in Form von Aktien, zwei parastaatlichen Fonds zu. 10%

der privatisierten Anteile wurden dem so genannten Rentenfonds und 10% dem Restitutionsfonds gutgeschrieben. Damit steigerte der Finanzminister in einer Zeit, als alle ringsum in Europa von Entstaatlichungen sprachen und auch danach handelten, den Eigentümeranteil des Staates an früher selbstverwalteten Betrieben. „Slowenien hat sich zwar unmodisch isolationistisch verhalten", kommentierte das angesehene Fachblatt für die deutschsprachige Wirtschaftselite, die *Neue Zürcher Zeitung*, den Reformkurs der Laibacher Regierungen, „letztlich aber ein ausnehmend erfolgreiches eigenes Entwicklungsmodell mit überzeugenden Wohlstandseffekten geschaffen. (...) Der Privatisierungseffekt war bisher darauf angelegt, die Unternehmen in die Hände ihrer Manager zu legen, die sie (wenn überhaupt) erst jetzt – zu ansehnlichen Preisen – an den Markt und auch an ausländische Investoren abgeben."[228] Die Skepsis gegenüber rascher und unüberlegter Privatisierung hat sich für Slowenien – im Vergleich zu euphorischen Westöffnungen in Ländern wie Ungarn und Polen – bezahlt gemacht.

„Ökonomischer Nationalismus"

Sloweniens „ökonomischer Nationalismus" fußt weniger auf politisch rechten oder linken Analysen, die die nationale Unabhängigkeit gefährdet sehen oder den westeuropäischen Imperialismus als Bedrohung einschätzen, sondern auf einer pragmatisch denkenden Managerelite von post-selbstverwalteten Betrieben. Diese Elite denkt exportorientiert und neoliberal, betriebswirtschaftliches Rechnungswesen musste ihr nicht erst nach der Wende von Westinstituten beigebracht werden. Gerade deshalb wissen die Betriebsleiter ihre eigenen Kalkulationen zu interpretieren. Und diese legen nahe, panische Ausverkäufe zu vermeiden. Erfolgsgeschichten von europaweit präsenten Konzernen wie Gorenje oder Elan wurzeln zwar im jugoslawischen Sonderweg, können jedoch auch nach der Wende, die in Slowenien mehr eine politische als eine wirtschaftliche war, weiter erzählt werden.

Rhetorisch wird diese Art der Wirtschaftspolitik vom Ruf nach dem Schutz nationaler Interessen begleitet. Dass dies keinesfalls handfesten Widerstand gegen den Verkauf potenter Firmen an ausländische Interessenten inkludiert, zeigt nicht nur die Wirklichkeit der vergangenen zwei Jahre – ein solcher Widerstand wird auch gar nicht angestrebt. Zoran Janković, serbischstämmiger Chef von Mercator, der größten slowenischen Supermarktkette, brachte den Pragmatismus der Wirtschaftsgranden im Interview mit *Slovenian Business Report* auf den Punkt: „Die Zeit ist noch nicht reif, Sloweniens größte Betriebe an Ausländer zu verkaufen. Der Preis, den wir erzielen könnten, ist noch zu gering."[229] Und Peter Ješovnik von der Handels- und Industriekammer setzt im Gespräch mit dem Autor nach: „Privatisierungen wichtiger Sektoren wie Telekom und Energie stellen Sloweniens finanzielle Reserve dar." Und mit Blick auf andere EU-Beitrittskandidaten fügt er hinzu: „Wir sind glücklich, eine solche zu haben."[230] Der Rektor der Laibacher Universität, Jože Mencinger, stellte im November 2002 überhaupt in Abrede, dass ausländische Direktinvestitionen für eine Volkswirtschaft grundsätzlich positiv zu Buche schlagen. Jüngere, US-amerikanisch geschulte Kollegen waren ob dieser Einschätzung empört. Mencinger hatte sich an der heiligen Kuh des Liberalismus vergriffen. Dabei veröffentlichte der weit über Slowenien hinaus bekannte Ökonom nur die Ergebnisse einer Studie, die eine Korrelation zwischen vermehrtem Auslandsinvestment und wirtschaftlichem Wachstum feststellte. Allerdings eine negative. Acht Beitrittskandidaten hatte Mencinger acht Jahre lang wirtschaftspolitisch beobachtet, um schließlich konstatieren zu können: Je mehr Auslandsinvestitionen Osteuropas Länder aufgenommen haben, desto geringer war das Wachstum des Bruttoinlandsproduktes. Im Interview meinte Jože Mencinger dazu, er sei gar nicht gegen Auslandsinvestitionen eingestellt, doch die Studie habe nun einmal dieses Ergebnis gezeitigt.[231]

Besonders stolz ist Sloweniens Business-World auf eine neue Generation kleinerer und mittlerer Betriebe, die liebevoll „Gazellas" genannt werden. Zirka 500 solcher flexibel agierender, rasch wachsender Exportbetriebe sind in den vergangenen Jahren aus dem Boden geschossen, allesamt mit Eigenkapital oder heimischen Bankkrediten finanziert. Auch diese Betriebe sollen, wie schon ihr Name zeigt, keine leichte Beute von ausländischem Großwild werden; die persönliche Bindung der Besitzer an ihre eben erst aufgebauten Betriebe wird einen leichten Ausverkauf erschweren.

Sloweniens Betriebe sind die einzig namhaften unter den EU-Beitrittsländern, die selbst im westlichen Ausland investieren oder zumindest bedeutende Handelsgeschäfte machen. Der Haushaltsartikelhersteller Gorenje zählt ebenso dazu wie der Skiproduzent Elan, die pharmazeutischen Firmen Lek und Krka, die Holding Hidria oder der Autositzhersteller Prevent.

Drehscheibe zwischen Westeuropa und Jugoslawien

Als in den ersten Jahren des neuen Jahrhunderts weltweit die Konjunkturerwartungen der europäischen Nationalökonomien zurückgeschraubt werden mussten, konnte Slowenien den Rückgang, den seine Betriebe im Westexport zu verzeichnen hatten, mit signifikanten Steigerungsraten im Südosten kompensieren. Bosnien, Serbien und Kroatien halfen Slowenien aus der Patsche, ein Einbruch konnte vermieden werden.

Die Zahlen für den Außenhandel sprechen eine deutliche Sprache. In Richtung EU-Europa, mit dem 65% der gesamten Importe und 70% der gesamten Exporte abgewickelt werden, bilanzierte Slowenien im Jahr 2001 nur mit Deutschland positiv. Im Südosten hingegen, in Bosnien, Serbien & Montenegro, Kroatien[232] und Polen, gab es positive Handelsbilanzen. Mit den ehemaligen Partnerrepubliken in der südslawischen Föderation wurden in den vergangenen Jahren Freihandelsabkommen unterzeichnet (mit Jugoslawien wird diesbezüglich Anfang 2003 verhandelt); in Bosnien gelten slowenische Betriebe als die größten Investoren. Das dahinter stehende volkswirtschaftliche Konzept, die frühere nördliche Teilrepublik Jugoslawiens als Drehscheibe zwischen den EU-Märkten und dem Balkan sowie von dort weiter in die Ukraine und nach Russland zu etablieren, wird beharrlich verfolgt. Während also gegenüber Investitionen aus Westeuropa Skepsis vorherrscht, forciert Ljubljana eigenen Kapitalexport in Richtung Balkan, indem privilegierte Handels- und Wirtschaftsabkommen mit den allesamt darniederliegenden Volkswirtschaften abgeschlossen werden. So viel Schutz wie möglich vor den starken Konkurrenten im Norden und so viel Freiheit wie möglich gegenüber den Schwächeren im Süden. Diese an die alten merkantilistischen Wirtschaftstheorien erinnernde Strategie wird freilich auch von den stärksten Wirtschaftsräumen gegeneinander sowie gegenüber schwächeren Konkurrenten angewandt. Slowenien praktiziert damit die kleinstmögliche Variante eines national-liberalen Konzepts innerhalb der internationalen Arbeitsteilung. Der Erfolg beruht auf seiner semiperipheren Stellung, die es eine Mittlerfunktion zwischen den westeuropäischen Zentren und der südosteuropäischen Peripherie einnehmen lässt.

Der vorgesehene EU-Beitritt gefährdet allerdings diese Drehscheibenrolle des kleinen Landes. Denn in dem Moment, in dem Ljubljana die Einladung zur Brüsseler Party annimmt, beginnt am 1. Mai 2004 der Katzenjammer. Dann verlieren alle mit Dritten abgeschlossenen Verträge sofort ihre Gültigkeit. Privilegierter Handels- und Wirtschaftskontakt eines EU-Mitgliedes gegenüber anderen Staaten oder Räumen würde dem Prinzip der Europäischen Union widersprechen. Verluste im Handel mit Westeuropa könnten von Ljubljana dann nicht mehr auf dem Balkan wettgemacht werden. Forciertes Investment in Bosnien und Serbien soll dem entgegenwirken. Doch die Übernahme der Brüsseler Regeln für außenwirtschaftliche Beziehungen wird für ein kleines Land wie Slowenien Nachteile bringen. Das fürchtet jedenfalls die slowenische Handels- und Industriekammer. Mit dem Verlust des privilegierten Zugangs zu den Balkanmärkten wäre auch die viel größere Chance gefährdet, via Belgrad in die Märkte der Ukraine und Russlands zu expandieren. Denn diese Erweiterungsmöglichkeit werden sich die wirklich großen Fische im EU-Raum nicht entgehen lassen. Schon sind einige wie der Pharmariese Novartis dazu übergegangen, die slowenischen Konkurrenten aufzukaufen, auch wenn der Preis dafür über dem Marktwert gelegen sein mag. Schließlich geht es um zukünftige Gewinnaussichten jenseits der EU-Grenze. Um dorthin zu kommen, ist fester Boden unter dem Balkan eine wichtige Voraussetzung.

Die Übernahmeschlacht hat begonnen

Seit 2002 befinden sich auch die volkswirtschaftlich strategischen Branchen im Visier westeuropäischer und US-amerikanischer Investorengruppen. Mit der Übernahme von vorläufig 34% an der größten slowenischen Bank, der Nova Ljubljanska Banka (NLB), durch die belgische KBC im Jahr 2002 ist ein Damm gebrochen. Wer die Kontrolle über Kreditvergaben hat, kann weitgehend an der Politik vorbei wirtschaftspolitische Weichenstellungen tätigen.

Mit dem Erfolg versprechenden Eindringen ausländischer Großinvestoren in den slowenischen Bankensektor gewinnen auch jene heimischen Stimmen an Gewicht, die sich – wie in allen anderen osteuropäischen EU-Neulingen – als dienstbare Verwalter fremder Kapitalgruppen verstehen. Matej Kovač von der „Trade and Investment Promotion Agency" ist berufsbedingt glücklich darüber, dass ausländisches Interesse an slowenischen Betrieben endlich profitable Früchte trägt. „Wir sind aktiv darangegangen, Slowenien für ausländisches Kapital anziehend zu machen", meinte er gegenüber dem englischsprachigen *Slovenian Business Report*.[233]

Mit an die Wand gebeamten Aufforderungen, in Slowenien zu investieren, will auch die Handels- und Industriekammer ausländisches Geld anlocken. Im „Center Evropa" in der Dalmatinova fand dazu im Anschluss an den Gipfel in Kopenhagen am 18. und 19. Dezember 2002 ein Seminar statt, an dem auch Vertreter ausländischer Wirtschaftskammern teilnahmen. „Why invest in Slovenia?", leuchtete die Fragestellung im verdunkelten Saal an der Wand. Die Antwort war einfach ... und seit den späten 1960er Jahren in allen peripheren Regionen dieser Welt in ähnlicher Weise gegeben worden. Als Lockmittel wurden genannt: hohe Produktivität, geringe Einkommensteuer, freier Gewinntransfer in Dollar oder Euro, politische Stabilität sowie beste Zukunftsaussichten, via Slowenien auf den Balkanmärkten zu reüssieren. Die industrielle Produktivität eines slowenischen Betriebes liegt mit 71% der durchschnittlichen EU-Produktivität am höchsten unter den Beitrittskandidaten.[234] Die Körperschaftssteuer für Betriebe ist demgegenüber mit 25% weit unterdurchschnittlich. Und die relative Zufriedenheit der slowenischen Arbeiterschaft garantiert politische Stabilität.

Renault, Henkel, Siemens und Goodyear gehören längst zu den größten Investoren im Land; die Gewinne, die sie aus ihren slowenischen Betrieben Revoz, Henkel Slovenija, Iskratel und Sava Tires ziehen, sollen weiteren Investoren Anreiz genug sein, es ihnen gleichzutun. „Pressure from abroad is welcome", titelte dazu der *Slovenian Business Report* im Frühling 2002. Nach dem Gipfel von Kopenhagen im Dezember 2002 scheint die Umsetzung der seit Jahren von Brüssel geforderten „richtigen Privatisierung", nämlich jener in die Hände der kapitalstarken Konzerne Westeuropas, endlich zu funktionieren.

Die Übernahme des größten slowenischen Pharmabetriebes Lek durch die in Basel angesiedelte Novartis-Gruppe hat dem westeuropäischen Riesen einen Markt in Osteuropa gesichert, der im Fall Lek den Balkan, Russland und die Ukraine mit einschließt. Novartis ist mit dem Kauf von Lek zu einem der weltweit führenden Hersteller von Generika – patentfreien Rezepturen – geworden. Hinter diesem Deal steckte unausgesprochen auch die Drohung, Lek mittels juristischer Schachzüge als Konkurrent zu beseitigen. Denn der bestens eingeführte slowenische Pharma-Multi hatte in den 1980er Jahren gute Geschäfte gemacht, indem er seine Beziehungen zum Gesundheitsamt spielen ließ. Wenn ein ausländischer Konzern ein neues Medikament für den jugoslawischen Markt anmelden wollte, soll es vorgekommen sein, dass die staatlichen Gesundheitstests sich eine Weile hinzogen; so lange, bis es Lek gelungen war, ein ähnliches Medikament herzustellen. Auf leicht erklärliche, jedoch offiziell nie bestätigte Art entwickelten die Chemiker von Lek oft ausgerechnet jene Substanzen im arbeiterselbstverwalteten Betrieb, deren Rezeptur gerade zwecks Registrierung für ausländische Konkurrenten im Gesundheitsamt lagen. Lek hat sich durch den Verkauf an Novartis wahrscheinlich unangenehme Prozesse um Urheberrechte erspart, wie sie im kapitalistischen Konkurrenzkampf üblich sind.

Im Fall des Biermarktes kam der belgische Bierriese Interbrew zum Zuge, der Sorten wie „Stella Artois" und „Hoegaarden" verkauft. Auch diese Übernahme könnte die Vorlage für einen Wirtschaftskrimi abgeben. Es ging um Union, die größte Laibacher Brauerei, die auch starke Verkaufsanteile auf südslawischen Märkten hält. Der heimische Konkurrent Laško aus Celje, der sich im Streubesitz seiner Angestellten befindet und zuvor den Fruchtsafthersteller Fructar übernommen hatte, wollte mit dem Kauf der Union-Brauerei einen im europäischen Kontext wettbewerbsfähigen kleinen slowenischen Riesen etablieren. Der Restitutionsfonds, dem je 10% der Betriebe gehörten, erklärte sich mit dem Deal einverstanden. Laško und Restitutionsfonds hatten die Rechnung ohne die belgische Interbrew machen wollen. Deren Lobbying in Brüssel brachte den slowenischen Ministerpräsidenten dazu, den Chef des Restitutionsfonds zu entlassen und so die Bahn frei zu machen für ein Investment von Interbrew bei der Union-Brauerei, zu der auch das bekannte Mineralwasser „Radenska" gehört. Dieser Übernahmevorgang stieß zwar in der slowenischen Fachwelt auf Empörung, gegenüber der großen Intervention aus Brüssel war man jedoch machtlos.

Im Bankensektor laufen die Kämpfe hinter den Kulissen ähnlich brutal ab. Die Société Générale aus Frankreich hat sich in die größte slowenische Privatbank, die SKB Banka, eingekauft, die belgische KBC ihren Fuß in die Nova Ljubljanska Banka gesetzt, die italienische San Paolo IMI die Banka Koper erworben, während die UniCredito um die Nova Kreditna Banka pokert und die österreichische Raiffeisen bereits einen 75%-Anteil an der Krekova Banka hält. In einem von großen Banken aus EU-Europa konkrollierten Kreditmarkt werden es slowenische Klein- und Mittelbetriebe künftig schwerer haben, günstige Konditionen zu erhalten. Mit dem Konzentrationsprozess im Bankensektor verschwinden üblicherweise auch kleinere Unternehmen vom Markt. Damit kommt die Logik der EU-Integration – etwas später als in den übrigen Beitrittsländern – auch in Slowenien zum Durchbruch.

Nur die Starken überleben

Sloweniens größter Vorzeigebetrieb befindet sich in französischer Hand. Revoz hatte in Zeiten der Arbeiterselbstverwaltung Lastkraftwagen und Busse gebaut, eine Kooperation mit dem französischen Renault-Werk gab es seit 1972. Knapp vor dem Zerfall Jugoslawiens investierte Renault dann in das Autowerk in Novo Mesto. Die Übernahme von Revoz hätte dazu dienen sollen, auf dem gesamtjugoslawischen Markt gut positioniert zu sein. Es kam alles ganz anders – der südslawische Raum zerfiel in seine nationalen Bestandteile, die Märkte zersplitterten heillos. Renault änderte daraufhin seine Strategie und begann Produktionsschienen nach Slowenien zu verlegen, um mit den dort vergleichsweise billig hergestellten Pkws die westeuropäischen Kunden zu beliefern. Heute wird unter anderem der „Clio" in Novo Mesto zusammengebaut. Über 90% aller bei Renault/Revoz gebauten Vehikel gehen in den Export, der Konzern führt im Jahr 2001 vor Gorenje die Liste der größten slowenischen Exporteure an.[235] Seit 1991 hat es Renault dem Vernehmen nach durch konzerninterne Bilanzverschiebungen vermieden, Gewinnsteuer an den Laibacher Finanzminister abzuliefern. Mehr als diese in der Welt der multinationalen Konzerne durchaus übliche Praxis stößt in Slowenien auf, dass in Konzernen wie Renault die Arbeitssprache längst nicht mehr das Slowenische ist. Wer beim Stolz der slowenischen Autoindustrie einen Angestelltenposten anstrebt, muss – wie bei der Supermarktkette Leclerc – perfekt Französisch sprechen können. Solche Praxis wird als grobes kolonialistisches Gehabe gesehen, wogegen allerdings kein slowenisches Kraut gewachsen ist.

Mit staatlicher Unterstützung haben seit Herbst 1999 slowenische Zulieferer für die westeuropäische Automobilindustrie damit begonnen, so genannte Cluster zu bilden, in denen – nach dem Vorbild der Steiermark – möglichst auf engem Raum verschiedene Firmen das vorhandene kostenkünstige Know-how und den verfügbaren Arbeitsmarkt dazu nutzen, um noch billiger Komponenten für deutsche, französische und italienische Pkw-Konzerne zu fertigen. Hergestellt werden Sitze, Reifen und diverses Autozubehör. Zu den Kunden dieser Cluster zählen BMW, Ford, Volkswagen, John Deere und andere. 10% des slowenischen Exports erfolgen bereits durch diese spezielle Form der verlängerten Werkbank.[236]

Das Problem der strukturellen Arbeitslosigkeit, in Slowenien vergleichsweise gering, haben die Ökonomen statistisch gelöst, indem die Standards der Internationalen Arbeitsorganisation (ILO) die früheren Bemessungsgrundlagen abgelöst haben. Offiziell zählte Ljubljana im Jahr 2002 6,5% Arbeitslose, in jugoslawischen Zeiten wären dies 11,5% gewesen, hätte man doch damals nicht alle, die mehr als zwei Jahre ohne Job sind, aus der Statistik hinausgeworfen.

Ende des Bauernschutzes

Slowenien konnte es sich als einziges Land der um Aufnahme in die Brüsseler Union Ansuchenden leisten, seine Bauern mindestens genauso stark zu subventionieren, wie es die EU-Agrarpolitik in den 1990er Jahren getan hat. Damit wird es nach dem Beitritt vorbei sein. Denn nicht nur, dass den slowenischen wie allen anderen osteuropäischen Bauern anfangs nur 25% der Förderung für Westbauern (und für griechische Bauern) zustehen – der Aufnahmegipfel in Kopenhagen im Dezember 2002 verbot dem kleinen Land ausdrücklich, seinerseits den auf die EU-Subvention fehlenden Betrag zuzuschießen.

Beim Agrarprotektionismus ist Brüssel penibel. Kein Ostbauer darf im Jahr 2006 gleich viele Zuschüsse erhalten wie sein westeuropäischer Kollege. Der maximale Betrag, mit dem staatlicherseits diese von Brüssel geteilte Agrargesellschaft ausgeglichen werden kann, beträgt 30% der EU-Gelder. Für Slowenien, das sich eine nationale Förderung seiner Bauern leisten könnte, bedeutet dies, dass die Landwirte von Brüssel 25% der durchschnittlichen EU-Agrarförderung erhalten und von Ljubljana 30%, macht in Summe 55%. Ein slowenischer Bauer, so die eindeutige Botschaft, ist der europäischen Integration nur knapp die Hälfte eines deutschen, französischen oder österreichischen wert. Zwischen 50 und 80% der vor allem im Norden und Osten des Landes lebenden Agrarbevölkerung werden diese Politik wirtschaftlich nicht überleben. Für die sich daraus ergebenden regionalen Probleme kann dann möglicherweise in Brüssel um Ausgleichsgelder angesucht werden. Zur Beurteilung der Rechtmäßigkeit von etwaigen Anträgen bleiben dann immerhin in der belgischen Hauptstadt ein paar Arbeitsplätze erhalten.

Der Saldo aus Kosten und Einnahmen aus dem EU-Integrationsangebot ergibt für den Laibacher Staatshaushalt, dass er als Nettozahler in die Europäische Union eintreten wird. Der Ökonom und Rektor der Universität Ljubljana, Jože Mencinger, findet dies nicht in Ordnung. „Die Kosten- und Nutzenstruktur der Europäischen Union ist unfair, wenn sich daraus ergibt, dass Slowenien, das nur 70% des durchschnittlichen Bruttoinlandsproduktes der EU aufweist, zum Netto-Zahler wird."[237] Doch gerade für Mencinger ist auch klar, dass Brüssels Osterweiterung nicht als Hilfsprojekt für kleine postkommunistische Nationalökonomien geplant war, sondern als Lösungsversuch, der eigenen wirtschaftlichen Krise im Westen qua Expansion Herr zu werden. Slowenien ist es – nicht zuletzt wegen seiner historisch guten Ausgangsposition und seiner traditionell wettbewerbsfähigen Exportwirtschaft – dennoch gelungen, sich gegen eine drohende Peripherisierung relativ gut zu behaupten und die beste Position im Rennen der osteuropäischen Kandidaten nach Brüssel einzunehmen.

Tschechien: Wirtschaftliche Eindeutschung

In tschechischen und slowakischen Städten drängen seit Anfang März 1992 neue, hastig errichtete Kioske auf die wilden Marktplätze des Wendekapitalismus. Allerlei Investitionsfonds schlagen ihre Zelte und Plastikhütten oft direkt neben Kirchen oder Straßenbahnstationen auf, Metallcontainer werden zu Bankfilialen, in Glashausimitationen sitzen Investmentberater. Sie werben um die eben erst ausgegebenen Couponbüchlein, mittels derer Václav Havels Berater die so genannte „Große Privatisierung" bewerkstelligen wollen.

Die Idee war so einfach wie unorthodox: Jeder Bürger sollte einen Teil des tschechoslowakischen Volksvermögens erhalten, Aktionär werden. Um 1.000 Kronen, die damals ca. 55 DM wert waren, konnte man bis Ende Februar 1992 ein Couponheft kaufen; die darauf befindlichen 1.000 Punkte berechtigten zum späteren Erwerb von Aktien der sich privatisierenden Staatsbetriebe.

Über 2.000 Unternehmen, von der berühmten Brauerei Pilsen bis zum Hotel Slavia in Karlsbad, sollten – zumindest teilweise – auf diese Art zu volkskapitalistischem Eigentum werden. Allein, die Sache hatte mehrere Haken: Zum Ersten wusste niemand, was die auf der Privatisierungsliste stehenden Staatsbetriebe tatsächlich wert waren, der offiziell verlautbarte Buchwert schwankte zwischen 260 und 470 Mrd. Kronen. Auch war völlig unklar, wie viele dieser 2.000 Unternehmen tatsächlich via Couponmethode ihren Weg in die freie Marktwirtschaft finden würden. Die beiden zuständigen Ministerien in Prag und Bratislava sondierten noch den Bestand, als die Ausgabe der Couponbüchlein längst im Gange war. Für manche Fabriken auf der Liste lagen Rückgabeanträge früherer Eigentümer vor, andere wiederum wurden kurz darauf direkt an ausländische Interessenten verkauft.

Dem Wirrwarr zum Trotz besorgten sich 8,5 Millionen BürgerInnen der Tschechoslowakei, die 1992 mit den vier Buchstaben ČSFR abgekürzt wurde, ihre Couponhefte, die allermeisten von ihnen freilich erst, nachdem Investitionsfonds mit Versprechungen auf enorme Gewinne an die Öffentlichkeit getreten waren. Diese hurtig gegründeten Fonds schoben sich als Vermittler zwischen Couponhalter und Börse. Der landesweit bekannteste, der Harvard-Investitionsfonds, ließ zu Weihnachten 1991 die Nation über TV-Spots und Werbeflächen wissen, er werde binnen Jahresfrist jedes Couponheft für 10.000 Kronen ankaufen, zum zehnfachen Wert des Ausgabepreises also. Bis zum Zeitpunkt dieser groß angelegten Werbeaktion waren es gerade erst 450.000 Privatisierungshungrige gewesen, die dem Aufruf von Finanzminister Václav Klaus gefolgt waren, kurz darauf stürmten weitere acht Millionen die staatlichen Ausgabestellen – um wenige Wochen später vor den Büros und Kiosken der Investionsfonds erneut Schlange zu stehen.

„Diese Fonds sind im rechtsfreien Raum entstanden", klagte der Ökonom und Berater des damaligen slowakischen Oppositionsführers Vladimír Mečiar, Rudolf Filkus, im März 1992: „Niemand ist sich im Klaren darüber, wer dahinter steckt und was sie überhaupt machen dürfen."[238] Viel zu spät wurde an einem Gesetz für diese Katalysatoren der Privatisierung gebastelt. Dem Experiment Privatisierung in der ČSFR, das so grundlegend anders verlief als in Ostdeutschland oder in Ungarn, lag ein schweres Missverständnis zugrunde. Die Hoffnung der Monetaristen in der Prager Föderalregierung, aus den Bürgern über Nacht investitionsbewusste Aktionäre machen zu können, erwies sich als trügerisch. In Wirklichkeit, so versicherten die Praktiker der Privatisierung, begriffen die Menschen den ganzen Trubel als Lotteriespiel.

Die allermeisten dieser Investitionsfonds der ersten Stunde machten bald Pleite. Der Harvard-Investitionsfonds des Finanzmagnaten Viktor Koženy verunglückte ebenso wie später die großen Fonds Trend, CS Fondy und Private Investors.[239] Ein guter Teil des Volksvermögens, das in Form eines Lotteriekapitalismus unter die Leute gebracht worden war, wurde auf diese Weise vernichtet.

Vier Arten der Privatisierung

Neben der Coupon-Privatisierung existierten in der seit November 1989 antikommunistisch gewendeten Tschechoslowakei drei weitere Formen des Eigentümerwechsels, Privatisierung genannt: die Versteigerung von Immobilien und Geschäften, die Rückgabe verstaatlichten Eigentums an vorkommunistische Besitzer sowie der über eine eigene staatliche Agentur betriebene Verkauf von Großbetrieben an – großteils – ausländische Interessenten.

Versteigert wurden hauptsächlich kleinere Objekte, vor allem Geschäfte, Häuser und Grundstücke, unter der Aufsicht der Privatisierungsministerien in Prag und Bratislava. Im „Wiener Institut für Internationale Wirtschaftsvergleiche" wusste der Tschechoslowakei-Spezialist Zdeněk Lukas[240] von ČSFR-weit 20.000 versteigerten Objekten im ersten Jahr, wobei es sich in drei Vierteln der Fälle bloß um ersteigerte Pachtverträge handelte. Wirklich in Privatbesitz gingen nach dieser Methode demnach nicht einmal 5.000 Immobilien oder Grundstücke über.

Nur jene Immobilien, auf die kein früherer Eigner Besitzansprüche angemeldet hatte, kamen unter den Auktionshammer. Die Rückgabe hatte Vorrang vor der Versteigerung. Im Chaos der tschechoslowakischen Gesetzgebung ereigneten sich bei der Einschätzung der Vorbesitzer systematisch Pannen. Zwar war die Frist, bis zu der sich alle Anspruchsberechtigten melden mussten, bereits Mitte 1991 abgelaufen; aber das Föderalparlament hatte seine 1991 gefassten Beschlüsse selbst ab absurdum geführt, als es im Februar 1992 mehrheitlich einer Novellierung des Restitutionsgesetzes zustimmte. Nun sollten auch vor dem ominösen 25. Februar 1948 – dem Zeitpunkt der kommunistischen Machtübernahme – Enteignete ihre Besitztümer teilweise wieder zurückerhalten, solange es sich dabei nicht um Sudetendeutsche oder Ungarn handelte.

Schätzungsweise 330.000 Hektar Wald, ungezählte Schlösser, Hotels und Häuser wechselten also im Frühjahr 1992 auf Grund der Gesetzesnovellierung ihre Besitzer. Diese Art der Rückenteignung aus Staatsbesitz sah altbekannte Adelsgeschlechter als Gewinner: Lobkowitz, Kinsky, Schwarzenberg, Czernin, Colloredo-Mansfeld ... ihre Sprösslinge hatten jahrzehntelang in Wiener Palais als Privatiers oder in diversen Medien überwintert. Jetzt durfte man wieder dürfen. Und man tat.

Familie Lobkowitz, so stand es in der demokratisierten Tageszeitung *Rude Pravo*, erhob noch im Februar 1992 Anspruch auf 17.200 Hektar Wald. Dem Adelsgeschlecht wurden daraufhin per Anfang März 1992, so die Auskunft von Vladimír Halama, Pressesprecher im slowakischen Privatisierungsministerium, vier Schlösser, zwei Paläste und eine Hand voll große Häuser restituiert.[241] Die Kinskys begnügten sich mit 14.000 Hektar, die Colloredo-Mansfeld mit 12.300 Hektar, die Schwarzenbergs mit 10.000 Hektar und die Czernins mit kaum erwähnenswerten 2.400 Hektar.[242] Eine Reihe uralter Adelsgeschlechter konnte nach dem reformierten Restitutionsgesetz von 1992 wieder in ihre Schlösser einziehen. Bei Karel Schwarzenberg bedankte sich das transformierte Böhmen für seine Beratertätigkeit als Kanzler für Václav Havel mit der Rückgabe des Schlosses Orlík, vor dem die kommunistische Modernisierung mittlerweile die Moldau zu einem wunderschönen See gestaut hatte. Barone, Grafen, Fürsten und Prinzen des alten k.k. Hofstaates erhielten, nachdem ihnen die erste tschechoslowakische Republik in republikanischer Aufwallung einen Großteil ihrer Güter weggenommen hatte, große Teile ihres Besitzes wieder zurück. Die Burg Sternberg für Graf Sternberg, das Barockschloss Karlskrone in Chlumetz für Graf Kinsky usw. usf. ... der antikommunistische Privatisierungswahn hat eine längst vergessen geglaubte Klasse, den Adel, in Böhmen, Mähren und der Slowakei wieder besitzend gemacht. Rückgabe fand freilich auch für bürgerliche Voreigentümer statt, ob es sich nun um Häuser, Geschäfte oder Grund und Boden handelte.

Der Verkauf großer Staatsbetriebe an durchwegs ausländische Interessenten – Inländer konnten in der KP-Ära dafür notwendiges Kapital nicht akkumulieren und sich auch in den zwei Jahren seit der Wende kaum derart bereichern, um mit den großen westlichen Konzernen um die ökonomischen Kernstücke der Tschechoslowakei mitzubieten – bildete das Herzstück der Prager Wende. Diese Privatisierungsform wurde von den jeweils zuständigen Branchenministerien im Verein mit dem Wirtschaftsministerium abgewickelt.

Viele Formen der Privatisierung zeitigten unangenehme Nebenwirkungen. Gemeint sind damit illegale Bereicherungen, Korruption und schlichter Diebstahl. In den ersten Wendejahren waren die tschechoslowakischen und später die tschechischen Medien voll von Geschichten über schlitzohrige Privatisierungsgewinner, die sich ins Ausland absetzten, Politiker, die Verwandten billig Staatseigentum zuschanzten, ausländische Investoren, die zu Spottpreisen Erworbenes teuer weiterverkauften etc. Über jede dieser Ungereimtheiten, die medial aufgedeckt wurde, empörte sich die Volksseele, das Wesen der ideologisch argumentierten Privatisierung wurde freilich nicht angegriffen. Ursprüngliche Akkumulation, so mögen es sich die Intelligenteren unter den neoliberalen Administratoren gedacht haben, ist nun einmal keine feine Sache und gerecht schon gar nicht.

Neoliberaler Musterschüler

Was Leszek Balczerowicz für Polen, das war Václav Klaus für die sich transformierende Tschechoslowakei (1989-1993) und später für Tschechien (ab 1993). Mehrere wesentliche Unterschiede ermöglichten allerdings einen erweiterten Handlungsspielraum Prags. Der wichtigste bestand in der historischen Differenz: Böhmen und Mähren, die beiden tschechischen Landesteile, waren ab der zweiten Hälfte des 19. Jahrhunderts industrielle Kernländer gewesen. Als wohl einziges Land des Rates für gegenseitige Wirtschaftshilfe (RGW) war die kommunistische Modernisierung der 1950er bis 1970er Jahre für diesen Teil der Tschechoslowakei nicht mit nachholender Industrialisierung verbunden. Das ehemalige ökonomische Zentrum des Habsburgerreiches mit seinen industriellen Wachstumspolen in Nordmähren und Nordböhmen sowie den Regionen um Pilsen, Prag und Brünn, dem so genannten „Manchester der Monarchie", verlor während der kommunistischen Epoche relativ den Anschluss an das westliche Europa. Es fiel im Vergleich des Bruttoinlandsproduktes, pro Kopf gerechnet, und der Wachstumszahlen sowohl gegenüber Westeuropa als auch gegenüber den osteuropäischen Agrarstaaten zurück. Gleichwohl stellten die tschechischen Landesteile innerhalb des RGW die Region mit dem höchsten Entwicklungsniveau dar, die in den anderen Ostblockstaaten inklusive der Sowjetunion über ein weiträumiges Absatzgebiet für ihre hochwertigen Industriewaren verfügte. Polen hingegen konnte sich wie die Slowakei (und fast alle anderen Länder) bis in die Mitte der 1970er Jahre zu den industriepolitischen Gewinnern der nachholenden Entwicklungsstrategie unter dem roten Banner zählen.

Ein weiterer gravierender Unterschied zwischen der Warschauer und der Prager Transformation lag im Grad der Außenabhängigkeit. Während Polen über hohe ausländische Kredite an die Auflagen des Internationalen Währungsfonds und der Weltbank auf das Engste angebunden war, konnte die Tschechoslowakei weitgehend eigenständig agieren. Prag war in kommunistischen Zeiten – gerade wegen seiner historisch privilegierten Stellung – nicht in die Schuldenfalle gegangen.

Václav Klaus, erst wirtschaftspolitischer Sprecher des Bürgerforums, dann tschechoslowakischer Finanzminister und schließlich tschechischer Ministerpräsident, ging in die Fachbücher der Ökonomie mit dem radikal-liberalen Spruch ein, er wolle in der ČSFR eine Marktwirtschaft ohne Attribute herstellen. Damit meinte er soziale Zugeständnisse und ökologische Rahmenbedingungen, die in jenen Tagen die meisten mitteleuropäischen Christdemokraten versprachen, wenn sie ihrem Publikum Neoliberalismus à la Margaret Thatcher schmackhaft machen wollten. Klaus brach ideologisch damit. Wie im Budapester Weltwirtschaftsinstitut gab es auch in Prag – in der Akademie der Wissenschaften – eine von der KP aufgebaute „Reformzelle", in der Klaus am Institut für Wirtschaftsprognostik die Ostvariante von Reagonomics und Thatcherismus ausarbeitete. Bereits Monate vor dem als politischen Umsturz gewerteten Generalstreik im November 1989 trat der Wirtschaftsfachmann im österreichischen Fernsehen auf und überraschte mit harscher Kritik an damals üblichen sozialdemokratischen Positionen. Radikale Kapitalisierung der völlig maroden tschechoslowakischen Volkswirtschaft sei notwendig, lautete seine Botschaft.

Die Machtübernahme des Bürgerforums im Gefolge der Großdemonstration vom 17. November 1989 gab ihm Gelegenheit dazu. Dass die Umstände der bürgerlich-konservativen, liberalen Revolte, als die sie sich bald herausstellen sollte, niemals geklärt wurden, hat dem Mythos der „samtenen Revolution"[243] indes nicht geschadet.

Die radikale Kapitalisierung ohne Attribute wurde von Klaus im Vergleich zu anderen osteuropäischen Ländern zwar ideologisch hart, praktisch jedoch sozial mehr abgefedert als z.B. in Polen durchgeführt. Dies klingt wie eine Ironie der Geschichte. Doch dahinter steckt die relative Stärke der böhmischen und mährischen Ökonomie, die es trotz gegenteiligen Bekenntnisses ihrer neoliberalen politischen Exponenten erlaubt hat, Tempo und Bedingungen des Übergangs zu den Regeln des Weltmarktes ein wenig selbst mitzubestimmen.

Im Wesentlichen unterschied sich die tschechoslowakische Wende dennoch nicht von jenen in den osteuropäischen Nachbarländern. Anfang September 1990 wurde jedenfalls ein typisches Wendepaket gschnürt, das überall in Osteuropa die Gesellschaften auf den Kopf stellte. Am 1. Januar 1991 trat es in Kraft. Seine Eckpfeiler:

Subventionsstreichung auf allen Ebenen der Produktion und Distribution; Liberalisierung sämtlicher Preise; Abschaffung der staatlichen Kontrolle über den Außenhandel; Investitionsfreiheit für ausländisches Kapital; keine Beschränkung bei der Kapitalausfuhr; schrittweise Herstellung von Währungskonvertibilität; Privatisierung der Staatsbetriebe.[244]

Vor allem während der ersten – entscheidenden – Transformationsjahre riss die ideologische Begeisterung für den Neoliberalismus die wirtschaftliche Vernunft nur allzu oft in den Abgrund. So endete die gesamte Restitution, gegen die sich Václav Klaus vergeblich zur Wehr gesetzt hatte, als ökonomischer Fehlschlag, kamen doch mit ihr neben dem traditionell parasitären Adel oft Menschen in den Besitz von Land, Immobilien etc., die zum einen nicht damit gerechnet hatten und zum anderen mit dem Erworbenen nichts anfangen konnten. Wessen Eltern oder Großeltern vor 40 oder mehr Jahren ihr Leben auf einen bestimmten Grund und Boden oder einen gewerblichen Betrieb gegründet hatten, der hatte nach 40 Jahren Kommunismus selbst meist gänzlich andere Interessen entwickelt sowie sein Leben und Auskommen anders ausgerichtet. Die Restitution diente also der Demonstration antikommunistischer Ideale. Einen praktikablen Schritt zur Beruhigung des kollektiven Schuldgefühls im Angesicht einer ersehnten bürgerlichen Klassengesellschaft stellte sie indes nicht dar. Auch die Diskriminierung kollektiven Eigentums wie beispielsweise des ländlichen Genossenschaftswesens durch die neue Administration war ideologisch bedingt[245], stieß jedoch bei vielen Landwirtschaftlichen Produktionsgenossenschaften (JZD) auf Widerstand. Denn ein Großteil der Genossenschaftsbauern hatte den Vorteil einer gemeinsam betriebenen Landwirtschaft erkannt. Wegen der staatlichen Vorbehalte gegen die Eigentumsform der Genossenschaft mussten oft waghalsige Manöver im Besitzstand durchgeführt werden; manch ein früheres Kollektiv wurde so zur Aktiengesellschaft, um die staatlich vorgesehene Zersplitterung zu vermeiden.

Die tschech-o-slowakische Trennung

Am 31. Dezember 1992 endete die gemeinsame slawische Staatlichkeit auf dem Gebiet Böhmens, Mährens und der Slowakei, die nach dem Zusammenbruch der Monarchie 1918 mit der Unterbrechung durch die deutsche Herrschaft (und die slowakische Eigenstaatlichkeit) zwischen 1938 und 1945 die Tschechoslowakei geformt hatte. Nun, gleichzeitig mit der Übernahme ökonomischer Kernstücke durch deutsche Eigentümer im Land zwischen Cheb/Eger und Ostrava/Ostrau, zerfiel die ČSR/ČSSR/ČSFR in Tschechien und die Slowakei.

Was in den Mainstream-Medien Westeuropas, die seit 1989 auch die inhaltlichen Vorgaben für osteuropäische Print- und Äther-Produkte liefern, als Abkoppelung der Slowakei von Prag beschrieben und gesendet wurde, hat indes zwei Wirklichkeiten. Da war freilich auf der einen Seite der viel beschriebene slowakische Nationalstolz, gepaart mit einem in Böhmen und Mähren weitgehend unbekannten Katholizismus, der auf eine eigene Staatlichkeit setzte. Auf der anderen Seite allerdings standen neoliberale Vordenker vom Schlage eines Václav Klaus; ihnen kam das slowakische Begehren, sich aus der administrativen Umklammerung Prags befreien zu wollen, äußerst gelegen. Denn jahrzehntelang war Geld von Prag und Brünn in die Slowakei gepumpt worden, um in der Mittel- und Ostslowakei eine Industrie aufzubauen. Diese stieß mit dem ungeschützten Eintritt der Tschechoslowakei in den Weltmarkt auf zweierlei Schwierigkeiten: Die großen Stahl-, Metall- und Maschinenbaukombinate waren gegenüber EU-Europa und dem US-Markt nicht konkurrenzfähig; und ihre Hauptbranche, die Rüstungsindustrie, musste politisch mit Widerstand aus den höchsten militärischen Kreisen der NATO rechnen. Rüstungsgüter sind mehr als eine Ware; sie tragen dazu bei, Regierungen und Staaten militärisch und politisch von den Lieferanten abhängig zu machen. Deshalb behielten sich NATO-Staaten, allen voran die USA, die Kontrolle über das Weltrüstungsgeschäft vor, nachdem der Warschauer Pakt in sich zusammengebrochen war. Kein Zufall auch, dass just in dem historischen Moment, in dem die militärische Integration jenseits des Nordatlantik-Paktes, der Warschauer Pakt, aufgelöst worden war, jene Länder unter US/UN-Embargo gestellt wurden, die wohl als einzige zahlungsfähige Kunden für – beispielsweise – die slowakische Rüstungsindustrie dargestellt hätten: Libyen, der Irak und Jugoslawien.

Die slowakische Unabhängigkeit ersparte Prag eine Menge Ärger auf seinem eingeschlagenen Weg nach Westen. Die massive Deindustrialisierung der Slowakei hat in der Folge dort eine mehr als doppelt so hohe Arbeitslosigkeit bewirkt wie in Tschechien. Die vielfältigen negativen Folgen der Schließung von konkurrenzunfähigen oder politisch missliebigen Betrieben waren ab 1. Januar 1993 Sache der Regierung in Bratislava. Der tschechische Ministerpräsident Václav Klaus konnte mit der slowakischen Abspaltung zufrieden sein.

Weniger Zufriedenheit löste die Trennung der beiden Republiken bei großen Teilen der Bevölkerung auf beiden Seiten der neu gezogenen Grenze aus. 310.000 gemischte Ehen hatten in den Jahren zuvor mehr als eine halbe Million Tschechoslowaken gezeugt, die sich nun bis Ende 1993 entscheiden mussten, welche Staatsangehörigkeit sie annehmen wollten. Die Frist für die neue Identität – Tscheche oder Slowake – lief ein Jahr nach dem Ende der beiden Staatsgründungen aus. Und während die Slowakei unter dem im Westen viel gehassten Ministerpräsidenten Vladimír Mečiar allen ehemaligen Tschechoslowaken die Doppelstaatsbürgerschaft anbot, bestand Prag darauf, nur jenen die tschechische Staatsbürgerschaft zu gewähren, die sie exklusiv beantragten. Verständlich, denn sonst hätte die ganze Einrichtung der Tschechischen Republik als wirtschaftlich besser situierter Teil der

ČSFR keinen Sinn ergeben. Erst Jahre später, 1996, hat ein Mann symbolhaft diese restriktive tschechische Staatsbürgerschaftspolitik juristisch geknackt. Petr Uhl, ehemaliger Dissident und nach 1989 kurzzeitig Abgeordneter sowie Leiter der tschechoslowakischen Nachrichtenagentur, erwirkte nach langem Rechtsstreit, dass ihm ein Brünner Gericht die tschechische Staatsbürgerschaft zusprach, obwohl er zuvor die slowakische angenommen hatte.

Besonders drängende Probleme bescherte der restriktive Umgang Tschechiens mit der Staatsbürgerschaft den „Zigeunern" in Böhmen und Mähren. 33.000 Personen hatten sich bei der Volkszählung 1991 auf tschechischem Territorium als Roma erklärt. Schätzungen gingen davon aus, dass es im Wahrheit zehnmal so viele waren. Viele von ihnen sind durch das neue tschechische Staatsbürgerschaftsrecht staatenlos geworden. Das Gesetz zur Aufnahme eines tschechischen Bürgers in die neue Staatlichkeit hatte diesen Exodus der Zigeuner bewusst miteinkalkuliert. Denn es verlangte als Nachweis zur Erlangung der Staatsbürgerschaft einen zweijährigen ununterbrochenen legalen Aufenthalt auf dem Gebiet der Tschechischen Republik sowie eine fünfjährige Straffreiheit. Für Zigtausende Roma war beides schwer beizubringen, wenn sie sich überhaupt für die neue Gesetzeslage interessierten. Zum einen deshalb, weil sie als Erste in den rasch aufgelösten landwirtschaftlichen Staatsbetrieben, in denen viele Roma als Landarbeiter tätig gewesen waren, ihre Arbeitsstelle verloren und sich auf die Suche nach neuen Einkommensmöglichkeiten machten, wobei sie sich in aller Regel an neuen Wohnorten nicht anmeldeten; und zum anderen, weil Kleinkriminalität vor allem in den ersten Monaten der Wende zum Erwerb vieler Zigeunerfamilien gehörte. Das klammheimliche Kalkül der neuen Bürgerregierung um Václav Klaus, Kriminellen und Roma keine tschechische Staatsangehörigkeit zu geben, ist damit aufgegangen. Argumentiert wurde es noch mit dem richtigen, aber zweischneidigen Hinweis auf die historische Herkunft der Roma. Nach 1945 waren viele von ihnen aus der Slowakei gekommen, um in den von Sudetendeutschen gesäuberten Städten Nord- und Südböhmens sowie Südmährens Arbeit und Unterkunft zu finden.

Handfester, manchmal tödlich endender Rassismus gegen Zigeuner tat ein Übriges, um die Vertreibung der ungeliebten Volksgruppe zu bewerkstelligen. „Erschlagen Sie einen Zigeuner, Sie bekommen im schlimmsten Fall eine Bewährungsstrafe", schrieb – durchaus mit kritischem Unterton – die Tageszeitung *Mladá fronta dnes* am 6. Dezember 1994, als zwei südböhmische Skinheads aus Písek ein Jahr Haft auf Bewährung erhalten hatten, nachdem ihnen nachgewiesen worden war, dass sie gemeinsam mit einer Horde Rechtsradikaler einen jungen Roma in den Fluss getrieben und so lange geprügelt hatten, bis er ertrank.

Škoda wird deutsch, Tatra amerikanisch

Um das Vorzeigestück der tschechischen Industrie, die Škoda-Werke in Plzeň/Pilsen und Mladá Boleslav/Jungbunzlau, wurde zu Beginn der Transformation heftig gepokert. Während Václav Havel, Präsident und Schriftsteller, den 1946 verstaatlichten Industriekonzern französischen Eigentümern – Renault – übergeben wollte, setzte sich Regierungschef Václav Klaus mit seiner Privatisierungsvorstellung durch. 1991 übernahm die Volkswagen AG schrittweise die Anteile an der Pkw-Produktion, seit 1996 hält der deutsche Konzern 70% des 1895 gegründeten Automobilwerkes. Die Übernahme durch VW bildete nicht nur den größten Privatisierungscoup Tschechiens, sondern stellt bis heute eine einzigartige Größenordnung im Außenhandel des kleinen Landes dar. Knapp 10% des tschechischen Exports beruhen allein auf der Tatsache, dass Škoda mit Autos und Autoteilen den Weltmarkt beliefert.

1996 wurde eine große Werkshalle in Betrieb genommen, die auf einem neuen betriebswirtschaftlichen Konzept beruht, der so genannten „fraktalen Fabrik". Dabei arbeiten diverse Zulieferer und Montageeinheiten, die nicht zum Konzern gehören, direkt in der Halle bei VW-Škoda. Die Produktion funktioniert somit „just in time" im wahrsten Sinn des Wortes.[246] 19.000 Škoda-Angestellte und 2.500 Leiharbeiter mischen sich bei der „fraktalen Fabrik" mit Firmenangehörigen unterschiedlicher Montage- und Vorproduktionsbetriebe. Für VW kann sich das Ergebnis sehen lassen: Im ersten Jahr (1998), in dem sich für den Konzern die tschechische Investition gelohnt hatte, schüttete „Škoda Auto a.s." 2,2 Mrd. Kronen an seine Aktionäre (also hauptsächlich an VW) aus. Der gegenüber 1997 um 92% erhöhten Gewinnmarge stand eine Zunahme der Belegschaft um 2% gegenüber.[247]

Bei so viel Erfolg drückt die tschechische Öffentlichkeit auch schon einmal ein Auge zu, wenn sich die deutschen Investoren politisch danebenbenehmen. Als beispielsweise am 15. März 1999 in den großen tschechischen Tageszeitungen ein ganzseitiges Inserat unter der Kopfzeile „Die große Frühjahrs-Offensive" erschien, um für Volkswagen zu werben, mussten viele Tschechen an die große Frühjahrsoffensive denken, die auf den Tag genau 50 Jahre zuvor begonnen hatte, als deutsche Truppen am 15. März 1939 das Protektorat Böhmen und Mähren errichteten. Die graphische Gestaltung der Werbeeinschaltung, die eine alte Militärkarte im Zentrum aufwies, machte die Entschuldigung des Konzerns bei den Opferverbänden für manchen Zeitgenossen nicht gerade glaubwürdig.

Während Škoda mit der Übernahme durch den potenziellen Konkurrenten VW zur Erfolgsgeschichte der Transformation wurde, fiel die übrige tschechische Automobilindustrie in die Krise. Am Beispiel der Tatra-Werke kann dieser nachgezeichnet werden. Ebenso wie Škoda kann die in Koprivnice angesiedelte Fahrzeugproduktion auf eine lange historische Tradition verweisen. 1897 wurde der erste Tatra-Personenkraftwagen erzeugt. In den vergangenen Jahrzehnten hat sich vor allem die Lkw- und Spezialfahrzeugproduktion weit über die Grenzen der Tschechoslowakei hinaus einen Namen gemacht. Mehrmals gewannen Tatra-Lkws die Ralley Paris–Dakar. Doch für einen tschechischen Produzenten schien auf dem Weltmarkt der Pkws und Lkws kein Platz und ein westlicher Investor wollte sich lange Zeit nicht finden.[248] Trotz hochfliegender Pläne tschechischer Ingenieure und bester Qualität des so genannten „mährischen Jaguar" wurde 1998 der letzte Tatra-Pkw produziert. Die militärisch nutzbare Spezial-Lkw-Herstellung kaufte dann im Januar 2002 die US-Firma SDC International um billige 33 Millionen US-Dollar. Miteigentümer in der illustren neuen Besitzerrunde ist der ehemalige NATO-Oberkommandierende und US-Außenminister unter Ronald Reagan, Alexander Haig. „Er hat mit seinen vielfältigen internationalen zivilen wie militärischen Kontakten eine Schlüsselstellung bei der Erschließung neuer Kunden von Tatra", gab sich das deutsche *Truckmagazin* überzeugt, dass es nun auch mit Tatra wieder aufwärts gehen könnte.[249]

Industrie, Außenhandel

Ausländische Direktinvestitionen gelten in der Welt der Globalisierungsfans als Indiz für Entwicklung schlechthin. Je mehr, desto besser, lautet dieser hegemoniale neoliberale Ansatz. Eine kritische Sicht der internationalen Arbeitsteilung im Weltmaßstab kann dem freilich nicht Recht geben. Einerseits deshalb, weil damit überhaupt nichts über die Qualität der Investition gesagt wird, ob sie zur Herausbildung eines Binnenmarktes beiträgt oder eine verlängerte Werkbank für den Weltmarkt aufbaut. Andererseits muss allein die Tatsache zu denken geben, dass Auslandskapital so schnell, wie es kommt, bei nächster sich bietender Gelegenheit auch wieder weg sein kann. Die Gefahr der Schließung oder Verlagerung von Standorten ist im Fall organisatorischer Außenabhängigkeit besonders groß. Und Gelegenheiten für noch billigere Produktionen als in Tschechien wird es immer wieder geben.

In Tschechien jedenfalls jubilieren Wirtschaftsforscher und Investmentberater. Kein anderes Land des ehemaligen RGW hat in den vergangenen Jahren seit dem Sturz des kommunistischen Systems – pro Kopf gerechnet – so viel ausländisches Kapital angezogen wie die Tschechische Republik. 2.500 US-Dollar pro Tscheche sind auf diese Weise bis Ende 2001 ins Land geflossen.[250] Die Regierung in Prag verwaltet auch das einzige osteuropäische Land, dessen externer Schuldenstand sich mit den kumulierten Auslandsinvestitionen die Waage hält. Während überall sonst unterm Strich mehr Kapital aus dem Land fließt, als hereinkommt, kann Tschechien ausländisches Kapital tatsächlich in hohem Maße an sich binden.

Dem erfolgreichen Investment mit Riesenübernahmen von Volkswagen (Automobil), Matsushita und Siemens (Elektronik) oder Brau AG (Bier) stehen wenig erfreuliche Zahlen auf dem Arbeitsmarkt gegenüber. Zwischen 1990 und 2000 verloren 17% der Tschechinnen und Tschechen ihren Arbeitsplatz, das sind 764.000 Menschen.[251] Im selben Zeitraum stieg die Arbeitslosigkeit von 0,7 auf 8,8%[252], 457.000 Personen fanden im Jahr 2002 keine Lohnarbeit, Tendenz steigend. Stellt man zudem in Rechnung, dass sich die Lohnstückkosten, also der Indikator für rentables Investment, sukzessive erhöhen und im Jahr 2000 bereits über 30% der österreichischen betrugen[253], so dürfte Tschechien in der Zukunft für gewisse, an der Senkung der Arbeitskosten interessierte Investoren bald an Attraktivität einbüßen. Sein wichtigster Kostenvorteil, die mit traditionell hoher Qualität werkende billige Arbeitskraft, schrumpft von Jahr zu Jahr. Gleichzeitig steigen die Chancen, neben Slowenien das einzige EU-Erweiterungsgebiet zu werden, in dem industrielle Investitionen auch in kapitalintensiven Branchen getätigt werden.

Mehr Unbehagen verursacht in Unternehmerkreisen die Tatsache, dass der postkommunistisch verwaltete tschechische Staat jahrelang – trotz gegenteiliger Beteuerungen – Kreditausfallshaftungen für Industriebetriebe und Banken übernommen hat. Diese so genannten „faulen Kredite" beginnen nun zu stinken. Z.B. im Fall der größten tschechischen Sparkasse, der Česká Spořitelna. Bevor die Erste Bank (Wien) um einen symbolischen Kaufpreis dieses Großunternehmen und damit den größten Teil des tschechischen Sparkassensektors erwarb, wurde die Česká Spořitelna vom Staat entschuldet. Das schlug sich zwar negativ auf das nationale Budget nieder, kam aber der Erste Bank zugute. Nach den Wettbewerbsbestimmungen und dem Beihilfenrecht der Europäischen Union sind solche staatlichen Eingriffe allerdings verboten. Dementsprechend drohten im Herbst 2002 Konkurrenten der Erste Bank, Beschwerde bei der EU-Wettbewerbsbehörde einzulegen. Die unklare Rechtslage, um die möglicherweise ein lang dauernder juristischer Streit entbrennen wird, schadet letztlich auch der Erste Bank.

Das ganze System der verdeckten öffentlichen Schulden, also jener vom Staat garantierten Kredite und Verpflichtungen, auf deren Basis private ausländische Investoren in die tschechische Wirtschaft eingestiegen sind, ist bis heute nicht aufgearbeitet. Der ungarische Ökonom László Andor schätzte im Gespräch mit dem Autor, dass es sich dabei um eine Größenordnung von 15% des Bruttoinlandsproduktes handelt.

Der – zweifelhafte – Erfolg der tschechischen ökonomischen Wende ruht in der Exportorientierung. Weniger drastisch als in Ungarn, jedoch von struktureller Ähnlichkeit erweist sich das Bild, wenn man einen Blick auf die Außenhandelsstatistik und die Branchenstruktur des Außenhandels wirft. Die Abhängigkeit von der Aufnahmefähigkeit des EU-Marktes hat sich in den zehn Jahren nach der Wende sprunghaft erhöht. Waren es 1990 31% der tschechischen Exporte, die in die Europäische

Gemeinschaft gingen, so betrug die Vergleichszahl für das Jahr 2000 bereits 69%.[254] Bei den Importen ergibt sich das selbe Bild. Mehr als die Hälfte dieses Kuchens kommt aus und geht nach Deutschland. Branchenmäßig den Löwenanteil nimmt dabei die Rubrik „Maschinen- und Fahrzeugbau" – inklusive der Automobilproduktion – mit über 44% im Jahr 2000 ein.[255] Die Güterstruktur des Exports weist eine zunehmend einseitige Orientierung auf, sonstige verarbeitete Erzeugnisse und Fertigwaren haben seit der Wende an Terrain verloren.

Landwirtschaft

Ideologischer Übereifer hätte in den ersten Jahren der Transformation beinahe zum völligen Ruin der tschechischen Landwirtschaft geführt. Gesetze gegen kollektiviertes Agrarland waren mehr von antikommunistischem Glauben als von wirtschaftlicher Vernunft geprägt. Die Umwandlung von Genossenschaften in Aktiengesellschaften oder ähnliche Formen kapitalistischen Eigentums bot in der Folge – zumindest für eine Frist von sieben Jahren – einen Ausweg aus dem Dilemma. 1999 wäre dann die Begleichung jener Forderungen fällig gewesen, die vorkommunistische Eigentümer bzw. ihre Nachfahren an die JZD-Nachfolgegesellschaften gestellt hatten, sobald sie nicht selbst im Betrieb arbeiteten. Durch die hohe Verschuldung der Agrarunternehmen, die gerade aus solchen Ansprüchen sowie aus hohen Zinssätzen für Agrarkredite entstanden sind, können die Schulden nicht beglichen werden und schweben wie ein Damoklesschwert über operativ funktionierenden Betrieben.

Der tschechische Staat strich nach 1989 Unterstützungen für Bauern und Landarbeiter weitgehend. Letztere wurden in großer Zahl entlassen, als die Staatsfarmen aufgelöst und ihre Besitzungen für allerlei Restitutionen aus dem landwirtschaftlichen Bereich verteilt wurden. Besonders Roma verloren dabei ihre Arbeitsplätze und damit ihre ohnehin schwach verankerte gesellschaftliche Integration. Den privatisierten oder in kapitalistische Gesellschaftsformen gedrängten Bauern wurden in großer Eile staatliche Agrarsubventionen entzogen. Während in der Europäischen Union die durchschnittliche Unterstützung für einen agrarischen Produzenten zwischen 1986 und 1999 von 48 auf 49% des Bruttoagrareinkommens leicht gestiegen ist, fiel der staatliche Zuschuss in Böhmen und Mähren im selben Zeitraum von 66 auf 25% (!).[256] Zwischenzeitlich, in der Hochblüte des ideologischen Antikommunismus, betrug die Agrarstützung z.B. 1997 überhaupt nur 9%. Die tschechische Landwirtschaft hat also im Jahrzehnt nach der Wende gegenüber den EU-gestützten Bauern in Westeuropa massiv verloren.

Unmittelbar vor dem geplanten EU-Beitritt bestand die tschechische Agrarpolitik hauptsächlich darin, immer geringer werdende Marktpreisstützungen für Milch und Getreide zu bezahlen sowie für Zucker und Fleisch Importzölle einzuheben. Nichtsdestotrotz verschlechterte sich die Bilanz des Agrarhandels mit der EU in den 1990er Jahren dramatisch. Konnten Böhmen und Mähren 1991 noch einen positiven Saldo von 120 Mio. US-Dollar verbuchen, so riss der Handel mit Agrarprodukten zwischen Tschechien und der Europäischen Union 1999 ein Loch in der Größenordnung von 430 Mio. US-Dollar in den Prager Staatssäckel.[257] Tschechiens Markt ist überschwemmt mit verarbeiteten landwirtschaftlichen Produkten aus Deutschland, Österreich, Dänemark und Holland, die – hoch subventioniert – einheimische verarbeitete Produkte vom Markt drängen. Auch der von ausländischen Firmen wie Spar oder Billa kontrollierte Handel forciert diese Entwicklung, indem seine Einkaufspolitik westeuropäische Produkte bevorzugt.

Tschechiens landwirtschaftliche Exporte gehen demgegenüber kontinuierlich zurück, weil die Europäische Union – wie in den Europa-Abkommen nachzulesen ist – Schutzmaßnahmen für den EU-Markt befürwortet. Diese bestehen für Fleisch- und Milchprodukte, Getreide sowie auch für verarbeitete landwirtschaftliche Erzeugnisse. Selbst gegenüber tschechischen Düngemitteln wurden Kontingentierungen eingeführt, weil – wie z.B. der zuständige Außenhandelsexperte in der österreichischen Wirtschaftskammer erklärte – „die osteuropäischen Produzenten zu Preisen liefern, die fast 50% unter dem österreichischen Niveau liegen".[258]

Ein entscheidendes Kapitel der tschechischen Landwirtschaft wird erst in den Jahren nach dem Beitritt zur Europäischen Union geschrieben werden. Dabei geht es um die Kommodifizierung – die Verwandlung in Warenform – von Grund und Boden. Agrarland besitzt auch im Jahr 2002 noch kaum einen Marktwert. Das liegt daran, dass der Erwerb von Grund und Boden in der kommunistischen Tschechoslowakei für Private nicht möglich war und der Bodenmarkt auch nach 1989 Ausländern verwehrt blieb. Die Folge war einerseits, dass eine Besicherung von Krediten durch landwirtschaftlichen Boden nicht funktionierte, was wiederum die Verschuldung von Agrarproduzenten vergrößerte. Andererseits kam es – wie in Ungarn – zu undurchsichtigen Pachtverträgen und Strohmannkäufen vor allem im Westen Böhmens, mit denen sich nach billigem Land gierende deutsche Bauern bereits einen Gutteil der landwirtschaftlichen Nutzfläche sichern konnten, bevor dies offiziell erlaubt wurde. Die Entwicklung von Bodenpreisen nach dem EU-Beitritt Tschechiens ist schwer absehbar, wird jedoch die Gunst- von den Ungunstlagen trennen und erstere zum Objekt der Begierde für kapitalstarke Agrarkonzerne machen.

Slowakei: Das Elend beginnt östlich von Bratislava

Zu Zeiten der Regierung Mečiar klang es fast entschuldigend, wenn westeuropäische Wirtschaftsanalytiker über die vergleichsweise positiven makroökonomischen Eckdaten der Slowakei berichteten. Hohe wirtschaftliche Zuwachsraten, eine niedrige Inflationsrate und ein Bruttoinlandsprodukt (BIP), das – pro Kopf gerechnet – jenem von Ungarn oder Polen überlegen war. So misst man in den statistischen Ämtern üblicherweise das Lebensniveau. Im volkswirtschaftlichen Wettrennen marktwirtschaftlicher Erhebungsdaten lag die Slowakei Mitte der 1990er Jahre an dritter Stelle der osteuropäischen Transformationsländer, hinter Slowenien und Tschechien. Das „Wiener Institut für Internationale Wirtschaftsvergleiche" hat für 1997 den slowakischen Pro-Kopf-Wert des BIP mit 8.900 US-Dollar errechnet (zum Vergleich: Ungarn mit 7.300 US-Dollar; Polen mit 6.400 US-$; Tschechien mit 11.200 US-Dollar).[259]

Verlegen wirkten die Analytiker ob einer solch relativen Erfolgsgeschichte vor allem deshalb, weil die Slowakei jahrelang die westlich geprüften Grundregeln der Transformation nur sehr bedingt befolgte. Ihr Kapitalmarkt war unter Mečiar nicht wirklich liberalisiert, ein ideologisierter Katalog von Bedingungen für eine kapitalistische Integration in den Weltmarkt beherrschte die Szenerie. Eigenwillige, um nicht zu sagen eigenständige slowakische Kapitalisierungspolitik früherer sozialistischer Unternehmenswerte verhöhnte die liberale Apologetik, wonach wirtschaftlicher Aufschwung ausschließlich mit Westkapital zu bewerkstelligen sei. Ausländische Investitionen tropften nur in geringen Quantitäten ins Land. Der Anteil ausländischer Direktinvestitionen am slowakischen Bruttoinlandsprodukt betrug bis 1998 magere 7%, während er in Tschechien mit 13% und in Ungarn gar mit 39% zu Buche schlug.

Zu einem Verkauf staatlichen Eigentums an westliche Interessenten in großem Stil war es also in der Slowakei lange Jahre nicht gekommen. Und die periphere ökonomische Rolle des Landes innerhalb der Tschechoslowakei hatte sich unter der politischen Kontrolle der „Bewegung für eine demokratische Slowakei" (HZDS) von Vladimír Mečiar interessanterweise nicht als Nachteil entpuppt. Rohstoff- und Halbfertigproduktionen fanden auch nach dem Zusammenbruch des RGW auf anderen Märkten Absatz. Štefan Murín, früher stellvertretender Außenminister in der ČSSR und nach der Wende Führungsmitglied der Kommunistischen Partei der Slowakei, ortete in dieser Wirtschaftsstruktur sogar einen gewissen Vorteil. „Während anderswo in Ungarn, Tschechien und Polen westeuropäische Investoren potenzielle Konkurrenzunternehmen kaufen und zusperren, um sie ihren eigenen Überproduktionskapazitäten zu opfern, werden slowakische Rohstoffe auf den internationalen Märkten gebraucht."[260] Holz, Bleche und dergleichen waren es vor allem, die für billiges Geld ihren Weg nach Westeuropa, aber auch in den arabischen Raum fanden. Langfristig wurde mit solch einer Außenhandelsstruktur freilich ein peripheres wirtschaftliches Dasein zementiert. Darüber machten sich auch die Verantwortlichen der HZDS-Regierungskoalition keine Illusionen. Sie setzten auf weiterverarbeitende Produktionsbetriebe in der Metallindustrie, wo Investitionen im Schiffsbau und in der Automobilbranche die slowakische Wertschöpfung in der Zukunft heben sollten.

Derweil saß Ende 1997 bereits ein Gutteil der früheren Metallarbeiter auf der Straße. Selbst in Bratislava, wo die Arbeitslosenquote weit unter dem Landesdurchschnitt von damals 13% lag[261], waren die sozialen Probleme sichtbar. Junge Männer aus den mittelslowakischen Krisenregionen suchten nach Beschäftigung. Dort, in Banská Bystrica, Dubnica und Martin, standen die Fließbänder seit Jahren still. Havels „Konversionspolitik" versetzte der slowakischen Rüstungsindustrie den Todesstoß. „Das hat großen wirtschaftlichen Schaden verursacht", meinte der frühere Wirtschaftsminister und Vizepräsident des slowakischen Parlaments, der Ökonomieprofessor Rudolf Filkus.[262]

Regierungspetition gegen Privatisierungen

Auch in Sachen Energiepolitik wollte sich die Mečiar-Regierung das Zepter nicht aus der Hand nehmen lassen. Vor den Mitte September 1998 stattfindenden Wahlen ließ die HZDS eine Unterschriftenliste auflegen, die in Stadt und Land kursierte. Diese Privatisierungspetition gehörte freilich bereits zum Wahlkampf und stellte sich vehement gegen den Ausverkauf strategischen slowakischen Eigentums an ausländische Eigentümer. „Wir sind dafür, dass der Nationalrat der Slowakischen Republik ein Verfassungsgesetz erlässt", hieß es darin, „wonach die Privatisierung folgender Betriebe verboten wird: Energiebetriebe in der Westslowakei/Bratislava; Mittelslowakische energetische Betriebe/Žilina; Ostslowakische Energiebetriebe/ Košice; Slowakische Gasindustrie/Bratislava; Slowakische Elektrizitätsbetriebe/ Bratislava; Transpetrol." Als Erstunterzeichner fungierte Vladimír Mečiar. Die Petition sollte, so der Plan des schlauen Ministerpräsidenten, gleichzeitig mit den Wahlen als Referendum aufliegen. Mečiars Koalition aus HZDS, der linken Arbeiterassoziation und der rechten Nationalpartei verlor die Wahlen. Die HZDS blieb zwar stimmenstärkste Partei, jedoch Christkonservative, Liberale, ins Sozialdemokratische gewendete Ex-Kommunisten und die ungarische Parteienkoalition formten ein neues, den Begehrlichkeiten westlicher Investoren aufgeschlosseneres Kabinett.

In Brüsseler Ungnade fiel Mečiar vor allem wegen seiner Energiepolitik. Sie war es auch, die im Westen Unmut verursachte. Die diesbezügliche Halsstarrigkeit Mečiars störte Wien, Brüssel und Washington viel mehr als seine autokratische Haltung in demokratiepolitischen Fragen. „Wir wollen nicht auf den Knien in die

Europäische Union", meinte dazu der außenpolitische Sprecher der HZDS, Dušan Slobodník.[263] Zur ersten Missstimmung zwischen dem Weltwährungsfonds (IWF) und der Slowakei kam es übrigens bereits unmittelbar nach der Staatsgründung im Jahr 1993. Damals wurde Mečiar in der Washingtoner IWF-Zentrale um einen Kredit vorstellig. Als Bedingung forderten die internationalen Kapitalismus-Hüter eine 40%ige Währungsabwertung der Krone zwecks Verbilligung des Einkaufs von slowakischem Eigentum für ausländische Investoren. „Wir einigten uns daraufhin, keinen IWF-Kredit in Anspruch zu nehmen", meinte Augustín Húska trocken, „und fanden andere Finanzquellen bei deutschen, französischen und tschechischen Banken sowie durch eine Mobilisierung der eigenen Sparguthaben."[264]

Bei der Finanzierung des damals in Betrieb genommenen Atomkraftwerkes Mohovce wiederholte sich der ausländische Erpressungsversuch. Diesmal war es die Londoner Entwicklungsbank, die für einen Kredit eine Erhöhung der Energiepreise um das Vierfache forderte, um aus dem Verkauf von Atomstrom Kapital schlagen zu können. Bratislava lehnte abermals ab und holte sich das nötige Kleingeld vom privaten Kapitalmarkt in Paris und Moskau.

Mit der russischen Gazprom wurde übrigens 1997 ein langfristiger Vertrag über die gemeinsame Nutzung der Pipelines unterzeichnet, durch die jährlich 80 Milliarden Kubikmeter Gas transportiert werden. Bratislava zeigte sich indes auch unter Mečiar ausländischem Kapital gegenüber keineswegs abgeneigt. „Wir unterstützen investitives Kapital, weniger den direkten Verkauf ans Ausland; und kurzfristiges, spekulatives Kapital versuchen wir zu verhindern", umriss HZDS-Ökonom Húska das wirtschaftspolitische Credo der im Westen gehassten Mečiar-Allianz. Zu den größten Investitionen im Lande zählten das 1994 errichtete Volkswagen-Werk bei Bratislava, der französische Einstieg bei Chemlon, das Investment der österreichischen OMV-Mineralölgesellschaft sowie tschechische Beteiligungen in der Chemieindustrie.

Die Coupon-Privatisierung wurde von Mečiar übrigens im Jahr 1995 gestoppt. Über Investmentfonds, die bald nach der ersten Welle dieser Privatisierungsart die Aktienpakete der lukrativsten Unternehmen gebündelt hatten, konnten ausländische Käufer manches Herzstück ehemaliger Staatsbetriebe unter ihre Kontrolle bringen. So war das nicht geplant. Deshalb zog Mečiar die wirtschaftspolitische Notbremse. Im Westen hat er sich damit wiederum unbeliebt gemacht.

Kalter Winter 2002/03

Die Kälte des slowakischen Winters 2002/03 ist eine soziale. Eine Gesellschaft, die ihrer katholischen Traditionen wegen mehr als die tschechische oder die ungarische auf großfamiliären Verhältnissen aufgebaut war, zerbricht gerade in einzelne Individuen. Wer das Glück hat, ein wenig vom Kuchen der Transformation naschen zu dürfen, dem neidet es der Nachbar. Die Region Bratislava wurde in knapp zehn Jahren nach der Wende zum alle wirtschaftliche Kraft des Landes aufsaugenden Schwamm. Wer östlich davon lebt, hat schon verloren.

In den neu gebauten Galerien rund um den Kiewer Platz im Zentrum der Hauptstadt hat der öffentliche Raum, den die BewohnerInnen der kommunistisch verwalteten osteuropäischen Städte in den 1980er Jahren an Westmetropolen bewunderten, nicht Platz gegriffen. Nur wer nach Geld aussieht, darf hier über die Schwelle in jene amerikanisierten Shopping-Tempel schreiten, deren provinzieller Charakter gleichzeitig eine seltsame Armseligkeit ausdrückt. Dort, wo Wachmannschaften vor Tabak-Trafiken patrouillieren und Marktstände mit „Group-4"-Uniformen vor hungrigen Zeitgenossen geschützt werden (müssen), dort ist Bratislava. Die Kommodifizierung des städtischen Innenlebens verursacht Unwohlsein. In der kleinen osteuropäischen Hauptstadt mit der großen sozialen Differenz wird fast alles bewacht. Die Dichte der durchwegs privaten Wachdienste bringt das pervertierte Unrechtsbewusstsein zum Ausdruck, der Gesellschaft, dem Nachbarn, den eigenen Verwandten etwas gestohlen zu haben. Auf engem Raum stehen Hunderte allradgetriebene Statussymbole, um deren Parkgebühr die Menschen im Osten der Slowakei einen Tag lang leben könnten.

Wer Bratislava in regelmäßigen Abständen besucht, der spürt geradezu die gesellschaftliche Gewalt, die sich der unscheinbaren Donaustadt bemächtigt hat. In Gestalt bewaffneter Wachdienste wirkt sie omnipräsent und übertrieben. Szenen wie jene am 12. Oktober 2002 gehören zum traurigen Alltag. Als an diesem Dienstag im Herbst britischen Fussballfans, die ihre Mannschaft bereits am Vorabend des EM-Qualifikationsspieles gegen die Slowakei als Sieger feierten, die Sperrstunde eines Lokals nicht ausreichte, holte der Besitzer des „Kelt Pub" kurzerhand den Wachdienst. Vier Bewaffnete der Firma Vesuv K.T. Security stürmten daraufhin ins Lokal, feuerten wie wild um sich und verletzten zwei Fans durch Schüsse in den Nacken und in die Beine schwer. Ein einziger Wächter verbrauchte 17 Schüsse zur Herstellung der Ruhe. An Sperrstunde war freilich auch danach nicht zu denken. Polizei, Rettungswagen und Ermittler hatten viel zu tun. Dass private Sicherheitstruppen bewaffnet Sperrstunden im Gastgewerbe erzwingen, stellt der neokapitalistischen slowakischen Gesellschaft jedenfalls kein gutes Zeugnis aus.

Devot gegenüber NATO und Europäischer Union

Die neue politische Elite der Slowakei hat sich nach dem Sieg über die Option einer national-sozialen Alternative bei den Parlamentswahlen 2002 weiterhin als Verwalter der peripheren Westintegration des Landes in Brüssel empfohlen. Die

Grundhaltung der Christlich-Konservativen und Ungarisch-Nationalen ist eine devote; übereifrig erfüllen ihre Repräsentanten die Vorgaben des Acquis communautaire. Und brav rapportieren sie geeignetes wirtschaftsstatistisches Zahlenmaterial, das einzig den Zweck erfüllt, ausländischen Investoren ihre Anlagen oberhalb des ungarischen Donauknies zu versüßen. 3,9% Wirtschaftswachstum[265] konnte sein Land im vergangenen Jahr verzeichnen, erzählt Jaroslav Náhlik, Direktor der Abteilung für Europaintegration im Finanzministerium, im November 2002 stolz dem Autor. „Im Angesicht der Weltlage und der Terrorattacken vom 11. September ist das eine gute Botschaft", klopft sich der Liberale auf die eigene Schulter, vergisst jedoch hinzuzufügen, dass die Slowakei nach einem Totaleinbruch in den Jahren 1989 bis 1991 statistisch von ganz weit unten startet. Was Náhlik hingegen freimütig zugibt, ist eine Arbeitslosenrate von 19%, die er als Problem, jedoch nicht als gesellschaftliches Hemmnis betrachtet.

Gepriesen wird auch die soziale Ruhe im Land. Bei durchschnittlichen Löhnen, die fünf- bis sechsmal geringer sind als vergleichbare Entlohnungen in Österreich oder Deutschland, haben sich in den vergangenen Jahren rund um Bratislava westeuropäische Industrieriesen angesiedelt, die die Nähe zum EU-Markt und die guten Verkehrsverbindungen mit Schiff, Bahn, Autobahn und Flugzeug nutzen, um Extraprofite zu erzielen. Ende 2002 hat der Volkswagen-Konzern in Wolfsburg entschieden, nun auch noch einen Teil der Herstellungskette von Seat-Spanien hierher in die slowakische Hauptstadt zu verlegen. Demnächst werden Pkws der Marke „Ibiza" von slowakischen Arbeitern gefertigt werden. Gewerkschaftliche Kämpfe um Überstundenbezahlung in Spanien gaben für die VW-Bosse den Ausschlag; in Bratislava garantiert vorläufig neben einer pflegeleichten Regierung auch eine willige, Streiks nicht gewohnte Arbeiterschaft die Renditen der Auslandsinvestoren.

Voraussetzung für die widerspruchslose Übernahme des EU-Besitzstandes, der für die Slowakei weitere soziale Entbehrungen vorsieht, war der Sieg der christkonservativen Kräfte um Mikuláš Dzurindá bei den Wahlen 2002. Dzurindás Herausforderer, Vladimír Mečiar, hatte mit seiner „Bewegung für eine demokratische Slowakei" (HZDS) nach der Unabhängigkeitserklärung 1993 zwei Perioden lang (bis 1998) versucht, in wechselnden Koalitionen mit linken und rechten Kleinparteien einer einseitigen Orientierung der Slowakei in Richtung Westeuropa ein nach Russland gerichtetes außenwirtschaftliches Standbein entgegenzusetzen. Diese Art der wirtschaftsphilosophischen Balance zwischen West und Ost war in Brüssel und Washington nicht gefragt, weshalb EU-Kommission und State Department offensiv in den 2002er-Wahlkampf eingegriffen haben (wie schon 1998, als mit schätzungsweise 2-4 Mrd. slowakischen Kronen die Christkonservativen und Liberalen von außen unterstützt wurden[266]). Weil sich die HZDS zudem als Bewegung profilierte, die der Umsetzung der Maastricht-Kriterien nicht die alleinige

Priorität eingeräumt hatte und die sozialen Strapazen der Transformation durch die Erhöhung der Geldmenge abfedern wollte, galt sie im Westen als unsicherer Partner. Gänzlich inakzeptabel wurde Mečiar allerdings für die Brüsseler Verwalter, weil er zwischen einer taktischen und einer strategischen Privatisierung unterschied. Erstere führte die HZDS-Regierung zügig durch, wobei auffällig viele Parteigänger und Sympathisanten zum Zug kamen, was dem investitionshungrigen westlichen Kapital nicht passte. Als noch schlimmer wurde jedoch von Brüssel das Njet zur Privatisierung so genannter strategischer Betriebe eingeschätzt. Dazu gehörten laut HZDS v.a. die Energie, der gesamte Gassektor und die Rüstungsindustrie. Mečiar hat immer wieder versucht, Arrangements mit russischen Geldgebern zu treffen. Bei der durch die Slowakei führenden Gaspipeline ist ihm dies ebenso gelungen wie bei der Nachrüstung des Atomkraftwerkes Mohovce, wo er französische, deutsche und russische Investoren in ein gemeinsames Joint Venture zwang. „Es ging der EU und den USA um den Ausverkauf des strategischen Sektors"[267], gibt sich Augustín Húska, Wirtschaftsprofessor und Langzeitabgeordneter der HZDS, überzeugt. Für die Europäische Union waren all diese Versuche Unsicherheitsfaktoren auf ihrem Kurs, die Slowakei einseitig auf westlichen wirtschaftlichen Bedarf zuzurichten. Schon unmittelbar nach dem slowakischen Antrag um Aufnahme in die Europäische Union im Sommer 1995 versteifte sich die Europäische Kommission auf eine negative Stellungnahme gegenüber Bratislava, das damals von der HZDS regiert wurde: „Aufgrund der von ihr durchgeführten Analyse ergibt sich für die Kommission", hieß es da, „daß die Slowakei infolge der Instabilität ihrer Institutionen, deren mangelnder Verankerung im politischen Leben und den Verstößen gegen demokratische Prinzipien nicht in ausreichender Weise die vom Europäischen Rat von Kopenhagen gesetzten Bedingungen erfüllt."[268] Etwas verklausuliert brachte Brüssel damit zum Ausdruck, dass in Bratislava keine für Auslandsinvestoren verlässliche Kraft am politischen Ruder sitze und Privatisierungen falschen Eigentümern anheim fielen.

Es war nur folgerichtig, dass dann vor den Parlamentswahlen im September 2002 von EU-Kommissionspräsident Romano Prodi bis zum Erweiterungskommissar Günter Verheugen die Spitzen der Brüsseler Bürokratie die slowakischen WählerInnen dazu aufriefen, ihre Stimme nicht der HZDS zu geben, widrigenfalls sie eine Aufnahme des Landes in die Europäische Union vergessen könnten. Die Einmischung von außen zeigte Wirkung: Die HZDS verlor die Wahlen, die christlich-konservativen und neoliberalen Kräfte dankten Brüssel seine Unterstützung mit der Verordnung eines Sparpaketes zum 1. Januar 2003 und mit der Privatisierung der slowakischen Gasgesellschaft SPP.

Grundsätzlich gegen eine Mitgliedschaft der Slowakei in EU und NATO ist keine parlamentarische Kraft; allenfalls die 2002 wieder ins Parlament gewählten Kommunisten stehen der militärischen Integration ablehnend, der wirtschaftlichen skeptisch gegenüber. Warum die HZDS ihre bis 1998 betriebene Gegnerschaft zu einer einseitigen Westorientierung letztlich aufgegeben hat, erklärt der mittlerweile 72-jährige Augustín Húska mit dem Krieg der NATO gegen Jugoslawien. Húska, der im innersten Kreis der ehemaligen Regierungen gesessen ist und auch Angebote an Kroatien und Serbien ausgearbeitet hat, die drohenden Konflikte auf dem Balkan mit slowakisch-tschechischer Unterstützung abzuwenden, erzählt vom enormen Druck auf die HZDS in Bratislava. Reisen zur Krisenintervention nach Jugoslawien wurden systematisch von NATO-Seite verhindert. „Der NATO-Krieg 1999 gegen Jugoslawien war auch ein Signal an uns, keine Vision einer politischen Selbständigkeit mehr zu haben. (...) Wir haben ja gesehen, was mit Kräften passiert, die unabhängig sein wollen."[269] In den Augen des Mečiar-Vertrauten war die Abwendung vom Kurs einer gewissen wirtschaftlichen Unabhängigkeit, wie sie Mečiar 1999 vollzog, auf die Angst vor einer ausländischen Intervention zurückzuführen. Genützt hat das der HZDS nichts, denn – so mögen es sich Prodi und Solana gedacht haben – die Angst ist ein schlechter Ratgeber. Die Europäische Union hat lieber auf die Unterwürfigkeit der christlich-konservativen und liberalen Eliten gesetzt.

Die Rolle der Slowakei im peripheren Integrationsprozess

Die im Vergleich mit Tschechien, Ungarn und Polen billigste Arbeitskraft stellt den wesentlichen Kostenfaktor dar, auf den die slowakische Transformationsökonomie aufbaut. Dementsprechend boomen jene Industrien, in denen der Arbeitskostenanteil hoch ist; besonders Leichtindustrien und Komponentenbau befinden sich im Aufwind. Leder verarbeitende Industrie sowie die Fertigung von optischen Geräten hatten im Jahr 2002 Zuwachsraten jenseits der 20%-Marke.[270] Mit einem durchschnittlichen Monatseinkommen von umgerechnet 290 Euro bietet die Slowakei westeuropäischen Investoren geradezu traumhaft niedrige Löhne, eine Arbeitslosigkeit von knapp 20% sorgt für ein industrielles Reserveheer, das ehrgeizige Forderungen von Gewerkschaften im Keim ersticken würde.

Prinzipiell kann davon ausgegangen werden, dass die großen Investoren im Wendejahrzehnt „tax free" willkommen geheißen wurden. Den meisten von ihnen wurde – neben allerlei Vorleistungen wie der Entschuldung von Betrieben vor der Übernahme oder der Aufschließung von Grund und Boden – zehnjährige Steuerfreiheit gewährt; konzerninterne Gewinnverschiebungen tun ein Übriges, um die Kosten zu senken.

Zum Beispiel Volkswagen: Das VW-Werk in Bratislava bestimmt den slowakischen Außenhandel zu fast einem Viertel.[271] Die starke staatliche slowakische Unterstützung für diesen Megabetrieb ist auch den Wettbewerbsbehörden in Brüssel sauer aufgestoßen. Also stritt man bei den Verhandlungen um den Acquis communautaire auch um das Kapitel „Wettbewerb". Volkswagen war von Bratislava Steuerfreiheit bis 2007 versprochen worden. Eine solche Politik ist jedoch nach EU-Recht wettbewerbsverzerrend. Der einschreitende Kommissar musste allerdings feststellen, dass der Wolfsburger Automobilkonzern im Verein mit der Regierung in Pressburg nicht gewillt war, in diesem strategisch wichtigen Fall dem hehren Marktprinzip nachzugeben. Also erwirkten VW und Dzurindá eine Ausnahmeregelung vom Wettbewerb. VW darf bis 2007 steuerfrei in der Slowakei wirtschaften.

Dieselben „tax holidays" wurden übrigens auch dem amerikanischen Stahlriesen US-Steel gewährt, der im ostslowakischen Košice 80% der Anteile des Kombinats VSŽ gekauft hatte. Obwohl EU-Regeln explizit die staatliche Förderung von Sektoren wie Automobil, Stahl, Schiffsbau etc. ausschließen, darf US-Steel sogar bis 2010 steuerfrei produzieren. Eine Quotierung der Importe in die EU soll den peinlichen Fall verhindern, dass ein von einem EU-Mitglied (Slowakei) geförderter US-Konzern billig den europäischen Markt überschwemmen kann. Wie diese Restriktion, mit der sich Brüssel zufrieden gab, nach einem Beitritt der Slowakei und dem Wegfall der Grenzkontrollen funktionieren soll, bleibt allerdings schleierhaft.

Von der sozialen zur regionalen Differenz

Jeder fünfte arbeitsfähige Slowake findet keinen regulären Job. Für Arbeitsmarktpolitik sind im Budget der Regierung ebenso wenig Mittel vorgesehen wie für das Gesundheits- oder das Rentenwesen. Im Gegenteil: Der neue Gesundheitsminister Rudolf Zajac hat Ende 2002 ein Programm zur „Reform" des Spitalswesens vorgelegt, dessen neoliberale Vorbilder unübersehbar sind: 60 Spitäler sollen geschlossen werden, in allen übrigen müssten sich die Kranken daran gewöhnen, selbst für Essen, Logis und Medikamente zu bezahlen. Und damit die „Reform" perfektioniert wird, soll der Patient auch für die Kosten des Rettungswagens aufkommen, sollte er einen solchen brauchen, um das Krankenhaus erreichen zu können. Diese – wie üblich als „Reform" titulierte – Einsparung wird ideologisch vom Kampfgeist gegen den staatlichen Paternalismus begleitet. Seine eigene Gesundheit dem Staate zu überlassen, heißt es in regierungsamtlichen Erklärungen und Aufrufen für eine neoliberale Sozialpolitik, sei ein gedanklicher Rest aus kommunistischen Zeiten; heute gehe es darum, dass jeder seine Gesundheit in die eigene Hand nehme. Die aus solch einer Philosophie entstehenden sozialen Distanzen zwischen wenigen Reichen und vielen Armen sind für eine Gesellschaft wie die slowakische allemal verheerender als in Deutschland oder Österreich. Denn in Westeuropa gibt es über die Jahrzehnte eine gewachsene Mittelschicht, die zwar heute angesichts der mit Maastricht-Logik geführten Angriffe auf soziale, kommunale und kulturelle Errungenschaften vom Abstieg bedroht ist, jedoch immer noch gewisse Reserven aufweist, um zu überleben. Im Osten wurden alle Reserven durch die Inflationen der frühen 1990er Jahre aufgefressen und ein Mittelstand wurde in kommunistischer Zeit nicht gepflegt.

Die Antwort auf die hohe Arbeitslosigkeit heißt Schwarzarbeit. Im informellen Sektor verdingen sich Zigtausende zu noch billigerer Entlohnung, unversichert und unorganisiert. Die auch im osteuropäischen Vergleich extrem hohe Arbeitslosigkeit in der Slowakei wurzelt unter anderem in der kommunistischen Familienpolitik Anfang der 1970er Jahre. Damals stachelte die Föderalregierung in Prag ihre Genossinnen und Genossen zu höherer Reproduktivität an und erließ kinderfreundliche Gesetze: längere Karenzzeiten für Frauen, relativ hohe Zuschüsse für kinderreiche Familien und die Möglichkeit für junge Paare, günstige Kredite in Anspruch zu nehmen. In Böhmen und Mähren holte man sich zwar das Geld von der Bank, dachte jedoch nicht daran, deswegen mehr Kinder in die Welt zu setzen. Im katholischen Milieu der Slowakei ging die Absicht der kommunistischen Regierung auf; Familien mit vier und mehr Kindern sind hier keine Seltenheit. Heute sind diese unter kommunistischen Produktionsbedingungen geschulten jungen Menschen für verwertungsorientierte Arbeit unbrauchbar, viel zu viele von ihnen drängen auf einen Markt – den Arbeitsmarkt –, den sie nicht gewohnt sind. In Tschechien, wo der Altersdurchschnitt der Bevölkerung um einiges höher liegt, kämpft die Politik nicht so sehr mit der Arbeitslosigkeit als mit der Unfinanzierbarkeit der Renten.

Das Straßenbild in Bratislava gibt über die im Kapitalismus unbrauchbar Gewordenen allerdings kaum Auskunft, sieht man von den vielen Wächtern ab, die vor jedem größeren Geschäft patrouillieren. Denn die Region um die Hauptstadt konstituiert die große Ausnahme im Lande; hier genießen überdurchschnittlich viele Menschen ein höheres Lebensniveau. Das Bruttoinlandsprodukt pro Kopf, auch wenn es als statistische Größe die soziale Differenz außer Acht lässt, weist für die Region Bratislava – kaufkraftbereinigt – einen Wert auf, der sich mit EU-Städten durchaus messen kann. Der Osten, Süden und Norden des Landes hat ein vergleichsweise dreimal geringeres BIP/Kopf.[272] Das absolute Armenhaus der Slowakei liegt um die Städte Prešov und Svidník, wo die Arbeitslosigkeit bis zu 60% beträgt. Auch in der ehemaligen Rüstungsschmiede Martin stehen 35% der ehemals Werktätigen ohne feste Arbeit da. Weder die slowakische Regierung noch die Brüsseler Erweiterer haben auf diese soziale Frage eine Antwort. Außer vielleicht jener zynischen, bis zum Beitrittsjahr osteuropäischer Länder eine Kriseninterventionstruppe von 60.000 Mann aufzustellen. Doch soziales Elend militärisch oder polizeilich bekämpfen zu wollen kann auf die Dauer nicht funktionieren. Insofern ist jenen Stimmen zuzuhören, die vor gesellschaftlichen Katastrophen warnen, die in der immer tiefer werdenden sozialen und regionalen Kluft schlummern.

Die Belastungswelle rollt

Am 14. November 2002 beschloss die Regierung Dzurindá gegen die Stimmen aller Oppositionsparteien das mutmaßlich härteste Sparprogramm Osteuropas nach der Jahrhundertwende. Kürzung öffentlicher Ausgaben, Erhöhung der Mehrwertsteuer sowie Preiserhöhungen bei Strom, Gas, Benzin, Wohnung, öffentlichem Verkehr und Zigaretten zählen zu den Eckpfeilern dieses an den Maastricht-Kriterien der Europäischen Union orientierten Planes. Wegen der Parlamentswahlen im Jahr 2002 hatten die Christkonservativen und Liberalen jede Teuerung aufgeschoben, 2003 bricht diese nun über die Slowakei herein.

Der Schlüsselbegriff im Jargon der Ökonomen heißt „Deregulierung der Preise". Kurz vor dem ersehnten EU-Beitritt sollen – bzw. müssen auf Geheiß Brüssels – alle versteckten staatlichen Subventionen gestrichen werden. Jaroslav Náhlik vom Finanzministerium nimmt im Gespräch mit dem Autor kein Blatt vor den Mund, wenn er über die Dimension der Belastungswelle spricht. Ab 1. Januar 2003 steigt der Gaspreis um 45%, die Elektrizität wird um 40% teurer, starke Erhöhungen sind bei den Mieten staatlicher oder kommunaler Wohnungen (100%) veranschlagt, ebenso bei Wasser, Abfallentsorgung und öffentlichem Verkehr (20%). Die Europäische Union schlägt zudem höhere Steuern auf Zigaretten, Wein und Benzin vor. Der wahrhaft umverteilende Effekt kommt bei der Neuordnung der Mehrwertsteuer zum Ausdruck. Diese klassische Massensteuer, die untere Einkommen strukturell mehr belastet als obere, weil alle, gleichgültig, wie viel sie verdienen, den selben Zuschlag für das Staatsbudget zu leisten haben, muss generalsaniert werden. Brüssel, so gesteht Náhlik freimütig[273], drängt auf Erhöhungen gerade dieser Massensteuer.

Eingeführt wurde das ideale Instrument einer relativ höheren Besteuerung niedriger Einkommen, die Mehrwertsteuer, im Jahr 1993. Damals glaubten die postkommunistischen Parteiführer noch, damit ein wenig sozialen Ausgleich steuern zu können, indem Luxusgüter mit einem 23%igen Zuschlag und Güter des täglichen Bedarfs mit nur 10% MWSt belegt wurden. Dieser reduzierte Mehrwertsteuersatz war der Europäischen Union ein Dorn im Auge, bedeutet er doch, dass sich der Staat sein Geld für das Budget anderswo als bei Otto Normalverbraucher holen muss und vielleicht sogar – demnächst – auf die Idee kommen könnte, Gewinne oder Vermögen mit namhaften Beträgen zu belasten. Dem sei vorzubeugen, weshalb das zu Jahresende 2002 vorgestellte Reformpaket eine Erhöhung des reduzierten Mehrwertsteuersatzes von 10% auf 14% sowie eine Senkung der höheren Mehrwertsteuer von 23% auf 20% vorsieht. Lebensmittel, Elektrizität, soziale Einrichtungen etc., die bisher mit 10% massenbesteuert wurden, werfen ab 1. Januar 2003 4% mehr für Vater Staat ab. Eine schlagartige Erhöhung der Zigarettenpreise wurde zwar von der Europäischen Union gefordert, Bratislava erkämpfte sich allerdings in dieser einen Preisfrage eine Fristverlängerung. Während in der Europäischen Union ab 1. Januar 2004 pro 1.000 Zigaretten mindestens 64 Euro staatliche Steuern eingehoben werden müssen – die freie Marktwirtschaft lässt grüßen –, darf die Slowakei diese Massensteuer bis 2009 schrittweise nachholen; wobei ihr selbstverständlich gleichzeitig verboten ist, billige Zigaretten in den EU-Raum zu exportieren.

Im Gefolge der massiven Preiserhöhungen geraten freilich die niedrigen Lohnkosten unter Druck. Wenn alle staatlichen Subventionen wegfallen und gleichzeitig genau jene Massensteuern auf EU-Niveau eingeführt werden, die in den westeuropäischen Ländern bestehen, dann wird über kurz oder lang der entscheidende Kostenvorteil, die billige Lohnarbeit, für die Slowakei kleiner. Ausländische Unternehmen werden dazu übergehen, ihre arbeitsintensiven Produktionsstätten – und solche existieren rund um Bratislava – in noch billigere Länder wie z.B. die Ukraine oder Weißrussland zu verlegen; derweil tröstet man sich in liberalen Kreisen der Slowakei noch mit der gängigen Hoffnung, Lohnsteigerungen mit erhöhter Produktivität wettmachen zu können.

Land in Auslandshand

Zwischen 1995 und 2001 verdoppelte sich die Auslandsverschuldung der Slowakei. Sie beträgt am Vorabend des geplanten EU-Beitritts 11 Mrd. US-Dollar.[274] Im selben Zeitraum erhöhte sich das Bruttoinlandsprodukt/Kopf um bloße 7%. Die aufgenommenen Kredite flossen demzufolge in keinster Weise in die reale Wirtschaft, sie dienten vornehmlich zur Zinstilgung alter Schulden und für die Durchführung von Strukturmaßnahmen – schreib: Sparmaßnahmen – im öffentlichen Sektor. Den 11 Mrd. US-Dollar Auslandsschulden stehen 2001 5 Mrd. US-Dollar an ausländischen Investitionen gegenüber, kumuliert seit der Wende, versteht sich. Die Begleichung des Schuldendienstes erfordert mehr Mittel als alle ins Land kommenden Direktinvestitionen zusammen genommen. Wenn man dazu die Steuerfreiheit für große ausländische Investitionen und den freien Gewinntransfer in Richtung Mutterkonzerne rechnet, ist unschwer feststellbar, welch kontinuierlicher Strom an Kapital jährlich aus der Slowakei in Richtung Westen gesogen wird.

Bevor das Regelwerk der peripheren Anbindung an westliche Konzern- und Bankzentralen – bestehend aus einem Schuldendienst knapp am Grad volkswirtschaftlicher Erschöpfung und an der vollständigen Übernahme der gewinnträchtigen Wirtschaftssektoren durch kapitalstarke ausländische Eigner – installiert werden konnte, mussten allerdings eigenständig funktionierende, durchaus konkurrenzfähige Produktionsstränge zerstört werden. Im Fall der Slowakei passierte dies unter anderem mit der so genannten „Friedensoffensive" des Prager Dichters und tschechoslawischen Präsidenten Vacláv Havel bereits Anfang der 1990er Jahre. Gemeinsam mit seinem damaligen Außenminister Jiří Dienstbier propagierte er die Einstellung der Waffenproduktion als „zivilisatorisches Projekt"; sie stünde einem neuen, demokratisch geführten, den Frieden liebenden Land nicht zu Gesicht, hieß es. Die Waffen produzierende Schwermetallindustrie in der Slowakei musste vor dieser scheinbaren Friedenspolitik kapitulieren.

Als Tschechien dann wenige Wochen vor dem ersten NATO-Krieg in Europa, gegen Jugoslawien, im Frühjahr 1999 dem nordatlantischen Bündnis beitrat, war von Friedensgesängen aus dem Hradschin in Prag nichts mehr zu hören; und als Havel am 21. November 2002 die politischen und militärischen Chefs aller NATO-Länder in Prag zur weiteren Erweiterung des Kriegsbündnisses empfing, lächelte der frühere Dramatiker zufrieden. Ein Lebenstraum, so kommentierten die Medien den Prager NATO-Gipfel, sei für den mittlerweile alt gewordenen Präsidenten in Erfüllung gegangen. Havels Angebot an die in Prag geborene Madeleine Albright, als US-Außenministerin für die Bombardements auf Belgrad, Novi Sad und Priština verantwortlich, seine Nachfolgerin als tschechische Präsidentin auf der Burg in Prag zu werden, lehnte diese ab. Dieser Traum des Dichters fand also keine Entsprechung in der Wirklichkeit.

Zwischen der „Friedensoffensive" und dem NATO-Beitritt lag die vollständige Zerschlagung der slowakischen Rüstungsindustrie. Noch in den 1980er Jahren war die ČSSR unter den weltweit sechs größten Exporteuren von militärischen Gütern, die Metallschmieden und -betriebe dafür standen in der Mittelslowakei, in Nordmähren, in Brünn und in Pilsen. Vacláv Havel nahm mit wohlwollender Unterstützung der US-amerikanischen, deutschen und französischen Konkurrenz die slowakischen Militärfahrzeuge und Panzer vom Markt. Dass er dies aus friedenspolitischen Erwägungen tat, wollen ihm heute noch so manche PazifistInnen glauben. Es ist nicht wahr.

In der Region um Martin, wo Kettenfahrzeuge aller Art produziert wurden, verloren in den 1990er Jahren über 100.000 Menschen ihre Arbeit, sie machen 20% der gesamten slowakischen Arbeitslosen aus.

Während also die Produktion von Rüstungsgütern zur Freude der Konkurrenten eingestellt wurde, stand im Banksektor die Übernahme durch ausländische Institute an. Dies geschah auf folgendem Weg: Die Krise der tschechoslowakischen Volkswirtschaft Ende der 1980er Jahre entpuppte sich in der Folge immer mehr als eine Bankenkrise. Um marode Betriebe nach dem Ende der Kommunewirtschaft zu retten, pumpte der Staat via Staatsbanken Kredite in den Produktionsbereich, die durch keine Sicherheiten mehr gedeckt waren. Als so genannte „faule Kredite" standen sie in den Bilanzen der Banken. Deren Privatisierung war auf diese Weise blockiert, kein westlicher Investor hätte eine Bank mit Altschulden aus der Zeit spät- oder postkommunistischer Rettungsversuche übernommen. Also entschied sich die slowakische Regierung Dzurindá – wie die tschechische schon zuvor – Ende der 1990er Jahre, die Bankschulden ins Staatsbudget zu übernehmen. „Reinigung des Portfolio", hieß dieser Vorgang in der Fachsprache. Mit einem Schlag waren die Bankbilanzen gereinigt. Westliche Unternehmen ergriffen die Chance und übernahmen zu Sonderkonditionen die größten Geldinstitute: Die Erste Bank aus Wien kaufte für billige 17 Mrd. slowakische Kronen (das entspricht ungefähr 400 Mio. Euro) das weit verzweigte Netz der Slovenska Spořitelna; die italienische Banca Intesa schlug beim zweitgrößten Institut, der Všeobecná uverová banka, zu.

Bevor die Slovenska Spořitelna um 17 Mrd. Kronen an die österreichische Erste Bank verkauft wurde, übernahm die Pressburger Regierung allein für diese Bank 39 Mrd. Kronen an Schuldtiteln ins Staatsbudget. Dieses „Geschäft" wurde also mit einem Verlust von 21 Mrd. Kronen für den slowakischen Haushalt abgeschlossen. Der österreichischen Erste Bank überließ man bei der Slovenska Spořitelna Spareinlagen in der Höhe von 100 Mrd. Kronen. Kreditzinsen von 5 bis 8% garantieren, dass ohne irgendwelche sonstigen Maßnahmen die Investition des österreichischen Geldinstituts bereits nach etwas mehr als zwei Jahren wieder verdient ist.

Die Regierung Dzurindá bescherte dem Staatssäckel für die Bilanzreinigung der Banken ein Minus von 100 Mrd. Kronen. Zdeněk Lukas vom „Wiener Institut für Internationale Wirtschaftsvergleiche" geht davon aus, dass der Schuldendienst allein für diese der Privatisierung vorangegangene Maßnahme auf Jahre hinaus 11 bis 12% des BIP kosten wird.[275] Westeuropäische Banken können frohlocken: 75% des gesamten slowakischen Kredit- und Sparwesens befinden sich Ende 2001 in ihren Händen[276], schuldenfrei.

Ein anderer Ausverkauf steht der Slowakei erst nach dem EU-Beitritt ins Haus: der von Grund und Boden. Anders als in Tschechien führte die Restitution von Agrargütern nach 1991 in der Slowakei in vielen Fällen zurück zu kleinbäuerlichem Besitz, wie er vor 1948 bestanden hatte. Fehlende Grundbücher haben allerdings ein heilloses Chaos gestiftet. Heute wird davon ausgegangen, dass es in der Slowakei ca. 400.000 Hektar „nicht identifizierte Erde" gibt, wie der Agrarfachmann und Parlamentsabgeordnete Miroslav Maxon gegenüber dem Autor feststellte. Nach dem Wahlsieg des Dzurindá-Blocks im September 2002 wurde die Restitutionsphase bis 2006 verlängert. Was bis dahin keinem vorkommunistischen Besitzer zugeordnet werden kann, verfällt an die Gemeinden. Unsicherheiten beim Verkauf von Grund und Boden bleiben also noch auf Jahre hinaus bestehen.

Bei den agrarwirtschaftlich nutzbaren Böden hat der Griff nach dem Land längst eingesetzt, auch trotz einer Reihe von gesetzlichen Hindernissen. Ausdrücklich verboten ist der Kauf von Grund und Boden nur natürlichen Personen, die nicht in der Slowakei leben, also Bauern aus Deutschland und Österreich. Juristische Personen sind davon nicht betroffen, Agrokonzerne aus Westeuropa sind damit bereits vor Ort, bevor der Bodenmarkt für private Ausländer geöffnet wird. Französische und österreichische Unternehmen kontrollieren z.B. die Milchproduktion. Auch der Handel mit Lebensmitteln befindet sich fest in Auslandshand. Lidl, Kaufland, Billa und Carrefour bestimmen die Preise gegenüber den landwirtschaftlichen Produzenten, die mehr noch als ihre westeuropäischen Kollegen ums Überleben kämpfen müssen.

Im Jahr 2000 werden in der Slowakei für einen Hektar gute Erde weniger als 1.000 Euro bezahlt, in EU-Ländern zwischen 12.000 und 14.000 Euro.[277] Wenn fünf oder sieben Jahre nach dem EU-Beitritt der Slowakei – so lange soll die Übergangsfrist für die vollständige Liberalisierung des Bodenmarktes dauern – die West- und Ostpreise für einen Hektar Ackerland aufeinander prallen, dann müsste eigentlich auch der letzte slowakische Bauer Hab und Gut verkaufen.

Die Erfüllung des Acquis

Die Regierung Dzurindá schien mit dem Angebot der EU zufrieden zu sein. Übergangsfristen für die Öffnung des westeuropäischen Arbeitsmarktes, wie sie Deutschland und Österreich durchgesetzt haben, sind ohne Einspruch akzeptiert worden. Nach der Formel „3 plus 2 plus 2" werden SlowakInnen (wie alle anderen OsteuropäerInnen) erst sieben Jahre nach der Osterweiterung unquotiert westwärts ziehen dürfen, um sich dort Arbeit zu suchen. Nach drei Jahren wird das Kapitel „Freizügigkeit" des Acquis communautaire einer Überprüfung durch Brüssel unterzogen, um für weitere zwei Jahre ausgesetzt zu werden; nach fünf Jahren müssen dann die Argumente Deutschlands oder Österreichs, warum es weiterhin eine Zutrittsrestriktion zu den Arbeitsmärkten geben soll, der EU-Kommission vorgelegt werden, die dann die dritte Fristverlängerung bestätigt. Für Dienstleistungen slowakischer Betriebe im EU-Raum gilt im Prinzip dasselbe.

Umgekehrt hat Brüssel Übergangsfristen bei der Liberalisierung des Bodenmarktes von sieben Jahren und bei jener des Immobilienmarktes von fünf Jahren gebilligt. Westeuropäische Konzerne betrifft dies nicht. Denn wenn sie ein Unternehmen in Bratislava errichten, gelten sie nach slowakischem Recht als juristische Personen mit Sitz in der Slowakei und sind damit vollkommen frei in ihren Investitionsentscheidungen, auch beim Kauf von Häusern, Fabriken sowie Grund und Boden. Diese fristverlängernde Restriktion trifft also nur private Ausländer sowie Klein- und Mittelbetriebe, die sich eine Betriebsansiedlung im Osten nicht leisten können – auf dass die großen Unternehmen während der Übergangsfrist ungestört alles aufkaufen können, wonach ihr Expansionssinn steht.

Als großen Erfolg verbuchte die christkonservativ-liberale Regierung drei- bis fünfjährige Verzögerungen bei der von Brüssel geforderten Einführung höherer Steuern für Zigaretten und Schnäpse. Bis 2009 wird es dafür allerdings Importverbote nach Westen geben.

Bis zuletzt ist um eine angeblich gemeinsame Agrarpolitik gerungen worden. Brüssel hat eine solche freilich nicht konzediert, hätte dies doch bedeutet, dass osteuropäische – auch slowakische – Bauern im selben Ausmaß subventioniert werden wie westliche und griechische. Beim Kopenhagener EU-Gipfel im Dezember 2002 hat man sich darauf geeinigt, dass ein Ostbauer nur ein Viertel seines westlichen Pendants wert ist. Damit sind die Bauern – verglichen mit den Arbeitern und Rentnern – noch gut bedient. Der strukturelle Rassismus wird damit in Zahlen gegossen und mit scheinbar sozioökonomischer Vernunft argumentiert. 2013, so der Trost, sollen dann die bis dahin überlebenden slowakischen Bauern mit westlichen gleich gestellt werden. Dazwischen liegt jedoch die ganze Diskussion über den neuen Sechsjahresplan der Europäischen Union. Die anlässlich der Agenda 2000 beschlossenen Direktzahlungen und Strukturmaßnahmen enden im Jahr 2006, dann muss Brüssel ein neues Budget für die kommenden Jahre vorlegen. Schon heute weiß man, dass darin auf Druck der WTO weniger Direktzahlungen für Bauern vorgesehen sein werden.

Bis dahin kämpft Bratislava auch damit, die Brüsseler Strukturfonds bei weitem nicht voll ausschöpfen zu können. Weil nämlich in der Regel jedes EU-Projekt 50% an Eigenmitteln bedarf, um Zuschüsse aus Brüssel gewährt zu bekommen, scheitert vieles. Bankrotte Gemeinden und leere Staatskassen sind nicht in der Lage, jene 50% bereitzustellen, die gewährleisten, dass Gelder aus den EU-Strukturfonds zum Einsatz kommen können. Die Angst osteuropäischer Staaten, allein aus diesem Unvermögen sich als Nettozahler in der Europäischen Union wiederzufinden, ist durchaus berechtigt. Brüssel hat zugesagt, dafür Sorge tragen zu wollen, dass dies nicht gleich im ersten Jahr des Beitritts passiert.

Rumänien: Zurück wohin?[278]

Nach zwei Generationen kollektivistischer Simulation im nationalkommunistischen Kanon ist nichts von der geplanten gesellschaftlichen Modernität geblieben, die einst, Mitte der 1940er Jahre, eine Hand voll rumänischer Kommunisten auf ihre Fahnen geschrieben hatte. Außer vielleicht die Schulung im täglichen Überlebenskampf. Dieser hatte sich während der 1980er Jahre im Zuge der nationalen Kraftanstrengung zur Rückzahlung eines Kredits von knapp 11 Mrd. US-Dollar bereits an die harte Hand von Weltbank und Währungsfonds gewöhnen können. Die beschleunigte wirtschaftliche Talfahrt nach 1989 stellte die 23 Millionen Rumäninnen und Rumänen diesbezüglich auf eine neue Probe. Nach dem Ende der gescheiterten Entwicklungsdiktatur wird der gesellschaftliche Rückzug in die Privatheit von der Suche nach uralten Bezugspunkten wie Familie, Kirche und Nation begleitet. Deren Tradition war auch unter den Kommunisten nicht wirklich unterbrochen worden.

Für die neue Zeit nach 1989 waren die RumänInnen dennoch sehr unterschiedlich gewappnet. Von den wirtschaftlichen Profiteuren der Wende einmal abgesehen, die sich beim Privatisierungsvorgang, im Schleichhandel oder beim Devisengeschäft in der Phase der Hyperinflation zu Beginn der 1990er Jahre[279] schnell bereichern konnten, fanden die BewohnerInnen Transsilvaniens/Siebenbürgens im Schnitt bessere Lebensbedingungen vor als jene in der Walachei oder der Moldau. Besonders die walachischen Agglomerationen, oft erst vor einer Generation im Schnellverfahren zur Industriestadt hochgezogen, verfallen angesichts der Deindustrialisierung des Landes in ebenso rasender Geschwindigkeit. So genannte Single Factory-Dörfer, deren planmäßiger Aufbau zur Entwicklung des industriellen und – wie die Kommunistische Partei meinte – auch gesellschaftlichen Fortschritts diente, leiden am meisten unter dem Zusammenbruch des RGW-Marktes und der somit auf dem Weltmarkt konkurrenzunfähig gewordenen Produkte. Siebenbürgen wiederum ist durch seine kleinräumige Landwirtschaft sowie seine Nähe zum westeuropäischen Zentrum vom industriellen Knock-out weniger hart betroffen. Hier finden viele der knapp 8 Mio. EinwohnerInnen auf ihrer Flucht aus dem städtischen Elend ein soziales und ökonomisches Auffangnetz bei Verwandten auf dem Land.

Zurück zum peripheren Status

„Ich kann nur Arbeit, Schweiß und Einschränkungen versprechen." Das leicht modifizierte Churchill-Wort stammt aus einer Rede des rumänischen Ministerpräsidenten Viktor Ciorbea, der sechs Jahre nach der Wende mit einem austeritätspolitischen Programm antrat, die letzten Reste staatlichen Einflusses in der Wirtschaft zu beseitigen. Zu seinen Regierungsvorhaben gehörten die Freigabe des Wechselkurses, der massive Abbau von Subventionen für Landwirtschaft und Industrie, die Liquidierung staatlicher Kreditpolitik in ihrer Rolle als fiskalischer Subventionsgeber, eine restriktive Geldmengenpolitik, die Schließung von 200 unrentablen Kombinaten sowie die Beschleunigung der Privatisierung noch bestehender Staatsbetriebe. Diese entscheidende Attacke auf die Reste der kommunistischen Industrialisierung sowie der Proletarisierten erfolgte Ende 1996, nachdem bereits zwischen 1989 und 1992 Produktionseinbrüche von 60% die industrielle Leistungsfähigkeit des Landes erschöpft hatten. Zaghafte Steigerungsraten von jährlich 3-4% bei der Industrieproduktion seit 1994 ließen zwar einzelne Kommentatoren von einer baldigen Überwindung der Krise sprechen, dem wirtschaftsstatistischen Zahlenmaterial[280] hielt solcher Zweckoptimismus freilich nicht stand. Innerhalb weniger Jahre kletterte die rumänische Außenschuld von null – Nicolae Ceaușescu hatte sich aus der Umklammerung der internationalen Gläubiger gelöst, indem er selbst die soziale Peitsche des IWF in die Hand nahm – auf 6 Mrd. US-Dollar

(1995) und betrug 2000 wieder knapp 11 Mrd. US-Dollar, exakt jenen Betrag also, der das Land in den 1980er Jahren in der Schuldenfalle gehalten hatte.

Der marktwirtschaftlichen Logik, wonach Rumänien nach der Wende die Position eines Billiglohn- und Rohstofflandes am Rande der Europäischen Union einzunehmen hat, wurde auch politisch nachgeholfen. Die wichtigsten Handelspartner Bukarests außerhalb des Rates für gegenseitige Wirtschaftshilfe (RGW) waren gerade in der Transformationszeit mit US- bzw. UN-Wirtschaftsembargo belegt. Das international überwachte Embargo gegen Jugoslawien, den Irak und Libyen hat der rumänischen Wirtschaft nach Auskunft des Industrieministeriums mehr als 7 Mrd. US-Dollar Verluste beschert. Allein die Folgen der Einstellung der Donauschifffahrt im Gefolge des Embargos[281] beziffert der IWF mit einem Minus von 700 Mio. US-Dollar – was immerhin der Hälfte aller bis Mitte 1995 ins Land gekommenen Investitionen entspricht. Industriekooperationen zwischen Rumänien und Jugoslawien wie jene im Banater Äthylenwerk mussten auf Weisung aus New York, dem Sitz der UNO, eingestellt werden.

Das soziale Regelwerk aus betrieblicher und staatlicher, zwanghaft verordneter Fürsorge bricht einstweilen in sich zusammen. An die Stelle einer staatlich und parteilich gelenkten Produktions-, Verteilungs- und Versorgungspolitik ist innerhalb von wenigen Jahren eine ausschließlich dem Weltmarkt gehorchende Standortpolitik getreten. Betriebliche Fürsorgen, die bis zu einem Drittel des Geldlohnes ausmachten, sind ersatzlos gestrichen worden, um die staatlichen Sicherungssysteme ist es schlecht bestellt. Die Budgettöpfe sind leer, internationale Kreditaufnahme wird an weitere Kürzungen im Sozialbereich gebunden. Dazu kommt, dass es in Rumänien – wie auch im übrigen Ostblock – ein dem westeuropäischen Modell ähnliches Versicherungssystem für Krankheit, Arbeitslosigkeit und Rente nicht gegeben hat. Und für den Aufbau eines solchen Systems fehlt das Geld.

Als Krisenmanager fungieren vor allem die beiden Bretton Woods-Organisationen Weltbank und Internationaler Währungsfonds, denen Rumänien als erstes Land des RGW bereits 1972 beigetreten ist. Präsident Emil Constantinescu hat Washington nach seiner Wahl Anfang 1997 versprochen, die Schließung unrentabler Großbetriebe in Angriff zu nehmen. Auch die völlige Freigabe von Energie- und Grundnahrungsmittelpreisen wurde beschlossen.[282] Proteste gegen die ab 1997 einsetzende ultraliberale Politik häuften sich. Als dann im Januar 1999 mehr als 10.000 Bergarbeiter aus dem Schiltal (valea Jiului) nach Bukarest aufbrachen, um die Regierung zu stürzen, weil sie die Schließung der Gruben und die Entlassung von über 150.000 Kumpeln angeordnet hatte, stand Rumänien wochenlang am Rande eines Bürgerkrieges. Die militärische Lösung dieser sozialen Revolte bot einen Vorgeschmack auf jenes Szenario, mit dem auch Brüssel in Zukunft „Sozialpolitik" machen will: eine schnelle Eingreiftruppe zur Befriedung sozial, regional oder ethnisch motivierten Protestes. Bukarester Sondereinheiten schossen scharf auf die demonstrierenden Arbeiter, töteten einige von ihnen und nahmen schließlich den legendären Gewerkschaftsführer Miron Cozma fest; wegen Aufruhr und Gefährdung der staatlichen Sicherheit fasste Cozma, der wechselweise als Rechtsradikaler oder Kommunist diffamiert wird, eine Strafe von 18 Jahren Gefängnis aus.

Soziales Elend

Vor allem in den Städten erleben heute viele der unter den Ceaușescu gedemütigten und ökonomisch ausgelaugten Menschen ihre fortgesetzte Verelendung. Laut einer UNICEF-Studie[283] galten vier Jahre nach der Wende 51,5% aller RumänInnen als arm, 19% als extrem arm; das waren um 18% bzw. 10% mehr als 1989, dem Jahr der Erhebung, dem immerhin die völlige finanzielle Auspressung durch Ceaușescus Entschuldungspolitik vorausgegangen war. Zwei Millionen rumänische Kinder wurden vom Kinderhilfswerk der Vereinten Nationen als arm eingestuft, die Kindersterblichkeit steigt. Nur mehr 76% der rumänischen 10-Jährigen besuchten 1993 einen schulischen Unterricht, 1989 waren es noch 91% gewesen. Das Kinderelend machte vor allem Siebenbürgen zu einem Markt für Adoptionen. Eltern aus Westeuropa, denen in ihren Heimatländern die Adoption gesetzlich wegen diverser fehlender Voraussetzungen nicht möglich ist, können in Rumänien schnell, unbürokratisch und mit dem nötigen Bakschisch Kinder „kaufen"; allein in den ersten zwei Jahren nach der Wende wurden so rund 10.000 Babys von ausländischen Paaren adoptiert.

Die soziale Misere schlug auch auf elementare Bedürfnisse durch: Protein- und Kalorienverbrauch, Milch- und Fleischkonsum gingen nach 1989 zurück. Einzig der Verzehr von Kartoffeln nahm zu. Laut UNICEF-Report[284] stieg die Sterberate im untersuchten Zeitraum von 1989 bis 1993 um 16%, der Report spricht in diesem Zusammenhang von „transition mortality". Umgekehrt verhielt sich die Geburtenrate: Sie sank um 30%, was auch mit sprunghaft steigenden Abtreibungen zu tun hatte.

Wohin mit den unbrauchbar Gewordenen?

Den 1,5 Millionen Entproletarisierten[285], die nach der Wende in Industrie und kollektivierter Landwirtschaft nicht mehr gebraucht werden, stehen im Prinzip vier Möglichkeiten offen: die Informalisierung des Arbeitsplatzes, die Rückkehr in teilsubsistente Produktionsformen, der Weg in den Westen oder das Einschlagen einer kriminellen Laufbahn.

Seit der Wende und verstärkt noch seit dem Aufnahmeansuchen in die Europäische Union geht es darum, einen Teil der noch geregelten Beschäftigungsverhältnisse, die unter der kommunistischen Regierung zwangseingeführt wurden, aufzulösen bzw. zu informalisieren. Dazu wird von Regierung und IWF eine Mobilisierung der Arbeitskräfte angestrebt. Viele so genannte wirtschaftliche und soziale „Reformen" zielen genau darauf ab. Und fanden anfangs deshalb so breite Zustimmung, weil die Formalisierung eben unter einem Entwicklungsdiktat stattgefunden hatte, das Kreativität und Eigenverantwortung im Arbeitsleben unterbunden hatte. „Die Verschiebungen von formeller zu informeller Beschäftigung sind ein ebenso wichtiges Merkmal der Arbeitsmarktanpassung wie die Zunahme der Arbeitslosenquoten"[286], äußert sich die Weltbank in ihrem Bericht aus dem Jahr 1995 durchaus affirmativ zu den Deregulierungen. Und für das Entwicklungsprogramm der UNO fordert die Deutsche Gesellschaft für die Vereinten Nationen „eine positivere Herangehensweise (..) an die wertvollen Beiträge des informellen Sektors", der „durch entsprechende Fördermaßnahmen zur Expansion" gebracht werden müsse.

Die Wirklichkeit ist auf dem Weg dorthin. Schätzungen über den Umfang des informellen Sektors variieren für Rumänien von 30 bis 70%. Neben der Informalisierung „von oben", also jener kosten- und abgabenschonenden Wirtschaftsweise großer Betriebe oder auch öffentlicher Sektoren, boomt auch die graue Wirtschaft „von unten". Typische Berufsbilder für jene von den KP-Regimes Proletarisierten, die nun vor den Pleiten ihrer Betriebe stehen und ihre persönliche soziale Misere über den freien Markt lösen müssen, sind der kleine Händler oder die Prostituierte. Ganze Züge, die in den 1990er Jahren zwischen Istanbul und Bukarest verkehren, sind voll mit Kiosk-Kapitalisten, die sich am Bosporus mit billigen Waren eindecken, um durch kleine Handelsgeschäfte ihrer Familie in der Walachei das Überleben zu sichern. Dasselbe Phänomen existiert an der Grenze zur Ukraine, wo der halblegale Schmuggel blüht.

Junge Frauen, die nichts anzubieten haben als einen schönen Körper, erliegen oft der Versuchung, diesen für schnelles Geld zu verkaufen. Gute Verdienstmöglichkeiten im westlichen oder arabischen Ausland haben zu einem veritablen Frauenhandel in Richtung Westeuropa (insbesondere nach Italien) und in die arabischen Länder geführt. Bordellbesitzer zahlen an diverse Händlerringe für ein junges Mädchen aus dem Osten 1.000 bis 2.000 Euro. In rumänischen Hotels beispielsweise hängen Zettel aus, die „international love" versprechen. „Sind Sie über 18 Jahre alt und attraktiv?", steht auf den kleinen Anwerbungsplakaten zu lesen, „dann melden Sie sich. Nützen Sie die Chance zur Lösung all Ihrer Probleme und rufen Sie einfach an. Hier wartet man schon auf Sie." Heiratsvermittlungen sind oft nicht von Prostituiertenanwerbungen zu unterscheiden. Auch gewaltsame Verschleppungen, die mit einer zum Zweck der Erpressbarkeit mitgefilmten Vergewaltigung beginnen, sind an der Tagesordnung.

Beim Frauenhandel ist die Verbindung zwischen informeller und krimineller Tätigkeit offensichtlich. Ähnliche Paarläufe bestehen im grenzüberschreitenden

„Handel" mit billigen Arbeitern. Der Arbeitsstrich im niederösterreichischen Traiskirchen an der Bundesstraße 17 oder in der Wiener Herbststraße ist ein Beispiel dafür. Für 3 Euro Stundenlohn sind dort vornehmlich junge männliche Rumänen zu mieten, die den Sommer über des Nachts in Erdlöchern der Umgebung hausen – ironischerweise so wie ihre Vorfahren in Rumänien noch bis in die Zwischenkriegszeit. Zu Beginn der kalten Jahreszeit verschwinden diese Arbeitssklaven oder lassen sich nach Rumänien abschieben.

Die Durchsetzung des Schengener Abkommens, das ja – wie der Moskauer Patriarch Alexij II. anlässlich der ökumenischen Feierlichkeiten in Graz Ende Juni 1997 meinte – einen neuen „silbernen Vorhang" in der Mitte Europas montierte, wird die illegale Arbeit nicht verunmöglichen. Die Kriminalisierung der Migration trägt im Gegenteil zu einer weiteren Verbilligung der „illegalen Arbeitskraft" bei. Seit September 1990 stehen der Grenzwacht an der grünen Grenze zwischen Österreich und Ungarn Soldaten des Bundesheeres (im so genannten Assistenzeinsatz) zur Seite. Gemeinsam greifen sie Zehntausende RumänInnen auf und schieben sie anschließend nach Ungarn ab. Im migrantenstarken Jahr 1993 kam es an den Straßen- und Grenzübergängen im österreichischen Osten zu 160.000 Zurückweisungen. Ein Gutteil der „Illegalen" kam aus Rumänien. Mindestens so rigoros waren während der gesamten 1990er Jahre die Kontrollen der ungarischen Behörden gegenüber den östlichen Nachbarstaaten. 1992 gab das ungarische Innenministerium bekannt, dass an der Grenze zu Rumänien 472.000 AusländerInnen abgewiesen wurden, 90% davon waren RumänInnen.

Einen Exodus der besonderen Art erlebte die deutsche Bevölkerung Siebenbürgens. Zwischen 1990 und 1995 übersiedelten fast 200.000 Rumäniendeutsche, Altösterreicher inklusive, ins Land des damaligen deutschen Kanzlers Helmut Kohl. Fast jeder nützte seine Chance. Gestoppt wurde die „Heimholaktion" der CDU-Regierung erst 1995, als im Zuge des Bonner Sparpakets ein Rentenänderungsgesetz zur Beschlussfassung kam. Waren bis dahin sämtliche Arbeitszeiten eines Rumäniendeutschen von der BRD-Pensionskassa anerkannt worden, so änderte sich das nun schlagartig. Die verbliebenen Reste der sächsischen und schwäbischen Minderheit setzen sich aus alten Leuten zusammen, denen die Übersiedlung zu mühsam war. Deutsche Gemeinschaften im Karpatenbogen gibt es fast nicht mehr.

Phänomen Stadtflucht

Wer ohne Arbeit ist, kein deutsch-protestantisches Blut in den Adern hat, sich vor den ungarischen und österreichischen Soldaten an der grünen Grenze fürchtet und ein Leben als „Illegaler" im Westen oder als Kleinkrimineller in der Heimat nicht in Erwägung zieht, der flieht die Stadt, wenn ihm Verwandte auf dem Land dazu die Möglichkeit geben. Mit einer privatisierten Ackerfläche von durchschnittlich 1 bis 2 Hektar überleben ganze Familien. Der erste Ministerpräsident und spätere sozialdemokratische Parteiführer Petre Roman hatte 1990 im Zuge einer Landreform die Kolchosen weitgehend zerschlagen, privater Bodenbesitz bis zu 10 Hektar – später bis zu 50 Hektar – wurde möglich.[287] Vor allem in Transsilvanien nützten viele diese Chance und entwickelten in wenigen Jahren eine Form des teilsubsistenten Überlebens. Die Erhöhung der Mehlpreise hat dazu geführt, dass Frauen wieder selbst Brot backen; und aus dem angebauten Flachs brechelt so manche Bewohnerin Transsilvaniens den leinenen Grundstoff für die Bekleidung. Marktkontakte beschränken sich auf den fallweisen Verkauf von Eiern und Milch in einer nahen Stadt sowie auf den Einkauf von Baumaterialien, Medikamenten und Haushaltsgeräten. Oft geht ein Mitglied der Familie in saisonale Lohnarbeit, beispielsweise zum Obsternten, oder verrichtet in einer noch bestehenden Kolchose tageweise Feld- und Erntearbeit. Besondere Formen der Teilsubsistenz bestehen in der Bergbauregion Maramureş, wo Gold, Silber, Kupfer, Blei und Wolfram aus dem Gestein gefördert werden. Nicht selten fahren „Bauernproletarier" in den Schacht, verdingen sich ein- bis zweimal die Woche als Bergwerker, betreiben sonst jedoch im Dorf weitgehende Eigenbedarfslandwirtschaft. Die Subsistenzwirtschaft hat in Transsilvanien eine lange Tradition, mit der auch im Kommunismus nicht überall gebrochen wurde. Vor allem in Maramureş leben die LandbewohnerInnen seit Generationen relativ fern der überregionalen Märkte.

Die Stadtflucht hat bereits eine statistische Größe. Zwischen 1989 und 1995 nahm die landwirtschaftliche Bevölkerung rumänienweit von 29 auf 37% zu.

Auch der junge Bauer aus der gemischtsprachigen rumänisch-ungarischen Ortschaft Panet/Mezőpanit in der Nähe von Tirgu Mureş, den der Autor 1995 besuchte, war neu in der Landwirtschaft. „In meiner Fabrik, in der ich früher gearbeitet habe", meinte er, „gibt es nichts mehr zu tun. Also hab ich mir eine Kuh gekauft und beackere nun die Felder meiner Vorfahren." Der Tenor des mittlerweile zu einer Männerrunde angewachsenen Gesprächs war einhellig: Wir haben ausreichend zu essen, jeder junge Bauer findet eine Frau. Was will man mehr vom Leben?

Wo bleibt das Geld?

Mehr oder weniger regelmäßig erscheinen in den einschlägigen Kundenfachblättern von deutschen oder Schweizer Banken Investmentkalender für die einzelnen osteuropäischen Staaten, die allesamt an der großen Regatta um Aufnahme in die Europäische Union teilnehmen. Für Rumänien, das mittelfristig eine Teilnahme verspielt hat, sind solche Sonderseiten rar. Mangels nennenswerter Investitionsfelder oder westeuropäischer Vorreiter in Sachen Geldanlage und Investment erübrigen sich auch für die Wirtschaftsredaktionen der großen Tageszeitungen Sonderbeilagen zur Lage der rumänischen Ökonomie. Selbst das renommierte „Wiener Institut für Internationale Wirtschaftsvergleiche" (WIIW) hat jahrelang keine größere Studie über Rumäniens Wirtschaft veröffentlicht, es begnügt sich mit kurzen, aber regelmäßig erscheinenden Überblicken.

Von Seite des österreichischen Bankkapitals gibt es nichtsdestotrotz einen Erfolg zu vermelden. Am 28. November 2001 hat die Raiffeisen Zentralbank Österreich (RZB) die Banca Agricola übernommen. Für umgerechnet 37 Mio. US-Dollar hat sich die RZB eines der größten Filialnetze im rumänischen Geldwesen gekauft und hält nun 93% am Aktienpaket der Banca Agricola.[288] Die rumänische Bank besitzt 225 Einheiten, die über das ganze Land verteilt sind. Eingefädelt hat den Deal der frühere Premierminister und spätere Nationalbankpräsident Mugur Isarescu, der anlässlich der Übergabefeier – wie bei solchen Anlässen üblich – vom Zukunftsmarkt und den Wachstumschancen des rumänischen Bankensektors schwärmte: „Der Prozess der Privatisierung der Banca Agricola dauerte zweieinhalb Jahre, nun bin ich erleichtert, weil jedermann weiß, wie schwer es ist, eine Staatsbank zu privatisieren", meinte der Nationalbankchef vor den Festgästen. Die Raiffeisen Zentralbank hat mit dem Geschäft ihr Netz in Osteuropa abgerundet. In zwölf Ländern, darunter in Bulgarien, Jugoslawien, Polen und der Ukraine, besitzt die RZB nun eine Stärke, die österreichische Banken in der Region seit 1918 nicht mehr innehatten. Für Rumänien scheint ein Deal wie dieser die Ausnahme zu sein.

Schlusslicht bei der Suche nach Auslandskapital

Ausländische Investoren haben im Jahr 2000 eine knappe Milliarde US-Dollar in rumänische Betriebe investiert. Der gesamte Kapitalstock von zwischen 1990 und 2000 ins Land geflossenen ausländischen Direktinvestitionen beträgt laut Berechnungen von Florin Bonciu, zuständig für Auslandsinvestitionen in der „Nationalen Agentur für Regionalentwicklung" in Bukarest, 5,7 Mrd. US-Dollar.[289] Stellt man dagegen die seit der Ermordung von Nicolae Ceaușescu wieder sprunghaft angestiegene Auslandsschuld in Rechnung, dann übersteigt allein der Schuldendienst die jährlich ins Land kommenden Investitionen bei weitem. Mit 11 Mrd. US-Dollar, 7% davon allein aus dem Jahr 2001, befindet sich Bukarest mittlerweile wieder bei großen internationalen Banken im Minus, ohne dass dafür auch nur irgendeine nennenswerte volkswirtschaftlich nutzvolle Investition getätigt worden wäre. Selbst die von Ceaușescu der Pariser Avenue des Champs-Élysées nachempfundene Bukarester Prachtstraße mit marmornem Palazzo, die der zuletzt gänzlich unbeliebt gewordene nationalkommunistische Bojar mit ausländischen Krediten bauen ließ, wirkt gegenüber dem, was die postkommunistischen Regierungen mit kreditiertem Geld gemacht haben, nachträglich fast als eine gute Geldanlage, jedenfalls eine eindrucksvolle Selbstdarstellung des alten Regimes.

Das „Wiener Institut für Internationale Wirtschaftsvergleiche" hat errechnet, dass der Stand der gesamten Investitionen, die in Rumänien getätigt worden sind – ob nun von ausländischem oder inländischem Kapital –, im Jahr 1999 nicht einmal die Hälfte des Wertes von 1989, immerhin das absolute Krisenjahr, erreicht hat. Mit diesem wirtschaftspolitischen Debakel reiht sich Rumänien noch hinter Bulgarien als Schlusslicht in das osteuropäische Wirtschaftsbarometer ein.

Auch pro Kopf gerechnet liegt Rumänien mit 250 US-Dollar Auslandsinvestitionen weit abgeschlagen an letzter Stelle aller osteuropäischen EU-Aufnahmekandidaten. Das Ziel ungezählter Liberalisierungsankündigungen und Privatisierungsvorhaben im vergangenen Wendejahrzehnt wurde eindeutig verfehlt. Diesbezüglich unterscheiden sich die politischen Führungen nicht, die das Land seit dem Sturz der Ceauşescus regiert haben; ob das in der ersten Amtsperiode von Ion Iliescu bis 1996, zu Zeiten der rechtskonservativen Regierungen oder ab Ende 2002 wieder unter Iliescu II versucht wurde – das so sehnlichst in die marode Industrie gewünschte westliche Kapital bleibt vorsichtig und zurückhaltend; es investiert lieber in Ungarn oder Tschechien.

Unter der ersten Regierungszeit Iliescus waren spezielle Gesetze erlassen worden, die ausländisches Kapital ins Land holen sollten, indem Vergünstigungen, wie sie im Großen und Ganzen bereits Anfang der 1970er Jahre die UNIDO für Entwicklungsländer empfohlen hatte[290], gewährt worden waren. Ausgerechnet die rechtskonservative Regierung unter Präsident Constantinescu hatte dann Anfang 1997 einen Gutteil der Vorteile für Auslandskapital gestrichen, so z.B. die fünfjährige Steuerfreiheit oder eine Garantie zum Schutz vor möglicherweise zukünftig beschlossenen Gesetzen, mit der Rumänien de facto die weltweit umstrittenen Kernpunkte des Mutual Agreement for Investments (MAI) vorweggenommen hatte.

Anreize für Auslandsinvestitionen wechselten in den folgenden Jahren mit Budgetgesetzen, die gerade solche wieder zunichte machten. Für verwertungshungriges Kapital aus Westeuropa, Nordamerika oder Ostasien boten sich bessere Standorte als die Walachei, Transsilvanien oder die Moldau an. Nur wenige größere Investoren kauften sich Ende der 1990er Jahre in meist heruntergewirtschaftete Betriebe ein, so z.B. die Firma Akamaya in das Chemie-Kombinat Petromidia oder Brittan Norman in das Reparaturwerk für Militärflugzeuge Aerostar Bacau. Konkrete Drohungen des Internationalen Währungsfonds, bereits ausverhandelte Stand-by-Abkommen nicht weiter auszubezahlen, bewirkten meist einen willigen parlamentarischen Vorgang, der darin bestand, Anreize für ausländische Investoren von den Volksvertretern absegnen zu lassen. Die leere Kassa am Ende des jeweiligen Budgetjahres verleitete dann dieselben Volksvertreter wieder dazu, doch ein paar Steuern von den reichen Auslandsinvestoren einzufordern, was wiederum den Protest derselbigen sowie ein weiteres Erpressungsszenario von Weltbank und Währungsfonds nach sich zog. Die Dinge nahmen ihren peripher-kapitalistischen Lauf. Als dann gar in der Regierungszeit Constantinescus die von der Europäischen Union im Jahr 1990 in Bukarest gegründete Anwerbungsagentur für ausländische Investoren geschlossen wurde, war das ein eindeutiges Signal an die westlichen und fernöstlichen Unternehmer, ihr Geld anderswo zu investieren. Investmentspezialist Florin Bonciu beklagt den Rückzug der Europäischen Union im *Vienna Institute Monthly Report* 2000/12[291] und nennt die wesentlichen Hindernisse, warum Rumänien als Standort für Investitionen so unattraktiv bleibt: wechselnde gesetzliche Grundlagen und eine weit verbreitete, mit zentralstaatlichen und örtlichen Bürokratien vermengte Korruption, die hohe so genannte Transaktionskosten verursacht und den Kauf von oder die Beteiligung an Firmen durch allerlei finanzielle Geschenke verteuert, die noch dazu steuerlich nicht absetzbar sind.

Dazu kommt, dass die großen ausländischen Übernahmen wie z.B. die Privatisierung des Telefon- und Kommunikationsriesen Romtelecom durch die griechische OTE oder jene der Metallkombinats Tepro Iaşi durch die tschechische Železnarny Vésely das Vertrauen der Menschen in ausländische Übernahmen erschüttert hat. Der griechische Telekom-Konzern OTE nützte die bis Jahresende 2002 von der Regierung garantierte Monopolstellung der Romtelecom auf dem rumänischen Telefonsektor, um die Tarife kräftig anzuheben. Das Publikum war empört. Die tschechische Železnarny Vesély wiederum hielt sich in keinster Weise an die mit der Regierung in Bukarest vereinbarten Garantien, wonach Massenentlassungen nicht getätigt werden hätten dürfen und Investitionen stattfinden hätten müssen. Stattdessen wurde ruchbar, dass der tschechische Investor aus dem Werk in Jassy Teile des Maschinenparks demontierte und diesen als „Schrott" deklariert in Richtung Westen verbrachte. Auch dieser Vorgang bewirkte beim rumänischen Publikum verständlicherweise eine negative Haltung zu ausländischen Investoren. Da hilft es auch nichts, wenn bei speziellen Programmen der Weltbank, etwa jenem mit dem ominösen Kürzel „Psal", ausländischen Investoren versprochen wird, beim Finanzministerium den Steuerrückstand jener Firmen zu streichen, in die Geld eingebracht werden soll. Im Gegenteil – solche hilflosen Zwangsmaßnahmen zur versuchten Kapitalisierung erzeugen nur einen diffusen Hass gegen fremde Investoren und gegen alles Fremde. Dieser ist dem eigentlichen Ziel der IWF- und Weltbank-Programme durchaus abträglich, die ja darauf ausgerichtet sind, profitträchtige Standorte den stärksten Kapitalgruppen in Westeuropa, Nordamerika oder Ostasien zu übereignen.

Continental, Sidex, Steilmann ...

Am 28. Februar 2001 feierten Premierminister Mugur Isarescu und Continental-Chef Stephan Kessel die Eröffnung einer neuen Reifenproduktionsstätte in Timişoara/Temeschburg. Der größte deutsche Gummihersteller nützt damit die – verglichen mit Deutschland oder Österreich – um ein Zehn- bis Zwanzigfaches billigere rumänische Arbeitskraft und hat angekündigt, in den kommenden Jahren Schritt für Schritt die Kapazitäten in der Banater Vorzeigestadt ausbauen zu wollen. Von Beginn an wurden täglich 7.000 Reifen hergestellt, bis Ende 2002 sollte die Produktion um das Vierfache gesteigert werden. Standorte wie jener im niederösterreichischen Traiskirchen sind damit nicht mehr rentabel und können geschlossen werden. Die *Banater Rundschau* vom 10. Oktober 2001 berichtet, dass das Conti-Management plant, die Temeschburger Niederlassung zur produktivsten und profitträchtigsten des Konzerns auszubauen. Das Continental-Werk dient hauptsächlich für den Export.[292]

Ganz anders ein Beispiel aus Reşiţa, wo seit dem 18. Jahrhundert Hochöfen zur Herstellung von Eisen und Stahl in Betrieb gewesen waren. Im Frühjahr 2000 wurde der letzte Siemens-Martin-Ofen in der einst führenden Montanregion Südosteuropas ausgeblasen. Während die Metall- und Bergbauindustrie im Karpatenbogen also kaum eine Chance auf ein Überleben hat und der rumänische Staat versucht war, die bereits an einen US-Konzern verkaufte Stahlhütte wieder zu nationalisieren, konnte das Stahlwerk Sidex im Donauhafen Galaţi einen neuen Eigentümer anziehen. Die holländisch-indische Stahlgruppe Ispat (LMN-Holding) unterzeichnete im Sommer 2001 eine Privatisierungsvereinbarung für den größten rumänischen Industriebetrieb. 28.000 Beschäftigte arbeiten bei Sidex, das zu Anfang des neuen Jahrhunderts 4% des rumänischen BIP und 10% der gesamten staatlichen Exporteinnahmen erwirtschaftete, dafür aber auch für einen guten Teil aller Verluste, die in der Staatswirtschaft anfallen, verantwortlich zeichnet.[293] Die holländisch-indische Gruppe hält 74% am Kapitalanteil des Stahlwerkes und plant die Übernahme ähnlicher Kombinate im polnischen Oberschlesien. Die Privatisierung von Sidex, bei der wie üblich bezüglich Arbeitsplatzgarantie und Investitionstätigkeit viel versprochen worden ist und nicht alles gehalten werden wird, zählt zu den größten rumänischen Transaktionen der letzten Jahre. Auf die Statistik der Investoren hat diese eine ausländische Direktinvestition erheblichen Einfluss, befindet sich nun doch mehr holländisches Kapital (knapp 15% aller ausländischen Investitionen) in Rumänien als deutsches, das – wie die *Rumänischen Wirtschaftsnachrichten* berichten – gemeinsam mit Italien den zweiten Platz einnimmt.

Das Kabinett von Premierminister Adrian Nastase hat unmittelbar nach seiner Angelobung im Frühjahr 2001 eine Liste von zu privatisierenden Unternehmen veröffentlicht. Neben Sidex standen darauf Betriebe der Textil- und Schuhindustrie, ein Lokomotivenwerk, ein Pkw-Getriebe- und ein Motorenwerk sowie eine Fabrik, die Sanitäranlagen herstellt. Westliche oder fernöstliche Interessenten gibt es zahlreiche, wirklich erfolgreiche Abschlüsse lassen jedoch wegen der oben beschriebenen Schwierigkeiten lange auf sich warten. Die wichtigsten deutschen Investoren, die im Land Lei verdienen und ihre Profite in Form von Euro nach Deutschland überweisen, heißen Hochland (Lebensmittelhersteller), Steilmann (Bekleidung), Heidelberger Zement und eben Continental.[294] Kooperationsverträge bestehen zwischen Volkswagen und dem Geländewagenhersteller Aro sowie zwischen Daimler-Chrysler und dem Getriebeproduzenten Cugir.

Am Rande der Peripherie

Was die Branchenstruktur des Exports anbelangt, so ändert sich deren Bedeutung mit den raren, aber strukturentscheidenden ausländischen Investitionen. Während ehemalige Exportbranchen wie Maschinenbau, Automobile und elektrische Ausrüstungen vom Markt mehr und mehr verschwinden, gibt es Steigerungsraten für die Lebensmittelindustrie, den Textilsektor, Holz und insbesondere Sägemehl sowie – etwas überraschend – Schiffsbau. Gábor Hunya vom „Wiener Institut für Internationale Wirtschaftsvergleiche" (WIIW) hat für das erste Halbjahr 2000 eine Durchsicht der Exporte getätigt und festgestellt, dass außer Rohstoffen wie Holz und Sägemehl vor allem halbfertige Chemieprodukte, Stahl (Sidex) und Leichtindustrie (Textil, Leder) exportiert werden. Freilich darf dies nicht über ein seit Jahren bestehendes Außenhandelsdefizit hinwegtäuschen, das für 2000 vor allem mit den hohen Energiepreisen argumentiert wurde.

Mit der Zusammensetzung ändern sich auch Struktur und Richtung des Außenhandels. Vor der Wende wurden Geschäfte mit Ländern des RGW, mit Jugoslawien und dem arabischen Raum getätigt, im Jahr 2000 gingen 64% sämtlicher Exporte in den EU-Raum (1990 waren es erst 34% gewesen).[295] Der Anteil des Außenhandels mit osteuropäischen Ländern ging im selben Zeitraum zurück.

Problematisch gestalten sich auch Reallöhne und Arbeitsmarkt. Allein die jahrelang anhaltende zwei- bis dreistellige Inflation (1992: 304%, 1994: 117%, 1997: 132%, 1999: 72%, 2000: 41%, 2001: 40%[296]) frisst – wegen oftmals verspäteter Lohn- und Rentenauszahlungen – einen Teil des Verdienstes jener Menschen, die nichts als ihre Arbeitskraft zu verkaufen haben. Dazu kam ein absoluter Rückgang beim Konsum, der bei Privaten im Jahr 2000 5% betragen hat. Sinkender Lebensstandard mit Durchschnittsgehältern von monatlich 100 Euro sowie eine konstant hohe Arbeitslosigkeit rufen immer wieder Unruhen unter den Lohnabhängigen hervor. Lohnsteuersenkung, Fleischmarkenausgabe und ein Mindestlohn von 100 Euro ... das sind die Forderungen, die Demonstranten in den vergangenen Jahren auf der Piața Universității und der Piața Romană im Zentrum der rumänischen Hauptstadt erhoben und auch heute erheben. Die Regierung beschwichtigt und wiegelt ab. Denn käme sie den Forderungen der ArbeiterInnen nach, würden weitere Löcher in den Staatssäckel gerissen. Da hilft es auch nichts, wenn jedermann nachrechnen kann, dass mit einem Lohn von monatlich umgerechnet 90 Euro ein Familienhaushalt schlichtweg nicht zu bestreiten ist. Schätzungen, wonach die Schwarzarbeit im Land zwischen 30% und 60% des Bruttoinlandsproduktes ausmacht, erklären, warum die Menschen dennoch nicht massenweise verhungern.

Verlorene Regatta

Brüssel und Bukarest simulierten lange Zeit ernsthafte Gespräche um die Aufnahme Rumäniens in das Imperium der Europäischen Union. Und das, obwohl das Bruttoinlandsprodukt pro Kopf gerechnet und kaufkraftbereinigt in Rumänien im Jahr 2001 – je nach Region – zwischen 4.000 und 7.000 US-Dollar liegt, pro Jahr wohlgemerkt. In absoluten Zahlen, die keine Kaufkraftanalyse beinhalten, sind das ganze 1.600 US-Dollar per anno. Dem gegenüber stehen Länder wie Slowenien oder Teile Tschechiens, wo dieselbe wirtschaftspolitische Größe zwischen 12.000 und 20.000 US-Dollar ausgewiesen wird. Als Verlierer des Brüsseler Regattarennens um einen Platz in EU-Europa musste Rumänien im Dezember 2002 beim Gipfel von Kopenhagen zur Kenntnis nehmen, dass an eine Aufnahme in den Brüsseler Kreis vorderhand nicht zu denken ist. Die von Kommission und EU-Rat versprochene Chance auf eine Teilnahme im Jahr 2007 soll die Regierenden bei Laune halten.

Die Regierung Nastase hat dies auch so verstanden und erließ auf Betreiben Brüssels Gesetze, die ab 2003 Einfuhrzölle in jenen Branchen abschaffen, die von den billigen Überschussprodukten in EU-Europa, der Türkei und Südostasien bedroht sind. Dies betrifft insbesondere den Agrarsektor, Tabak, pflanzliche Öle usw. Für die dünne Oberschicht, die sich wie schon in den 1930er Jahren hauptsächlich der Verwaltung ausländischer Interessen verschrieben hat, ist übrigens Mitte Dezember 2001 die Visumpflicht für EU-Europa gefallen. Brüssel und Bukarest sind übereingekommen, anstelle der nationalen Indikation für die Schengener Abschottung eine soziale zu ziehen. Wer pro Tag geplantem Auslandsaufenthalt 100 Euro vorweisen kann, mindestens jedoch 500 Euro pro Reise, bzw. eine Kreditkarte sein Eigen nennt, für den öffnet sich EU-Europa. Für jene 90%, die durchschnittlich 100 Euro monatlich oder noch weniger verdienen, ist Brüssel in unerreichbare Ferne gerückt.

Bulgarien: IWF und Sachsen-Coburg-Gotha

Im Winter 1996/97 spitzte sich die ökonomische Krise Bulgariens zur sozialen Katastrophe zu. Brot war knapp geworden, die gerade in Auflösung befindliche sozialistische Regierung versuchte verzweifelt durch Rationierungen massenhaften Hunger abzuwehren, während die Weltbank dazu aufrief, die Preise für Getreide freizugeben. In Blagoewgrad stürmten Hungernde eine Großbäckerei, die Polizei hinderte sie mit Gewalt daran, Brot zu entwenden. In der Hauptstadt Sofia drangen Demonstranten, antikommunistische Losungen brüllend, am 11. Januar 1997 in das Parlamentsgebäude ein, legten Feuer und verwüsteten die Räume der damals noch regierenden Sozialistischen Partei. Die Presse in Westeuropa machte sich indes Sorgen um die Gewalt der Polizei, die mit Tränengas und Schlagstöcken die radikalen Anhänger der christkonservativen und liberalen Opposition aus dem Gebäude trieb.

Weltbank und Internationaler Währungsfonds schlugen sich auf die Seite der Parlamentsstürmer, die Massenproteste fegten die Sozialisten mit Ministerpräsident Zhan Widenow aus ihren Ämtern und führten zur Spaltung der Partei. Nach dem Urnengang im April 1997 übernahm die Union der Demokratischen Kräfte (UDK) die Verwaltung. Seinen WählerInnen versprach der neue Regierungschef Iwan Kostow eine kompromisslose Privatisierung, eine schonungslose Marktwirtschaft und eine konsequente Westorientierung. Sie sollten in den kommenden Jahren darunter zu leiden haben.

Vorerst strich die Hyperinflation des Jahres 1997 sämtliche Sparguthaben auf null zusammen. Über 1.000% erreichte die Geldentwertung in diesem Jahr, oft mehrmals pro Tag wurden in den Geschäften die Preise nach oben geschraubt.[297] In dieser Situation übernahmen per 1. Juli 1997 IWF, Weltbank und die deutsche Bundesbank die Geschicke des Landes. In Sofia wurde ein so genannter „currency board" – zu Deutsch: Währungsrat – gegründet. Zuvor war diese auf vollständige Abhängigkeit von einer fremden Währung basierende Politik 1991 – mit großem Misserfolg – in Argentinien sowie in Estland (ab 1992) und Litauen (ab 1994) ausprobiert worden. „Ein Currency-board-System ist die strikteste Form eines Wechselkursregimes eines Landes, dessen Notenbank auf eine eigenständige Geldpolitik ganz verzichtet, sich (fast) vollständig einer fremden Währungsmacht (der Zentralbank der gewählten Ankerwährung) überliefert und sich den Kräften der Finanzmärkte ergibt."[298] Mit diesen Sätzen erklärt das *Handelsblatt* die Funktion dieser quasi-kolonialen Anbindung eines Landes an die Währungspolitik der USA (Argentinien) oder Deutschlands bzw. EU-Europas (Estland, Litauen, Bulgarien, Bosnien-Herzegowina).

Die Anbindung des Lew an die Deutsche Mark diente als Transmissionsriemen für die Kontrolle des Geldumlaufes und der Zinspolitik; auch über Steuern, Gehälter im öffentlichen Dienst, Sozial- und Wirtschaftspolitik waltete der Währungsrat. Parlament und Regierung hatten sich zuvor per Gesetz jeder Verantwortung entschlagen; alle Parlamentsparteien stimmten der Installierung dieses Currency board zu. Dies bedeutete die Beschlussfassung und Durchführung der wichtigsten wirtschaftlichen Maßnahmen durch das IWF-kontrollierte Gremium.

Die Inflation konnte auf Kosten der bis dahin noch bestehenden sozialen Leistungen eingedämmt werden, Gesundheits- und Bildungswesen wurden in der Folge freilich unfinanzierbar, extreme Preiserhöhungen bei Gütern des täglichen Bedarfs, vom Währungsrat durchgesetzt, führten dazu, dass beispielsweise der öffentliche Verkehr für viele zu einem unerschwinglichen Luxus wurde. Auf dem Land kamen Kinder oft deshalb nicht mehr zur Schule, weil sich ihre Eltern schlicht den Busfahrschein nicht leisten konnten. Bulgarien war nach der Reform des Währungswesens sozial ausgelöscht und ist es bis heute weitgehend geblieben. Dafür wurde Sicherheit für ausländische Investoren hergestellt, die die Lew-DM- respektive Lew-Euro-Parität zu schätzen wissen. Im September 1998 veröffentlichten Experten der bulgarischen Nationalbank einen Bericht über die Hintergründe der Einführung des Währungsrates. Darin hielten sie fest, dass es ein Jahr zuvor auch darum gegangen war, die Zahlungsfähigkeit des Landes gegenüber westlichen Gläubigern aufrechtzuerhalten: Bulgariens Fremdwährungsreserven, so der zynisch anmutende Rückblick, waren dabei, „unter das kritische Minimum zu fallen, das eine normale Rückzahlung der Außenschuld behindert hätte".[299] Mit 10 Mrd. US-Dollar stand Bulgarien im Jahr 2000 bei ausländischen Gläubigern, in der Hauptsache vertreten durch den Londoner Club und den Internationalen Währungsfonds, in der Kreide. Das entsprach 80% des gesamten Bruttoinlandsproduktes.[300] Der jährliche Schuldendienst verschlingt 1 Mrd. US-Dollar, die in den vergangenen Jahren hauptsächlich via Privatisierungserlöse aufgebracht wurden. Doch der Verkauf des Familiensilbers geht dem Ende zu.

Die 10 Mrd. US-Dollar Auslandsschulden halten das Land seither in ökonomischer Geiselhaft von Weltbank und Währungsfonds. Das musste auch der im Juni 2001 zum Ministerpräsidenten gewählte Sohn des letzten bulgarischen Zaren Boris, Simeon, zur Kenntnis nehmen. Seine Steuersenkungspläne und Wahlversprechen, die soziale Lage zu verbessern, stießen bei den Währungshütern aus Washington auf Kopfschütteln. Die Regierung Sakskoburggotsky, wie sich der Adelssohn aus dem Hause Sachsen-Coburg-Gotha nun bürgerlich-slawisch nennt, gab klein bei. In Bulgarien regiert auch nach dem Ja des Volkes zum Nachfolger des früheren Königs der IWF. Die Zustimmung für den politisch völlig unerfahrenen Zarenspross, der zwischen 1946 und Anfang 2001 im – zuletzt spanischen – Exil weilte, gründete auf der Verzweiflung der BulgarInnen, die die neoliberale Politik Ende der 1990er Jahre über das Land gebracht hatte.

Verlorene Leben

Zwischen der Mitte der 1980er Jahre und 2002 sank die Bevölkerungszahl Bulgariens um 12%. Mehr als eine Million EinwohnerInnen gingen dem Land verloren. Diese statistisch erschreckende Zahl inkludiert Menschen, die das Land fluchtartig verlassen haben, ebenso wie eine signifikant erhöhte Sterberate und dramatisch sinkende Geburtenzahlen. Innerhalb der vergangenen zehn Jahre kamen um ein Drittel weniger Kinder zur Welt, statt der 13 Geburten, die 1989 auf 1.000 EinwohnerInnen entfielen, waren es 2002 nur noch acht.[301]

Der Hungertod ist nach Europa zurückgekehrt. In Bulgarien sterben Kinder, weil sie nicht genug zu essen haben. Über 80% der Bevölkerung leben in Armut, die durchschnittliche Familie musste 1999 67% ihres Einkommens für Nahrungsmittel aufbringen.[302] Vor solchem Hintergrund nehmen sich Statistiken, die im Jahr 2001 eine 20%ige Arbeitslosigkeit konstatieren, geradezu belanglos aus. Zur wichtigsten sozialen Reaktion auf das bulgarische Elend gehört die Flucht. Wer es nicht ins Ausland schafft, flieht aufs Land. Zwischen 1990 und 1995 nahm die landwirtschaftliche Bevölkerung von 18 auf 24% zu.[303] Viele Menschen suchen ein Stück Erde zum Überleben. Nach der Schließung der großen Industriebetriebe, deren Produktion auf den RGW-Markt, insbesondere auf Russland, ausgerichtet gewesen war, und dem Zusammenbruch der exportorientierten Landwirtschaft sanken die Reallöhne in den ersten drei Transformationsjahren um radikale 39%.[304] Die totale Krise des Jahres 1997 tat ein Übriges. Verlust des Arbeitsplatzes und sinkende Löhne bewirken auch eine Zunahme des informellen Sektors in den Städten.

Die Umorientierung Bulgariens auf den Bedarf westeuropäischer Investoren geht indes weiter. Sie reicht von der Kehrtwendung im Außenhandel, von welchem im Jahr 2000 bereits 51% der Exporte in den EU-Raum gingen (1990 waren es 5% gewesen), über die Abwanderung der Intelligenz (37% der bulgarischen Antragsteller für ein US-Visum haben Hochschulabschluss[305]) bis zur Einhaltung von Direktiven der NATO, keine Rüstungsgeschäfte mit Russland oder arabischen Ländern zu tätigen; so wurde z.B. ein Kooperationsvertrag zwischen Russland und dem Flugzeugwerk in Plowdiw 1997 auf Druck der USA storniert.[306] Unmittelbar vor dem Prager NATO-Gipfel im Herbst 2002, bei dem Bulgarien zur Mitgliedschaft eingeladen wurde, musste eine Lieferung von Ersatzteilen für gepanzerte Mannschaftswagen der Firma Terem an Syrien gestoppt werden, weil medial der Verdacht ausgestreut worden war, es könnte sich um ein Geschäft mit dem unter Embargo stehenden Irak handeln.[307]

In jenen Branchen, in denen Bulgarien konkurrenzfähig wäre und die entsprechenden Erfahrungen mit Märkten hätte, die auf Dollarbasis funktionieren, verwehren die großen Rüstungskonzerne des Westens über den Druck der NATO, der EU und der internationalen Währungsinstitutionen den Marktzutritt. Mögliche Gewinne der Transformation können auf diese Weise nicht lukriert werden. Offene Märkte gegenüber Importen aus Westeuropa, die von denselben Ordnungshütern der „freien Marktwirtschaft" erzwungen worden sind, garantieren umgekehrt den ungehinderten Zutritt von westlichen Produktionsüberschüssen auf den bulgarischen Markt, was zu der eigenartigen Situation führt, dass im ehemaligen osteuropäischen Gemüsegarten Gurken und Kartoffeln aus EU-Europa in den Regalen der Supermärkte liegen.

Die Kosten der Transformation sind – nach ständig wechselnden Regierungen, die unterschiedliche Klientel an die Töpfe der Privatisierung gelassen hat – zur Gänze der Bevölkerung aufgebürdet worden. Dieser Zustand wird von neoliberaler Seite sogar ehrlicherweise gerechtfertigt. Weil man der angeblich einzig Schuldigen an der Misere, der Kommunistischen Partei, nicht mehr habhaft werden kann, muss das Volk die Zeche für das gescheiterte Modernisierungsmodell und die folgende Peripherisierung bezahlen. Auf den Punkt gebracht drückt sich diese Sicht der Dinge im Umfeld der bekanntesten deutschsprachigen Forschungsstelle für Osteuropa aus, dem seit 1928 existierenden „Südost-Institut" in München. Dort schreibt Werner Gumpel über die Begleichung der anfallenden Transformationskosten (nicht nur für Bulgarien): „Grundsätzlich sollte das Verursacherprinzip gelten. Verursacher war die Kommunistische Partei. Sie existiert, zumindest in ihrer alten Form als Ganzes, nicht mehr. Bleibt das Volk als Ganzes, das ja 'Eigentümer' der Produktionsmittel gewesen ist. Mithin müssen alle Bürger für die entstandenen Schäden und deren Beseitigung im Rahmen einer Neuordnung der Wirtschaft aufkommen. In mehr oder minder gleichem Maße waren sie schließlich die 'Nutznießer' des von der Planwirtschaft bewirkten Werteverzehrs der Volkswirtschaft. Bei geringen Ersparnissen und fehlender Kapitalbildung kann dies durch Inflation und eine Senkung der Reallöhne geschehen. Dies ist der Weg, der in den von uns behandelten Ländern weitgehend beschritten wird."[308]

Die Radikalität, mit der in Bulgarien soziale Einschnitte und eine Anbindung der Ökonomie an den Bedarf EU-Europas durchgeführt worden sind, hat sich beim Gipfel der Europäischen Union im Dezember 2002 in Kopenhagen für die Administratoren nicht bezahlt gemacht. Bulgarien wurde, wie Rumänien, auf eine weitere Warteschleife geschickt. Für 2007 wurde vage eine EU-Mitgliedschaft in Aussicht gestellt.

Baltikum: Die nationale Wiedergeburt

Die Osterweiterung der Europäischen Union in Richtung Baltikum hat – verglichen mit anderen Kandidatenländern – eine stärkere geopolitische und regional-ökonomische Bedeutung. Brüssels Drang nach Osten greift im Fall Estlands, Lettlands und Litauens direkt in den früheren russischen Machtbereich ein. Dies verleiht dem Westintegrationsangebot an das Baltikum eine eher politische und militärische Schlagseite. Auch deshalb, weil EU-europäisch gesehen wirtschaftlich in den drei kleinen Republiken nicht viel zu holen ist. Im Gegenteil: Die Strukturdaten weisen alle drei Republiken als von russischer Energie und Atomkrafttechnologie abhängige Regionen aus, deren Westorientierung in naher Zukunft relativ (zur Marktgröße) viel Geld kosten dürfte.

Mit der Übernahme des EU-Regelwerks in Tallinn, Riga und Vilnius rückt Brüssels Einfluss bis an die Tore Russlands und in gewissem Sinn sogar weit in russisches Territorium hinein. Die Exklave Kaliningrad, das ehemalige ostpreußische Königsberg, wird mit einer Aufnahme der baltischen Republiken von EU-Europa umzingelt sein. Es gerät damit zum territorialen Faustpfand Brüssels.

Für die EU-Länder Schweden und Finnland sowie ihre größeren Firmen stellt sich die Sache ökonomisch interessanter dar. Stockholm und Helsinki betrachten das Baltikum als ihren Hinterhof. Insofern nehmen die drei Länder regionalwirtschaftlich für Skandinavien eine Bedeutung ein, die sie für den Rest der Europäischen Union nicht haben.

Russen raus!

Im Baltikum verstand die nicht-russische Bevölkerung die Wende als nationalen Kraftakt. Der Hass auf das sowjetische politische und wirtschaftliche System paarte sich mit einer Verachtung gegenüber den Slawen, die in Estland und Lettland zwischen 35% und knapp 50% der Bevölkerung ausmachen. Hunderttausende Menschen, die nach 1945 aus Russland, Weißrussland und der Ukraine ins Baltikum übersiedelt (worden) sind, werden noch heute indirekt für die von Moskau inszenierten antifaschistischen Deportationen verantwortlich gemacht, die freilich auch antibaltischen Charakter hatten und einer völkischen Kollektivschuldthese frönten.

Die Europäische Union belohnte das Nationale an den Erhebungen zur Wendezeit mit der Anerkennung der neuen Staaten unmittelbar anschließend an deren Unabhängigkeitserklärungen. Riga wurde bereits im August 1991 von Brüssel als Hauptstadt des neuen Lettland akzeptiert, auch mit Estland wurden sogleich diplomatische Beziehungen aufgenommen. Die Frage nach der Behandlung der russischen Bevölkerung, die von einem Tag auf den anderen de facto staatenlos wurde, stellte in EG-Europa vorerst niemand.

Obwohl im Jahr 1991 in Lettland und Estland nur 62 bzw. 63% der Bevölkerung Lettisch bzw. Estnisch sprachen[309], war sowohl in Riga also auch in Tallinn das Russische als Staatssprache bereits mit den Staatssprachengesetzen des Jahres 1989 abgeschafft worden. Litauen hingegen hat mit knapp 10% einen vergleichsweise geringen russischen Bevölkerungsanteil.[310] Hunderttausenden von Menschen mit russischen, weißrussischen oder ukrainischen Wurzeln, die ihr Leben lang im Baltikum gelebt hatten und ohne lettische oder estnische Sprachkenntnisse ausgekommen waren, verweigerten die nationalen Behörden die baltische Staatsbürgerschaft. Damit verloren viele von ihnen nach der Unabhängigkeit mit einem Schlag ihre Arbeit in staatlichen Betrieben oder Verwaltungen, Schulen, Gemeinden etc. Im Sommer 1994 verabschiedete das Parlament in Riga dann das so genannte Bürgerrechtsgesetz, das die Einbürgerung von Russen, Weißrussen und Ukrainern regeln sollte. Das Parlament quotierte die Verleihung der Staatsbürgerschaft an Menschen nicht-lettischer Abstammung. Die Einbürgerung von seit Jahrzehnten ansässigen Slawen wurde demnach mit 0,1% der Bevölkerungszahl (von insgesamt 2,5 Millionen) pro Jahr limitiert. Nur wer vor dem 17. Juni 1940 die lettische Staatsbürgerschaft besessen hatte oder Nachfahre einer solchen Person war, erhielt sofort die Bürgerrechte. Nicht-Letten, die im Land geboren waren, durften sich ab 1996 um die Staatsbürgerschaft bemühen, aus Russland oder anderen Teilen der Sowjetunion Zugewanderte erst ab dem Jahr 2001. Von der Naturalisierungsquote ausgeschlossen waren Menschen, die nach 1991 Mitglieder der Kommunistischen Partei blieben. Wer sich allerdings umgekehrt an den antisowjetischen Erhebungen der Jahre 1988-1991 beteiligt hatte und dies nachweisen konnte, konnte bevorzugt behandelt werden. Diese Ausnahme kam in der Regel vor allem Litauern und Esten zugute, die zur Zeit der Wende in Lettland gelebt hatten und lettische Staatbürger werden wollten.

Die rassistisch anmutenden lettischen Einbürgerungsgesetze sind in der Europäischen Union im Lauf der Jahre immer wieder vereinzelt auf Kritik gestoßen. Mehrere geringfügige Modifikationen und Good-will-Erklärungen von Seiten Rigas haben allerdings dazu geführt, dass prinzipielle Einwände gegen die unterschiedliche Behandlung von ethnischen Letten und Russen mehr und mehr verstummt sind.

Armes Land an der Ostsee

Estland, Lettland und Litauen zählen gemeinsam mit Slowenien (und Malta sowie Zypern) zu den kleinen und bevölkerungsschwachen EU-Aufnahmekandidaten.[311] Tatsächlich gestaltet sich die Umorientierung des Baltikums in Richtung Westintegration trotz seiner Kleinheit schwierig. Das Herauslösen der drei früheren Sowjetrepubliken aus dem sich wirtschaftlich desintegrierenden Ex-Sowjetmarkt ist eine schwerere Aufgabe, als es die periphere Angliederung von früheren RGW-Staaten an die westeuropäischen Zentralräume darstellt; mit der eventuellen Ausnahme Bulgariens, das als eine Art „16. Sowjetrepublik" Moskau auch wirtschaftlich besonders nahe gestanden hat.

Alle drei Ostseerepubliken kämpfen mit strukturellen ökonomischen Defiziten. Am schwerwiegendsten wirkt sich dabei die nach der Wende nicht mehr gewünschte Abhängigkeit von russischen Energieträgern aus. Die gesamte für den sowjetischen Markt dimensionierte Industriestruktur mit Produkten, die in Westeuropa im Überfluss vorhanden sind und dort keinen Absatz finden, hinterließ nach ihrer Liquidierung ökonomisches Ödland und soziale Leere. Bis hinein in den Tourismus macht sich die rasche Lostrennung vom früheren Sowjetmarkt negativ bemerkbar, weil westlicher Ersatz kaum zu finden ist. So verwaisten bereits in den ersten Transformationsjahren die Ostseestrände wie jener von Jurmala in Lettland. Früher bevölkerten Tausende Sommergäste aus der Sowjetunion die kilometerlange, von Kiefernwäldern abgeschirmte Küste. Die Einführung von Visa für Russen sowie die antislawische Politik der Regierung in Riga haben diese Gäste vertrieben. Neue aus Deutschland, Schweden oder Finnland sind nicht gekommen, die Hotel- und Sportanlagen verfallen.

Zur Überlebensfrage ist die Energie geworden. Heimische Eliten und die Europäische Union drängen auf Neuorientierung. Am Beispiel Litauens wird die prekäre energiepolitische Lage deutlich. Dort steht in Ignalia ein Atomreaktor des Typs RBMK, ein leicht modifiziertes „Tschernobyl-Modell". Brüssel hat bereits mehrmals darauf hingewiesen, dass eine Abschaltung dieses gefährlichen Reaktors noch vor dem EU-Beitritt erfolgen muss. Allein die Schließungskosten für die beiden Blöcke des Kernkraftwerkes würden 2 Mrd. US-Dollar betragen.[312] Ein Ansuchen um Zuschuss liegt längst bei der Europäischen Kommission. Doch mit einer Schließung allein wäre es nicht getan, Litauen bezieht 80% seiner elektrischen Energie aus dem AKW Ignalia. Eine ersatzlose Streichung würde im Land buchstäblich alle Lichter ausgehen lassen. Eine Alternative zum Atomstrom wird im thermischen Kraftwerk Elektrenai getestet, wo Orimulsion verbrannt wird, ein auf Bitumen-Basis hergestellter Brennstoff. Der Nachteil dabei: Dieser Brennstoff kommt aus Venezuela, das nicht nur weit weg ist, sondern in den Jahren 2002/03 wegen seiner linksnationalen Politik auch bei der Europäischen Union in Ungnade zu fallen droht. Das Andocken an den europäischen Imperialismus – auch in der Form des Ökoimperialismus – birgt für Litauen also multiple Gefahren und Fallstricke.

Mit der billigen Abgabe von Volkseigentum an ausländische Investoren glaubte sich so manche Regierung, die in den vergangenen Jahren abwechselnd die Geschicke der Privatisierung verwaltet hat, auf der sicheren Seite. Allein, viele groß angelegte Verkäufe gingen daneben. So z.B. die Privatisierung des größten baltischen Ölkonzerns Mazeikiu Nafta. Der staatliche litauische Ölriese, der immerhin 10% zur gesamten Wirtschaftsleistung des Landes beiträgt, ging im Herbst 1999 für billiges Geld an den US-Bieter Williams International, der zunächst eine Sperrminorität von 33% erwarb. Für eine Investition von 150 Mio. US-Dollar forderte Williams International staatliche Zuschüsse in der Höhe von 350 Mio. US-Dollar, um den maroden Betrieb aus dem Defizit führen zu können. Präsident Valdas Adamkus stand hinter diesem Deal; Ministerpräsident Rolandas Paksas verweigerte seine Unterschrift, ihm schien das Geschenk an den US-Konzern zu groß. Paksas musste seinen Hut nehmen; am 5. Januar 2003 wurde er dann gegen Adamkus ins Präsidentenamt gewählt, was einer kleinen Ohrfeige für das politische Establishment gleichkam, dem freilich auch er angehört. Valdas Adamkus outete sich im Herbst 2002, als Williams International sich längst über einen langfristigen Liefervertrag mit der russischen Jukos im Land etabliert hatte, zum Zusammenhang von ausländischem Druck und inländischer Privatisierung. Auf die Frage eines Reporters, warum sein Land so dringend in die NATO strebe, antwortete der litauische Präsident gegenüber der *Süddeutschen Zeitung*: „Wir erhalten Gelegenheit, Verantwortung für die Sicherheit in Europa zu beweisen. Die Nato bedeutet aber für uns nicht allein eine militärische Allianz, die Litauen beschützt, sie bietet auch Schutz für ausländisches Kapital."[313]

Auch die Außenhandelsabhängigkeit der baltischen Republiken spricht eine klare Sprache. In knapp zehn Jahren fand eine weitgehende Hinwendung in Richtung Europäische Union statt, wobei im Jahr 2000 50% des litauischen, 62% des lettischen und 72% des estnischen Außenhandels mit EU-Staaten, allen voran Schweden, Finnland und Deutschland, abgewickelt wurden.[314] Für territoriale Bruchstücke der ehemaligen Sowjetunion, die Ende der 1980er Jahre kaum wirtschaftliche Verflechtungen mit dem Westen hatten, ging diese historische Kehrtwende rasant vor sich. Dass die Handelsbilanz mit dem Westen durchwegs negativ ist, verwundert angesichts der ökonomischen Kräfteverhältnisse nicht.

Die Kosten der peripheren Anbindung an Westeuropa trägt, wie üblich, die breite Mehrheit der Bevölkerung. Im Kaufkraftvergleich der Kandidatenländer nehmen die baltischen Republiken Schlusspositionen ein. Lettland und Litauen weisen nach zehn Jahren Transformation im Jahr 2000 ein pro Kopf gerechnetes Bruttoinlandsprodukt von 29% des EU-Durchschnittes[315] auf, während beispielsweise Tschechien bei 58% liegt. Das kleine Estland, das weniger EinwohnerInnen als Wien beherbergt, liegt bei 37%. Höher als in EU-Europa üblich liegt die Arbeitslosigkeit, die zwischen 15 und 20% pendelt. Soziale Leistungen sind angesichts der von Brüssel und Maastricht vorgeschriebenen Sparpolitik für die Länder nicht finanzierbar. RentnerInnen müssen sich mit monatlichen Beträgen von unter 100 Euro zufrieden geben, was zum Überleben nicht reicht. Die Arbeitslosenbeiträge haben eher symbolischen Charakter, sie betragen z.b. in Estland magere 10% des Durchschnittslohnes[316], während in der Europäischen Union ein Arbeitsloser mit 40 bis 60% seines Lohnes aus der aktiven Zeit rechnen kann. Überhaupt gehören soziale Zusammenhalte im Baltikum der Vergangenheit an. Eine starke Gewerkschaft gibt es nicht, sondern deren mehrere schwache. Ihre Schwäche misst sich am kaum vorhandenen Organisationsgrad, der in allen drei Republiken weit unter einem Viertel der Beschäftigten liegt. Unternehmer brauchen Kollektivverträge und Arbeitsgesetze nicht zu fürchten. Im Baltikum, so könnte man meinen, probt der vollständig deregulierte Markt seine Erweiterung in Richtung Westeuropa.

Wie groß der soziale Schock der Transformation war, steht in der jüngsten Erhebung der Weltgesundheitsorganisation. Aus der geht hervor, dass Estland in den Jahren zwischen 1991 und 2001 das Land mit dem weltweit höchsten Bevölkerungsrückgang war. In zehn Jahren verloren die Esten 1,3% ihrer Bewohnerschaft.[317] Der Wendeschock sitzt im Baltikum besonders tief.

Exklave Kaliningrad

Das frühere ostpreußische Königsberg, Ende August 1944 von britischen Fliegereinheiten vollkommen zerstört, bleibt ein Zankapfel zwischen EU-Europa und Russland. Während Brüssel das Problem der russischen Exterritorialität herunterzuspielen versucht, stationiert Russland eines der größten Truppenkontingente seiner Armee rund um Kaliningrad.

Im April 2001 verkündeten Warschau und Vilnius unisono, für Durchreisende in den Kaliningrader Distrikt künftig Visumzwang einzuführen.[318] Damit kamen beide Länder, die zwischen dem russischen Kernland und Kaliningrad liegen, einer Forderung Brüssels nach, das Schengener Visa-Regime gegen weiter östlich gelegene Staaten einzuführen. Im Fall Kaliningrads bedeutete dies, dass die russische Bevölkerung auf ihrem Weg zwischen Wohnort und Hauptstadt bzw. anderen russischen Gebieten plötzlich der staatlichen Kontrolle von Litauen oder Polen und damit der suprastaatlichen Kontrolle der Brüsseler Union unterliegen würde. Genau diesen Zustand, der Kaliningrad von Russland formal trennte, wollte Moskau vermeiden. Es scheiterte.

Am 11. November 2002, knapp vor dem Kopenhagener EU-Gipfel, der die drei baltischen Republiken und Polen zur Übernahme des Acquis communautaire einlud, musste Russlands Präsident Wladimir Putin akzeptieren, dass ein Teil der russischen Souveränität über Kaliningrad künftig an Vilnius und Warschau und damit an die Europäische Union abgegeben wird. EU-Kommissionspräsident Romano Prodi und Ratsvorsitzender Anders Fogh Rasmussen offerierten Moskau ein letztes Angebot: Jeder Russe, der zwischen dem Kaliningrader Distrikt und dem übrigen Russland hin- und herreisen will, benötigt ein so genanntes „Facilitated Transit Document", das sinnigerweise in englischer Sprache betitelt wurde. Das litauische Konsulat in Kaliningrad oder die litauische Botschaft in Moskau sind befugt, dieses Zertifikat auszustellen. Brüssels Entgegenkommen gegenüber der russischen Forderung erschöpfte sich darin, das Dokument nicht „Visum" zu nennen. Ansonsten enthält es alle Bestandteile eines solchen. Insbesondere den, künftighin die Kontrolle über die Reisetätigkeit von Russen zwischen Kaliningrad und dem Kernland auszuüben. Stolz verkündete die Regierung in Vilnius, dass die litauische Souveränität über Durchreisende gewährleistet ist. Litauen behielt freilich auch das Recht, bestimmten Personen die Durchreise zu verwehren.[319]

Mit der Zustimmung Putins zum „Facilitated Transit Document" genannten Visum ist es der Europäischen Union gelungen, ihr Schengen-Regime nach Russland hineinzutragen. Zusätzlich dazu ist ein erster politischer Schritt gemacht, Königsberg aus dem russischen Einflussbereich herauszuschälen und damit auch Russland selbst schleichend auf die Revision der 1945 neu gezogenen Grenzen vorzubereiten.

Osteuropas Zurichtung zur Peripherie

Die Triebkraft zur Erweiterung der Europäischen Union in Richtung Osten geht von der Produktivität der großen anlagesuchenden Unternehmen Westeuropas aus. Rationalisierungen und Marktbereinigungen haben die Kapazitäten der führenden multinationalen Konzerne zu einem enormen Akkumulationsdruck erhöht. Verwertung ist ihnen nur noch durch Expansion möglich. Dieses Erfordernis der kapitalistischen Produktionsweise gilt grundsätzlich weltweit, gerät jedoch oft in Vergessenheit, wenn von den Motiven für die Osterweiterung die Rede ist.

Nicht Entwicklungshilfe oder karitativer Gestus sind es, auch nicht die Solidarität einer christlichen Wertegemeinschaft, die Brüssel veranlassen, die Grenzen der Europäischen Union auszudehnen, sondern die Überproduktionskrise in den westeuropäischen Zentren ist der Grund. Wo keine ausreichenden Märkte zur Verfügung stehen, droht dem auf Wachstum basierenden System eine Verwertungskrise.

Die Osterweiterung der Europäischen Union dient vornehmlich dazu, den stärksten Kräften im Westen – den so genannten „global players" – neuen Marktraum zu erschließen und diesen mit Hilfe des Regelwerkes des „Acquis communautaire" abzusichern. Zum erweiterten Absatzmarkt kommt ein Arbeitsmarkt, der Millionen von gut ausgebildeten und verarmten, daher billigen ProduzentInnen umfasst. Damit eröffnet sich mit der Anbindung des Ostens an die westeuropäischen Zentren ein weites Feld für Investitionen, für deren Sicherheit Brüsseler Kommissare, örtliche Verwalter und schließlich in naher Zukunft eine militärische Eingreiftruppe verantwortlich zeichnen.

Die Aufnahme der ehemaligen RGW-Länder und Sloweniens in das Brüsseler Regelwerk muss als periphere Anbindung an EU-Europa bezeichnet werden, weil in aller Regel osteuropäische Unternehmen nicht in der Lage waren und sind, westliche Märkte zu erschließen (bevor sie ohnedies ins Eigentum westlicher Investoren übergegangen sind). Nirgendwo hat außerdem ein osteuropäischer Arbeitsmarkt von der Öffnung profitieren können; massenhafte Abwanderung und Dequalifikation durch die systematische Schließung von Forschungs- und Entwicklungsabteilungen haben aus den einst von den Kommunisten verordneten Zwangsarbeitsverhältnissen einen deregulierten Arbeitsmarkt gemacht, der sozialer Sicherheiten längst verlustig gegangen ist. Seine Deregulierung strahlt logischerweise nach Westen aus.

Beim Investieren wird der periphere Charakter Osteuropas endgültig deutlich. In den zehn Jahren nach der Wende haben es westeuropäische, US-amerikanische und ostasiatische Unternehmen geschafft, sich die besten, gewinnträchtigsten Stücke der ehemaligen kommunistischen Volkswirtschaften anzueignen. Umgekehrt floss kein investives Kapital in den Westen, um hier Konkurrenten aufzukaufen oder neue Betriebsstätten zu eröffnen. Während also verwertungshungriges Kapital nach Osteuropa ging, um unter der Fahne des freien Gewinntransfers Profite an die westlichen Mutterkonzerne zu überweisen, sind es Schuldnergelder aus Osteuropa, die Jahr für Jahr in Form von Kreditraten für eine Kapitalschuld von insgesamt 165 Mrd. US-Dollar (im Jahr 2001) für die zehn osteuropäischen Kandidatenländer an westliche Gläubigerbanken fließen. Ein eindeutigerer Beweis für die Randständigkeit Osteuropas als der ständige Kapitalfluss in Richtung Westen kann wohl nicht erbracht werden.

Zehn Jahre für den Eigentumswandel

Mehr als zehn Jahre sind vergangen, seit der Rat für gegenseitige Wirtschaftshilfe (RGW) im Juni 1991 aufgelöst wurde und der Wettlauf der einzelnen osteuropäischen Länder um eine Integration in die Europäische Gemeinschaft – später: Union – begann. Der viel geforderte „Marshall-Plan für Osteuropa" blieb im Propagandistischen stecken. Nach den teuren Erfahrungen Bonns/Berlins mit der Übernahme der kleinen, 16 Millionen EinwohnerInnen zählenden Ex-DDR war jedem Ökonomen klar, dass an eine Angleichung Osteuropas an westeuropäisches Lebensniveau unter Bedingungen, die der Weltmarkt vorgibt, nicht zu denken war. Die Peripherisierung des östlichen Kontinentteils nahm ihren Lauf.

Es gab zwei herzhafte Versuche, der von Brüssel betriebenen Zurichtung osteuropäischer Wirtschaftsstrukturen auf den Bedarf potenzieller westlicher Investoren eigenständige Konzepte volkswirtschaftlicher Konsolidierung entgegenzustellen bzw. anzumelden: einen in Rumänien und einen in der Slowakei. Beide wurden in den westeuropäischen Medien als neokommunistisch und nationalistisch denunziert und verdammt. Rumäniens kurzfristiger Sonderweg unter Präsident Ion Iliescu (bis 1996) wurzelte in der Tatsache, dass Bukarest unter Nicolae Ceaușescu seine Auslandsschulden zurückzahlen konnte und somit kein direkter Druck westlicher Banken auf dem Land lastete. Den neuen Machthabern um Ion Iliescu, Petre Roman und Silviu Brucan war folgerichtig nicht zu erklären, warum sich das Land unter das Diktat von IWF und Weltbank stellen sollte, die in Polen und Jugoslawien 1990 darangegangen waren, Sanierungsprogramme auf Kosten sozialer Sicherheiten zu entwerfen. Ceaușescu hatte über zehn Jahre lang als Inkarnation des IWF im Land gewütet und sein Volk ausgepresst, um knapp 11 Mrd. US-Dollar Außenschuld nicht bloß bedienen zu können, sondern vollkommen zurückzuzahlen. Rumänien stand im Frühjahr 1989 schuldenfrei in der Welt, große budgetäre Sanierungsideen waren also nicht gefragt. Zudem wies die neue, linksgerichtete Führung mit Silviu Brucan einen ausgewiesenen Fachmann in Sachen abhängiger Entwicklung aus. Im Kreise von Weltsystemtheoretikern wie Immanuel Wallerstein, Andre Gunder Frank oder Samir Amin gehörte Silviu Brucan zu den Kennern weltweiter Akkumulationsabläufe. Ihm war klar, dass Integrationsversprechen in ungeschützte Weltmarktzusammenhänge theoretisch wie praktisch für ökonomisch Schwächere nur zu fortgesetzter Peripherisierung und Marginalisierung führen konnten. Zu lange war Brucan noch unter der Ära Ceaușescu zum Beispiel im Rahmen der UNO international tätig gewesen, als dass er nicht die Ergebnisse der Grünen Revolutionen in Afrika und Lateinamerika in den 1970er Jahren oder die Folgen der Errichtung von Weltmarktfabriken und Freien Produktionszonen fast überall in der Dritten Welt gesehen hätte, die allesamt Kräfte und Kapital aus den Rändern der Weltwirtschaft in deren Zentren abgesogen hatten. Eine ungeschützte Anbindung Rumäniens an die stärksten europäischen Wirtschaftskräfte, da waren sich Brucan und Iliescu auch in Gesprächen mit dem Autor in der ersten Hälfte der 1990er Jahre einig, konnte nur zum Schaden einer Mehrzahl von Rumäninnen und Rumänen passieren. Der im Zuge einer EU-Integration absehbaren strukturellen Verelendung weiter Bevölkerungskreise wollte die rumänische Führung in diesen Jahren mit staatlichen Regulativen entgegentreten. Ihr striktes Nein zur Privatisierung bzw. Schließung volkswirtschaftlicher Kernbetriebe wie z.B. dem Kohlebergbau im Schiltal machte sie in den Augen westlicher Investoren und Politiker nicht bloß verdächtig – sie mussten sich als ewiggestrige Nationalkommunisten beschimpfen lassen.

Der zweite Versuch, den Kniefall vor EU-Recht und Westübernahmen möglichst weich überstehen zu wollen, fand in der Slowakei unter Vladimír Mečiar bis 1998 statt. Die slowakische Eigenständigkeit, angefacht durch die Unabhängigkeit 1993, basierte ökonomisch auf der energetischen Drehscheibenfunktion der Slowakei. Die wesentliche Gasleitung, die den russischen Primärenergieträger nach Westeuropa bringt, führt über Bratislava. Die dadurch enge wirtschaftliche Bindung an Moskau gewährte Mečiars HZDS – in Koalition mit einer linken und einer rechten Kleinpartei – eine gewisse Rückendeckung des alten Handels- und Wirtschaftspartners. Unter Mečiar fand eine einseitige Umorientierung des slowakischen Außenhandels in Richtung Westeuropa, wie sie überall sonst in Osteuropa passierte, nicht statt. Bei Großinvestitionen wie jener in das AKW Mohovce konnte Bratislava neben französischem und deutschem auch auf russisches Geld zählen, was den politischen Spielraum der Regierung wesentlich erhöhte. Gleichzeitig waren die slowakischen Ökonomen rund um die HZDS, Augustín Húska und Rudolf Filkus, nicht bereit, strategische Sektoren vor allem im Energiebereich zu privatisieren. Weil also westliche Überschussgelder bis 1998 in der Slowakei nur kontrolliert zum Investment kamen, wurde Mečiar als Diktator, Nationalist usw. diffamiert. Nachdem sich auch im Land willigere Verwalter gefunden hatten, wendete sich das Blatt ... und die Slowakei, die unter Mečiar nicht einmal eingeladen worden war, an den EU-Beitrittsverhandlungen teilzunehmen, transformierte sich in einen Musterknaben der peripheren Anbindung.

Sowohl Ion Iliescu als auch Vladimír Mečiar wechselten übrigens nach 1999 ihre politischen Positionen, legten die Skepsis gegenüber dem NATO-Beitritt ihrer Länder ab und traten für einen EU-Beitritt ein, ohne substanzielle Bedingungen zu stellen. Ihr Gesinnungswandel liegt im Angriff der NATO auf Jugoslawien im Frühjahr 1999 begründet. Augustín Húska, ehemaliger Chefökonom der HZDS, führte dieses Argument im Gespräch mit dem Autor ins Treffen. Die geballte Militärmacht der USA und ihrer Verbündeten richtete sich im März 1999 gegen eine jugoslawische Regierung, die die ökonomische, politische und militärische Unterwerfung des Landes unter die Rationalität des Weltmarktes verweigerte. Die nationalen Unruhen im Kosovo dienten dabei bloß als Aufhänger für die Bombardements. Nach dem Kriegsende und der Auslieferung von Slobodan Milošević an Den Haag stellte sich bald heraus, dass es bei der Zerstörung Jugoslawiens für den Westen in erster Linie um die Eroberung von Märkten gegangen war.

Passive Resistenz gegen die Logik der westlichen Übernahme gelang zum Teil noch dem kleinen Slowenien, dessen Privatisierung auf Basis eines Management-and Workers-Buy-out vonstatten ging. Ausländische – schreib: deutsche oder österreichische – Konzerne kamen dabei anfangs weniger zum Zug, als sie es sich erhofft hatten. Direktoren und Arbeiterkollektive konnten von den neuen Eigentumsverhältnissen profitieren, indem ihnen die Regierung Vortrittsrechte bei der Privatisierung gewährte. Jahrelange Proteste aus Brüssel zeigten schließlich Wirkung, heute wechseln auch in Slowenien mehr und mehr Schlüsselbereiche der Wirtschaft in ausländische Hand.

Mehr als zehn Jahre hat sich Brüssel mit der Hereinnahme osteuropäischer Länder in das Regelwerk der Europäischen Union Zeit gelassen. Dieses Jahrzehnt wurde gebraucht, um bereits vor der Aufnahme der Kandidaten einen Eigentümerwandel in der Wirtschaftsstruktur der betroffenen Länder durchzusetzen. Die erste Übernahmewelle funktionierte idealtypisch unter Bedingungen weicher lokaler Währungen vor deren fester Anbindung an die Deutsche Mark. Dies gewährleistete zusätzlich zur relativen Unterbewertung der ehemaligen Staatsbetriebe einen noch billigeren Einkauf. Die Unterbewertung war allerdings schon deshalb eklatant, weil es sich bei durchwegs allen Übernahmen (außer in Slowenien) de facto um Notverkäufe handelte.

Wenn zehn Staaten gleichzeitig wichtige Industrieunternehmen in so gut wie allen Sektoren privatisieren, ist der Preis einer kapitalistischen (Un-)Vernunft gemäß ohnedies bereits niedrig. Wenn dann das daraus zu lukrierende Geld dringend im Staatsbudget gebraucht wird, um im Zeitalter des Maastricht-Sparens halbwegs über die Runden zu kommen, dann drückt das nochmals den Preis für die Investoren. Ganz zu schweigen von der in Wendezeiten unumgänglichen Korruption, die oftmals bewirkte, dass Parteifinanzierungen sowie persönliche Geschenke an Politiker und Beamte die Kosten für den Einkäufer nochmals senkten – zum Leidwesen der Staatshaushalte und zur Freude der nun frei genannten Presse. Denn kein Monat verging, in dem nicht große Skandale breitgetreten werden konnten, bei denen es immer um persönliche Bereicherungen im Zusammenhang mit fragwürdigen Privatisierungen ging. Das Beispiel des Direktors für die tschechische Couponprivatisierung, Jaroslav Lizner, der 1995 wegen Korruption zu sieben Jahren Haft verurteilt wurde, steht dabei nur für eines unter vielen.[320] Der Ausverkauf staatlichen Eigentums blieb bei derlei Meldungen im Hintergrund und wurde so gut wie nie systematisch aufgearbeitet. Nicht die Struktur der hastigen, die budgetären Notsituationen nur kurzfristig lindernden Privatisierungen stand in Frage, sondern die Integrität dieses Ministerialrates oder jenes stellvertretenden Privatisierungsministers. Die Individualisierung kollektiver Prozesse gehört zu den kommunikativen Meisterstücken einer scheinbar freien Presse.

Zaghafte Versuche einzelner Regierungen, auf Ausmaß und Tempo des wirtschaftlichen Ausverkaufs an westeuropäische Eigner bremsend einzuwirken, schlugen letztlich fehl. Sie wurden überdies jedes Mal von westlichen Politikern und Medien als im Ansatz postkommunistisch oder nationalistisch diffamiert. Sich sozialdemokratisch gerierende ex-kommunistische Parteien machten sich zu Beginn der 1990er Jahre daran, das Reformtempo zu drosseln, indem sie beispielsweise radikale Währungsabwertungen zu verhindern oder sozial abzufedern suchten. Bürgerlich-nationale Regierungen wiederum probierten Schutzmaßnahmen für die eigene brustschwache Bourgeoisie oder das Bauerntum. Dem neoliberalen Diktat, wonach politische Interventionen in wirtschaftliche Prozesse zum Schutz der schwächeren Konkurrenten zu unterbinden seien, fielen sämtliche Steuerungsversuche in der Peripherie zum Opfer. Gleichzeitig fand ein angeblich freies Spiel der Kräfte statt, das freilich seinerseits auf Interventionen der kapitalstärksten Gruppen zurückging. Die Folge – die osteuropäischen Erweiterungsgebiete weisen soziale Verwerfungen ungeheuren Ausmaßes auf: eine für Randzonen der Weltwirtschaft typische extreme Auseinanderentwicklung von wenigen Reichen und mehr werdenden Armen sowie das Fehlen einer Mittelklasse, die in Ansätzen nur in Tschechien und Slowenien vorhanden ist.

Die Ausrichtung der Außenhandelsstruktur gibt einen vortrefflichen Indikator für den Grad der Abhängigkeit peripherer Gebiete von einem Zentrum ab, vor allem dann, wenn – wie in allen Kandidatenländern – die Handelsbilanz negativ ist. Zwischen 75% (in Ungarn), 70% (in Polen und Tschechien), über 60% (in Rumänien, Slowenien und der Slowakei) und 51% (in Bulgarien) der Exporte nimmt die Europäische Union auf.[321] Bei den Importen weist die Statistik ähnliche, etwas geringere Werte aus. Ein Gutteil der Handelsgüter, die den Export und Import ausmachen, wird mittlerweile zwischen Mutter- und Tochterkonzernen großer ausländischer Unternehmen hin- und herverschoben. Etwaige Exportüberschüsse bei solchen Geschäften sind teilweise nur den steuerlichen Bedingungen der beteiligten Staaten zuzuschreiben, deren Unterschiedlichkeit sich multinationale Konzerne schon seit jeher bestens zu bedienen wussten.

Die Wirtschaft Ungarns, Tschechiens, Lettlands und Estlands wird zu einem substanziellen Teil von außen gelenkt. Diese „bedeutende ausländische Präsenz", wie es dazu in einer Pressemitteilung vom Juni 2000 des „Wiener Instituts für Internationale Wirtschaftsvergleiche" heißt, beruht darauf, dass fast 50% des estnischen Bruttoinlandsproduktes von ausländischen Direktinvestitionen erwirtschaftet werden. In Ungarn sind es über 40%, in Tschechien und Lettland über 30%.[322] Slowenien und die Slowakei bildeten im Jahr 2000 die Schlusslichter in Sachen ausländische Direktinvestitionen.

Weil trotz dieser Investitionen das BIP beispielsweise in Ungarn für das Jahr 2000 nur das Niveau von 1989 erreichte, kann zusätzlich zur gänzlichen Umorientierung der Eigentümerstruktur auch ein signifikanter Verlust für die ungarische Volkswirtschaft konstatiert werden. Wie substanziell die Auslandsübernahmen in einer Ökonomie Osteuropas sein können, zeigt ein Blick auf die Nahrungsmittelindustrie in Ungarn. In diesem primären Sektor jeder Volkswirtschaft beträgt der Anteil ausländischer Eigentümer an der Produktion von Pflanzenöl, Getränken, Bier, Süßwaren und Tabak jeweils über 90%.[323] Auf dieser Basis ist auch klar, wem die zukünftigen EU-Unterstützungen zugute kommen werden: den westlichen Firmen in Osteuropa.

Verlängerte Werkbank

„Die Österreicher haben schon in der Monarchie von der tschechischen Industrie gelebt." Mit diesem Statement versuchte sich Peter Goldscheider, Manager eines der größten so genannten Finanzdienstleister[324] für Mittel- und Osteuropa, Anfang der 1990er Jahre beliebt zu machen, als er im Namen großer westlicher Konzerne die Privatisierung von Staatsbetrieben vorbereitete. Goldscheiders Vorfahren betrieben in seligen k.u.k. Zeiten eine bekannte Keramikmanufaktur. Und wie damals, so mag es sich der heutige Privatisierungsberater für Großkonzerne gedacht haben, können die vergleichsweise niedrigen Lohnkosten in Böhmen und Mähren österreichischen Unternehmern Zusatzprofite bescheren. Tatsächlich ist dies die entscheidende betriebswirtschaftliche Motivation, warum seit 1989 Westfirmen im Osten Standorte via Privatisierung aufkaufen oder neu errichten.

Osteuropäische Regierungen werben mit diesem Kostenvorteil der billigen, gut qualifizierten Lohnarbeit um ausländische Investoren. Seit den späten 1960er Jahren wird unter dem Stichwort der „internationalen Arbeitsteilung"[325] die Auslagerung von industrieller Produktion aus den wirtschaftlichen Zentralräumen in Randgebiete praktiziert. Die Verbilligung des Transportes mit der relativen Übernahme der Kontrolle über die Öl- und Gasreserven dieser Welt durch die USA und Westeuropa bildete eine wichtige Voraussetzung für diesen Weltzustand, der dann später Globalisierung genannt wurde. Der Aufbau von so genannten Weltmarktfabriken in „Freien Produktionszonen" folgte der Verwertungslogik betriebswirtschaftlicher Kostenminimierung. Ausgelagert wurden Fertigungsschritte und Industrien, deren Technologie ausgereift war und die keine hohen Forschungs- und Entwicklungsbudgets mehr benötigten. So konnten die vornehmlich aus den USA und Westeuropa stammenden multinationalen Konzerne die billige Arbeitskraft in Asien, Afrika oder Lateinamerika in die Produktionsstruktur ihres Betriebes einbauen. „Frei" wurden diese Produktionszonen, die zwischen den Philippinen und Panama aus dem Boden schossen, deshalb genannt, weil in ihnen nationale Gesetze außer Kraft gesetzt waren. „Gesetzlose Produktionszonen" wollten die Apologeten der internationalen Arbeitsteilung diese von Steuer- und Arbeitsregeln weitgehend befreiten Unternehmen mit Rücksicht auf die Konsumenten in den Zentren nicht nennen, schließlich sollten die im Süden und Osten hergestellten Waren vor allem in Westeuropa und Nordamerika abgesetzt werden. Also einigten sich Medien und herrschende Politik darauf, sie in Anlehnung an den Diskurs des Neoliberalismus „frei" zu nennen.

Auch im kommunistischen Osten existierten ähnliche Einrichtungen. Rumänien und Ungarn, die bereits 1972 bzw. 1982 dem IWF und der Weltbank beitraten, gestatteten die Verlagerung von Arbeitsprozessen in Staatsbetriebe, in denen Westkonzerne für den Weltmarkt fertigen ließen. Die damals durch staatliche Subventionen verbilligte magyarische Arbeitskraft nähte z.b. in den 1980er Jahren Damendessous für Westfirmen; in Ungarn kamen derlei Produkte freilich nicht in die Regale. Die auf diese Weise verdienten Devisen flossen in den Schuldendienst.

Die Wende 1989 gab den Startschuss für die Auslagerung von Tausenden Produktionsschritten und Industriewerken nach Osteuropa. Die meisten von ihnen funktionieren als verlängerte Werkbänke westlicher Konzerne, an denen Herstellungsprozesse stattfinden, die von Experten als „arbeitsintensive Niedriglohnfertigung" bezeichnet werden. Die ungeschützte Eroberung des plötzlich in den Arbeitsmarkt geworfenen Proletariats entbehrte anfangs gesetzlicher Grundlagen, weswegen in westlichen Medien immer von der Unsicherheit des Investments gesprochen wurde. Von westlichen Industriellen wurden Korruption und fehlende Arbeitsmoral im Osten beklagt. Dennoch fand eine rasche Erweiterung der „Wertschöpfungsketten" – so die betriebswirtschaftliche Bezeichnung für eine globalisierte Produktionsstruktur – auf östliche Standorte statt. Die Lohnunterschiede waren zu verlockend, als dass sich Investoren von Bestechungssitten abschrecken hätten lassen. Mitte der 1990er Jahre – also zu jenem Zeitpunkt, als die großen produktionstechnischen Erweiterungen von multinationalen Konzernen stattfanden – konnten Investoren mit einer Differenz zum durchschnittlichen deutschen Bruttolohn in der Höhe von 1:10 bis 1:34 rechnen. Die ungarische Industriearbeitsstunde kostete 1994 zehnmal weniger als eine westdeutsche. Und bulgarische oder rumänische Arbeiter waren vor Ort 34-mal billiger als ihre deutschen Kollegen.[326] Best ausgebildete tschechische und slowakische Werktätige gaben sich mit 13- bis 15-mal geringeren Löhnen zufrieden, als der vergleichbare westdeutsche Kollektivvertrag vorsah. Unter solchen Bedingungen gingen große Westkonzerne wie Volkswagen in den Osten. Zur Beseitigung juristischer und steuerlicher Unsicherheiten folgten ihnen Heerscharen von Experten, die die Europäische Union entsandte, um über die nach der Wende vollständig deregulierten Arbeits- und Produktionsverhältnisse bürgerliche Rechtssysteme überzustülpen. Die Absicherung dieser Verhältnisse wird Integration genannt.

In der Zwischenzeit sind die Löhne mit dem rasanten Anstieg der Lebenshaltungskosten im Gefolge der Abschaffung von staatlichen Subventionen gestiegen, Reallohnverluste waren bei diesem Prozess, der außer in Tschechien, Ungarn und Slowenien überall von einer Hyperinflation begleitet wurde, unvermeidlich. Durchschnittliche Monatslöhne betragen zur Jahrhundertwende in Bulgarien und Rumänien 150 US-Dollar, in der Slowakei 350, in Tschechien, Polen und Ungarn um die 500 US-Dollar; einzig Slowenien mit Industriearbeiterlöhnen von 1.000 US-Dollar kommt in die Nähe westeuropäischer Verhältnisse.[327]

Die auf billiger osteuropäischer Arbeitskraft beruhende Erfolgsgeschichte westlicher Investoren wird in Industriellenkreisen gefeiert. „Es fand ein rasanter ‚Ausverkauf' statt"[328], stand beispielsweise in der Hauspostille der österreichischen Industriellenvereinigung zu lesen, „Multis und später auch westliche Klein- und Mittelbetriebe griffen schnell nach den Rosinen." „Ich sehe das nicht als eine von der EU geplante Strategie", meint dazu Peter Hasslacher, ein Experte der Wirtschaftskammer für die Osterweiterung, „es drückt einfach die ökonomischen Kräfteverhältnisse aus."[329]

Diese ungleichen Kräfteverhältnisse haben dazu beigetragen, dass vor allem Ungarn, aber auch die Slowakei und Tschechien zu verlängerten Werkbänken für die (west)europäische Automobilindustrie geworden sind. Feststellbar ist dabei, dass mit dem Volkswagen-Konzern ein Unternehmen besonders stark investiert hat. Die Marke Škoda wurde zudem weiterentwickelt, was in diesem Fall auch Forschungs- und Entwicklungsarbeit im böhmischen Jungbunzlau bedeutet und über den Charakter einer verlängerten Werkbank hinausweist. Statistisch läuft diese Art der Osterweiterung unter dem Kürzel „Maschinen- und Fahrzeugbau". Diverse Zulieferer, meist bereits ebenfalls in ausländischem Besitz, produzieren Komponenten für BMW (z.B. Kabel), Audi und Ford (Motoren, Getriebe etc.), Renault, Bosch (Batterien, Bremsen), John Deere usw. Josef Pöschl vom „Wiener Institut für Internationale Wirtschaftsvergleiche" hat ausgerechnet, dass der weitgehend den westeuropäischen Pkw-Konzernen zuarbeitenden Warengruppe „Maschinen-

und Fahrzeugbau" bereits 60% sämtlicher ungarischen Exporte zugeordnet werden können. Tschechiens Auto(zulieferer)industrie macht 44,5% der Gesamtexporte aus, in der Slowakei sind es 40%, in Slowenien 36% und in Polen 34%.[330] Eine dermaßen einseitige Exportorientierung macht die ganze Region Mitteleuropa auch in Zukunft gegenüber Ansprüchen der wenigen Abnehmer (Volkswagen, Renault, Ford) verwundbar ... und im Konkurrenzkampf der Standorte erpressbar.

Das Kapital fließt nach Westen

Der in den meisten west- wie osteuropäischen Medien erweckte Eindruck, das Erweiterungsprojekt der Europäischen Union trage karitative Züge, mit Geld aus dem Westen würde den Ostländern geholfen, ist falsch. Zwar flossen über die Jahre unter allerlei Kürzeln wie „Phare", „Ispa" und „Sapard" Mittel an die Beitrittskandidaten, doch handelte es sich dabei nicht um nennenswerte Beträge. Zudem kommt noch, dass tatsächliche Hilfsgelder in der Mehrzahl für die Ausbildung EU-kompatiblen Personals verbraucht wurden. Die westlichen Ausbilder streiften dabei den größten Brocken ein und die östlichen Ausgebildeten gingen in aller Regel nach der Absolvierung von Rechts- oder Finanzkursen in die Privatwirtschaft; dort sind dann Westfirmen den EU-Aufbauprogrammen dankbar, weil sie die Schulungen ihrer jungen Verwalter vor Ort finanzieren.

Die enorme Sogwirkung Westeuropas kommt in der Handelsbilanz zum Ausdruck. Die durchwegs negative Zahlungsbilanz aller osteuropäischen Kandidatenländer ist vor allem der negativen Handelsbilanz geschuldet. Diese hat sich in den Jahren seit der Wende extrem zuungunsten Osteuropas verändert. Schrieb z.B. Polen 1990 noch ein Plus von 2 Mrd. US-Dollar im Außenhandel, war es im Jahr 2000 ein Minus von 13 Mrd. US-Dollar; Ungarns leichter Handelsbilanzüberschuss von 350 Mio. US-Dollar aus dem Jahr 1990 ist zehn Jahre später zu einem Defizit von 2 Mrd. US-Dollar verkommen. In Tschechien, der Slowakei, Slowenien, Rumänien und Bulgarien bietet sich dasselbe Bild. Insgesamt ergibt sich in der Bilanz von Importen und Exporten der EU-Anwärter im Jahr 2000 ein Minus von 23 Mrd. US-Dollar, das im Westen positiv zu Buche schlug, der größte Teil davon in der Europäischen Union.[331] Die Ukraine und Russland sind in diesen Sog, der die volkswirtschaftlichen Kräfte des Ostens zum Vorteil Westeuropas aufsaugt, übrigens nicht geraten. Beide Länder schreiben positive Handelsbilanzen.

Das Argument, ausländische Direktinvestitionen in Osteuropa würden den Kapitalabfluss kompensieren, trifft nicht zu. Denn zum einen sind diese Investitionen Folge betriebswirtschaftlicher Kalkulationen, die in den meisten Fällen davon ausgehen, Unternehmensverluste in den Stammbetrieben auf den neuen Märkten auszugleichen zu können. Wo in diesem Sinn erfolgreich investiert wird, fließt die Rendite zurück ins Stammhaus, also nach Westeuropa. Zum anderen ist auch makroökonomisch mit den Direktinvestitionen keine Trendumkehr festzustellen. Bis zum Jahr 2001 flossen insgesamt 115 Mrd. US-Dollar an Auslandskapital in Betriebe der zehn osteuropäischen Kandidatenländer.[332] Diesem über zwölf Jahre kumulierten Betrag steht ein Schuldenstand von ca. 165 Mrd. US-Dollar gegenüber, dessen Zinsen Jahr für Jahr bedient werden müssen. Nicht miteingerechnet in die Kapitalflüsse zwischen West- und Osteuropa sind dabei die Fluchtgelder aus raschen Privatisierungserlösen, die den Ländern ebenfalls Werte in Milliardenhöhe entzogen haben. Der Fluss des Geldes nimmt konstant und unaufhörlich einen Weg: den von Osten nach Westen. Nur das erklärt freilich auch die Euphorie, mit der im Westen die Aufnahmerituale der Erweiterung gefeiert werden. Ohne die Öffnung Osteuropas, heißt es dabei immer wieder ehrlicherweise auf den Wirtschaftsseiten der großen Tageszeitungen, würde die Krise vieler westeuropäischer Betriebe katastrophale Ausmaße annehmen.

Das Beispiel der Banken

Wer den Kreditmarkt kontrolliert, bestimmt weitgehend über wirtschaftliche Vorhaben. Wer die Spareinlagen verwaltet, kann auf Einleger und Staat Druck ausüben. Nur logisch, dass westeuropäische Bankhäuser während des ersten Nachwendejahrzehnts in die Struktur des Bankensektors aller osteuropäischen Länder eingedrungen sind.

Die Übernahmen östlicher Geldinstitute und ihrer Filialnetze durch westliches Kapital ist im Jahr 2002 weitgehend abgeschlossen. Laut einer Statistik der Bank Austria-Creditanstalt werden Mitte 2002 die Mehrheit aller polnischen, tschechischen, slowakischen, ungarischen und bulgarischen Geldtransaktionen über Banken in Auslandsbesitz getätigt.[333] In Tschechien, der Slowakei und Bulgarien liegt der Anteil ausländischer Geldinstitute am Gesamtmarkt (berechnet auf Basis der Bilanzsumme) zwischen 70 und 80%, in Polen bei knapp 70%, in Ungarn über 60%. Slowenien mit 33% bildet eine gewisse Ausnahme, in Rumänien ist der Verkauf noch in vollem Gange. Rechnet man – wie in der Bank Austria-Creditanstalt-Studie – Kroatien und die Ukraine dazu, dann hat sich der Besitzstand internationaler Bankkonzerne im Osten zwischen 1997 und 2001 von 20 auf 57% erhöht. Änderungen von Struktur- und Eigentumsverhältnissen in diesem Ausmaß kennt die Bankengeschichte üblicherweise nur nach Kriegen. Sozio-ökonomisch betrachtet hat in Osteuropa etwas Vergleichbares stattgefunden.

Das westeuropäische Land mit dem höchsten Anteil ausländischen Eigentums im Bankensektor ist Spanien. Dort werden 31% des Bankvermögens von landesfremden Konzernen verwaltet.[334] Mit der jüngsten Übernahme der größten österreichischen Bank – der Bank Austria-Creditanstalt – durch die Bayerische Hypo- und Vereinsbank drang auch in Österreich deutsches Kapital massiv auf den Kreditmarkt vor.

In der Regel ging die Übernahme eines osteuropäischen Institutes folgendermaßen vor sich: Die zu verkaufende Bank wurde staatlicherseits entschuldet, wobei die so genannten „faulen Kredite" – also uneinbringliche, an marode Unternehmen vergebene Kredite – in das Budget übernommen wurden, wo sie für die kommenden Jahre tiefe Löcher in den Staatssäckel reißen. Nachdem die Verluste sozialisiert und damit zukünftigen Generationen aufgebürdet wurden, kauften sich Westbanken anfangs Sperrminoritäten von mindestens 25% plus einer Stimme an den vom Staat verwalteten Aktien, bevor sie in einer zweiten Investitionswelle Mehrheitseigentümer wurden. Zu dem meist üppig ausgebauten Filialnetz mit Milliarden von Spareinnahmen in der jeweiligen Landeswährung kam oft noch ein Immobilienbesitz hinzu, den die ex-kommunistischen Banken ihr Eigen nannten. Defizitäre Industriebetriebe, die mit der Bank verflochten waren, mussten bereits zuvor geschlossen oder ihre geschäftlichen Verbindungen mit dem Geldinstitut gelöst werden. Relativ risikolos und billig kauften sich damit westeuropäische Investorengruppen ein ganzes Bank- und Kreditsystem, das sie nur auf den neuesten technischen Stand bringen mussten. Sagenhafte Wachstumsraten bestätigen sehr direkt, dass die Einkaufstour im Osten höchst profitabel verlaufen ist. Die Bank Austria-Creditanstalt schätzt im Jahr 2002 das Wachstumspotenzial des Bankenmarktes in acht osteuropäischen Ländern (Polen, Tschechien, Ungarn, Slowakei, Slowenien, Rumänien, Bulgarien und Kroatien) bis 2005 auf märchenhafte 37%, im reinen Kreditwesen rechnen die Analysten mit einem Plus von 44%.[335]

Besonders lukrativ für die neuen Platzhirsche auf den lokalen Geldmärkten wird in naher Zukunft die völlige Umstellung des Renten- und Versicherungswesens sein. Was Brüssel die notwendige Harmonisierung des Rentensystems nennt, beinhaltet eine Kapitalisierung der Altersversorung in ungeheurem Ausmaß. Es werden auch die Geldinstitute sein, die im osteuropäischen Versicherungswesen fette Gewinne einfahren. Schon allein dafür hat sich die Investition in die osteuropäischen Geld- und Versicherungsmärkte gelohnt.

Die Sieger der Übernahmeschlacht im Bankensektor kommen aus Belgien, Österreich, Deutschland, Italien, Frankreich und Holland (in etwa dieser Reihenfolge). Die belgische KBC konnte bis 2002 Mehrheitsanteile an der tschechischen ČSOB, der polnischen Kredyt Bank, der ungarischen K&H sowie einen bedeutenden Anteil an der Nova Ljubljanska Banka erwerben. Die österreichische Bank Austria-Creditanstalt, eine Tochter der Bayerischen Hypo- und Vereinsbank, positionierte sich mit dem Kauf der BPH und der PBK in Polen sowie der HVB Bank in Tschechien. Die österreichische Erste Bank nahm sich ein Vorbild an den Bankbesitzverhältnissen in der österreichisch-ungarischen Monarchie, indem sie auf ihrer

Einkaufstour die Česká Spořitelna in Tschechien und die Slovenska Spořitelna in der Slowakei erwarb. UniCredito, erst 1998 durch die Fusion mehrerer italienischer Kleinbanken entstanden, mauserte sich in Osteuropa zum „global player", indem das Institut in Polen die PEKAO und in Kroatien die Zagrebačka banka einsackte. Die deutsche Kommerzbank kaufte sich die Mehrheit an der polnischen BRE Bank, die französische Société Générale an der tschechischen Komerčni banka usw. Allein die Bilanzsumme der Bank Austria-Creditanstalt (Bayerische Hypo- und Vereinsbank) beläuft sich im Osten im Jahr 2002 auf 21 Mrd. Euro.[336] In einem Interview mit der Wiener Tageszeitung *Die Presse* meinte der Generaldirektor der Bank Austria-Creditanstalt, Gerhard Randa, die insgesamt elf Töchter seiner Bank-Gruppe in Ost- und Südosteuropa würden für das Jahr 2002 einen Gewinn von 260 Mio. Euro ausweisen, und fügte stolz hinzu, dass „satte Steigerungsraten" auch in Zukunft zu erwarten seien.[337] Die schwierige Lage in Österreich kann im Ostgeschäft kompensiert werden.

Im Fall der Struktur- und Eigentumsänderung im Bankensektor stimmt der vielfach propagandistisch eingesetzte Spruch von der „Heimkehr" Osteuropas nach 1989. Heimgekehrt ist das Kredit- und Sparwesen nicht nur in die kapitalistische Rationalität, sondern auch unter die Fittiche westlicher Konzerne. In jenen Staaten, die als Kronländer der k.u.k. Monarchie vor 1918 von Wien bzw. Budapest aus regiert wurden, dürfte den ältesten Bürgern sogar noch der Name der damals vorherrschenden Bank in Erinnerung gerufen werden, wenn sie vom heutigen Übernahmepoker in den Zeitungen lesen. Creditanstalt-Bankverein hieß eines der wichtigsten Geldinstitute im Donauraum vor 100 Jahren; es ist die Vorläuferin der nun via Bank Austria an die Bayerische Hypo- und Vereinsbank gegangenen Aktiengesellschaft.

Billiges Land, unbrauchbare Bauern

Eine einheitliche landwirtschaftliche Struktur der postkommunistischen Länder gibt es nicht. Im Gegenteil – die Unterschiede in den Größen- und Eigentumsverhältnissen könnten krasser nicht sein. In Tschechien und teilweise auch in der Slowakei ist es weitgehend gelungen, die kollektivierten Agrarflächen nach ihrer Entsozialisierung in der Größenstruktur zu erhalten. Von GmbHs und Aktiengesellschaften werden auf oft über 1.000 Hektar Getreide angebaut oder riesige Flächen für die Milchwirtschaft verwendet. Extrem anders gestaltet sich demgegenüber die polnische Landwirtschaft, deren Kollektivierung bereits in den 1950er Jahren am Widerstand der katholischen Kleinbauern gescheitert war. Über diese gänzlich unterschiedlich betriebene Agrarwirtschaft, die sich auch in einer gänzlich anderen ländlichen Sozialstruktur niederschlägt, hat die Europäische Union ein einheitliches Agrarreformprogramm verfügt.

Mehr als zehn Jahre nach der Wende – bis zum Gipfel in Kopenhagen im Dezember 2002 – hat sich Brüssel indes Zeit gelassen, die Agrarfrage in Osteuropa überhaupt zu stellen. In diesem Nachwendejahrzehnt wurden die EU-Märkte für osteuropäische Agrarprodukte gesperrt, während die Bauern im Westen immer wieder hoch subventionierte Produkte nach Osteuropa exportieren konnten. So kam es, dass EU-geförderte Schweinehälften in Polen billiger zu haben waren, als die dortigen Gestehungskosten für Schweinefleisch ausmachten; dass Milchprodukte aus dem Westen in nahezu allen Beitrittskandidaten die Supermarktregale füllten und gleichzeitig die ungarischen und polnischen Bauern um den Absatz ihrer Erzeugnisse kämpfen mussten. Bulgarische Tomaten und ungarische Paprika, die in kommunistischen Zeiten noch auf westlichen Märkten vertreten waren, hatten im protektionistischen Postwendejahrzehnt in EU-Europa keine Chance.

So unterschiedlich die landwirtschaftliche Struktur bei den zehn Aufnahmekandidaten ist, so verschieden werden die Probleme sein, die nach dem Beitritt auf die einzelnen Länder zukommen. In böhmischen und mährischen Großbetrieben könnten den Bauern in der Alt-EU unangenehme Konkurrenten erwachsen. Tschechische Preise für nahezu alle landwirtschaftlichen Produkte liegen unter den Durchschnittswerten in EU-Europa, obwohl die Erzeugung zwischen Cheb und Ostrava nicht annähernd so gefördert wird wie jene in Deutschland, Österreich oder anderen alten EU-Mitgliedstaaten. Dass dies weiterhin so bleibt, dafür haben EU-Rat und Kommissare in Kopenhagen 2002 gesorgt. Erst im Jahr 2013 soll – wenn bis dahin alles seinen planmäßigen Gang nimmt, was sehr unwahrscheinlich ist – das in z.B. Tschechien produzierte Kilogramm Mehl, Rind- oder Schweinefleisch mit demselben Betrag bezuschusst werden wie ein in Westeuropa erzeugtes. Im Klartext bedeutet dies nochmals gut zehn Jahre, in denen westliche Agrarproduzenten beträchtlich mehr Förderungen erhalten als östliche. Insgesamt wird Brüssel dann 24 Jahre seit der politischen Wende im Osten verstreichen haben lassen, bis bäuerliche Egalité ermöglicht worden sein wird. Von Hilfe für den Osten wird dann freilich immer noch gesprochen werden.

In Polen liegt das Problem der Landwirtschaft völlig anders. Hier bedroht kein Bauer die EU-Märkte. Die Besitzgrößen schwanken zwischen zwei und zehn Hektar, 27% der Bevölkerung leben von dem, was die Erde hergibt (in Tschechien sind es 6%). Der größte Teil dieser fast 11 Millionen Menschen hat in der Landwirtschaft keine Zukunft, weil immer billigere Produkte aus den rentabelsten Pflanzen- und Tierfabriken in Deutschland, Holland, Dänemark, Irland (oder Tschechien) den polnischen Markt überschwemmen. Die Flucht in die Teilsubsistenz hat zwar bereits Mitte der 1990er Jahre begonnen, konnte jedoch nur eine Abwartehaltung sein, bis die familiäre Substanz verbraucht ist.[338] Millionen von in der Landwirtschaft unbrauchbar Gewordenen werden bei Arbeitslosenraten, die zwischen 13 und 18% schwanken, auch in der Industrie oder im Dienstleistungssektor keine

Arbeit finden. Wanderarbeit oder Emigration hieß das historische Los der polnischen Überflüssigen. Man braucht kein Prophet zu sein um vorherzusagen, dass die Westflucht in ein (vermeintlich) besseres Leben sowie zur Einkommensaufbesserung der Daheimgebliebenen auch am Beginn des 21. Jahrhunderts beträchtliche Ausmaße annehmen wird. Die sozialen Probleme der Peripherie werden durch solche Wanderungsbewegungen auch in die Zielländer ausstrahlen.

Überall in Osteuropa ist die landwirtschaftliche Produktion in den vergangenen Jahren zurückgegangen. Die Politik der Europäischen Union zielt darauf, diesen Prozess fortzusetzen. Tschechiens und Ungarns Agrarier erzeugten – nach Berechnungen des „Wiener Instituts für Internationale Wirtschaftsvergleiche" – im Jahr 2002 nur mehr 66% der Jahresproduktion von 1990, Polens Bauern nur mehr 88% ihrer 1990er-Kapazität. Einzig Slowenien, das seinen Bauernstand mit ähnlich hohen Zuschüssen subventionierte, wie die EU es tut, konnte die landwirtschaftliche Produktion auf 114% des 1990er-Wertes steigern.[339] Durchschnittlich kostet dabei der Weizen in Osteuropa – trotz des Fehlens vergleichbarer Subventionen – 11% weniger, Rindfleisch 40%, Milch 70% und Zuckerrüben kosten gar 80% weniger als in EU-Europa.[340]

Ein wesentlicher Hebel, über den Brüssel die Produktion landwirtschaftlicher Güter in Osteuropa hemmen will, sind Programme zur Flächenstilllegung. Damit will man – zumindest bei den neuen, schwachen EU-Kandidaten – die strukturelle Überproduktion in fast allen Bereichen der Agrarwirtschaft in den Griff bekommen. Und gleichzeitig potenzielle Konkurrenten für die großen Agrarexporteure Westeuropas vom Markt nehmen. Ob diese Strategie aufgehen wird, ist allerdings fraglich. Zu verlockend niedrig sind die Bodenpreise in den zu übernehmenden Territorien, die über zwei Generationen lang nicht den Regeln des Marktes unterworfen waren. Während in der Eurozone ein Hektar durchschnittlich 11.000 Euro kostet, beträgt der vergleichbare Preis in Ungarn 1.500 Euro, in Tschechien 1.300, in Polen 1.000 Euro und liegt in der Slowakei noch darunter.[341] Was für westliche Investoren nach der Freigabe des Grund- und Bodenmarktes im Osten zehnmal billiger zu haben sein wird als vergleichbare Güter in Deutschland oder Dänemark, könnte für Ostbauern zum Desaster werden. Ein Ausverkauf ihres urtümlichsten Produktionsmittels an kapitalstarke westliche Agrokonzerne würde aus den erst kurz zuvor mit dem Eigentum ihrer Eltern restituierten Bauern wieder – wie schon zu Zeiten ihrer Großeltern – Landarbeiter machen.

Soziale Deregulierung

Die auffälligste soziale Differenz zwischen EU-Europa und den Beitrittsländern kann auf einfache statistische Art festgestellt werden. Indiziert man das Bruttoinlandsprodukt (BIP), pro Kopf gerechnet, für den EU-Durchschnitt bei 100 (im Jahr 2001), dann liegen sämtliche Neubewerber für die Integration weit darunter, mit der relativen Ausnahme Slowenien, das auf den Index 70 kommt. Deutschland liegt bei diesem Zahlenspiel bei 103. Das niedrigste BIP/Kopf weisen im selben Jahr Bulgarien mit 24, Rumänien mit 27 sowie Lettland und Litauen mit 30 (bei EU-15 = 100) auf. Das bevölkerungsreichste Kandidatenland Polen liegt mit einem BIP/Kopf von 39 weit hinter Portugal (75) und Spanien (83). Das „Wiener Institut für Internationale Wirtschaftsvergleiche", das mit einer Statistik auf Basis von OECD-Zahlen operiert, hat diese Pro-Kopf-Berechnung kaufkraftbereinigt, d.h. den Versuch unternommen, die unterschiedlichen Lohn- und Preisniveaus in den einzelnen Ländern zu berücksichtigen.

Zahlenreihen, die soziale Unterschiede wie die Differenz zwischen Arm und Reich in nationale Grenzen bannen wollen, müssen mit Vorsicht genossen werden. Denn mit ihnen wird systematisch die Herausbildung einer Klassengesellschaft ignoriert, wie sie seit der Wende in Osteuropa rapide vor sich geht. Nichtsdestotrotz vermitteln sie über die staatlichen und regionalen Disparitäten hinaus die Kenntnis über großräumig existierende Entwicklungsunterschiede zwischen Zentralräumen und Peripherien, die durch die Auseinanderentwicklungen innerhalb der Länder weiter verschärft werden.

Reinen sozialen Indikatoren, die Gesellschaften auf einer Reichtumsskala verorten, liegen oft komplizierte Berechnungen zugrunde. Sie entfalten ihre Aussage – ähnlich wie die BIP-Statistik – ausschließlich im Vergleich. So verhält es sich auch mit dem so genannten PIN-Index, der sich der sozialen Wirklichkeit annähern will, indem er Arbeitslosigkeit, Armutsgrenze und BIP mittels einer mathematischen Formel in eine soziale Analyse zwingt.[342] Diesem Index zufolge, der auch als Indikator für politische und soziale Stabilität verwendet wird, kennt die tschechische Gesellschaft kaum Armut, die sich politisch gefährlich auswirken könnte. Ungarn weist demgegenüber eine fast fünfmal so hohe, Polen eine fast achtmal so hohe Instabilität auf.

Viel sagender als solche Momentaufnahmen ist der soziale Prozess, wie er sich in den vergangenen 10 bis 15 Jahren entwickelt hat. Der Wegfall staatlich verordneter und betrieblich verankerter sozialer Sicherheiten ging in allen osteuropäischen Ländern mit einer – für Friedenszeiten – unvergleichbaren historischen Schnelligkeit vor sich. Entsolidarisierungen großen Ausmaßes waren die Folge. Der Wegfall betrieblicher und staatlicher Vorsorge, die Einstellung von Subventionen der unterschiedlichsten Art – von der Energie, vom öffentlichen Verkehr über das Wohnen bis zu den Grundnahrungsmitteln – sowie Deindustrialisierung, Privatisierung und anschließende betriebliche Rationalisierungen haben zu einer enormen sozialen Deregulierung geführt. Diese ist statistisch schwer fassbar, doch jedem leicht zugänglich, der einen Blick außerhalb der wenigen neuen Wachstumspole in Osteuropa wirft. Wer ins polnische Niederschlesien nach Wałbrych, ins oberschlesische Katowice, ins ungarische Tatabánya, in die Mittelslowakei nach Martin oder gar in das rumänische Schiltal reist, der braucht keinen wissenschaftlichen Beweis für die soziale Entrechtung, die sich der dort lebenden Menschen bemächtigt hat. Wer damit nicht zufrieden ist, kann sich mit Arbeitslosenstatistiken helfen, in denen besagte Regionen mit 30 bis 60% aufscheinen. Bei einer für die acht in Kopenhagen zum Beitritt zugelassenen osteuropäischen Länder durchschnittlichen Arbeitslosigkeit von 15% (Polen 20%, Slowakei 19%, Slowenien 6,5%) kann man unschwer erahnen, auf wie verheerende Weise sich gesellschaftliche Unbrauchbarkeit in den Krisenregionen außerhalb der wenigen Zentren breit gemacht hat. Vor allem, wenn man dazu in Rechnung stellt, dass bis 1989/90 Arbeitslosigkeit in Osteuropa ein unbekanntes Phänomen war.

Bildung und Gesundheitsvorsorge haben sich parallel zur fortgesetzten Peripherisierung der Ostregion verschlechtert. In allen Ex-RGW-Ländern hat sich die Anzahl der Grundschulgänger teilweise drastisch reduziert. Besuchten beispielsweise in Polen im Jahr 1990 von 10.000 Einwohnern 1.380 die Grundschule, waren es zehn Jahre später nur noch 833. In Ungarn verringerte sich der Pflichtschüleranteil an der Bevölkerung von 1.092 (bei 10.000 Einwohnern) auf 957, in der Slowakei von 1.362 auf 1.245 usw.[343] Die Gründe dafür sind vielfältig und reichen von teilweise absoluten Bevölkerungsrückgängen (in Ungarn, Tschechien, Bulgarien und Rumänien) bis zum vorzeitigen Abbruch der Schule, der offensichtlich in Polen an der Tagesordnung ist. Polen und die Slowakei weisen nämlich in den zehn Nachwendejahren eine leicht wachsende Bevölkerung auf, die den merklichen Rückgang der Grundschüler nicht erklären kann.

Bei der Gesundheitsvorsorge hilft uns der „Bettenindikator", um den Weg nachzuzeichnen, auf dem die peripheren europäischen Länder unterwegs sind: Die Kostenexplosion für den Erhalt der Gesundheit, die auf die Aufgabe bzw. Zerschlagung des nun als staatlich-paternalistisch und kommunistisch diskreditierten Gesundheitswesens folgte, zieht die Schließung von Spitälern nach sich. In allen Beitrittsländern macht sich das in einer sinkenden Bettenanzahl bemerkbar. In Bulgarien, wo Patienten in Krankenhäusern für Essen, Medikamente und Pflegekosten selbst aufkommen müssen, sank die Zahl der Spitalsbetten in den zehn Jahren nach 1989 von 105 auf 66 für je 10.000 EinwohnerInnen, d.h. um 37%. Weniger radikal, doch überall sinkend weist die Statistik die Schließung von Spitälern und Stationen nach. Die Gesundheitssysteme in Ungarn, Tschechien und Rumänien verloren in der Transformationszeit je 18% ihrer Spitalsbetten, das polnische Gesundheitswesen verlor 14% seiner Betten, das slowenische und das slowakische je 6%.[344]

Mit solchen Zahlen in den Wendeländern konfrontiert, wird der osteuropäischen Bevölkerung von Sozialwissenschaftlern bis Konzernmanagern eine „erstaunliche Leidensfähigkeit" attestiert. Diese werden die zahlreichen Verlierer des Transformationspozesses noch lange brauchen. Denn das immer wieder herbeigesehnte ökonomische Aufholen nach einer EU-Integration wird so nicht stattfinden können. Peripherisierung und nachholende Entwicklung schließen einander aus. Auch eine relativ einfache schematische Berechnung der Entwicklungschancen für osteuropäische Neulinge im EU-Raum zeigt, dass rasches Aufholen an der Wirklichkeit scheitert. Der polnische Ökonom und frühere Außenminister Dariusz Rosati[345] hat nach der so genannten Levine-Renelt-Methode ausgerechnet, dass Polen 23 Jahre brauchen würde, um bei einem geschätzten Jahreswachstum von 5% auf das Entwicklungsniveau von Griechenland, Portugal und Spanien zu kommen. Litauen müsste auf derselben Berechnungsgrundlage 33 Jahre, Lettland 23, Ungarn 22, die Slowakei 19, Estland 17 und Tschechien 15 Jahre warten, um wachstumsmäßig zu den EU-Schlusslichtern aufschließen zu können. Für diese Rechenaufgabe hat Rosati im Jahr 1998 den fiktiven Wachstumswert von jährlich 5% eingesetzt, der freilich nicht über zehn bis 30 Jahre lang gehalten werden kann. Die einzige Chance, einen volkswirtschaftlich ohnehin zweifelhaften Wachstumsschub relativ zu Westeuropa absolvieren zu können, besteht theoretisch in einer totalen Krise Westeuropas. Wenn im Alt-EU-Raum die ökonomischen Indikatoren in Richtung Stagnation zeigen, dann könnten auch geringe Wachstumsraten im Osten statistisch zu einem Aufholprozess führen. Allein, die Abhängigkeit der osteuropäischen Wirtschaften von den Westmärkten, die ja gerade Teil der so genannten Integration ist, verhindert dieses Szenario.

Die volkswirtschaftlichen Reaktionen auf dieses Dilemma sind in Osteuropa absehbar. Der großräumigen Peripherisierung des gesamten Ex-RGW-Raumes antworten die einzelnen Staaten mit kleinräumigen Zentren- und Peripheriebildungen. Sie tun dies nicht bewusst in Form einer auf den Kopf gestellten Regionalpolitik, sondern ergeben sich auf diese Weise den Folgen von zentren- und peripheriebildenden Investitionen bzw. deren Ausbleiben. Eine einfache regionalisierte Statistik gibt über dieses Phänomen Auskunft. Total an den Rand gedrängt werden demnach der gesamte Osten sowie Teile des Nordwestens Polens, der Nordosten der Slowakei, der ungarische Osten sowie Bulgarien und Rumänien als Ganzes. Unterschiede im Pro-Kopf-Einkommen oder soziale Indikatoren wie die oben erwähnte Arbeitslosenstatistik belegen die Auseinanderentwicklung auf eindrucksvolle Weise. Während in Warschau und Umgebung, im Raum Bratislava, in Budapest und Westungarn, in weiten Teilen Sloweniens sowie in Prag und dem westlichen Böhmen das BIP pro Kopf gerechnet sich mit westeuropäischen Werten demnächst wird vergleichen können, müssen überall sonst die BewohnerInnen derselben Länder mit drei- bis fünfmal geringeren Einkommen vorlieb nehmen.[346] Die soziale Schere, die sich in den vergangenen Jahren sozial zwischen wenigen Reichen und vielen Armen in Osteuropa aufgetan hat, findet also auch regional ihre Entsprechung.

Förderstruktur der Europäischen Union

Freitag der 13. im Dezember 2002 war der Glückstag für acht osteuropäische Länder. So jedenfalls lesen sich die offiziellen „Schlussfolgerungen" des Europäischen Rates und der allermeisten Medien, die über den Kopenhagener Gipfel berichtet haben. Die Einladung zur Mitgliedschaft, die außer an Bulgarien und Rumänien an alle Kandidaten erging, wird den EU-15 nicht besonders teuer zu stehen kommen. Dafür haben seit der Aufnahme der Beitrittsgespräche die im Acquis communautaire festgelegten Übernahmebestimmungen gesorgt, aber auch das Ringen bis zuletzt um einen das EU-Budget möglichst schonenden Abschluss.

Damit man sich von den Kosten der Osterweiterung ein Bild machen kann, sei ein Vergleich erlaubt, der zu erkennen gibt, wie teuer z.B. Deutschland seine Erweiterung mit der Einverleibung der ehemaligen DDR gekommen ist und um wie viel weniger spendabel die Europäische Union mit Osteuropa umgehen will. Während in den Jahren 1991 bis 1995 Bund, Länder, Gemeinden und Sozialversicherungsträger zum „Aufbau Ost" umgerechnet 450 Mrd. Euro beisteuerten, um 16 Millionen Ostdeutsche in das BRD-System zu integrieren[347], veranschlagt die gesamte Europäische Union für die Jahre 2004 bis 2006 40 Mrd. Euro, um – wie es heißt – 75 Millionen Menschen „nach Europa heimzuholen". Stellt man diese beiden Zahlen gegenüber und nimmt für einmal ernst, was Kommission und Rat behaupten, nämlich, dass die Osterweiterung eine Hilfestellung für die Menschen in den Ex-RGW-Ländern sei, dann würde sich der monetarisierte Wert eines integrierten Ostdeutschen pro Jahr auf 5.625 Euro festlegen lassen. Ein nichtdeutscher Osteuropäer, dem Brüssel 2002 den Weg in die Europäische Union legt, würde demgegenüber nur 177 Euro an Kosten verursachen. Oder anders gesagt: Deutschland war die Heimholung seiner Volksbrüder und -schwestern 32-mal so viel wert wie die Integration von Polen, Tschechen, Slowaken, Ungarn, Slowenen und Balten in die Brüsseler Union.

Die viel diskutierte Agrarförderung für den Osten, an der die Erweiterung angeblich fast gescheitert wäre, ist budgetär überhaupt kaum wahrnehmbar. Zdeněk Lukas und Josef Pöschl vom „Wiener Institut für Internationale Wirtschaftsvergleiche" haben sich für eine Pressenotiz am 12. Dezember 2002 die Mühe gemacht, die vorgesehenen Direktzahlungen der EU an Osteuropas Bauern zu quantifizieren. Ihr Ergebnis: „Von big money kann kaum die Rede sein, was die Beträge betrifft, welche die EU im Jahr 2005 – erstmals – an die neuen ost-mitteleuropäischen Länder als Direktzahlungen überweisen wird."[348] Ganze 3% der Mittel, mit denen Brüssel die Westbauern im Rahmen der „Gemeinsamen Agrarpolitik" jährlich subventioniert, werden an östliche Landwirte vergeben. „Dies ist", schreiben die beiden Ökonomen weiter, „etwas mehr als ein Hundertstel von einem Prozent des Bruttoinlandsproduktes der EU-15." So viel zum Geldwert der angeblichen Solidarität, die West- gegenüber Osteuropa aufbringt.

Insgesamt 37,5 Mrd. Euro – netto, in den Medien ist immer vom Bruttobetrag 40,4 Mrd. die Schreibe – will sich Brüssel die Einverleibung der zehn neuen Kandidaten also bis 2006 kosten lassen. Ab dann tritt ohnehin ein neuer Sechsjahresplan in Kraft. Im Jahr 2004, dem ersten präsumtiven Beitrittsjahr, würden davon 10 Mrd. locker gemacht werden, 2005 12,5 Mrd. und 2006 15 Mrd. Euro.[349] Agrarförderungen und Gelder für die Entwicklung des ländlichen Raumes machen davon laut Plan knapp 10 Mrd. Euro aus und strukturpolitische Maßnahmen knapp 22 Mrd. Euro, der Rest wird für Übergangsmaßnahmen in den Bereichen Politik und Sicherheit ausgegeben.

Kein Geld für Ostbauern

Die sichtbarste Niederlage im Ringen um Gleichberechtigung haben Osteuropas politische Verwalter bei der Bewertung der bäuerlichen Produktion in ihren Ländern hinnehmen müssen. Während die Bewegungsfreiheit für arbeitswillige Personen und Dienstleistungen von Ost nach West bereits im Vorfeld des Kopenhagener Gipfels auf bis zu sieben Jahre nach dem Beitritt verschoben wurde, was alle Antragsteller akzeptiert haben, blieb die Förderung für die Landwirtschaft bis zuletzt umstritten. Herausgekommen ist schließlich, dass Brüssel für 2004, das präsumtiv erste (Halb-)Jahr der Aufnahme, einen Ostbauern nur mit einem Viertel jenes Betrages bezuschusst, den sein westeuropäischer Kollege erhält; 2005 dürfen es dann höchstens 30%, 2006 35% sein ... bis im Jahr 2013 die Gleichberechtigung der dann nur mehr wenigen Ostbauern mit den Westlandwirten hergestellt sein wird. Warum Agrarkommissar Franz Fischler zu diesem Resultat meinte, es würde gewährleisten, dass die „Führer der Kandidatenländer damit erhobenen Hauptes nach Hause zurückkehren könnten"[350], bleibt sein kleines Geheimnis. Der offen zur Schau getragene Zynismus ist kaum jemandem aufgefallen.

Damit die einzelnen Beitrittswerber nicht auf die Idee kommen, während des bevorstehenden Jahrzehnts bis 2013 ihrerseits mit nationalen Mitteln Bauernpolitik zu machen, wurde ihnen das schlichtweg verboten. Sie müssen offene Märkte für EU-Agrarprodukte garantieren, während sie keine adäquaten Subventionen für ihre bäuerliche Struktur erhalten. Nationale Förderungen dürfen nicht mehr als 25 bis 30% der EU-Subventionen ausmachen, sodass Ungleichheit gewährleistet bleibt. Ideologisch wird diese mit dem Argument gerechtfertigt, eine gleich hohe Agrarförderung für Osteuropa würde dort „existierende Strukturen einfrieren" und „Modernisierung behindern". In Klartext übersetzt heißt das: Nur die fortgesetzte Unterstützung der westeuropäischen Übermacht auf dem Landwirtschaftssektor kann bewirken, dass im Osten die Konkurrenz verschwindet bzw. die kleinen Bauernbetriebe aufgeben müssen.

Was über die Subventionsschiene von Brüssel nicht unter Kontrolle gebracht werden kann, das wird in Zukunft durch die Produktionsquoten festgelegt. Relativ unbemerkt von der Öffentlichkeit haben sich auch in diesem Bereich die osteuropäischen Kandidaten mit ihren Wünschen nicht durchsetzen können. Die Europäische Union beharrt darauf, dass jene Transformationsjahre als Berechnung für die Quotenfeststellung herhalten müssen, in denen durch die Krise starke Produktionseinbrüche zu verzeichnen waren. Während die Beitrittsländer nicht die wirtschaftliche Krisenzeit des Wendejahrzehnts als Bezugspunkt für zukünftig erlaubte Produktionsmengen bei Getreide und Vieh gelten lassen, sondern die Jahre vor dem Zusammenbruch des Kommunismus zur Berechnungsgrundlage machen wollten, legte Brüssel den Zeitraum zwischen 1995 und 1999 als Grundlage für die Quoten fest. Mit Ausnahme der Slowakei verloren auf diese Weise die Erweiterungsländer allein wegen der Quotenfestlegung zwischen 7,5% (Tschechien) und 30% (Slowenien, Estland, Lettland) ihrer landwirtschaftlichen Kapazitäten.[351] Der Gipfel in Kopenhagen hat also klare zeitliche Richtlinien ausgegeben, bis wann – wie sich die zuständigen Kommissare ausdrückten – die „Modernisierung" im Agrarbereich abgeschlossen sein wird.

Der militärische Faktor:
Schengen-Regime und Eingreiftruppe

Das ökonomische Ausgreifen der stärksten westeuropäischen Konzerne in Richtung Osteuropa benötigt militärische Begleitung. Nur eine solche gewährleistet letztlich die Absicherung des vergrößerten Marktes, bildet eine Garantie für ungehindertes Investieren und freien Gewinntransfer und sorgt für politische Ruhe in der erweiterten Europäischen Union sowie an deren Rändern. Der mit dem Schengener Übereinkommen 1990 – dem so genannten „Schengen II" – eingeleitete Festungsaufbau und die seit dem Amsterdamer Vertrag 1997 geplante Interventionsbereitschaft ergänzen einander dabei.

Bis zum Sommer 1989 sorgten Innenministerien und Sicherheitsdienste der Staaten des Warschauer Paktes für eine rigorose Bewegungskontrolle zwischen dem Zentralraum Westeuropa und den unter der Führung kommunistischer Parteien stehenden ökonomischen Randgebieten Osteuropas. Der Stacheldrahtzaun des Eisernen Vorhanges visualisierte den Unterschied in den Lebensbedingungen und Lebensniveaus. Die Kosten für diese Kontrolle übernahm die sowjetisierte Hälfte des Kontinents und dokumentierte damit ihren – freilich nicht eingelösten – Willen, unter geschützten Bedingungen ökonomisch aufholen zu wollen.

Menschenjagd

Unmittelbar nach dem Zusammenbruch von RGW und Warschauer Pakt ging die Europäische Gemeinschaft daran, ein eigenes Kontrollinstrument für die von osteuropäischer Seite nun nicht mehr überwachte Grenze zu schaffen. Im kleinen luxemburgischen Örtchen Schengen einigten sich die Vertreter Belgiens, Luxemburgs, der Niederlande und Deutschlands am 19. Juni 1990 darauf, das bereits 1985 unterzeichnete Schengener Übereinkommen zu erweitern. Aus dem ursprünglichen Ansinnen, passfreien Personenverkehr zwischen den Teilnehmerstaaten zu ermöglichen, wurde im Angesicht der osteuropäischen Desintegration ein Schutz- und Kontrollinstrument der EG-Außengrenze.[352] In 142 Artikeln verpflichteten sich die Teilnehmerstaaten, zu denen bald auch Frankreich, Italien, Spanien und Portugal sowie – etwas später – Finnland, Schweden und Österreich zählten, zu einer verstärkten Außenkontrolle der Grenze bei gleichzeitiger Aufhebung der Personenkontrollen im Inneren; ferner wurden eine gemeinsame Visapolitik, eine verstärkte Zusammenarbeit der Polizei sowie der Aufbau und die Inbetriebnahme eines zentralen Computersystems zur Personenerfassung beschlossen.

Als Vorläufer des Schengener Vertrages gilt die institutionalisierte Zusammenarbeit von Exekutive und Justiz bei der Extremismusbekämpfung in den 1970er Jahren. Damals formierten zahlreiche Innenministerien der Europäischen Gemeinschaft unter deutscher Führung die so genannte „Trevi"-Gruppe, die ohne parlamentarische Kontrolle grenzüberschreitend (linke) Extremisten und Radikale jagte. „Trevi" steht übrigens für „Terrorism, Radicalism, Extremism, Violence International".[353] Nach Inkrafttreten des Maastricht-Vertrages wurde die „Trevi"-Gruppe formell aufgelöst.

Im Namen des Schengener Vertrages haben sämtliche Teilnehmerstaaten militärisches Equipment angeschafft. Wärmebildkameras und Infrarotsichtgeräte tasten seither die Außengrenze der Europäischen Union ab, Hubschrauber, „Drohnen" und Schnellboote sind für eine systematische Menschenjagd im Einsatz, mit Gassonden wird an den Grenzstationen nach jenen gespürt, die kein EU-Einreisevisum haben. Speziell ausgebildete Grenzschutzeinheiten sowie Soldaten stehen im Einsatz, um die große soziale Differenz zwischen den reichen Kernen Westeuropas sowie den östlichen und südlichen Peripherien militärisch im Griff zu halten und damit indirekt aufrechtzuerhalten.

Österreich, das mit 1.258 Kilometern[354] (nach Deutschland mit 1.470 km) die längste EU-Außengrenze Richtung Osteuropa aufweist, hat seit 4. Juni 1990 Soldaten gegen „Illegale" im Einsatz, die nach seinem Beitritt zur Brüsseler Gemeinschaft und zum Schengener Vertrag in den Dienst der EU gestellt wurden. Österreichs Bundesheer befindet sich zur Unterstützung der Exekutive im so genannten Assistenzeinsatz, dem längsten in der Zweiten Republik. Durchschnittlich sind rund um die Uhr 2.000 Wehrdiener in 120 Patrouillen auf Menschenjagd; von den jährlich 29.000 neu einberufenen Jungmännern versehen 20.000 den Dienst vornehmlich an der burgenländisch-ungarischen Grenze und lernen dabei – durch die Wärmebildkamera – den Unterschied zwischen Mensch und Wild kennen: Erstere sind anzuhalten und festzunehmen, Zweitere frei laufen zu lassen. Seit der Bildung dieser eigenen Grenzschutztruppe zur Abwehr illegalen Eintritts wurden allein in Österreich (zwischen 1990 und 2001) 225.000 Menschen beim Versuch aufgegriffen, ohne Visum die Grenze zu überschreiten.[355] Getroffen haben diese 225.000 Demütigungen vor allem RumänInnen, AfghanInnen, JugoslawInnen, IrakerInnen und KurdInnen.

EU-Europas spezifische Form der Migrationskontrolle hat Tausende Menschen aus so genannten Drittstaaten in Afrika, Asien und Osteuropa das Leben gekostet. Eine genaue Statistik wird darüber nicht geführt. Als eine besonders tödliche Übertrittsstelle gilt der spanische Küstenstreifen zwischen Cádiz und Tarifa. Abdel Hamid Beyuki von der Migrantenvereinigung „Atime" und Pepe Villahoz von der Bürgerinitiative „Algeciras Agoce" schätzen, dass es jährlich 1.000 Menschen sind, die hier an der schmalsten Stelle zwischen Afrika und EU-Europa ertrinken.[356]

Versenkte Schiffe, voll mit Flüchtlingen; per Klebeband erstickte Abschiebe-häftlinge; erschossene „Illegale": Die in den Sog der westeuropäischen Integrati-onspolitik geratenen Opfer werden in den Medien als tragische Schicksale be-schrieben; die strukurelle Gewalt, der sie anheim fallen, wird tunlichst verschwie-gen. Sie käme allein dadurch zum Ausdruck, indem man die Tragödien an EU-Euro-pas Außengrenze aneinander reiht. Wahllos, so wie vom Autor zufällig gesammelt, sei an dieser Stelle an jene erinnert, für die die EU-Erweiterung nicht gedacht ist: Am 1. August 1994 stirbt eine 40-jährige Jamaikanerin, als britische Beamte sie mit Gewalt auszuweisen versuchen.[357] Am 26. August 1997 titelt das auflagen-stärkste österreichische Boulevardblatt *Neue Kronen Zeitung* unter der Überzeile „30 Illegale an der Grenze gefaßt. Gendarm schoß Rumänen nieder": „Es war Kampf auf Leben und Tod".[358] Am 1. März 1997 revoltieren 70 Deportierte aus Mali in einer französischen Boeing, als sie auf dem Flughafen von Bamako von ihren Bewachern abgesetzt werden sollen. Fünf französische Polizisten erleiden dabei schwere Verletzungen.[359] Mitte März 1999 kentert ein Schlauchboot in der Hoch-wasser führenden March an der österreichisch-slowakischen Grenze. Eine Frau gilt als vermisst.[360] Am 27. August 1999 erscheint in der Wiener Tageszeitung *Der Standard* eine Parte zum Gedenken an eine lateinamerikanische Migrantin: „Espe-ranza ist ums Leben gekommen, als sie aufgrund eines Besuches der Polizei in der Wohnung, in der sie sich aufhielt, in Panik geriet und aus dem Fenster flüchten wollte", steht dort zu lesen.[361] Am 19. Juni 2000 werden in der englischen Hafen-stadt Dover 58 tote Chinesen entdeckt. Sie sind in einem mit Flüchtlingen voll gepferchten Lastkraftwagen erstickt.[362] Auf dem Friedhof von Algeciras werden in den ersten Monaten des Jahres 2000 22 Leichen von unbekannten Afrikanern be-graben, die das Meer in die spanische Stadt gespült hat.[363] In den ersten zwei Wo-chen des November 2000 werden trotz anhaltenden Schlechtwetters im Süden Spaniens 400 Personen aufgegriffen, als ihre kleinen Holz- oder Schlauchboote an der Küste landen.[364] Wenige Tage später erschießt ein spanischer Menschenjäger einen marokkanischen Einwanderer, als dessen Boot gestrandet ist und der Mann ins Landesinnere flüchten will.[365] Am 8. Januar 2001 wird der aus Kamerun stam-mende Chima Egbe von acht Polizisten im Stuttgarter Flughafen zu Boden ge-drückt, damit ihm der Arzt vor seiner geplanten Abschiebung eine Beruhigungs-spritze geben kann. Daraufhin verliert Egbe für Stunden das Bewusstsein; sein Tranfer nach Kamerun scheitert, weil in Brüssel die Anschlussmaschine ausfällt.[366] Mitte Februar zählen französische Polizisten und Spezialeinheiten 908 KurdIn-nen, die mit dem Frachter „East Sea" an der Côte d'Azur stranden. Sie werden allesamt interniert.[367] Auf eine „Kleine Anfrage" der PDS antwortet die deutsche Bundesregierung und veröffentlicht Anfang April 2001 eine Statistik, aus der her-vorgeht, dass in den Jahren 1999 und 2000 53 Personen Bisswunden von Dienst-hunden der Polizei und des Grenzschutzes erlitten haben, als sie illegal in die Bundesrepublik einzureisen versuchten.[368] Im niederösterreichischen Bezirk Gänserndorf werden an einem gewöhnlichen Wochenende im Juni 2001 178 Grenzgänger auf ihrem Weg in die Europäische Union gefasst, 119 davon aus Afghanistan.[369] Im Juni 2001 beschwert sich die „Eurotunnel"-Geschäftsleitung in einem internen Bericht bei der französischen Regierung über das „illegale und organisierte Eindringen in unser Terminal". Vom nahen – inzwischen auf britischen Druck hin geschlossenen – Flüchtlingslager des Roten Kreuzes in Sangatte aus brechen monatelang beinahe täglich Menschen auf, um zu Fuß durch den Eisenbahntunnel nach Großbritannien zu gelangen, und behindern den Verkehr.[370] Ende Januar 2002 fordert die Parlamentarische Versammlung des Europarates (nicht zu verwechseln mit dem Europaparlament der EU) ihre 43 Mitgliedstaaten auf, unverhältnismäßige Gewalt bei der Deportation von Flüchtlingen einzustellen. In den Jahren 2000 und 2001 sind offiziell zehn Menschen während ihrer Abschiebung aus Deutschland, Belgien, Österreich, Frankreich, Italien und Großbritannien an den Folgen von Knebelungen, Giftgas oder Beruhigungsmitteln gestorben.[371]

Die Herstellung von Illegalität in Zusammenhang mit der Nicht-Zugehörigkeit zu EU-Europa ist den für die Durchführung des Schengener Regimes verantwortlichen Innenministern und Regierungschefs der Brüsseler Union perfekt gelungen. Die meinungsbildenden Medien unterstützen sie dabei terminologisch, indem sie Menschen pauschal als „illegal" bezeichnen, wenn sie den von Brüssel aufgestellten Einreiseregeln nicht gehorchen. Mehr als ein Jahrzehnt nach der Wende, die sich in den ersten Monaten vor allem als Reisefreiheit der OsteuropäerInnen feiern ließ, ist der Sprachgebrauch gegenüber Menschen aus Drittstaaten, die unerlaubt in die Europäische Union wollen, vereinheitlicht. Undenkbar wäre etwa im Jahr 2003 eine Titelgeschichte in Österreichs führendem Wochenmagazin *profil*, wie sie am 26. November 1990 erschien. „Die Deportation. Der Widerstand", war da auf Seite 1 in riesigen Lettern zu lesen. Unter der Überschrift „Die Juden von heute" berichteten dann drei Innenpolitikredakteure über rumänische Flüchtlingsschicksale und empörten sich über geplante, als Deportationen bezeichnete Abschiebungen.[372] Wenige Jahre später wird gegenüber illegal Einreisenden kein publizistisches Pardon mehr gegeben.

Die EU-Eingreiftruppe

Noch vor der Aufnahme der ersten osteuropäischen Staaten in die Europäische Union soll es eine eigene EU-Streitmacht geben, die im Radius von 4.000 km rund um Brüssel überall eingreifen kann. Das jedenfalls beschlossen EU-Rat und Kommission Mitte 1997 in Amsterdam. Die so genannten „Petersberger Aufgaben" für diese neue Armee umfassen friedenserhaltende und friedensschaffende Einsätze, wie es dazu in Militärdeutsch heißt. Im Klartext: Kampfeinsätze zur Krisenbewältigung werden europäische Normalität des 21. Jahrhunderts. Die Krisen, die es zu bewältigen gibt, können dabei vielfältig sein. Sie reichen von ethnischen Konflikten in Europa und der europäischen Nachbarschaft, also in Nordafrika oder im Nahen Osten, über soziale Unruhen bis zur Sicherung der Versorgungslage EU-Europas. Zu Letzterem gehört auch der ungehinderte Fluss von Waren aller Art, insbesondere Rohstoffen. Behinderung von Handel oder Investitionen im größeren Maßstab wird zum Kriegsgrund. Schon die verteidigungspolitischen Richtlinien der deutschen Bundeswehr legen sich militärisch für die freie Marktwirtschaft ins Zeug. „Aufgabe der deutschen Bundeswehr", hieß es Ende 1992, „ist die Aufrechterhaltung des freien Welthandels und des ungehinderten Zugangs zu Märkten und Rohstoffen."[373]

Vorbereitet wurde die Militarisierung EU-Europas und insbesondere seine Interventionsfähigkeit nach außen bereits seit der Unterzeichnung des Vertrages von Maastricht, in dem sich die damaligen EG-12 auf eine gemeinsame „Verteidigungspolitik", wie sie es nannten, festlegten. Rüstungspolitische Zusammenarbeit wurde dann mit dem Vertrag von Amsterdam im Jahr 1997 fixiert, beim Gipfel in Köln Mitte 1999 – mittlerweile war die Union auf 15 Mitgliedsländer angewachsen – wurde dieser Aspekt grundsätzlich behandelt. In der Abschlusserklärung hieß es: „Wir sind entschlossen, die Umstrukturierung der europäischen Verteidigungsindustrien in den betroffenen Staaten zu fördern. Wir werden daher zusammen mit der Industrie auf eine engere und effizientere Zusammenarbeit der Rüstungsunternehmen hinarbeiten."[374] Die folgenden EU-Gipfel in Helsinki, Feira und Nizza spezifizierten die militärischen Aufgaben und Strukturen der Eingreiftruppe und schufen organisatorische Grundlagen wie die Einsetzung eines permanenten Militärausschusses. Im Juni 2000 forderte dann das Europaparlament die Mitgliedstaaten auf, ihre Verteidigungsbudgets zu erhöhen.

60.000 Mann will Brüssel einsatzfähig wissen, um ein bis zwei Krisenherde ein Jahr lang militärisch unter Kontrolle halten zu können. Dafür bedarf es eines Heeres von ca. 150.000 Bewaffneten. Zunächst war 1998/99 von der Einsatzbereitschaft im Jahr 2003 die Rede; Erklärungen aus dem Jahr 2002 gehen davon aus, dass es erst ein Jahr später so weit sein wird. Für die Armee der 60.000 will Deutschland das Gros an Soldaten stellen: 18.000 Mann. Großbritannien und Frankreich sind mit je 12.000 High Tech-Interventen dabei, Spanien und Italien mit je 6.000. Dänemark beteiligt sich als einziges Land der Europäischen Union nicht an der militärischen Aufrüstung.

Interventions- statt Sozialpolitik

Mit der Aufstellung einer Schnellen Eingreiftruppe ist eine EU-politische Weichenstellung getroffen worden, die als solche kaum diskutiert wird: Brüssel hat sich entschieden, ein militärisches Potenzial als Reaktion auf etwaige soziale Konflikte aufzubauen. Die Europäische Union geht damit, wie schon in wirtschaftlichen Fragen, den US-amerikanischen Weg. Eine Eingreiftruppe ist nicht dazu da, lange Kriege irgendwo auf der Welt zu führen. Sie dient vielmehr der Niederschlagung von Revolten und Aufständen sowie zur Bekämpfung von Parteien und Gruppen, die Staatsmacht innehaben und sich nicht den von den vier kapitalistischen Freiheiten diktierten ökonomischen Spielregeln unterwerfen wollen. Letzteres widerfuhr der Sozialistischen Partei Serbiens mit ihrem Chef Slobodan Milošević, als sich Rest-Jugoslawien weigerte, den IWF-Sanierungsplan des Jahres 1990 umzusetzen, und in der Folge zum Paria der so genannten internationalen Gemeinschaft wurde.[375]

Einsätze der Schnellen Eingreiftruppe sind an vielen Orten und gegenüber unterschiedlichen „Bedrohungen" denkbar. Gerade weil keine adäquate EU-weite Sozialpolitik betrieben und das Geld in militärische Aufrüstung gesteckt wird, drohen Fortsetzung und Vertiefung sozialer Ungleichheiten zwischen Zentralräumen und Randgebieten zu eskalieren. Ob sich soziale Unzufriedenheit in gewerkschaftlichem Aufruhr oder in ethnischen Konflikten äußert, mag für die Analyse der Bewegungen wichtig sein, für die Schnelle Eingreiftruppe ist das einerlei. Sie kann sowohl im rumänischen Schiltal Bergarbeiteraufstände bekämpfen (wie von der rumänischen Armee 1999 praktiziert) oder im polnischen Osten Bauernproteste niederschlagen (wie es bislang von polnischen Spezialtruppen erledigt wird). EU-Rambos können sich auch auf dem Balkan tummeln (wie es ohnedies unter anderer Flagge bereits passiert) oder die Herren des (EU-)Kapitals und ihre Verwalter vor Kritik schützen (wie es derzeit regelmäßig von nationalen Spezialeinheiten durchgeführt wird, wenn irgendwo in Europa ein NATO-, IWF- oder EU-Gipfel stattfindet).

Der Aufgaben sind also vielfältige. Und die EU-Kommission bekennt sich dazu, militärische Mittel zur Lösung sozialer Konflikte einzusetzen. Die Schnelle Eingreiftruppe soll „wachsender Gewalt begegnen, die Gesetz und Ordnung bricht", „Kämpfe und bewaffnete Konflikte eindämmen" sowie „massive Bevölkerungsbewegungen" stoppen können.[376]

Zur Aufruhrbekämpfung in einer nach Osten vergrößerten Europäischen Union hat Frankreich bereits ein eigenes Zentrum gegründet. In Hinblick auf die Schaffung der Schnellen EU-Eingreiftruppe wurde in Saint-Astier ein Ausbildungslager aufgebaut, in dem Straßenkämpfe und Häusersturm geübt werden.[377] Eine ganze Trainingsstadt mit Straßensperren, Brandherden und allem, was dazu gehört, steht den zukünftigen Interventionssoldaten zur Verfügung. Tränengas, Blendgranaten und wendige Panzer werden getestet, um die militärische Elite der EU-Demokratie auf ihren Einsatz vorzubereiten. Das Brüsseler Motto lautet: Unzufriedenheit darf sich nicht auf der Straße äußern, sondern nur am Wahltag. Und wenn an einem solchen – wie Anfang der 1990er Jahre in der Slowakei, in Rumänien, in Bulgarien und in Jugoslawien geschehen – die sozialdemokratisch-liberale Dominanz nicht gewährleistet ist, dann haben wir immer noch die Schnelle Eingreiftruppe.

Die militärische Absicherung von freiem Investment und politischer Ruhe wird viel Geld kosten. Dieses kommt letztlich aus den Budgets der einzelnen Staaten, die sich wiederum zu einem guten Teil aus Massensteuern bei gleichzeitiger Entlastung von höheren Einkommen und Gewinnen speisen. In der Brüsseler Logik ist die Schnelle Eingreiftruppe somit eine ideale Ergänzung zu sozialpolitischen Maßnahmen, die von schlecht dotierten Sozialfonds vergeben werden; vor allem auch deshalb, weil in Rechnung gestellt werden muss, dass die Aufrüstung der EU-Armee den großen Rüstungskonzernen dicke Auftragsbücher beschert: Lufttransporter, Kampfhubschrauber, Satellitenaufklärung und Bombenjets sind teure Waffen, deren Anschaffung die Staatshaushalte auf Jahre hinaus belasten wird.

Dass es zwischen militärischer Aufrüstung und Mitteln für Sozialpolitik budgetmäßig eine Korrelation gibt, zeigt das Beispiel Österreich. In den ersten fünf Jahren nach seinem Beitritt 1995 sind die Ausgaben für soziale Wohlfahrt um 1 % gesunken, während das Rüstungsbudget im Jahr 2000 um 11 % gestiegen ist[378]; die statistische Kurve verläuft übrigens in immer dieselbe Richtung, unabhängig davon, ob in Wien ein sozialdemokratischer oder ein christkonservativer Kanzler im Amt sitzt.

Die NATO zuerst

Die NATO-Osterweiterung geht derjenigen der EU voraus. Mit der Eingliederung von Polen, Ungarn und Tschechien in die Strukturen der nordatlantischen Allianz im Frühjahr 1999 haben sich die USA – als unumstrittene Fühungsmacht derselben – auch bei der Erweiterung EU-Europas unentbehrlich gemacht. Drei Wochen vor dem ersten Einsatz der NATO in Europa, der militärisch den Wendepunkt vom Kalten Krieg in die Phase des heißen Krieges darstellte, traten an Weichsel, Donau und Moldau US-amerikanische Offiziere ihren Dienst an.[379] Am 12. März 1999 kam Washington der EU-Osterweiterung zuvor. Mit pathetischen Worten begrüßte der polnische Außenminister Bronisław Geremek in Missouri/USA diesen Expansionsschritt: „Heute feiern wir mit Freude und Stolz das Ende der bipolaren Welt", verkündete er und streute den USA zugleich Rosen aus Europa: „Europa braucht weiterhin einen festen amerikanischen Anker für seine Sicherheit und sein Wachstum."[380]

Während des NATO-Krieges gegen Jugoslawien, an dem die drei neuen Mitglieder sogleich teilnahmen, feierte die Allianz im Sommer 1999 ihren 50. Geburtstag. Beim Gipfel in Washington beschlossen die USA mit Zustimmung der 18 anderen Mitglieder eine neue Doktrin, die aus der Bündnisverteidigung einen Pakt für Militäreinsätze „out of area" machte. Damit vollzog die Doktrin nur nach, was eben in Novi Sad, Priština, Belgrad und Smederevo geschah. Die Führung eines Angriffskrieges war zum erklärten Ziel der größten Militärmaschine der Welt geworden. Das widersprach zwar u.a. dem deutschen Grundgesetz/Artikel 26, der Vorbereitung und Führung eines Angriffskrieges unter Strafe stellt. Diesbezügliche Klagen (von Einzelpersonen) und parlamentarische Anfragen (der PDS) wurden jedoch allesamt zurückgewiesen.

Widerstände gegen die erste Welle der NATO-Osterweiterung wurden systematisch unterdrückt oder beseitigt. Die Skepsis der tschechischen Bevölkerung beispielsweise ließ man plebiszitär nicht zu Wort kommen, während in Ungarn, wo bekannterweise eine Mehrheit für die NATO-Mitgliedschaft zu Hause war, feierlich abgestimmt wurde. Einzelne Entscheidungen aus den Reihen der tschechischen, polnischen oder ungarischen Administration oder Generalstäbe, die der neuen militärischen Hegemonialmacht USA nicht passen, werden seither als Fehltritte bezeichnet und meist sofort durch personelle Säuberungen geregelt. Einen solchen Fehltritt beging z.B. der tschechische Verteidigungsminister Vladimír Vetchy, als er im April 2001 anlässlich eines Besuches in Peking der dortigen Führung eine militärische Kooperation der beiden Länder anbot. Das Missverständnis, Tschechien könne auf militärischem Gebiet souverän Entscheidungen treffen, kostete Vetchy den ministeriellen Job. Havel entließ ihn nur wenige Tage später.[381]

Im Prager Spätherbst des Jahres 2002 erging die Einladung der NATO an sieben weitere Staaten, Mitglieder zu werden.[382] Fünf davon hatten in den wenigen Jahren seit ihrer eigenen Unabhängigkeit kaum Zeit, politische, geschweige denn militärische Identität auszubilden: Estland, Lettland und Litauen trainierten ihre Truppen als Teil der Sowjetarmee, die Slowakei kämpfte noch bis Ende der 1990er Jahre mit Prag um das militärische Eigentum und Sloweniens militärische Erfahrung beruhte auf einem siebentägigen Schlagabtausch mit der Jugoslawischen Volksarmee im Sommer 1991. Bulgarien schloss Ende Oktober 2002 auf Druck der USA die Zerstörung sowjetischer Raketen ab[383]; nun können die Lager mit neuem, NATO-kompatiblem Gerät wieder aufgefüllt werden. Rumäniens Armee war die eigenständigste im Warschauer Pakt und ist dementsprechend diejenige mit dem prozentuell höchsten Militärbudget. Rumäniens Lage zwischen der Ukraine und der Türkei macht es geostrategisch zum vielleicht wichtigsten Knoten der zweiten Erweiterungswelle. Bis Mai 2004 planen NATO und neue Beitrittswerber die Ratifizierung der Mitgliedschaften.

Der Festakt zum Auftakt der weiteren NATO-Ostexpansion am 21. November 2002 geriet zu einer Mischung aus Heuchelei und bedenklichem Größenwahn. Während Tschechiens langjähriger Dichter-Präsident Václav Havel sich für die

Bemerkung nicht zu dumm war, die NATO-Osterweiterung beende das Zeitalter „machtpolitischer Einflusssphären, in denen Starke den Schwächeren ihren Willen aufzwangen"[384], jubilierte der luxemburgische Premier Juncker: „Unsere Großväter und Väter hätten nicht zu träumen gewagt, was heute Wirklichkeit geworden ist."[385] Des Autors Großvater stand jedenfalls im Ersten Weltkrieg am Isonzo, wo heute in der italienisch-slowenischen Grenzstadt Gorizia/Nova Gorica ein Antikriegsmuseum an eine Million Getötete dieser sinnlosen Schlachten erinnert. Und des Autors Vater war in Weißrussland mit deutscher Wehrmachtsuniform unterwegs. Worüber Juncker angesichts der Erweiterung einer NATO, die unter US-Führung „Out of area"-Einsätze zwischen Südostasien, dem Nahen Osten und dem Balkan durchführt und plant, unsere Vorfahren träumen lassen will, kann man sich ausmalen: Es waren damals und sind heute wieder Albträume.

„Wir sollten unsere militärischen Schritte nicht auf Ziele wie die Rückkehr zu Verhandlungen ausrichten ... Wir sollten vielmehr die Planungen auf das ehrgeizige Ziel ausrichten, dem Gegner unseren Willen aufzuzwingen." Mit diesem Worten bilanzierte General Klaus Naumann als Vorsitzender des NATO-Militärausschusses den 78-Tage-Krieg gegen Jugoslawien gegenüber der *Frankfurter Allgemeinen Zeitung*.[386] Geizige Ziele dem Willen des Gegners aufzwingen, darin sind sich EU und NATO weitgehend einig. Wer allerdings die Führerschaft im europaweiten Spiel der Expansion innehat, darüber scheint man sich in den Chefetagen der supranationalen Organisationen noch nicht einig. In der Person des Javier Solana wäre zwar der ideale Gesamtmilitarist gefunden – schließlich wechselte Solana vom Posten des NATO-Generalsekretärs, den er während des Bombardements auf Jugoslawien innehatte, auf den Sessel des „Außen- und Kriegsministers der EU" –, die USA scheinen jedoch definitiv nicht bereit zu sein, die europäische Ordnung allein der EU-Eingreiftruppe zu überlassen.

So ist auch der Vorstoß von US-Verteidigungsminister Donald Rumsfeld während des Prager NATO-Gipfels im November 2002 zu erklären, als er ankündigte, eine eigene NATO-Eingreiftruppe für Europa aufstellen zu wollen. 21.000 Mann soll sie umfassen und genau dieselben Aufgaben erhalten, die für die EU-Interventionsarmee vorgesehen sind. Militärisch können die USA EU-Europa problemlos unter Druck setzen. Nur Washington ist in der Lage, Satellitenaufklärung und Truppenbewegungen größeren Ausmaßes zu tätigen. Mit einem für 2003 projektierten Rüstungsbudget von annähernd 380 Mrd. US-Dollar verfügt Georg Bush jun. über einen Haushaltsrahmen, der nicht nur Gegner und Freunde in die Knie zwingen kann, sondern auch eine wirtschaftspolitisch bedeutende Stimulanz für die US-Ökonomie darstellt. Mit dem seit Herbst 2001 gültigen Motto der „Terrorbekämpfung" weltweit werden Aufrüstung und Krieg zum Versuch militärkeynesianischer Krisenlösungsstrategie schlechthin. Staatliche Nachfrage nach Militärgütern im großen Stil soll die strukturelle Krise der zivilen Ökonomie überwinden helfen.

Um welche Dimension es sich dabei handelt, kommt schon in der Erhöhung des US-Rüstungsetats zum Ausdruck. Waren es 1996 noch 250 Mrd. US-Dollar, die Washington als Rüstungsbudget veranschlagte, schoss der Betrag bis 2003 auf 380 Mrd. US-Dollar in die Höhe. Das entspricht einer Steigerungsrate von 52% in sieben Jahren. Dass eine Wirtschaftskrise mittels Kriegführen nur sehr kurzfristig gelöst werden kann und extreme soziale sowie ökologische Kosten verursacht, hat sich historisch immer wieder bewiesen (auf schreckliche Weise beim großen Kriegsgang der Deutschen zwischen 1939 und 1945). Die USA lassen sich von dieser Erkenntnis bislang jedenfalls nicht beeindrucken.

Der Wahnvorstellung, mittels Expansion heimische Krisen bewältigen zu können, sind nicht nur die USA und mit ihr die NATO anheim gefallen, auch die EU-Osterweiterung folgt der selben zerstörerischen Logik. Vom Druck der USA wird sich Brüssel, wie sich beim Erweiterungsprozess der NATO gezeigt hat, auf diese Weise nicht befreien können.

Anmerkungen

1 Vgl. Andre Gunder Frank, Krise der Ideologie und Ideologie der Krise. In: Samir Amin u.a., Dynamik der globalen Krise. Opladen 1986 (1982), S. 76 ff.

2 Richard Coudenhove-Kalergi, Weltmacht Europa. Stuttgart 1971, S. 11.

3 Norbert Elias, Über den Prozeß der Zivilisation. Soziogenetische und psychogenetische Untersuchungen. Bern 1969 (1936); vgl. auch Immanuel Geiss, Europa – Vielfalt und Einheit. Eine historische Erklärung. Mannheim 1993, S. 12.

4 Vgl. Jürgen Fischer, Oriens – Occidens – Europa. Begriff und Gedanke „Europa" in der späten Antike und im frühen Mittelalter. Wiesbaden 1957, S. 85.

5 Richard Coudenhove-Kalergi, Weltmacht Europa. Stuttgart 1971, S. 97.

6 Zit. in: Rolf Hellmut Foerster (Hg.), Die Idee Europa 1300-1946. Quellen zur Geschichte der politischen Einigung. München 1963, S. 35 f.

7 Vgl. auch Wolfgang Schmale, Geschichte Europas. Wien – Köln – Weimar 2001, S. 35.

8 Ebd., S. 35/36.

9 Sully in: Rolf Hellmut Foerster (Hg.), Die Idee Europa 1300-1946. Quellen zur Geschichte der politischen Einigung. München 1963, S. 60.

10 Sully in seinem „Grand Dessin", zit. nach: Wolfgang Schmale, Geschichte Europas. Wien – Köln – Weimar 2001, S. 54.

11 In: Paul de Lagarde, Deutsche Schriften. Göttingen 1891, S.25; zit. in: Reinhard Opitz (Hg.), Europastrategien des deutschen Kapitals 1900-1945. Bonn 1994, S. 76.

12 Richard Coudenhove-Kalergi, Weltmacht Europa. Stuttgart 1971, S. 115.

13 Wolfgang Schmale, Geschichte Europas. Wien – Köln – Weimar 2001, S. 14.

14 Zit. in: Wolfgang Geier, Antemurales Christianitatis: Kreuzzug auf dem Balkan. In: Hannes Hofbauer (Hg.), Balkankrieg. Die Zerstörung Jugoslawiens. Wien 1999, S. 200.

15 Hans-Heinrich Nolte, Wohin mit Osteuropa? Überlegungen zur Neuordnung des Kontinents. In: Aus Politik und Zeitgeschichte. Beilage zur Wochenzeitschrift Das Parlament, o.O. 22. 11. 1995, S. 4.

16 Vgl. Hannes Hofbauer, Nationalismus als Ideologie der Moderne. In: Gero Fischer/ Maria Wölflingseder (Hg.), Biologismus, Rassismus, Nationalismus. Rechte Ideologien im Vormarsch. Wien 1995, S. 145 f.

17 Viorel Roman/Hannes Hofbauer, Transsilvanien – Siebenbürgen. Begegnung der Völker am Kreuzweg der Reiche. Wien 1996, S. 74 f.

18 Ebd., S. 82.

19 Vgl. Wolfgang Geier, Antemurales Christianitatis: Kreuzzug auf dem Balkan. In: Hannes Hofbauer (Hg.), Balkankrieg. Die Zerstörung Jugoslawiens. Wien 1999, S. 211.

20 Vgl. István Bibó, Das Elend der osteuropäischen Kleinstaaterei. Frankfurt/M. 1992 (Budapest 1946).

21 Vgl. Jenő Szűcs, Die drei historischen Regionen Europas. Frankfurt/M. 1990 (Budapest 1983).

22 Vgl. Oskar Halecki, Grenzraum des Abendlandes. Salzburg 1956.

23 Hans-Heinrich Nolte, Wohin mit Osteuropa? Überlegungen zur Neuordnung des Kontinents. In: Aus Politik und Zeitgeschichte. Beilage zur Wochenzeitschrift Das Parlament, o.O. 22. 11. 1995, S. 10.

24 Siehe Hans-Jürgen Wagener/Heiko Fritz (Hg.), Im Osten was Neues. Aspekte der EU-Osterweiterung. Bonn 1998, S. 79 f.

25 Zit. nach: ebd., S. 78.

26 Siehe Andrea Komlosy/Hannes Hofbauer, Brücke oder Vorposten? Österreich und sein Verhältnis zu den Nachfolgestaaten des RGW – eine weltsystemische Perspektive. In: Österreichisches Studienzentrum für Frieden und Konfliktlösung (Hg.), Harmonie und Gewalt. Österreich, Europa und die Zukunft der Vergangenheit. Münster 1997, S. 129 f.

27 Rolf Hellmut Foerster (Hg.), Die Idee Europa 1300-1946. Quellen zur Geschichte der politischen Einigung. München 1963, S. 169 f.

28 Friedrich Naumann, Mitteleuropa. Berlin 1915.

29 Naumann, zit. aus: Reinhard Opitz (Hg.), Europastrategien des deutschen Kapitals 1900-1945. Bonn 1994, S. 336.

30 Ebd.

31 Ebd., S. 337.

32 Ebd., S. 341.

33 Julius Wolf, Materialien betreffend einen mitteleuropäischen Wirtschaftsverein. Berlin o.J. (1903), zit. in: Reinhard Opitz (Hg.), Europastrategien des deutschen Kapitals 1900-1945. Bonn 1994, S. 143.

34 Friedrich List, Das nationale System der politischen Ökonomie. Stuttgart 1883 (1841). Vgl. auch: Günter Fabiunke, Zur historischen Rolle des deutschen Nationalökonomen Friedrich List (1789-1846). Ein Beitrag zur Geschichte der politischen Ökonomie in Deutschland. Berlin 1955.

35 Denkschrift von Werner Daitz über die Errichtung einer Zentralstelle für europäische Großraumwirtschaft. Zit. in: Reinhard Opitz (Hg.), Europastrategien des deutschen Kapitals 1900-1945. Bonn 1994, S. 630.

36 Denkschrift von Werner Daitz betreffend die Errichtung eines Reichskommissariats für Großraumwirtschaft (31. Mai 1940). Zit. in: Reinhard Opitz (Hg.), Europastrategien des deutschen Kapitals 1900-1945. Bonn 1994, S. 669.

37 Hermann Josef Abs in einem Vortrag „Aktive Kapitalpolitik" auf einer Veranstaltung des Deutschen Instituts für Bankwissenschaft und Bankwesen. (25. 10. 1940). Zit. in: Reinhard Opitz (Hg.), Europastrategien des deutschen Kapitals 1900-1945. Bonn 1994, S. 798.

38 Siehe Hannes Hofbauer, Westwärts. Österreichs Wirtschaft im Wiederaufbau. Wien 1992, S. 29.

39 Aus dem Briefwechsel Funk–Göring. Zentrales Staatsarchiv Potsdam, NP Fall XI, Dokumentenbuch 88 II, Bd. 369. Zit. in: Reinhard Opitz (Hg.), Europastrategien des deutschen Kapitals 1900-1945. Bonn 1994, S. 755.

40 Aus: Walter Lipgens (Hg.), 45 Jahre Ringen um die Europäische Verfassung. Dokumente 1939-1984. Zit. in: Wolfgang Schmale, Geschichte Europas. Wien – Köln – Weimar 2001, S. 123.

41 Entwurf für eine Denkschrift des Auswärtigen Amtes über die Schaffung eines „Europäischen Staatenbundes" (9. 9. 1943) aus: Zentrales Staatsarchiv Potsdam. Filmsammlung, Nr. 5582, Bl. D 514553 ff. Zit. in: Reinhard Opitz (Hg.), Europastrategien des deutschen Kapitals 1900-1945. Bonn 1994, S. 957 f.

42 Wolfgang Schmale, Geschichte Europas. Wien – Köln – Weimar 2001, S. 116.

43 Harry S. Truman in: The New York Times vom 20. 12. 1947 in einer Übersetzung des Europa-Archivs 3. Jahr, April 1948. Oberursel – Frankfurt/M. 1948, S. 1267.

44 Rainer Brähler, Der Marshallplan. Zur Strategie weltmarktorientierter Krisenvermeidung in der amerikanischen Westeuropapolitik 1933 bis 1952. Köln 1983, S. 30 f.

45 Newsweek, 6. 9. 1971, S. 74.

46 Memorandum E-B 34 vom 24. 7. 1941, Council on Foreign Relations, War und Peace Studies. Zit. in: Laurence Shoup/William Minter, Die Kulissenschieber e.V. Der Council on Foreign Relations und die Außenpolitik der USA. Bremen 1981 (1977), S. 101.

47 Brockhaus-Lexikon. Bd. 1. Wiesbaden – München 1952, S. 467; vgl. auch Hannes Hofbauer, Westwärts. Österreichs Wirtschaft im Wiederaufbau. Wien 1992, S. 48.

48 Rainer Brähler, Der Marshallplan. Zur Strategie weltmarktorientierter Krisenvermeidung in der amerikanischen Westeuropapolitik 1933 bis 1952. Köln 1983, S. 114.

49 Vgl. Joseph Jones, The 15 Weeks. February 21st – June 5th 1947. An Inside Account of the Genesis ot the Marshallplan. New York 1955, S. 205.

50 Vgl. Hannes Hofbauer, Westwärts. Österreichs Wirtschaft im Wiederaufbau. Wien 1992, S. 112 f. und 117 f.

51 Zit. in: Georg Lenz, Was bringt der Marshallplan? Wien 1949, S. 18.

52 Das Coordinating Committee for Multilateral Export Control (COCOM) trat die Nachfolge des bereits ab Januar 1948 existierenden US-Exportkontrollsystems an. Die Consultative Group institutionalisierte sich am 22. November 1949 als „Gegenstück" des Marshall-Plans. In geheimen, informellen Treffen wurden über die Jahrzehnte Exportkontrolllisten angelegt, die den Handel mit so genannten sensiblen Produkten weltweit überwachen sollten. Als COCOM-Teilnehmer galten alle NATO-Mitglieder außer Island; sie überwachten jahrzehntelang das de facto bestehende Embargo gegen die Sowjetunion und den RGW. Anfang der 1950er Jahre umfassten diese Embargolisten 1.700 Warengattungen. Ungarn war 1993 das erste Land des ehemaligen RGW, das vom COCOM-Embargo ausgenommen wurde. 1994 wurde das Komitee, das in den einzelnen Teilnehmerländern niemals einer parlamentarisch-demokratischen Kontrolle unterlag, in eine Nachfolgeorganisation übergeführt. Vgl. Gunnar Adler-Karlsson, Der Fehlschlag. Zwanzig Jahre Wirtschaftskrieg gegen Ost und West. Wien – Frankfurt/M. – Zürich 1971, S. 8 f.

53 Zit. in: Gunnar Adler-Karlsson, Der Fehlschlag. 20 Jahre Wirtschaftskrieg zwischen Ost und West. Wien – Frankfurt/M. – Zürich 1971, S. 13.

54 Gesetz zur Kontrolle der wechselseitigen Verteidigungshilfe (HR 4550). Öffentliches Recht 213. Kongreß, 65 Stat., angen. 26. 10. 1951. Zit in: Gunnar Adler-Karlsson, Der Fehlschlag. 20 Jahre Wirtschaftskrieg zwischen Ost und West. Wien – Frankfurt/M. – Zürich 1971, S. 59 f.

55 Vgl. Andrea Komlosy, Die Grenzen Österreichs zu den Nachbarn im RGW. In: Helga Schultz (Hg.), Grenzen im Ostblock und ihre Überwindung. Berlin 2001, S. 45.

56 Der Bremer Ökonom Arno Peters sorgte im November 1989 mit seiner Berechnung für Aufsehen, nach der im Schnitt jeder Ostdeutsche 16.000 DM und jeder Westdeutsche nur 120 DM an Reparationsleistungen für die Zerstörungen der Wehrmacht in der Sowjetunion geleistet hatte. Seine Forderung, die sich daraus ergebenden 727 Mrd. DM als Ausgleichszahlungen der Bundesrepublik an die DDR mit in den Vertrag zur Einheit aufzunehmen, verhallten in der BRD ungehört.

57 Vgl. B. R. Mitchell (Hg.), European Historical Statistics 1750-1975. London – Basing-stoke 1987, zit. in: Hannes Hofbauer/Andrea Komlosy, Restructuring (Eastern) Europe. In: Eszmélet – First International Conference of Social Critical Reviews. 10.-12. April 1991, Budapest 1991, S. 249.

58 Gheorghe Gheorghiu-Dej war Ministerpräsident Rumäniens zwischen 1952 und 1955 und Staatspräsident ab 1961.

59 Vgl. Andre Gunder Frank, Economic ironies in Europe: a world economic interpretation of East-West European politics. In: International Social Science Journal, Febr. 1992/131 (Europe in the Making). Oxford 1992, S. 41 f.; Immanuel Wallerstein, Der Niedergang der US-Hegemonie und der Zusammenbruch des Leninismus. In: Starnberger Forschungsberichte, 1/1991. Starnberg 1991, S. 7 f.; Robert Kurz, Der Kollaps der Modernisierung. Vom Zusammenbruch des Kasernensozialismus zur Krise der Weltökonomie. Frankfurt/M. 1991, S. 135 f.; Karol Modzelewski, Wohin vom Kommunismus aus? Polnische Erfahrungen. Berlin 1996.

60 Vgl. Economic Commission for Europe (Hg.), Economic Bulletin for Europe 31/2. New York – Genf 1980, S. 15; zusammengefasst in: Hannes Hofbauer/Andrea Komlosy, Restructuring (Eastern) Europe. In: Eszmélet – First International Conference of Social Critical Reviews 10.-12. 4. 1991. Budapest 1991, S. 266. Die diesen Aussagen zugrundeliegenden UN-Daten haben versucht, zwischen den unterschiedlichen Berechnungsarten von BNP im Westen und Nettomaterialprodukt im Osten eine Vergleichsbasis zu schaffen. Andere statistische Datenreihen, die den beiden volkswirtschaftlichen Berechnungsarten – wobei der RGW restriktiver war – keine unterschiedliche Gewichtung beimaßen, kommen zur Schlussfolgerung, dass ein ökonomisches Aufholen Osteuropas gegenüber dem Südwesten nicht stattgefunden hat; vgl. diesbezüglich David Good, The dismemberment of the Habsburg Empire. Vortrag zur Internationalen Tagung des Staatsarchives. Wien, 20. 11. 1998.

61 Arno Tausch, Schwierige Heimkehr. Sozialpolitik, Migration und die Osterweiterung der EU. München 1997, S. 25.

62 Salzburger Nachrichten, 3. August 1998.

63 Die Ethnisierung des Sozialen. Materialien für einen neuen Antiimperialismus, Nr. 6. Berlin 1993, S. 17.

64 Neue Zürcher Zeitung, 27. März 1986.

65 Franz Delapina/Andrea Komlosy, Ungarn 1945 und 1982: Zwischen Abkoppelung und Weltmarktintegration. In: Franz Delapina u.a., Ungarn im Umbruch. Wien 1991, S. 126.

66 Gespräch mit András Inotai im November 1988, Budapest.

67 Hannes Hofbauer, Neue sowjetische Ökonomie: Alle lieben Perestroijka. In: MOZ – Alternative Monatszeitschrift für Politik, Wirtschaft und Kultur, Nr. 34/Oktober 1988. Wien, S. 33.

68 Sowjetunion: Öffnung nach Westeuropa. Interview mit Margarita Bunkina. In: MOZ – Alternative Monatszeitschrift für Politik, Wirtschaft und Kultur, Nr. 29/April 1988. Wien, S. 47.

69 Gesetz der Union der Sozialistischen Sowjetrepubliken über das Genossenschaftswesen (gezeichnet A. Gromyko, Vorsitzender des Präsidiums des Obersten Sowjets der UdSSR; T. Menteschaschwili, Sekretär des Präsidiums des Obersten Sowjets der UdSSR. Moskau, Kreml, 26. Mai 1988).

70 Hans-Hermann Hertle, Chronik des Mauerfalls. Die dramatischen Ereignisse um den 9. November 1989. Berlin 1996, S. 62.

71 Der Malteser-Hilfsdienst wurde 1953 als Zweig des Malteserordens mit Sitz in Köln gegründet. Der Orden – mit dem ursprünglichen Namen Johanniterorden – wurde 1530 von Kaiser Karl V., einem Habsburger, aus Dankbarkeit für den Kampf gegen die Türken mit Malta belehnt und verlegte nach der Säkularisierung der Insel 1834 seinen Sitz nach Rom, wo er lange Jahre eine Exilregierung bildete.

72 Die Paneuropa-Bewegung wurde 1923, fünf Jahre nach dem Zusammenbruch der k.u.k. Monarchie, von Graf Coudenhove-Kalergi gegründet. Ab 1972 stand ihr der Kaiser-Sohn und langjährige CSU-Abgeordnete im Europaparlament, Otto Habsburg, als Präsident vor.

73 Neue Zürcher Zeitung, 22. Okt. 1989.

74 Susan Zimmermann, „Systemwechsel" an der Donau: Diktatur, Demokratie oder ein dritter Weg. In: Franz Delapina u.a., Ungarn im Umbruch. Wien 1991, S. 9.

75 In Russland war der stellvertretende US-Außenminister und Clinton-Berater Strobe Talbott als IWF-Agent tätig. Vgl. dazu: Josef Goldhammer/Eduard Friedweg, Der betrogene Osten. Bernau bei Berlin o.J., S. 44.

76 Arno Tausch, Schwierige Heimkehr. Sozialpolitik, Migration, Transformation und die Osterweiterung der EU. München 1997, S. 35.

77 Vgl. Hannes Hofbauer, Balkankrieg. Zehn Jahre Zerstörung Jugoslawiens. Wien 2001, S. 12 f.

78 Die statistischen Daten dieses Kapitels sind – soweit nicht anders angegeben – den Handbüchern des „Wiener Instituts für Internationale Wirtschaftsvergleiche" entnommen: Countries in Transition 1995, Wien 1995; Countries in Transition 1997, Wien 1997; Countries in Transition 2001, Wien 2001.

79 Vgl. Eduard März, Österreichische Bankenpolitik in der Zeit der großen Wende 1913-1923. Am Beispiel der Creditanstalt für Handel und Gewerbe. Wien 1981.

80 Wiener Institut für Internationale Wirtschaftsvergleiche (Hg.), Countries in Transition 1995. Wien 1995, S. 42.

81 László Andor, Ungarn: Vom Modell- zum Problemfall. In: Ost-West-Gegeninformationen, 3/2000. Graz 2000, S. 9.

82 Hannes Hofbauer, Marktwirtschaft in Ungarn: Eine Fehlplanung. In: Franz Delapina u.a., Ungarn im Umbruch. Wien 1991, S. 62.

83 Neues Deutschland, 31. 1. 1992; Die Tageszeitung, 31. 1. 1992.

84 Die Tageszeitung, 30. 3. 1992.

85 Peter Havlik u.a., The Transition Countries in Early 2000: Improved Outlook for Growth, but Unemployment is still rising. (Hg.): Wiener Institut für Internationale Wirtschaftsvergleiche. (Research Report, Nr. 266/Juni 2000.) Wien 2000, S. 17.

86 Interview mit Ion Iliescu. In: Salto, Jg. 3, Nr. 4; 22. 1. 1993. Wien.

87 Ende der 1990er Jahre wurden bespielsweise Körperschaftssteuern in Estland, Polen und der Slowakei gestrichen.

88 Wiener Institut für Internationale Wirtschaftsvergleiche (Hg.), Countries in Transition 1995. Wien 1995, S. 38 f.

89 Gemessen – wie die folgenden Zahlen – zu Kaufkraftparitäten. Vgl. Josef Pöschl, Economic Developments in CEE Regions. (Studie des WIIW.) Wien 2002, S. 3.

90 Johannes Steiner, Der Marathon der EU-Erweiterung. Die Stunde der Endorphine. In: Raum. Österreichische Zeitschrift für Raumplanung und Regionalpolitik, 42/2001. Wien 2001, S. 24.

91 Vgl. Josef Pöschl, Economic Developments in CEE Regions. (Studie des WIIW.) Wien 2002, S. 3.

92 Weltbank (Hg.), Arbeitnehmer im weltweiten Integrationsprozess. (Weltentwicklungsbericht 1995.) Washington – Bonn 1995, S. 131.

93 Die Ethnisierung des Sozialen. Materialien für einen neuen Antiimperialismus, Nr. 6. Berlin 1993, S. 91.

94 Weltbank (Hg.), Arbeitnehmer im weltweiten Integrationsprozess. (Weltentwicklungsbericht 1995.) Washington – Bonn 1995, S. 131.

95 Institut für Deutsche Wirtschaft (1996). Zit. in: Hans-Jürgen Wagener/Heiko Fritz, Transformation – Integration – Vertiefung. Zur politischen Ökonomie der Osterweiterung. In: dies. (Hg.), Im Osten was Neues. Aspekte der EU-Osterweiterung. Bonn 1998, S. 32.

96 Wiener Institut für Internationale Wirtschaftsvergleiche (Hg.), Countries in Transition. Wien 2001, S. 38 f.

97 Ebd.

98 Vgl. dazu: Hannes Hofbauer, Osteuropa: Die sozialen Folgen der Transformation. In: Andrea Komlosy u.a. (Hg.), Ungeregelt und unterbezahlt. Der informelle Sektor in der Weltwirtschaft. Frankfurt/M. 1997, S. 183 ff.

99 UNICEF (Hg.), Crisis in Mortality, Health and Nutrition. Economic in Transition Studies. (Regional Monitoring Report, Nr. 2, August 1994.) Florenz 1994.

100 Ebd., S. 35/36.

101 Presseinformation des „Instituts für höhere Studien". Wien, 9. 1. 2003.

102 Spiegel, 9/2001. Hamburg 2001.

103 Und dies, obwohl Ceaușescu zehn Jahre lang die Bevölkerung ausgehungert hatte, um die Schulden bei Weltbank und IWF bezahlen zu können.

104 UNICEF (Hg.), Crisis in Mortality, Health and Nutrition. Economic in Transition Studies. (Regional Monitoring Report, Nr. 2, August 1994.) Florenz 1994, S. 6.

105 Ebd., S. 6.

106 Diverse nationale Statistiken. Vgl. auch: Peter Havlik u.a., The Transition Countries in Early 2000: Improved Outlook for Growth, but Unemployment is still rising. (Hg.): Wiener Institut für Internationale Wirtschaftsvergleiche. (Research Report, Nr. 266/ Juni 2000.) Wien 2000, S. 22.

107 Wiener Institut für Internationale Wirtschaftsvergleiche (Hg.), Countries in Transition 2001. Wien 2001, S. 442 f.

108 Bank Austria (Hg.), East-West Report, 1/2002. Wien 2002, S. 29.

109 World Investment Report 2001 (UNCTAD); vgl auch: Wiener Institut für Internationale Wirtschaftsvergleiche (Hg.), Countries in Transition 2001. Wien 2001, S. 449.

110 Catherine Samary, Auslandsinvestitionen: eine Bilanz. In: Ost-West-Gegeninformationen, 4/2001. Graz 2001, S. 7.

111 Ebd. S., 6.

112 Dariusz Rosati, The Impact of EU Enlargement on Economic Disparities in Central and Eastern Europe. In: Wiener Institut für Internationale Wirtschaftsvergleiche (Hg.),

Shaping the New Europe: Challenges of EU Eastern Enlargement – East and West in European Perspectives. Vienna, 11th to 13th nov. 1998.

113 Manfred Weidmann, The food industry in CEE 3. In: East-West Report, 1/2002. Wien 2002, S. 22.

114 László Andor, Vom Modell- zum Problemfall. In: Ost-West-Gegeninformationen, 3/ 2000. Graz 2000, S. 11.

115 Jadwiga Staniszki, Dilemmata der Demokratie in Osteuropa. In: Deppe/Dubiel/Rödel (Hg.), Demokratischer Umbruch in Osteuropa. Frankfurt/M. 1991, S. 326 f.

116 Vgl. Verträge zur Gründung der Europäischen Gemeinschaften. Brüssel – Luxemburg 1987, S. 527.

117 Ebd., S. 125.

118 Ebd., Artikel 3/EWG, S. 125.

119 Ebd.

120 Ebd.

121 Am 1. Februar 1985 trat Grönland als bisher einziges Gebiet aus der Europäischen Gemeinschaft aus.

122 Verträge zur Gründung der Europäischen Gemeinschaften. Brüssel – Luxemburg 1987 (EEA), S. 544.

123 Siehe Bundesgesetzblatt 1994, Teil II, S. 3205 (Deutschland), in: http://www.jura.uni-sb.de/BGBl/

124 Siehe ebd., S. 3406 (Deutschland), in: http://www.jura.uni-sb.de/BGBl/

125 Peter Gowan, Die EU und die ungewisse Zukunft des Ostens. In: Ost-West-Gegeninformationen, 1/2001. Graz 2001, S. 4.

126 Zit. in: Europäische Kommission (Hg.), Agenda 2000: Eine stärkere und erweiterte Europäische Union. (Bulletin der Europäischen Union, Beilage 5/97.) Luxemburg 1997, S. 43.

127 Inzwischen war die EU mit Österreich, Schweden und Finnland 1995 auf 15 Mitgliedsländer angewachsen. In Norwegen lehnte eine Mehrheit der BürgerInnen per Referendum einen Beitritt ab.

128 Die Abkürzung „Phare" steht für „Pologne, Hongrie: Assistance à la Restructuration Economique".

129 Vgl. Kurier, 15. 5. 1998.

130 Siehe Dorothee Bohle, EU-Integration und Osterweiterung: die Konturen einer neuen europäischen Unordnung. In: Hans-Jürgen Bieling/Jochen Steinhilber (Hg.): Die Konfiguration Europas. Dimensionen einer kritischen Integrationstheorie. Münster 2000, S. 310.

131 Rede von Jacques Santer am 2. 7. 1998 in Wien („Die Europäische Union auf das nächste Jahrhundert vorbereiten: Herausforderung für die österreichische Präsidentschaft") vor der österreichischen Industriellenvereinigung. Manuskript, S. 10.

132 In den Römer Verträgen 1957 war noch von qualifizierten Mehrheiten die Rede, um Beschlussfassungen zügig voran zu bringen.

133 Die Schwelle für die qualifizierte Mehrheit liegt – bei einer maximal angenommenen Größe von 27 Mitgliedern – bei 73,4% der Stimmen im Rat.

134 Die einzelnen Kapitel tragen – das Wichtigste zuerst – die folgenden Überschriften: Freier Warenverkehr (1), Freizügigkeit (2), Freier Dienstleistungsverkehr (3), Freier

Kapitalverkehr (4), Gesellschaftsrecht (5), Wettbewerbspolitik (6), Landwirtschaft (7), Fischerei (8), Verkehrspolitik (9), Steuern (10), Wirtschafts- und Währungsunion (11), Statistik (12), Sozial- und Beschäftigungspolitik (13), Energie (14), Industriepolitik (15), Kleinere und mittlere Unternehmen (16), Wissenschaft und Forschung (17), Allgemeine und berufliche Bildung (18), Telekommunikation und Informationstechnologie (19), Kultur und audiovisuelle Medien (20), Regionalpolitik (21), Umweltschutz (22), Verbraucher- und Gesundheitsschutz (23), Justiz und Inneres (24), Zollunion (25), Auswärtige Beziehungen (26), Gemeinsame Außen- und Sicherheitspolitik (27), Finanzkontrolle (28), Finanz- und Haushaltsbestimmungen (29), Institutionen (30) und Sonstiges (31).

135 Die EU-Kommission, zit. in: Markus Warasin, Die Osterweiterung der Europäischen Union. Chancen, Risiken, Interessen. Bozen 2000, S. 103.

136 Assemblée nationale 1998, zit. in: Dorothee Bohle, EU-Integration und Osterweiterung: die Konturen einer neuen europäischen Unordnung. In: Hans-Jürgen Bieling/ Jochen Steinhilber (Hg.): Die Konfiguration Europas. Dimensionen einer kritischen Integrationstheorie. Münster 2000, S. 310.

137 Klaus Hänsch, Der Weg zur Osterweiterung der EU. In: Peter Kreyenberg (Hg.), Europa braucht den Osten. Stuttgart 1998, S. 28.

138 Europäischer Rat (Hg.), Schlussfolgerungen des Vorsitzes. Kopenhagen, am 12. und 13. 12. 2002.

139 Rasmussen in einer Botschaft an das Europäische Parlament im Anschluss an den Gipfel von Kopenhagen. Zit. in: Enlargement Weekly, 20. 12. 2002. Siehe: http://europa.eu.int/ comm/enlargement/index_en.html

140 René Höltschi, Europäer werden dagegen sehr. In: NZZ Folio (Europa – schwieriger Weg zur Einheit), September 2001. Zürich 2001, S. 22

141 Rede von Jacques Santer vor der Vollversammlung der österreichischen Industriellenvereinigung. Wien, 2. Juli 1998. Redemanuskript, S. 6

142 Vgl. Annamária Artner/László Andor, Referendum vor EU-Beitritt. In: Ost-West-Gegeninformationen, 1/2001 (13. Jg.). Graz 2001, S. 20

143 Ebd.

144 Zit. nach: Markus Warasin, Die Osterweiterung der Europäischen Union. Chancen, Risiken, Interessen. Bozen 2000, S. 29

145 Vgl. Hannes Hofbauer, Marktwirtschaft in Ungarn: Eine Fehlplanung. In: Franz Delapina u.a., Ungarn im Umbruch. Wien 1991, S. 44

146 Auch in der kommunistischen Epoche gab es westliche Investoren in Ungarn. Selbst Konsumgüterartikel wie z.b. Unterwäsche (Triumph) wurden in Weltmarktfabriken für den Westen produziert – freilich unter der Devisenkontrolle der Nationalbank.

147 Vgl. Hannes Hofbauer, Marktwirtschaft in Ungarn: Eine Fehlplanung. In: Franz Delapina u.a., Ungarn im Umbruch. Wien 1991, S. 46.

148 Prospects for Europe's Periphery. Statement von Gábor Hunya auf der Konferenz des Wiener Instituts für internationale Wirtschaftsvergleiche: EU Enlargement and Europe's Periphery. Wien, 22. 3. 2002, Mitschrift.

149 Siehe: Wiener Institut für Internationale Wirtschaftsvergleiche (Hg.), Countries in Transition 2001. Wien 2001, S. 294.

150 Vgl. ungarische Außenhandelsstatistik. Zit in: László Andor/Károly Lóránt, Enklaven für das Auslandskapital. In: Ost-West-Gegeninformationen, 4/2001. Graz 2001, S. 27.

151 Ebd. S. 25.

152 Budapester Zeitung. 2. 4. 2001, S. 10.

153 Das österreichische Industriemagazin, 7-8/2001. Wien 2001, S. 28.

154 Ebd., S. 28.

155 Vgl. auch Peter Gowan, Die EU und die ungewisse Zukunft des Ostens. In: Ost-West-Gegeninformationen, 1/2001. Graz 2001, S. 6.

156 László Andor/Károly Lóránt, Enklaven für das Auslandskapital. In: Ost-West-Gegeninformationen, 4/2001. Graz 2001, S. 24.

157 Péter Mihalyi, Reform Policy and New Institutional Developments. Conference Paper zum Symposion der Österreichischen Kontrollbank (6. 6. 2002). Hg. vom Institut für Höhere Studien. Wien 2002, S. 22.

158 Vgl. die Covergeschichte von *The Budapest Sun* vom 14.-20. 1. 1999.

159 Ebd., S. 1.

160 László Andor, Vom Modell- zum Problemfall. In: Ost-West-Gegeninformationen, 3/2000. Graz 2000, S. 9.

161 Siehe: Wiener Institut für Internationale Wirtschaftsvergleiche (Hg.), Countries in Transition 2001. Wien 2001, S. 163.

162 Annamária Artner/László Andor, Referendum vor EU-Beitritt. In: Ost-West-Gegeninformationen, 1/2001. Graz 2001, S. 19.

163 László Andor, Vom Modell- zum Problemfall. In: Ost-West-Gegeninformationen, 3/2000. Graz 2000, S. 12 f.

164 Vgl. Manfred Weidmann, The Food Industry in CEE 3. In: East-West-Report 1/02. Wien 2002, S. 23.

165 Salzburger Nachrichten, 9. 8. 2001.

166 Kohl/Lechner/Platzer, Arbeitsbeziehungen in Ostmitteleuropa zwischen Transformation und EU-Beitritt (Studie der Friedrich Ebert-Stiftung Nr. 85/Juli 2000). Bonn 2000, S. 6.

167 Vgl. Susan Zimmermann, Wohlfahrtspolitik und die staatssozialistische Entwicklungsstrategie in der „anderen" Hälfte Europas im 20. Jahrhundert. In: Jäger/Melinz/Zimmermann (Hg.), Sozialpolitik in der Peripherie. Entwicklungsmuster und Wandel in Lateinamerika, Afrika, Asien und Osteuropa. Frankfurt/M. 2001, S. 219 f.

168 Jan Adam, Social Contract. In: Economic Reforms and Welfare Systems in the USSR, Poland and Hungary. Houndsmills 1991, S. 12 ff.

169 Susan Zimmermann, Wohlfahrtspolitik und die staatssozialistische Entwicklungsstrategie in der „anderen" Hälfte Europas im 20. Jahrhundert. In: Jäger/Melinz/Zimmermann (Hg.), Sozialpolitik in der Peripherie. Entwicklungsmuster und Wandel in Lateinamerika, Afrika, Asien und Osteuropa. Frankfurt/M. 2001, S. 230.

170 Ebd. S. 231.

171 Siehe Katarina Müller, Die neue Rentenorthodoxie in Lateinamerika und Osteuropa. In: Jäger/Melinz/Zimmermann (Hg.), Sozialpolitik in der Peripherie. Entwicklungsmuster und Wandel in Lateinamerika, Afrika, Asien und Osteuropa. Frankfurt/M. 2001, S. 246.

172 Siehe Julian Bartosz/Hannes Hofbauer, Schlesien. Europäisches Kernland im Schatten von Wien, Berlin und Warschau. Wien 2000, S. 173 f.

173 Siehe Karol Modzelewski, Wohin vom Kommunismus aus? Polnische Erfahrungen. Berlin 1996, S. 40.

174 Ebd., S. 41.

175 Polen trat bereits 1986, vier Jahre nach Ungarn, dem IWF bei.

176 1980, im Zeitalter der Kommune, betrugen die Auslandsschulden Polens 8 Mrd. US-Dollar.

177 Wiener Institut für Internationale Wirtschaftsvergleiche (Hg.), Countries in Transition 2001; Bank Austria Economics Department.

178 Hannes Hofbauer, Der wilde Osten. Reportagen vom Rande Europas. Wien 1991, S. 145.

179 Wiener Institut für Internationale Wirtschaftsvergleiche (Hg.), Countries in Transition 1995. Wien 1995, S. 163.

180 Arno Tausch, Schwierige Heimkehr. Sozialpolitik, Migration, Transformation und die Osterweiterung der EU. München 1997, S. 149; vgl. auch: Hamid Tabatabai, The incidence of poverty in developing countries. An ILO compendium of data. Genf 1993.

181 UNECE Economic Survey 1992; zit. in: Dorothee Bohle, Europas neue Peripherie. Transformation Polens und transnationale Integration. Münster 2002, S. 119.

182 Dorothee Bohle, Europas neue Peripherie. Transformation Polens und transnationale Integration. Münster 2002, S. 123.

183 Ebd., S. 299.

184 Simon Johnson/Marzena Kowalska, Poland: The Political Economy of Shock Therapy. In: Stephan Haggard/Steven Webb (Hg.), Voting for Reform. Democracy, Political Liberalization and Economic Adjustment. New York 1994, S. 194 f.

185 Zit nach: Dorothee Bohle, Europas neue Peripherie. Transformation Polens und transnationale Integration. Münster 2002, S. 136.

186 Zit. nach: ebd., S. 118.

187 http://www.stat.gov.pl./english/serwis/polska/2001/roczink

188 Julian Bartosz, Polen und Westeuropa: Fortschritt in der Heuchelei. In: http://www.moneynations.ch/topics/euroland/text/polen

189 Ebd.

190 Julian Bartosz/Hannes Hofbauer, Schlesien. Europäisches Kernland im Schatten von Wien, Berlin und Warschau. Wien 2000, S. 161.

191 Julian Bartosz, Spekulation geht vor Investition. In: Ost-West-Gegeninformationen, Nr. 4/2001, Graz 2001, S. 29.

192 Neue Zürcher Zeitung, 1. 11. 2002.

193 Siehe: Dorothee Bohle, Europas neue Peripherie. Transformation Polens und transnationale Integration. Münster 2002, S. 129.

194 Ebd., S. 179.

195 Vgl. Julian Bartosz/Hannes Hofbauer, Schlesien. Europäisches Kernland im Schatten von Wien, Berlin und Warschau. Wien 2000, S. 177 f.

196 Neues Deutschland, 27. 11. 2002.

197 Salzburger Nachrichten, 23. 10. 2002.

198 Bank Austria-Creditanstalt (Hg.), Investment Guide for Poland. Wien 2001, S. 8.

199 Vgl. auch Rob van Tulder/Winfried Ruigrok, International Production Networks in the Auto Industry. In: John Zysman/Andrew Schwartz (Hg.), Enlarging Europe: The Industrial Foundation of a New Political Reality. Berkeley 1998, S. 202 ff.

200 Vgl. Kurt Hübner, Der Globalisierungskomplex. Grenzenlose Ökonomie – grenzenlose Politik? Berlin 1998, S. 289.

201 Dorothee Bohle, Europas neue Peripherie. Transformation Polens und transnationale Integration. Münster 2002, S. 157.

202 Gespräche mit Mitarbeitern der österreichischen Wirtschaftskammer. Vgl. auch: Bank Austria-Creditanstalt (Hg.), Bankenvergleich in Mittel- und Osteuropa 2001. Wien 2002.

203 Siehe auch: Dorothee Bohle, Europas neue Peripherie. Transformation Polens und transnationale Integration. Münster 2002, S. 181.

204 EU-Kommission (Hg.), Regelmäßiger Bericht 2000 der Kommission über die Fortschritte Polens auf dem Weg zum Beitritt. Brüssel 2000, S. 42.

205 Bank Austria-Creditanstalt (Hg.), Investment Guide for Poland. Wien 2001, S. 12.

206 Nach Streiks und Unruhen unter den Bauern musste im Jahr 1956 die bereits im Gang befindliche Kollektivierung zurückgenommen werden.

207 Statistische Daten der Studie Spójna polityka strukturalna rozwoju obszarów wiejskich i rolnictwa. Warszawa 1999; zit. in: Andrzej Kaleta, Im Würgegriff der „Europareife". In: Ost-West-Gegeninformationen, 3/2000. Graz 2000, S. 32.

208 Ebd.

209 Allein im Jahr 2000 erwarben Ausländer Pachtland in der Größenordnung von 132.000 Hektar. Vgl. Julian Bartosz, Die Lage ist unerträglich geworden. In: Ost-West-Gegeninformationen, 3/2000. Graz 2000, S. 38.

210 Business Central Europe. Wien, Februar 1999, S. 42.

211 Ebd.

212 Business Central Europe. Wien, August 2000, S. 48; vgl. auch: Dorothee Bohle, Europas neue Peripherie. Transformation Polens und transnationale Integration. Münster 2002, S. 186.

213 Neues Deutschland, 25. 8. 2000 und 28. 8. 2000.

214 Neues Deutschland, 14./15. 9. 2002.

215 Agentur PAIZ, zit. in: http://www.slowik-page.de; siehe auch Wiener Institut für Internationale Wirtschaftsvergleiche (Hg.), Countries in Transition 2001. Wien 2001, S. 259.

216 Quelle: Deutscher Wirtschaftsdienst; zit. in: Raum. Österreichische Zeitschrift für Raumplanung und Regionalpolitik, Juni 2001, S. 24.

217 Vgl. auch: Dorothee Bohle, Europas neue Peripherie. Transformation Polens und transnationale Integration. Münster 2002, S. 191.

218 Mojmir Mrak, Apportionment and Succession of External Debts: The Case of the Socialist Federal Republic of Yugoslavia. (WIIW-Studie 259.) Wien 1999, S. 4.

219 Gespräch mit Jože Mencinger am 19. 12. 2002 in Ljubljana.

220 Gespräch mit Peter Ješovnik am 18. 12. 2002 in Ljubljana.

221 Gespräch mit Zmago Jelinčič am 18. 12. 2002 in Ljubljana.

222 1974 sprach eine gesamtjugoslawische Verfassungsreform den einzelnen Republiken mehr politisches Gewicht zu.

223 Gespräch mit Rastko Močnik am 19. 12. 2002 in Ljubljana.

224 Gespräch mit Hermine Vidovic am 12. 12. 2002 in Wien.

225 Gespräch mit France Križanič am 19. 12. 2002 in Ljubljana.

226 Gespräch mit Gorazd Drevenšek am 18. 12. 2002 in Ljubljana.

227 Vgl. Slovenian Business Report, Fall 2002. Ljubljana 2002, S. 12.

228 Neue Zürcher Zeitung, 18./19. 8. 2001.

229 Slovenian Business Report, Spring 2002. Ljubljana 2002, S. 20.

230 Gespräch mit Peter Ješovnik am 18. 12. 2002 in Ljubljana.

231 Gespräch mit Jože Mencinger am 19. 12. 2002 in Ljubljana.

232 Insgesamt betrug der Handelsbilanzüberschuss mit den ex-jugoslawischen Republiken im Jahr 2001 mehr als 1 Mrd. US-Dollar, während das Defizit gegenüber der Europäischen Union ca. 1 Mrd. US-Dollar ausmachte. Vgl. Slovenian Business Report, Summer 2002. Ljubljana 2002, S. 9.

233 Slovenian Business Report, Fall 2002. Ljubljana 2002, S. 8.

234 Gespräch mit Hermine Vidovic am 12. 12. 2002 in Wien.

235 Slovenian Business Report, Summer 2002. Ljubljana 2002, S. 14.

236 Gespräch mit Peter Ješovnik am 18. 12. 2002 in Ljubljana.

237 Gespräch mit Jože Mencinger am 19. 12. 2002 in Ljubljana.

238 Gespräch mit Rudolf Filkus am 3. 3. 1992 in Bratislava.

239 Siehe http://www.radio.cz/de/artikel/9638 vom 3. 6. 2001.

240 Gespräch mit Zdeněk Lukas am 2. 3. 1992 in Wien.

241 Gespräch mit Vladimír Halama am 3. 3. 1992 in Bratislava; siehe auch: Salto, 25. 3. 1992.

242 NZZ-Folio, Mai 1994, Zürich 1994, S. 28.

243 So wurde bis heute die Rolle des tschechoslowakischen Staatssicherheitsdienstes StB bei dieser Demonstration nicht geklärt. Der Agent Ludvik Zifcak hatte damals, nach eigener Aussage vor dem parlamentarischen Untersuchungsausschuss am 30. März 1990, im Auftrag des StB-Generals Alois Lorenc einen von Sicherheitskräften getöteten Demonstranten gemimt. Demo-Organisator Petr Uhl, ein bekannter Dissident der KP-Ära, verbreitete diese Geschichte öffentlich auf einer Pressekonferenz, was zu großer Empörung und in der Folge zu einem Generalstreik sowie tagelangen Massendemonstrationen führte. Später stellte sich heraus: Es gab keinen Toten auf der Demonstration des 17. November 1989 in Prag. Unklar ist auch bis heute, ob die Geheimdienst-Initiative möglicherweise in Absprache mit Teilen der Oppositionsbewegung durchgeführt worden war, um die regierungsfeindliche Stimmung anzuheizen. Aufklärung über die Vorgänge am 17. November fand jedenfalls bis heute nicht statt. Vgl. bespielsweise: Die Presse, 27. 9. 1990.

244 Václav Průcha, Continuity and Discontinuity in the Economic Development of Czechoslovakia, 1918-91; in: Alice Teichova, Central Europe in the Twentieth Century. An Economic History Perspective. Aldershot u.a. 1997, S. 34.

245 Ebd., S. 34 f.

246 Vgl. Neue Zürcher Zeitung, 3. 9. 1998.

247 Prager Wirtschaftszeitung als Beilage der Prager Zeitung, 25. 3. 1999.

248 Vgl. Wirtschaftswoche, 3. 12. 1992.

249 Truckmagazin, 01/2002.

250 Bank Austria (Hg.), Investitionsleitfaden für die Tschechische Republik. Wien 2002, S. 14.

251 Wiener Institut für Internationale Wirtschaftsvergleiche (Hg.), Countries in Transition 2001. Wien 2001, S. 42.

252 Ebd.

253 Im Jahr 1993 konnte ein westeuropäisches Unternehmen, das in Tschechien investierte, damit rechnen, für 18% der österreichischen Lohnstückkosten zu produzieren. Vgl. Bank Austria (Hg.), Investitionsleitfaden für die Tschechische Republik. Wien 2002, S. 14.

254 Wiener Institut für Internationale Wirtschaftsvergleiche (Hg.), Countries in Transition 1995. Wien 1996, S. 188; ders. (Hg.), Countries in Transition 2001. Wien 2001, S. 292.

255 Ebd., S. 386.

256 Quelle: OECD-Statistik, 2000. Zit. in: Zdeněk Lukas, Unterschiede und Parallelen in der Landwirtschaft. In: Ost-West-Gegeninformationen, 3/2000. Graz 2000, S. 23.

257 Zahlen des Wiener Instituts für internationale Wirtschaftsvergleiche. Zit. in: Zdeněk Lukas, Unterschiede und Parallelen in der Landwirtschaft. In: Ost-West-Gegeninformationen, 3/2000. Graz 2000, S. 22.

258 Salzburger Nachrichten, 3. 4. 1993.

259 Wiener Institut für Internationale Wirtschaftsvergleiche (Hg.), Countries in Transition 1998. Wien 1998.

260 Gespräch mit Štefan Murín am 24. 7. 1998 in Bratislava.

261 Im Jahr 2002 stieg die offizielle Arbeitslosenquote im Landesdurchschnitt auf über 19% an.

262 Gespräch mit Rudolf Filkus am 24. 7. 1998 in Bratislava.

263 Gespräch mit Dušan Slobodník am 25. 7. 1998 in Bratislava.

264 Gespräch mit Augustín Húska am 24. 7. 1998 in Bratislava.

265 Gespräch mit Jaroslav Náhlik, Direktor der Abteilung für Europaintegration im Finanzministerium, am 12. 11. 2002 in Bratislava.

266 Gespräch mit Augustín Húska am 12. 11. 2002 in Bratislava. Vgl. dazu auch: Junge Welt, 26. 8. 1998.

267 Gespräch mit Augustín Húska am 12. 11. 2002 in Bratislava.

268 Zit. nach: Markus Warasin, Die Osterweiterung der Europäischen Union. Chancen, Risiken, Interessen. Bozen 2000, S. 34.

269 Ebd.

270 Auskunft von Zdeněk Lukas, Slowakei-Spezialist am Wiener Institut für Internationale Wirtschaftsvergleiche, am 11. 11. 2002.

271 Das österreichische Industriemagazin, 7-8/2001, S. 22.

272 Gespräch mit Jaroslav Náhlik, Direktor der Abteilung für Europaintegration im Finanzministerium, am 12. 11. 2002 in Bratislava.

273 Ebd.

274 Diese und die folgenden Zahlen sind entnommen aus: Wiener Institut für Internationale Wirtschaftsvergleiche (Hg.), Overview Developments 2000-2001 and Outlook 2002-2003. Wien o.J., Tabelle „Slovak Republic".

275 Gespräch mit Zdeněk Lukas am 11. 11. 2002 in Wien.

276 Bank Austria-Creditanstalt (Hg.), Bankenvergleich Mittel- und Osteuropa 2001. Wien 2002, S. 10.

277 Gespräch mit Zdeněk Lukas am 11. 11. 2002 in Wien.

278 Das Kapitel über Rumänien ist eine stark überarbeitete Fassung von zwei Beiträgen, die in der Zeitschrift *Ost-West-Gegeninformationen* erschienen sind: Rumänien. Zurück wohin? In: OWG 2/1997. Graz 1997, S. 32 ff.; Wo bleibt das Geld? In: OWG 4/2001. Graz 2001, S. 15 ff.

279 Die Inflationsraten betrugen 1991 254% und 1992 302%. Aus: Nine o'clock, 30. 11./2. 12. 2001.

280 Das Zahlenmaterial stammt aus: Wiener Institut für Internationale Wirtschaftsvergleiche (Hg.), Countries in Transition 2001. Wien 2001.

281 Die Zerstörung der Donaubrücken in Novi Sad im Frühjahr 1999 durch NATO-Bomben perpetuierte die rumänischen Verluste.

282 Nine o'clock, 30. 11./2. 12. 2001

283 UNICEF (Hg.), Crisis in Mortality, Health and Nutrition. Economic in Transition Studies. (Regional Monitoring Report, Nr. 2, August 1994.) Florenz 1994, S. 2.

284 Ebd.

285 Von den fast 11 Millionen Beschäftigten im Jahr 1989 blieben zehn Jahre später nur noch 8,4 Millionen übrig. Vgl. Wiener Institut für Internationale Wirtschaftsvergleiche (Hg.), Countries in Transition 2001. Wien 2001, S. 50.

286 Weltbank (Hg.), Arbeitnehmer im weltweiten Integrationsprozeß. (Weltentwicklungsbericht 1995.) Washington – Bonn 1995, S. 128. Vgl. auch: Hannes Hofbauer, Osteuropa: Die sozialen Folgen der Transformation. In: Andrea Komlosy u.a. (Hg.), Ungeregelt und unterbezahlt. Der informelle Sektor in der Weltwirtschaft. Frankfurt/M. 1997, S. 193 f.

287 Vgl. Agnes Nemenyi/József Nemenyi, Mehr Bauern, weniger Ertrag. In: Ost-West-Gegeninformationen, 3/2000. Graz 2000, S. 46.

288 Nine o'clock, 29. 11. 2001

289 Florin Bonciu, Policies Diverting FDI from Romania. In: Wiener Institut für Internationale Wirtschaftsvergleiche (Hg.), The Vienna Institute Monthly Report, 12/2000, S. 17.

290 UNIDO (Hg.), Industrial Free Zones as Incentives to Promote Export-Oriented Industries. Training Workshop on Industrial Free Zones, 28. 10. 1971. Vgl. auch: Fröbel/Heinrichs/Kreye, Die neue internationale Arbeitsteilung. Reinbek bei Hamburg 1977, S. 483 f.

291 The Vienna Institute Monthly Report, 12/2000. Wien 2000.

292 Banater Rundschau, 10. 10. 2001.

293 Neue Zürcher Zeitung, 26. 7. 2001.

294 Budapester Zeitung, 26. 3. 2001.

295 Wiener Institut für Internationale Wirtschaftsvergleiche (Hg.), Countries in Transition 2001. Wien 2001, S. 300.

296 Nine o'clock, 30. 11./2. 12. 2001.

297 Vgl. auch: Alain Kessi, Abwicklung der Wirtschaft und neue Abhängigkeiten am Beispiel Bulgariens. Manuskript o.O. o.J., S. 6. Das wirtschaftsstatistische Zahlenmaterial ist entnommen aus: Wiener Institut für Internationale Wirtschaftsvergleiche (Hg.), Countries in Transition 2001. Wien 2001; sowie ders., Overview Developments 2000-2001 and Outlook 2002-2003.

298 Handelsblatt, 5. 8. 1999.

299 Victor Yotzov u.a., The First Year of the Currency Board in Bulgaria. Discussion Paper 1 (Bulgarian National Bank). Sofia, September 1998. Zit. in: Alain Kessi, Abwicklung der Wirtschaft und neue Abhängigkeiten am Beispiel Bulgariens. Manuskript o.O. o.J., S. 7.

300 Lena Rusenova/Ivana Petkova, Für ausländisches Kapital immer attraktiver. In: Ost-West-Gegeninformationen, 4/2001. Graz 2001, S. 21.

301 Neue Zürcher Zeitung, 30. 11./1. 12. 2002.

302 Peter Botschukow, Ein schier unbezahlbarer Preis. In: Neues Deutschland, 5. 10. 1999, S. 3.

303 Wiener Institut für Internationale Wirtschaftsvergleiche (Hg.), Countries in Transition 1996. Wien 1996; vgl. auch: Hannes Hofbauer, Osteuropa: Die sozialen Folgen der Transformation. In: Andrea Komlosy u.a. (Hg.), Ungeregelt und unterbezahlt. Der informelle Sektor in der Weltwirtschaft. Frankfurt/M. 1997, S. 197.

304 UNICEF (Hg.), Crisis in Mortality, Health and Nutrition. Economic in Transition Studies. (Regional Monitoring Report, Nr. 2, August 1994.) Florenz 1994, S. 75.

305 Neues Deutschland, 20. 12. 1999.

306 Neues Deutschland, 26. 8. 1997.

307 Neue Zürcher Zeitung, 15. 11. 2002.

308 Werner Gumpel, Makroökonomische Stabilisierung, ihre sozialen Probleme und die Kosten der Transformation in Südosteuropa. In: Südosteuropa. Zeitschrift für Gegenwartsforschung, 4-5/1996. München 1996, S. 302 f.

309 Vgl. Fischer Weltalmanach. Frankfurt/M. 1995.

310 Dazu kommen 7,5% Polen.

311 Estland zählt 1,5 Mio., Lettland 2,6 Mio. und Litauen 3,7 Mio. EinwohnerInnen.

312 Neue Zürcher Zeitung, 18./19. 8. 2001.

313 Süddeutsche Zeitung, 10. 10. 2002.

314 Herbert Kohl/Hans-Wolfgang Platzer, Arbeitsbeziehungen in den baltischen Staaten zwischen Transformation und EU-Beitritt. (Ergebnisse einer Studie der Friedrich-Ebert-Stiftung/Nr. 101 der Reihe „Politikinformation Osteuropa".) o.O. 2002, S. 28.

315 Ebd., S. 107.

316 Ebd., S. 98.

317 The World Health Report 2002. Reducing Risks, Promoting Healthy Life. Genf 2002, S. 180.

318 Neue Zürcher Zeitung, 21. 4. 2001.

319 Vgl. Der Standard, 12. 11. 2002.

320 Financial Times, 20. 10. 1995.

321 Wiener Institut für Internationale Wirtschaftsvergleiche (Hg.), Countries in Transition 2001. Wien 2001, S. 288.

322 Pressenotiz des Wiener Instituts für internationale Wirtschaftsvergleiche: Direktinvestitionen in den Oststaaten 1999-2000: uneinheitliches Wachstum.

323 Zentrales Statistikamt in Budapest. Zit. in: László Andor, Ungarn: Vom Modell- zum Problemfall. In: Ost-West-Gegeninformationen, 3/2000. Graz 2000, S. 11.

324 EPIC (European Privatization & Investment Cooperation) wurde 1989 gegründet und arbeitet mit über 200 Beschäftigten in 14 osteuropäischen Ländern. Vgl.: Der Standard, 16. 9. 2002.

325 Vgl. Fröbel/Heinrichs/Kreye, Die neue internationale Arbeitsteilung. Strukturelle Arbeitslosigkeit in den Industrieländern und die Industrialisierung der Entwicklungsländer. Reinbek bei Hamburg 1977.

326 Institut der Deutschen Wirtschaft (Hg.), Informationsdienst des IW (iwd). O.O. 1996, S. 22; zit. in: Hans-Jürgen Wagener/Heiko Fritz (Hg.), Im Osten was Neues. Aspekte der EU-Osterweiterung. Bonn 1998, S. 32.

327 Wiener Institut für Internationale Wirtschaftsvergleiche (Hg.), Countries in Transition 2001. Wien 2001, S. 146 f.

328 Das österreichische Industriemagazin, 7-8/2001. Wien 2001, S. 23.

329 In: Reinhard Engel, Europa in Sicht. In: Das österreichische Industriemagazin, 7-8/2001. Wien 2001, S.23.

330 Wiener Institut für Internationale Wirtschaftsvergleiche (Hg.), Countries in Transition 2001. Wien 2001, S. 384 f.

331 Ohne Berücksichtigung der baltischen Länder. Wiener Institut für Internationale Wirtschaftsvergleiche (Hg.), Countries in Transition 2001. Wien 2001, S. 420 f.

332 Josef Pöschl, Economic developments in the CEE region. (Seminar des Wiener Instituts für internationale Wirtschaftsvergleiche, Frühjahr 2002.) Manuskript, S. 6.

333 Für das Baltikum liegen dem Autor keine Zahlen vor. Vgl. Bank Austria-Creditanstalt (Hg.), Bankenvergleich Mittel- und Osteuropa 2001. Wien 2002, S. 10.

334 Dorothee Bohle, Europas neue Peripherie. Transformation Polens und transnationale Integration. Münster 2002, S. 183.

335 Vgl. Bank Austria-Creditanstalt (Hg.), Bankenvergleich Mittel- und Osteuropa 2001. Wien 2002, S. 7/8.

336 Ebd., S. 22.

337 Die Presse, 13. 12. 2002.

338 Vgl. Hannes Hofbauer, Osteuropa: Die sozialen Folgen der Transformation. In: Andrea Komlosy u.a. (Hg.), Ungeregelt und unterbezahlt. Der informelle Sektor in der Weltwirtschaft. Frankfurt/M. 1997, S. 183 ff.

339 Gespräch mit Zdeněk Lukas am 8. 1. 2001 in Wien.

340 Kommission der Europäischen Union (Hg.), Agricultural Situation and Prospects in the Central and Eastern European Countries. Brüssel 1997; zit. in: Hans-Jürgen Wagener/Heiko Fritz (Hg.), Im Osten was Neues. Aspekte der EU-Osterweiterung. Bonn 1998, S. 291; Gespräch mit Zdeněk Lukas am 8. 1. 2001 in Wien.

341 Gespräch mit Zdeněk Lukas am 8. 1. 2001 in Wien.

342 Vgl. Dariusz Rosati, The Impact of EU Enlargement on Economic Disparities in Central and Eastern Europe. Vortrag präsentiert anläßlich der Konferenz „Shaping the New Europe: Challenges of EU Eastern Enlargement – East and West European Perspectives" vom „Wiener Institut für Internationale Wirtschaftsvergleiche", 11.-13. 11. 1998 (Wien), S. 17 f.

343 Wiener Institut für Internationale Wirtschaftsvergleiche (Hg.), Countries in Transition 2001. Wien 2001, S. 240 f.

344 Diverse nationale Statistiken, vgl. auch: ebd., S. 240 f.

345 Dariusz Rosati, The Impact of EU Enlargement on Economic Disparities in Central and Eastern Europe. Vortrag präsentiert anläßlich der Konferenz „Shaping the New Europe: Challenges of EU Eastern Enlargement – East and West European Perspectives" vom „Wiener Institut für Internationale Wirtschaftsvergleiche", 11.-13. 11. 1998 (Wien), S. 23.

346 Roman Römisch, Regional Economic Developments in CEECs. In: The Vienna Institute Monthly Report, 2001/4. Wien 2001, S. 6.

347 Brockhaus Enzyklopädie. Ergänzungsband A-Z. Mannheim 1996, S. 203.

348 Pressenotiz des „Wiener Instituts für Internationale Wirtschaftsvergleiche". Ergebnisse einer Analyse. Wien, 12. 12. 2002.

349 Europäischer Rat (Kopenhagen) 12. und 13. 12. 2002, Schlussfolgerungen des Vorsitzes, Anlage 1, S. 11.

350 Press release: Enlargement and agriculture: Summit adopts fair and tailor-made package which benefits farmers in accession countries. Zit. in: http://europa.eu.int/comm/copenhagen_council_20021212/index_detail_000000023_en.html

351 Vgl. Sándor Richter, Current state and stumbling blocks in the EU enlargement process. (WIIW-Spring Seminar 2002.) Wien 2002, S. 9.

352 Vgl. Robert Poth, Das Schengener Abkommen. In: Anny Knapp/Herbert Langthaler, Menschenjagd. Schengenland in Österreich. Wien 1998, S. 158 f. Siehe auch: Beat Leuthardt, Festung Europa. Asyl, Drogen, „Organisierte Kriminalität": Die „innere Sicherheit" der 80er und 90er Jahre und ihre Feindbilder. Zürich 1994.

353 Hanf/Schubert/Tolmein, Frontstaatenpolitik und das Entstehen eines europäischen Sicherheitsstaates. In: Voss, Eckhard (Hg.), Kultur der Abschreckung. Europa zwischen Rassismus im Innern und Abschottung nach außen. Hamburg 1994, S. 60 f.

354 Die 1.258 Kilometer Staatsgrenze in Richtung Osteuropa teilen sich Tschechien (466 km), die Slowakei (106 km), Ungarn (356 km) und Slowenien (330 km).

355 Zahlen des Bundesministeriums für Inneres (Wien).

356 Vgl. Neues Deutschland, 22. 11. 2000. Siehe auch: Der Standard, 4. 8. 2000.

357 WOZ, 25. 2. 1994.

358 Neue Kronen Zeitung, 28. 8. 1997.

359 L'Humanité, 3. 3. 1997.

360 Salzburger Nachrichten, 19. 3. 1999.

361 Der Standard, 17. 8. 1999.

362 Der Standard-Online, 19. 6. 2000.

363 Junge Welt, 23. 6. 2000.

364 Neues Deutschland, 23. 11. 2000.
365 Kurier, 5. 12. 2000.
366 Neues Deutschland, 20./21. 1. 2001.
367 Neue Zürcher Zeitung, 19. 2. 2001.
368 Junge Welt, 4. 4. 2001.
369 Salzburger Nachrichten, 25. 6. 2001
370 Der Standard-Online, 12. 7. 2001.
371 Neue Zürcher Zeitung, 2./3. 2. 2002.
372 profil, 26. 11. 1990, S. 1 und 14 ff.
373 Verteidigungspolitische Richtlinien der deutschen Bundeswehr vom 16. 11. 1992. Zit. in: Friedenswerkstatt Linz u.a. (Hg.), Denn der Menschheit drohen Kriege ... Euromilitarismus auf dem Weg zur Neuen Weltordnung. Linz 2001, S. 70.
374 Schlußerklärung des Kölner Gipfels. Zit. in: Friedenswerkstatt Linz u.a. (Hg.), Denn der Menschheit drohen Kriege ... Euromilitarismus auf dem Weg zur Neuen Weltordnung. Linz 2001, S. 68.
375 Vgl. Hannes Hofbauer, Balkankrieg. Zehn Jahre Zerstörung Jugoslawiens. Wien 2001, S. 19 ff.
376 The Guardian-Online, 31. 8. 2000.
377 Kurier, 19. 9. 2000.
378 Zahlen des Bundesministeriums für Finanzen (Wien). Zit. in: Guernica, 2/2002, S. 9.
379 Mitte Januar 2003 trainierten US-Ausbilder nach einem Bericht des arabischen TV-Senders al-Jazira beispielsweise 3.000 Exil-Iraker auf dem ungarischen Luftwaffenstützpunkt Taszár, um sie auf ihren Einsatz in der Golfregion vorzubereiten. Siehe: Neue Zürcher Zeitung, 15. 1. 2003.
380 Ansprache des polnischen Außenministers Bronisław Geremek bei der Hinterlegung der Ratifizierungsdokumente für den Beitritt Polens zur NATO am 12. März 1999 in Independence/Missouri. Zit. in: http://www.dgap.org/IP/ip9906/geremek120399.htm
381 Vgl. Neue Zürcher Zeitung, 5./6. 5. 2001.
382 Die Einladung erging an: Estland, Lettland, Litauen, die Slowakei, Slowenien, Rumänien und Bulgarien.
383 Siehe: Neue Zürcher Zeitung, 19. 11. 2002.
384 Neue Zürcher Zeitung, 22. 11. 2002.
385 Ebd.
386 Frankfurter Allgemeine Zeitung, 1. 10. 1999.

Literatur

Abs, Hermann Josef: Vortrag „Aktive Kapitalpolitik" auf einer Veranstaltung des Deutschen Instituts für Bankwissenschaft und Bankwesen. (25. 10. 1940). Zit. in: Opitz, Reinhard (Hg.): Europastrategien des deutschen Kapitals 1900-1945. Bonn 1994

Adam, Jan: Social Contract. In: Economic Reforms and Welfare Systems in the USSR, Poland and Hungary. Houndsmills 1991

Adler-Karlsson, Gunnar: Der Fehlschlag. Zwanzig Jahre Wirtschaftskrieg gegen Ost und West. Wien – Frankfurt/M. – Zürich 1971

Amin, Samir/Arrighi, Giovanni/Frank, Andre Gunder/Wallerstein, Immanuel: Dynamik der globalen Krise. Opladen 1986 (1982)

Andor, László: Ungarn: Vom Modell- zum Problemfall. In: Ost-West-Gegeninformationen, 3/2000. Graz 2000

Andor, László/Lóránt, Károly: Enklaven für das Auslandskapital. In: Ost-West-Gegeninformationen, 4/2001. Graz 2001

Artner, Annamária/Andor, László: Referendum vor EU-Beitritt. In: Ost-West-Gegeninformationen, 1/2001. Graz 2001

Bank Austria (Hg.): East-West Report, 1/2002. Wien 2002

Bank Austria (Hg.): Investitionsleitfaden für die Tschechische Republik. Wien 2002

Bank Austria-Creditanstalt (Hg.): Bankenvergleich in Mittel- und Osteuropa 2001. Wien 2002

Bank Austria-Creditanstalt (Hg.): Investment Guide for Poland. Wien 2001

Bartosz, Julian: Die Lage ist unerträglich geworden. In: Ost-West-Gegeninformationen, 3/2000. Graz 2000

Bartosz, Julian: Polen und Westeuropa: Fortschritt in der Heuchelei. In: http://www.moneynations.ch/topics/euroland/text/polen

Bartosz, Julian: Spekulation geht vor Investition. In: Ost-West-Gegeninformationen, 4/2001. Graz 2001

Bartosz, Julian/Hofbauer, Hannes: Schlesien. Europäisches Kernland im Schatten von Wien, Berlin und Warschau. Wien 2000

Bibó, István: Das Elend der osteuropäischen Kleinstaaterei. Frankfurt/M. 1992 (Budapest 1946)

Bieling, Hans-Jürgen/Steinhilber, Jochen (Hg.): Die Konfiguration Europas. Dimensionen einer kritischen Integrationstheorie. Münster 2000

Bohle, Dorothee: EU-Integration und Osterweiterung: die Konturen einer neuen europäischen Unordnung. In: Bieling, Hans-Jürgen/Steinhilber, Jochen (Hg.): Die Konfiguration Europas. Dimensionen einer kritischen Integrationstheorie. Münster 2000

Bohle, Dorothee: Europas neue Peripherie. Transformation Polens und transnationale Integration. Münster 2002

Bonciu, Florin: Policies Diverting FDI from Romania. In: Wiener Institut für Internationale Wirtschaftsvergleiche (Hg.): The Vienna Institute Monthly Report, 2000/12

Brähler, Rainer: Der Marshallplan. Zur Strategie weltmarktorientierter Krisenvermeidung in der amerikanischen Westeuropapolitik 1933 bis 1952. Köln 1983

Coudenhove-Kalergi, Richard: Weltmacht Europa. Stuttgart 1971

Daitz, Werner: Denkschrift von Werner Daitz betreffend die Errichtung eines Reichskommissariats für Großraumwirtschaft (31. Mai 1940). Zit. in: Opitz, Reinhard (Hg.): Europastrategien des deutschen Kapitals 1900-1945. Bonn 1994

Daitz, Werner: Denkschrift von Werner Daitz über die Errichtung einer Zentralstelle für europäische Großraumwirtschaft. Zit. in: Opitz, Reinhard (Hg.): Europastrategien des deutschen Kapitals 1900-1945. Bonn 1994

Delapina, Franz u.a.: Ungarn im Umbruch. Wien 1991

Delapina, Franz/Komlosy, Andrea: Ungarn 1945 und 1982: Zwischen Abkoppelung und Weltmarktintegration. In: Delapina, Franz u.a.: Ungarn im Umbruch. Wien 1991

Deppe, Rainer/Dubiel, Helmut/Rödel, Ulrich (Hg.): Demokratischer Umbruch in Osteuropa. Frankfurt/M. 1991

Economic Commission for Europe (Hg.): Economic Bulletin for Europe, 31/2. New York – Genf 1980

Elias, Norbert: Über den Prozeß der Zivilisation. Soziogenetische und psychogenetische Untersuchungen. Bern 1969 (1936)

Entwurf für eine Denkschrift des Auswärtigen Amtes über die Schaffung eines „Europäischen Staatenbundes" (9. 9. 1943) aus: Zentrales Staatsarchiv Potsdam. Filmsammlung, Nr. 5582, Bl. D 514553 ff. Zit. in: Opitz, Reinhard (Hg.): Europastrategien des deutschen Kapitals 1900-1945. Bonn 1994

Die Ethnisierung des Sozialen. Materialien für einen neuen Antiimperialismus, Nr. 6. Berlin 1993

EU-Kommission (Hg.), Regelmäßiger Bericht 2000 der Kommission über die Fortschritte Polens auf dem Weg zum Beitritt. Brüssel 2000

Europäische Kommission (Hg.): Agenda 2000: Eine stärkere und erweiterte Europäische Union. (Bulletin der Europäischen Union, Beilage 5/97.) Luxemburg 1997

Europäischer Rat (Hg.): Schlussfolgerungen des Vorsitzes. Kopenhagen, 12. und 13. 12. 2002

Fabiunke, Günter: Zur historischen Rolle des deutschen Nationalökonomen Friedrich List (1789-1846). Ein Beitrag zur Geschichte der politischen Ökonomie in Deutschland. Berlin 1955

Fischer, Gero/Wölflingseder, Maria (Hg.): Biologismus, Rassismus, Nationalismus. Rechte Ideologien im Vormarsch. Wien 1995

Fischer, Jürgen: Oriens – Occidens – Europa. Begriff und Gedanke „Europa" in der späten Antike und im frühen Mittelalter. Wiesbaden 1957

Foerster, Rolf Hellmut (Hg.): Die Idee Europa 1300-1946. Quellen zur Geschichte der politischen Einigung. München 1963

Frank, Andre Gunder: Economic ironies in Europe: a world economic interpretation of East-West European politics. In: International Social Science Journal, Febr. 1992/131 (Europe in the Making). Oxford 1992

Frank, Andre Gunder: Krise der Ideologie und Ideologie der Krise. In: Amin, Samir/Arrighi, Giovanni/Frank, Andre Gunder/Wallerstein, Immanuel: Dynamik der globalen Krise. Opladen 1986 (1982)

Friedenswerkstatt Linz u.a. (Hg.): Denn der Menschheit drohen Kriege ... Euromilitarismus auf dem Weg zur Neuen Weltordnung. Linz 2001

Fröbel, Volker/Heinrichs, Jürgen/Kreye, Otto: Die neue internationale Arbeitsteilung. Strukturelle Arbeitslosigkeit in den Industrieländern und die Industrialisierung der Entwicklungsländer. Reinbek bei Hamburg 1977

Funk–Göring. Briefwechsel. Zentrales Staatsarchiv Potsdam, NP Fall XI, Dokumentenbuch 88 II, Bd. 369. Zit. in: Opitz, Reinhard (Hg.): Europastrategien des deutschen Kapitals 1900-1945. Bonn 1994

Geier, Wolfgang: Antemurales Christianitatis: Kreuzzug auf dem Balkan. In: Hofbauer, Hannes (Hg.): Balkankrieg. Die Zerstörung Jugoslawiens. Wien 1999

Geiss, Immanuel: Europa – Vielfalt und Einheit. Eine historische Erklärung. Mannheim 1993

Goldhammer, Josef/Friedweg, Eduard: Der betrogene Osten. Bernau bei Berlin o.J.

Good, David: The dismemberment of the Habsburg Empire. Vortrag zur Internationalen Tagung des Staatsarchives. Wien, 20. 11. 1998

Gowan, Peter: Die EU und die ungewisse Zukunft des Ostens. In: Ost-West-Gegeninformationen, 1/2001. Graz 2001

Gumpel, Werner: Makroökonomische Stabilisierung, ihre sozialen Probleme und die Kosten der Transformation in Südosteuropa. In: Südosteuropa. Zeitschrift für Gegenwartsforschung, 4/5. München 1996

Hänsch, Klaus: Der Weg zur Osterweiterung der EU. In: Kreyenberg, Peter (Hg.): Europa braucht den Osten. Stuttgart 1998

Halecki, Oskar: Grenzraum des Abendlandes. Salzburg 1956

Hanf, Petra/Schubert, Katarina/Tolmein, Oliver: Frontstaatenpolitik und das Entstehen eines europäischen Sicherheitsstaates. In: Voss, Eckhard (Hg.): Kultur der Abschreckung. Europa zwischen Rassismus im Innern und Abschottung nach außen. Hamburg 1994

Havlik, Peter u.a.: The Transition Countries in Early 2000: Improved Outlook for Growth, but Unemployment is still rising. (Hg.): Wiener Institut für Internationale Wirtschaftsvergleiche. (Research Report, Nr. 266/Juni 2000.) Wien 2000

Hertle, Hans-Hermann: Chronik des Mauerfalls. Die dramatischen Ereignisse um den 9. November 1989. Berlin 1996

Hofbauer, Hannes (Hg.): Balkankrieg. Die Zerstörung Jugoslawiens. Wien 1999

Hofbauer, Hannes: Balkankrieg. Zehn Jahre Zerstörung Jugoslawiens. Wien 2001

Hofbauer, Hannes: Marktwirtschaft in Ungarn: Eine Fehlplanung. In: Delapina, Franz u.a.: Ungarn im Umbruch. Wien 1991

Hofbauer, Hannes: Nationalismus als Ideologie der Moderne. In: Fischer, Gero/Wölflingseder, Maria (Hg.): Biologismus, Rassismus, Nationalismus. Rechte Ideologien im Vormarsch. Wien 1995

Hofbauer, Hannes: Osteuropa: Die sozialen Folgen der Transformation. In: Komlosy, Andrea/Parnreiter, Christof/Stacher, Irene/Zimmermann, Susan (Hg.): Ungeregelt und unterbezahlt. Der informelle Sektor in der Weltwirtschaft. Frankfurt/M. 1997

Hofbauer, Hannes: Westwärts. Österreichs Wirtschaft im Wiederaufbau. Wien 1992

Hofbauer, Hannes: Der wilde Osten. Reportagen vom Rande Europas. Wien 1991

Hofbauer, Hannes/Komlosy, Andrea: Restructuring (Eastern) Europe. In: Eszmélet – First International Conference of Social Critical Reviews. 10.-12. April 1991. Budapest 1991

Hübner, Kurt: Der Globalisierungskomplex. Grenzenlose Ökonomie – grenzenlose Politik? Berlin 1998

Jäger, Johannes/Melinz, Gerhard/Zimmermann, Susan (Hg.): Sozialpolitik in der Peripherie. Entwicklungsmuster und Wandel in Lateinamerika, Afrika, Asien und Osteuropa. Frankfurt/M. 2001

Johnson, Simon/Kowalska, Marzena: Poland: The Political Economy of Shock Therapy. In: Haggard, Stephan/Webb, Steven (Hg.): Voting for Reform. Democracy, Political Liberalization, and Economic Adjustment. New York 1994

Jones, Joseph: The 15 Weeks. February 21st – June 5th 1947. An Inside Account of the Genesis of the Marshallplan. New York 1955

Kaleta, Andrzej: Im Würgegriff der „Europareife". In: Ost-West-Gegeninformationen, 3/2000. Graz 2000

Kessi, Alain: Abwicklung der Wirtschaft und neue Abhängigkeiten am Beispiel Bulgariens. Manuskript o.O. o.J.

Knapp, Anny/Langthaler, Herbert: Menschenjagd. Schengenland in Österreich. Wien 1998

Kohl, Herbert/Platzer, Hans-Wolfgang: Arbeitsbeziehungen in den baltischen Staaten zwischen Transformation und EU-Beitritt. (Ergebnisse einer Studie der Friedrich Ebert-Stiftung/Nr. 101 der Reihe „Politikinformation Osteuropa".) O.O. 2002

Komlosy, Andrea: Die Grenzen Österreichs zu den Nachbarn im RGW. In: Schultz, Helga (Hg.): Grenzen im Ostblock und ihre Überwindung. Berlin 2001

Komlosy, Andrea/Hofbauer, Hannes: Brücke oder Vorposten? Österreich und sein Verhältnis zu den Nachfolgestaaten des RGW – eine weltsystemische Perspektive. In: Österreichisches Studienzentrum für Frieden und Konfliktlösung (Hg.): Harmonie und Gewalt. Österreich, Europa und die Zukunft der Vergangenheit. Münster 1997

Komlosy, Andrea/Parnreiter, Christof/Stacher, Irene/Zimmermann, Susan (Hg.): Ungeregelt und unterbezahlt. Der informelle Sektor in der Weltwirtschaft. Frankfurt/M. 1997

Kommission der Europäischen Union (Hg.): Agricultural Situation and Prospects in the Central and Eastern European Countries. Brüssel 1997. Zit. in: Wagener, Hans-Jürgen/Fritz, Heiko (Hg.): Im Osten was Neues. Aspekte der EU-Osterweiterung. Bonn 1998

Kreyenberg, Peter (Hg.): Europa braucht den Osten. Stuttgart 1998

Kurz, Robert: Der Kollaps der Modernisierung. Vom Zusammenbruch des Kasernensozialismus zur Krise der Weltökonomie. Frankfurt/M. 1991

Lagarde, Paul de: Deutsche Schriften. Göttingen 1891. Zit. in: Opitz, Reinhard (Hg.): Europastrategien des deutschen Kapitals 1900-1945. Bonn 1994

Lenz, Georg: Was bringt der Marshallplan? Wien 1949

Leuthardt, Beat: Festung Europa. Asyl, Drogen, „Organisierte Kriminalität": Die „innere Sicherheit" der 80er und 90er Jahre und ihre Feindbilder. Zürich 1994

Lipgens, Walter (Hg.): 45 Jahre Ringen um die Europäische Verfassung. Dokumente 1939-1984. Zit. in: Schmale, Wolfgang: Geschichte Europas. Wien – Köln – Weimar 2001

List, Friedrich: Das nationale System der politischen Ökonomie. Stuttgart 1883 (1841)

Lukas, Zdeněk: Unterschiede und Parallelen in der Landwirtschaft. In: Ost-West-Gegeninformationen, 3/2000. Graz 2000

März, Eduard: Österreichische Bankenpolitik in der Zeit der großen Wende 1913-1923. Am Beispiel der Creditanstalt für Handel und Gewerbe. Wien 1981

Mihalyi, Péter: Reform Policy and New Institutional Developments. Conference Paper zum Symposion der Österreichischen Kontrollbank (6. 6. 2002). (Hg.): Institut für Höhere Studien. Wien 2002

Mitchell, B. R. (Hg.): European Historical Statistics 1750-1975. London – Basingstoke 1987. Zit. in: Hofbauer, Hannes/Komlosy, Andrea: Restructuring (Eastern) Europe. In: Eszmélet – First International Conference of Social Critical Reviews. 10.-12.April 1991, Budapest 1991

Modzelewski, Karol: Wohin vom Kommunismus aus? Polnische Erfahrungen. Berlin 1996

Mrak, Mojmir: Apportionment and Succession of External Debts: The Case of the Socialist Federal Republic of Yugoslavia. (WIIW-Studie, 259.) Wien 1999

Müller, Katarina: Die neue Rentenorthodoxie in Lateinamerika und Osteuropa. In: Jäger, Johannes/Melinz, Gerhard/Zimmermann, Susan (Hg.): Sozialpolitik in der Peripherie. Entwicklungsmuster und Wandel in Lateinamerika, Afrika, Asien und Osteuropa. Frankfurt/M. 2001

Naumann, Friedrich: Mitteleuropa. Berlin 1915

Nemenyi, Agnes/Nemenyi, József: Mehr Bauern, weniger Ertrag. In: Ost-West-Gegeninformationen, 3/2000. Graz 2000

Nolte, Hans-Heinrich: Wohin mit Osteuropa? Überlegungen zur Neuordnung des Kontinents. In: Aus Politik und Zeitgeschichte. Beilage zur Wochenzeitschrift Das Parlament. O.O. 22. 11. 1995

Opitz, Reinhard (Hg.): Europastrategien des deutschen Kapitals 1900-1945. Bonn 1994

Pöschl, Josef: Economic developments in the CEE region. (Seminar des Wiener Instituts für Internationale Wirtschaftsvergleiche, Frühjahr 2002.) Manuskript

Poth, Robert: Das Schengener Abkommen. In: Knapp, Anny/Langthaler, Herbert: Menschenjagd. Schengenland in Österreich. Wien 1998, S. 158 f.

Prospects for Europe's Periphery. Statement von Gábor Hunya auf der Konferenz des Wiener Instituts für Internationale Wirtschaftsvergleiche: EU Enlargement and Europe's Periphery. Wien, 22. 3. 2002, Mitschrift

Průcha, Václav: Continuity and Discontinuity in the Economic Development of Czechoslovakia, 1918-91. In: Teichova, Alice (Hg.): Central Europe in the Twentieth Century. An Economic History Perspective. Aldershot u.a. 1997

Richter, Sándor: Current state and stumbling blocks in the EU enlargement process. (WIIW-Spring Seminar 2002). Wien 2002

Römisch, Roman: Regional Economic Developments in CEECs. In: The Vienna Institute Monthly Report, 2001/4. Wien 2001

Roman, Viorel/Hofbauer, Hannes: Transsilvanien – Siebenbürgen. Begegnung der Völker am Kreuzweg der Reiche. Wien 1996

Rosati, Dariusz: The Impact of EU Enlargement on Economic Disparities in Central and Eastern Europe. In: Wiener Institut für Internationale Wirtschaftsvergleiche (Hg.): Shaping the New Europe: Challenges of EU Eastern Enlargement – East and West in European Perspectives. Vienna, 11th to 13th nov. 1998

Rusenova, Lena/Petkova, Ivana: Für ausländisches Kapital immer attraktiver. In: Ost-West-Gegeninformationen, 4/2001. Graz 2001

Samary, Catherine: Auslandsinvestitionen: eine Bilanz. In: Ost-West-Gegeninformationen, 4/2001. Graz 2001

Schmale, Wolfgang: Geschichte Europas. Wien – Köln – Weimar 2001

Schultz, Helga (Hg.): Grenzen im Ostblock und ihre Überwindung. Berlin 2001

Shoup, Laurence/Minter, William: Die Kulissenschieber e.V. Der Council on Foreign Relations und die Außenpolitik der USA. Bremen 1981 (1977)

Staniszki, Jadwiga: Dilemmata der Demokratie in Osteuropa. In: Deppe, Rainer/Dubiel, Helmut/Rödel, Ulrich (Hg.): Demokratischer Umbruch in Osteuropa. Frankfurt/M. 1991

Steiner, Johannes: Der Marathon der EU-Erweiterung. Die Stunde der Endorphine. In: Raum. Österreichische Zeitschrift für Raumplanung und Regionalpolitik, 42/2001. Wien 2001

Szűcs, Jenő: Die drei historischen Regionen Europas. Frankfurt/M. 1990 (Budapest 1983)

Tabatabai, Hamid: The incidence of poverty in developing countries. An ILO compendium of data. Genf 1993

Tausch, Arno: Schwierige Heimkehr. Sozialpolitik, Migration, Transformation und die Osterweiterung der EU. München 1997

Teichova, Alice (Hg.): Central Europe in the Twentieth Century. An Economic History Perspective. Aldershot u.a. 1997

Tulder, Rob van/Ruigrok, Winfried: International Production Networks in the Auto Industry. In: Zysman, John/Schwartz, Andrew (Hg.): Enlarging Europe: The Industrial Foundation of a New Political Reality. Berkeley 1998

UNICEF (Hg.): Crisis in Mortality, Health and Nutrition. Economic in Transition Studies. (Regional Monitoring Report, Nr. 2, August 1994.) Florenz 1994

UNIDO (Hg.): Industrial Free Zones as Incentives to Promote Export-Oriented Industries. Training Workshop on Industrial Free Zones, 28. 10. 1971

Verträge zur Gründung der Europäischen Gemeinschaften. Brüssel – Luxemburg 1987

Voss, Eckhard (Hg.): Kultur der Abschreckung. Europa zwischen Rassismus im Innern und Abschottung nach außen. Hamburg 1994

Wagener, Hans-Jürgen/Fritz, Heiko (Hg.): Im Osten was Neues. Aspekte der EU-Osterweiterung. Bonn 1998

Wagener, Hans-Jürgen/Fritz, Heiko: Transformation – Integration – Vertiefung. Zur politischen Ökonomie der Osterweiterung. In: dies. (Hg.): Im Osten was Neues. Aspekte der EU-Osterweiterung. Bonn 1998

Wallerstein, Immanuel: Der Niedergang der US-Hegemonie und der Zusammenbruch des Leninismus. In: Starnberger Forschungsberichte, 1/91. Starnberg 1991

Warasin, Markus: Die Osterweiterung der Europäischen Union. Chancen, Risiken, Interessen. Bozen 2000

Weidmann, Manfred: The food industry in CEE 3. In: East-West Report, 1/2002. Wien 2002

Weltbank (Hg.): Arbeitnehmer im weltweiten Integrationsprozeß. (Weltentwicklungsbericht 1995.) Washington – Bonn 1995

Wiener Institut für Internationale Wirtschaftsvergleiche (Hg.): Countries in Transition 1995, Wien 1995; Countries in Transition 1996, Wien 1996; Countries in Transition 1997, Wien 1997; Countries in Transition 1998, Wien 1998; Countries in Transition 2001, Wien 2001

Wiener Institut für Internationale Wirtschaftsvergleiche (Hg.): Overview Developments 2000-2001 and Outlook 2002-200". Wien o.J.

Wiener Institut für Internationale Wirtschaftsvergleiche (Hg.): Shaping the New Europe: Challenges of EU Eastern Enlargement – East and West in European Perspectives. Vienna, 11th to 13th nov. 1998

Wolf, Julius: Materialien betreffend einen mitteleuropäischen Wirtschaftsverein. Berlin o.J. (1903). Zit. in: Opitz, Reinhard (Hg.): Europastrategien des deutschen Kapitals 1900-1945. Bonn 1994

The World Health Report 2002. Reducing Risks, Promoting Healthy Life. Genf 2002

World Investment Report 2001 (UNCTAD)

Yotzov, Victor u.a.: The First Year of the Currency Board in Bulgaria. Discussion Paper 1 (Bulgarian National Bank). Sofia, September 1998. Zit. in: Kessi, Alain: Abwicklung der Wirtschaft und neue Abhängigkeiten am Beispiel Bulgariens. Manuskript o.O. o.J.

Zimmermann, Susan: „Systemwechsel" an der Donau: Diktatur, Demokratie oder ein dritter Weg. In: Delapina, Franz u.a.: Ungarn im Umbruch. Wien 1991

Zimmermann, Susan: Wohlfahrtspolitik und die staatssozialistische Entwicklungsstrategie in der „anderen" Hälfte Europas im 20. Jahrhundert. In: Jäger, Johannes/Melinz, Gerhard/Zimmermann, Susan (Hg.): Sozialpolitik in der Peripherie. Entwicklungsmuster und Wandel in Lateinamerika, Afrika, Asien und Osteuropa. Frankfurt/M. 2001

Zysman, John/Schwartz, Andrew (Hg.): Enlarging Europe: The Industrial Foundation of a New Political Reality. Berkeley 1998

Zeitungen/Zeitschriften

Banater Rundschau
The Budapest Sun
Budapester Zeitung
Business Central Europe
East-West Report
Enlargement Weekly
Eszmélet
Financial Times
Frankfurter Allgemeine Zeitung
The Guardian-Online
Guernica
Handelsblatt
L'Humanité
Junge Welt
Kurier
Mladá fronta dnes
MOZ – Alternative Monatszeitschrift für Politik, Wirtschaft und Kultur
Neue Kronen Zeitung
Neue Zürcher Zeitung
Neues Deutschland
Newsweek
Nine o'clock
NZZ-Folio
Das österreichische Industriemagazin
Ost-West-Gegeninformationen
Das Parlament

Prager Zeitung
Die Presse
profil
Raum. Österreichische Zeitschrift für Raumplanung und Regionalpolitik
Rumänische Wirtschaftsnachrichten
Salto
Salzburger Nachrichten
Slovenian Business Report
Der Spiegel
Der Standard
Der Standard-Online
Süddeutsche Zeitung
Südosteuropa
Die Tageszeitung
Truckmagazin
The Vienna Institute Monthly Report
Wirtschaftswoche
WOZ

Gespräche mit:

Gorazd Drevenšek
Rudolf Filkus
Vladimír Halama
Augustín Húska
France Križanič
András Inotai
Zmago Jelinčič
Peter Ješovnik
Zdeněk Lukas
Jože Mencinger
Rastko Močnik
Štefan Murín
Jaroslav Náhlik
Dušan Slobodník
Hermine Vidovic

Internet

http://www.dgap.org/
http://europa.eu.int/comm/
http://www.jura.uni-sb.de/
http://www.moneynations.ch/
http://www.radio.cz/
http://www.slowik-page.de
http://www.stat.gov.pl./english/serwis/

Gesamtkatalog bei: Promedia Verlag, Wickenburgg. 5/12, A-1080 Wien; Fax: 0043/1/405 71 5922; e-mail: promedia@mediashop.at

EDITION BRENNPUNKT OSTEUROPA
im Promedia-Verlag

Hannes Hofbauer:
„Balkankrieg"
Zehn Jahre Zerstörung Jugoslawiens
296 Seiten, € 17,90; sFr. 32,50
ISBN 3-85371-179-0, erschienen: 2001

Dardan Gashi/ Ingrid Steiner:
„Albanien"
Archaisch, orientalisch, europäisch
280 Seiten, € 17,90; sFr. 32,50
ISBN 3-85371-120-0, erschienen: 1999

Julian Bartosz/ Hannes Hofbauer:
„Schlesien"
Europäisches Kernland im Schatten
von Wien, Berlin und Warschau
224 Seiten, € 17,90; sFr. 32,50
ISBN 3-85371-163-4, erschienen: 2000

Viorel Roman/ Hannes Hofbauer:
„Transsilvanien – Siebenbürgen"
Begegnung der Völker am Kreuzweg der Reiche
240 Seiten, € 17,90; sFr. 32,50
ISBN 3-85371-115-4, erschienen: 1998

Gerhard Melinz/ Susan Zimmermann (Hg.):
„Wien – Prag – Budapest"
Blütezeit der Habsburgermonarchie (1867-1918)
336 Seiten, € 21,90; sFr. 39,30
ISBN 3-85371-101-4, erschienen: 1997

Mary Edith Durham:
„Durch das Land der Helden und Hirten"
Balkan-Reisen zwischen 1900 und 1908
256 Seiten, € 21,90; sFr. 39,30
ISBN 3-900478-90-2, erschienen: 1997